P. Stefan Johannes Köhler

Siehe, ich komme bald!

**Jesus Christus ist derselbe
gestern, heute und in Ewigkeit.**

(Heb 13,8)

P. STEFAN JOHANNES KÖHLER

Siehe, ich komme bald!

Hoffnung auf die neue Schöpfung

Im Feuer des Gerichts

CHRISTIANA-VERLAG
im Fe-Medienverlag • D-88353 Kisslegg-Immenried

Biografische Angaben:
Stefan Johannes Köhler, Jahrgang 1964,
Physikstudium, Orchester- und Kammermusik (Fagott)
in Karlsruhe und Eugene, Oregon (USA).
Nach der Bekehrung zum katholischen Glauben 1987
Theologiestudium in Eichstätt (Dipl.-Theol.) und
Toulouse mit Abschluss des kanonischen Lizentiats.
Seit 1995 Mitglied der Gemeinschaft der Seligpreisungen,
2002 Priesterweihe in Blagnac bei Toulouse.
Seit 2011 in Saint Martin du Canigou (Pyrenäen).

IMPRIMATUR
erteilt vom Bischöflichen Ordinariat St. Pölten
am 14. September 2012, ZL.O-871/2012

2. Auflage 2013

VIA·VERITAS·VITA

© CHRISTIANA-VERLAG
im Fe-Medienverlag • D-88353 Kisslegg-Immenried
www.fe-medien.de
Alle Rechte vorbehalten

Satz und Layout: P. Stefan Johannes Köhler
Druck: Scandinavian Books
Printed in EU

ISBN 978-3-7171-1221-1

In Dankbarkeit meinen Eltern gewidmet.

Ich danke auch allen, die bei der Korrektur und Verbesserung des Textes mitgeholfen haben.

Den Dank an Gott
will ich in Worten der Offenbarung
zum Ausdruck bringen:

**Sie warfen sich vor dem Thron nieder,
beteten Gott an und sprachen:
Amen!
Lob und Herrlichkeit, Weisheit und Dank,
Ehre und Macht und Stärke
unserem Gott in alle Ewigkeit! Amen.**

Offb 7,11-12

Erwartet den Herrn,
steht als Knechte bereit an der Tür.
Schon jauchzt jeder Stern,
seht, er kommt, seht er kommt, wir sind hier.

Komm, Herr Jesus, Maranatha!

Entzündet die Lampen, ihr Mägde,
erglühet im Geist,
im Kommen des Ewig-Geliebten,
der Kyrios heißt.

Komm, Herr Jesus, Maranatha!

Du wirfst dein Feuer zur Erde
und willst, dass es brennt,
und wir sind der Mund,
der anbetend dein Kommen bekennt.

Komm, Herr Jesus, Maranatha!

(Hymnus zur Lesehore im Advent und im Jahreskreis)

Vorwort

Im Jahr 2009 habe ich eine Reihe von neun Bibelkatechesen in Radio Maria Österreich über die Offenbarung des Johannes gehalten[1]. Meine Absicht war es, die Johannesapokalypse aus dem Zusammenhang der Heiligen Schrift, der Lehre der Kirche und den Gegebenheiten unserer Zeit heraus zu verstehen, ohne dabei besonders auf die historischen Zusammenhänge einzugehen. Ich frage also nur wenig danach, was der Text für den biblischen Verfasser im ersten Jahrhundert, zur Zeit des römischen Kaisers Nero oder Domitian, bedeutete. Ich interessiere mich vielmehr dafür, was er für uns heute, vor allem in Hinblick auf die Zukunft bedeuten kann. Es ist meine feste Überzeugung, dass dieses letzte Buch der Heiligen Schrift vor allem die jeweilige Gegenwart und Zukunft der Kirche betrifft und insofern ein Buch der Hoffnung ist: es lässt uns über die gegenwärtige Bedrängnis hinausschauen auf das Ziel des menschlichen Lebens und der Geschichte des Kosmos hin. Dieses Ziel wird in großartigen, visionären Bildern aufgezeigt, die man auf dem Hintergrund des Alten und Neuen Testaments entschlüsseln kann.

Ich halte die Offenbarung für sehr aktuell und möchte deshalb meine biblischen Betrachtungen allgemein zugänglich machen. *Es handelt sich dabei um meine persönliche Auslegung im Licht des Wortes Gottes, des Katechismus und des heutigen Weltbildes aus den Naturwissenschaften und der Technik.* Der Kommentar ist keineswegs umfassend oder erschöpfend. Ich zitiere nicht aus den zahlreichen theologischen Abhandlungen, die es über die Offenbarung schon gibt. Ich trete nicht in Dialog mit anderen Autoren und erhebe insofern keinen wissenschaftlichen Anspruch. Ich habe den Text der ursprünglichen Katechesen erweitert, verbessert und ihm eine ausführliche Gliederung gegeben, die selbst schon eine inhaltliche Aussage enthält. Der einfache und direkte Stil der Radiosendungen wurde zum Teil beibehalten.

---

[1] Dabei war eine telefonische Rückmeldung mit Fragen und Anmerkungen nach jeder Sendung möglich. Wer mit mir wegen dem Inhalt dieses Buches in Verbindung treten möchte, kann dies durch Email tun: stefan_johannes@live.de

Meine Auslegung hat drei Schwerpunkte:

- die *geschichtliche Sicht*, die in der Offenbarung echte christliche Prophetie erkennt (3.3.7.2.), aber *keine Chronologie*, keine genaue zeitliche Abfolge.

- die *eschatologische Sicht*, die in der Offenbarung die kirchliche Lehre über die „Letzten Dinge" erkennt, insbesondere über die Wiederkunft Christi in Herrlichkeit (9.2.4.).

- die *analytische Sicht*, welche in der Offenbarung eine inhaltliche Struktur erkennt, die in der Gliederung und den Querverweisen zum Ausdruck kommt. Alternativ zur Gliederung mit den Ziffern verwende ich eine Gliederung der zehn Hauptkapitel mit griechischen Buchstaben (Alpha und Omega) und römischen Zahlen (I. bis VIII.). Sie bringt die symmetrische Struktur des Buches besser zum Ausdruck und wird im neunten Kapitel angewendet.

Der Inhalt folgt dem Text der Offenbarung des Johannes.
Das Inhaltsverzeichnis befindet sich am Ende des Buches.

Eine Zusammenfassung liegt im Abschnitt 9.1.2. vor. Die Abschnitte 9.3. und 10.1. führen über die Auslegung des Textes hinaus und versuchen das Geheimnis des Letzten Gerichts bzw. der neuen Schöpfung tiefer zu ergründen.

Ich richte mich an Personen, die das Verständnis der Offenbarung des Johannes vertiefen wollen mit Hilfe der Bibel, des Katechismus der Katholischen Kirche und der Naturwissenschaften.

Stefan Johannes Köhler

Das Jüngste Gericht und die Auferstehung der Toten
über dem Hauptportal
der Kathedrale Notre Dame von Paris

A. Offb 1-3

1. Offenbarung Jesu Christi – der Herr spricht zu seiner Kirche
(Alpha: Offb 1-3)

Die Offenbarung ist die letzte von 27 Schriften des Neuen Testaments und das letzte Buch der Bibel überhaupt. Sie ist die einzige apokalyptische Schrift des Neuen Testaments. Sie fasst zusammen, was in den Büchern der Heiligen Schrift prophetisch angekündigt wurde und geschichtlich *noch nicht erfüllt ist*. Kein anderes Buch enthält so viele Rückbezüge auf frühere Bibelstellen. Das ist der Ansatzpunkt für unsere Erklärung. Die Offenbarung ist ein Buch der christlichen Hoffnung, einer Hoffnung, die über diese Welt und Zeit hinausweist auf die Wiederkunft Christi in Herrlichkeit und auf eine neue Schöpfung: das Reich Gottes in seiner Vollendung. Sie wird in der Liturgie der katholischen Kirche alle zwei Jahre auszugsweise eine Woche vor und nach dem Christkönigsfest gelesen, also unmittelbar vor dem Beginn der Adventszeit. Die ersten drei Kapitel, um die es hier zunächst geht, enthalten mehrere Schichten der Einleitung. Sie bilden als Ganzes eine Einführung in den Hauptteil, der mit dem vierten Kapitel der Offenbarung beginnt.

1.1. Apokalypse

Der griechische Titel der Schrift lautet *Apokalypsis Ioannou*. Mit dem griechischen Fremdwort „Apokalypse" oder „apokalyptisch" verbinden wir die Vorstellung von Katastrophen und Weltuntergang. Die wörtliche Bedeutung ist aber „Enthüllung" oder „Offenbarung", und dabei handelt es sich um die Offenbarung des rettenden Eingreifens Gottes, der alles neu macht. In diesem Buch der Heiligen Schrift geht es tatsächlich um beides: um den Blick auf das unheilvolle Geschehen am Ende der Welt und um den hoffnungsvollen Blick zum Thron des Herrn im Himmel. Apokalyptische Schriften wollen in symbolreicher Sprache etwas über das Geheimnis Gottes und das Ende der Welt enthüllen. Solche Inhalte findet man im Alten Testament vor allem im Buch Daniel, aber auch verstreut in den anderen Prophetenbüchern wie Jesaja, Ezechiel, Joel und Sacharja. Darüber hinaus gibt es außerhalb der Bibel zahlreiche „Apokalypsen", welche die Kirche nicht in den Kanon der Heiligen Schrift

Apokalypse 1.1.

aufgenommen hat und die sie damit auch nicht als inspiriertes Wort Gottes anerkannt hat. Manchmal wird dieses Buch auch als „geheime Offenbarung" bezeichnet. Das ist ein Widerspruch in sich, denn was hier offenbart wird, ist eben nicht geheim oder apokryph. Es ist allen zugänglich und wurde Johannes gezeigt, um von uns verstanden zu werden. Ich bezeichne das Buch im Allgemeinen einfach als *die Offenbarung*.

1.1.1. Das Vorwort: Wort des lebendigen Gottes

Die Johannes-Apokalypse beginnt mit den Worten: *„Offenbarung Jesu Christi, die Gott ihm gegeben hat, damit er seinen Knechten zeigt, was bald geschehen muss..."* (Offb 1,1) Von vornherein wird klar gemacht, dass es sich hier um ein Wort Gottes an die Kirche handelt, und keine bloße Privatoffenbarung oder literarische Erfindung eines Schriftstellers. Diese Offenbarung, die von Gott ausgeht, wird uns Menschen vermittelt durch einen Engel und durch den „Knecht Johannes", der das Gezeigte aufgeschrieben hat: „...und er hat es durch seinen Engel, den er sandte, seinem Knecht Johannes gezeigt. Dieser hat das Wort Gottes und das Zeugnis Jesu Christi bezeugt: alles, was er geschaut hat." (Offb 1,1-2)

Sowohl der Engel[2] als auch Johannes sind nur dienende Vermittler (Gesandte, Apostel) des Herrn Jesus Christus, der sich selbst an seine Kirche wendet. Der Ausdruck „Offenbarung Jesu Christi" kommt im Neuen Testament noch vier Mal vor. In Gal 1,12 handelt sich um die Begegnung von Saulus mit dem auferstandenen Herrn, durch welche er das Evangelium empfangen hat: nicht durch Menschen, sondern durch eine Offenbarung Jesu Christi. Im selben Sinn ist der Ausdruck in Offb 1,1 zu verstehen. Bei den drei anderen Stellen steht der Ausdruck dagegen für die Wiederkunft Christi in Herrlichkeit, die als Gegenstand hoffnungsvoller Erwartung dargestellt wird: in 1Kor 1,6-7: „Denn das Zeugnis über Christus wurde bei euch gefestigt, so dass euch keine Gnadengabe fehlt, während ihr *auf die Offenbarung Jesu Christi*, unseres Herrn, wartet.", in 1Petr 1,7 und in 1Petr 1,13: „Deshalb umgürtet euch, und macht euch bereit!

---

[2] Vgl. KKK 328-336. Engel kommen in der Offenbarung 68-mal vor, öfter als in jedem anderen Buch der Bibel.

A. Offb 1-3

Seid nüchtern, und setzt eure Hoffnung ganz auf die Gnade, die euch *bei der Offenbarung Jesu Christi* geschenkt wird."
Dieser Sinn (Selbstoffenbarung Jesu bei seinem Kommen in Herrlichkeit) ist ein Hauptgegenstand unseres Buches.
„Selig, wer diese prophetischen[3] Worte vorliest und wer sie hört und wer sich an das hält, was geschrieben ist, denn die Zeit ist nahe." (Offb 1,3) Diese Seligpreisung wird uns jetzt gemeinsam zuteil, denn ich lese diese Worte mit der Absicht, sie im Zusammenhang der ganzen Bibel verständlicher zu machen, und Sie hören diese Worte, um sie als Wort Gottes aufzunehmen und im Leben wirksam werden zu lassen. Wir wollen zunächst die ersten drei Kapitel betrachten, die im Hinblick auf das ganze Buch einen Einleitungscharakter haben. Sie sind wie die Ouvertüre einer Oper, die schon vieles aufgreift und anklingen lässt, was später entfaltet wird.

1.1.2. Ich komme bald!

Ein solches Leitmotiv im schon zitierten Vorwort ist das Wörtchen *bald*: es geht um das, *was bald geschehen muss, denn die Zeit ist nahe*. Jesus sagt in diesem Buch fünfmal: „Ich komme bald"[4]. Der griechische Ausdruck heißt „en tachei" oder „tachu". Das kommt in unserem Ausdruck „Tachometer" vor und hat mit Geschwindigkeit zu tun. Man könnte auch übersetzten: *ich komme schnell, ohne zu zögern*. Wir wollen darüber nachdenken, was das heißen soll. Gewiss kommt Jesus schon jetzt schnell zu uns, wenn wir seinen Namen anrufen und ernsthaft zu ihm beten: „Sollte Gott seinen Auserwählten, die Tag und Nacht zu ihm schreien, nicht zu ihrem Recht verhelfen, sondern zögern? Ich sage euch: Er wird ihnen unverzüglich ihr Recht verschaffen." (Lk 18,7-8) Es geht aber in der Offenbarung um die Wiederkunft Christi in Herrlichkeit. Wir wissen, dass die Kirche seit 2000 Jahren darauf wartet, und dass die ersten Christen die Parusie, die Ankunft des Herrn, in ihrer eigenen Lebenszeit erwartet haben.

Im Evangelium gibt es zwei Aussagen. Einerseits kommt der Menschensohn lange nicht: „Nach langer Zeit kehrte der Herr zurück, um von den Dienern Rechenschaft zu verlangen." (Mt 25,19) Dann aber

---

[3] Siehe 3.3.7.2. (Die Wirklichkeit geschichtlicher Prophetie).
[4] Offb 2,16; 3,11 (Alpha); 22,7; 22,12; 22,20 (Omega).

Apokalypse 1.1.

kommt er plötzlich und überraschend: „Denn wie der Blitz von einem Ende des Himmels bis zum andern leuchtet, so wird der Menschensohn an seinem Tag erscheinen." (Lk 17,24) Beides ist im Gleichnis von den klugen und den törichten Jungfrauen kurz zusammengefasst: „Als nun der Bräutigam *lange nicht* kam, wurden sie alle müde und schliefen ein. Mitten in der Nacht aber hörte man *plötzlich laute Rufe*: Der Bräutigam kommt! Geht ihm entgegen!" (Mt 25,5-6) Jesus mahnt seine Jünger, jederzeit dafür bereit zu sein: „Darum haltet auch ihr euch bereit! Denn der Menschensohn kommt zu einer Stunde, in der ihr es nicht erwartet." (Mt 24,44)

Eine andere Stelle, die das baldige Kommen verständlicher macht, findet sich im zweiten Petrusbrief: „Das eine aber, liebe Brüder, dürft ihr nicht übersehen: dass beim Herrn ein Tag wie tausend Jahre und tausend Jahre wie ein Tag sind[5]. Der Herr zögert nicht mit der Erfüllung der Verheißung, wie einige meinen, die von Verzögerung reden; er ist nur geduldig mit euch, weil er nicht will, dass jemand zugrunde geht, sondern dass alle sich bekehren." (2Petr 3,8-9) Das lange Warten ist also Zeit für die Mission der Kirche, damit die Menschen gerettet werden und zur Erkenntnis der Wahrheit gelangen: „Da trat Jesus auf sie zu und sagte zu ihnen: Mir ist alle Macht gegeben im Himmel und auf der Erde. Darum geht zu allen Völkern, und macht alle Menschen zu meinen Jüngern; tauft sie auf den Namen des Vaters und des Sohnes und des Heiligen Geistes, und lehrt sie, alles zu befolgen, was ich euch geboten habe. Seid gewiss: Ich bin bei euch alle Tage bis zum Ende der Welt." (Mt 28,18-20)

Aus irdischer, menschlicher Sicht mag das Warten tausend Jahre dauern, aus der Sicht des Herrn im Himmel ist das aber nur wie ein Tag, also sehr bald. Denn für ihn ist die ganze Geschichte schon Gegenwart. Zusammenfassend würde ich sagen: Jede christliche Generation, jeder Mensch, soll jederzeit für eine endgültige Begegnung mit Gott, dem Herrn, bereit sein, ob das nun im Tod geschieht oder durch die Wiederkunft Christi: „Wacht und betet allezeit, damit ihr allem, was geschehen wird, entrinnen und vor den Menschensohn hintreten könnt." (Lk 21,36)

---

[5] Vgl. Ps 90,4: „Denn tausend Jahre sind für dich wie der Tag, der gestern vergangen ist, wie eine Wache in der Nacht."

A. Offb 1-3

Für beides wissen wir objektiv den Zeitpunkt nicht[6]. Wir sollen aber die Zeichen der Zeit, die Vorzeichen seiner Ankunft erkennen: „Lernt etwas aus dem Vergleich mit dem Feigenbaum! Sobald seine Zweige saftig werden und Blätter treiben, wisst ihr, dass der Sommer nahe ist. Genauso sollt ihr erkennen, wenn ihr das alles seht, dass das Ende vor der Tür steht." (Mt 24,32-33) „Sobald ihr im Westen Wolken aufsteigen seht, sagt ihr: Es gibt Regen. Und es kommt so… Das Aussehen der Erde und des Himmels könnt ihr deuten. Warum könnt ihr dann die Zeichen dieser Zeit nicht deuten? Warum findet ihr nicht schon von selbst das rechte Urteil?" (Lk 12,54-57)

Im Vergleich zur Geschichte des Lebens auf der Erde sind unsere Lebensspanne und die Zeit der Kirchengeschichte verschwindend kurz, auch wenn sie uns vielleicht lang vorkommen. Wenn die Zeit dann aber da ist, dann geht es schnell, dann kommt es plötzlich, dann bleibt uns auf einmal keine Zeit mehr (Offb 10,6). So heißt es am Ende des Vorworts: „denn die Zeit ist nahe" (Offb 1,3). Sind wir bereit für die Ewigkeit, wenn der Herr noch heute zu uns kommt?

Der Menschensohn: Muschelseidentuch von Manoppello

---

[6] Abgesehen davon, dass es faktisch so ist, sagt es uns Jesus in Mt 24,36 und Mk 13,32: „Doch jenen Tag und jene Stunde kennt niemand, auch nicht die Engel im Himmel, nicht einmal der Sohn, sondern nur der Vater." Das Eintreffen der Parusie ist also wie die Erschaffung der ersten Menschen und die Inkarnation eine souveräne Entscheidung Gottes.

1.2. Der Briefgruß

An das Vorwort schließt eine briefliche Einleitung an: „Johannes an die sieben Gemeinden in der Provinz Asien: Gnade sei mit euch und Friede von *Ihm, der ist und der war und der kommt, und von den sieben Geistern vor seinem Thron und von Jesus Christus*; er ist der treue Zeuge, der Erstgeborene der Toten, der Herrscher über die Könige der Erde. Er liebt uns und hat uns von unseren Sünden erlöst durch sein Blut; er hat uns zu Königen gemacht und zu Priestern vor Gott, seinem Vater. Ihm sei die Herrlichkeit und die Macht in alle Ewigkeit. Amen. Siehe, er kommt mit den Wolken, und jedes Auge wird ihn sehen, auch alle, die ihn durchbohrt haben; und alle Völker der Erde werden seinetwegen jammern und klagen. Ja, amen. Ich bin das Alpha und das Omega, spricht Gott, der Herr, der ist und der war und der kommt, der *Herrscher über die ganze Schöpfung*." (Offb 1,4-8) Der griechische Ausdruck für *Herrscher über die ganze Schöpfung* ist *Pantokrator*. Das würde man besser mit *Allherrscher* oder *der Allmächtige* übersetzen. Gott wird in der Offenbarung neun Mal so bezeichnet[7], ansonsten nur noch einmal im Neuen Testament. D.h. in diesem Buch offenbart Gott in besonderer Weise seine Allmacht und universale Herrschaft in der Geschichte.

1.2.1. Gnade und Friede...

Wir befassen uns jetzt noch nicht mit Johannes und den Gemeinden der Provinz Asien, sondern mit dem langen theologischen Friedensgruß und Lobpreis Gottes: *Gnade sei mit euch und Friede von Ihm, der ist und der war und der kommt, und von den sieben Geistern vor seinem Thron und von Jesus Christus*. Es liegt nahe, dass der Erstgenannte Gott, der Vater, ist, der Herrscher über die ganze Schöpfung, *der ist, und der war und der kommt*. Der Gruß in zwölf Paulusbriefen beginnt mit demselben Segenswunsch, ausgehend von Gott, dem Vater. So z.B. im ersten Korintherbrief: „Gnade sei mit euch und Friede von Gott, unserem Vater, und dem Herrn Jesus Christus." (1Kor 1,1) Die Kirche hat diese Formel als möglichen Gruß zu Beginn der Heiligen Messe übernommen.

---

[7] Offb 1,8; 4,8; 11,17; 15,3; 16,7; 16,14; 19,6;19,15; 21,22. (Sonst nur noch in 2Kor 6,18 als Zitat aus dem AT).

A. Offb 1-3

Erst an dritter Stelle wird aber im Gruß der Offenbarung *Jesus Christus* genannt, *der treue Zeuge, der Erstgeborene der Toten, der Herrscher über die Könige der Erde.* Jesus ist nach dem Johannesevangelium der treue Zeuge des Vaters, der ihn gesandt hat. Durch seine Menschwerdung ist er Zeuge des göttlichen Willens und der Wahrheit (Joh 18,37). Er ist Zeuge (gr.: martys, Märtyrer) vor allem durch seinen Tod am Kreuz. Durch die Auferstehung wird er zum *Erstgeborenen der Toten* und durch seine Himmelfahrt *der Herrscher über die Könige der Erde.*

An zweiter Stelle im Briefgruß steht nun jemand, der hier unsere besondere Aufmerksamkeit erweckt: Gnade und Friede *von den sieben Geistern vor seinem Thron*! Wer sind denn diese sieben Geister? Zunächst denkt man vielleicht an die sieben hl. Engel, zu denen der Erzengel Rafael gehört, der im Buch Tobit sagt: „Ich bin Rafael, einer von den sieben heiligen Engeln, die das Gebet der Heiligen empor tragen und mit ihm vor die Majestät des heiligen Gottes treten." (Tob 12,15) In der Tat wimmelt es in der Offenbarung des Johannes nur so von Engeln als Mittler zwischen Himmel und Erde, zwischen Gott und den Menschen. Aber kann es sich bei dem Urheber von Gnade und Friede, der zwischen Gott dem Vater und Jesus Christus steht, um Engel handeln? Das ist unlogisch, denn der Vater ist Gott, der Sohn ist Gott und die Engel dazwischen wären nur Geschöpfe und Boten. Es muss sich bei den sieben Geistern vor Gottes Thron um eine bildhafte Darstellung von Gott, dem Heiligen Geist handeln. Das ist biblisch gerechtfertigt durch die sieben Gaben, die der Geist Gottes nach Jes 11,2-3 im Messias hervorbringt und die er auch uns schenkt. „Sieben" ist eine Zahl, die Vollkommenheit, Fülle und Heiligkeit symbolisiert[8]. „Sieben" bedeutet hier also so viel wie „Heilig". Das Bild der sieben Geister kehrt zwei Mal in der Vision von Gottes Thron wieder: „Und sieben lodernde Fackeln brannten vor dem Thron; das sind die sieben Geister Gottes." (Offb 4,5) „Und ich sah: Zwischen dem Thron und den vier Lebewesen und mitten unter den Ältesten stand ein Lamm; es sah aus wie geschlachtet und hatte sieben Hörner und sieben Augen; die Augen

---

[8] Sieben Sakramente der Kirche, siebenarmiger Leuchter, sieben Gemeinden, sieben Brotkörbe (Mt 15,37), sieben Tage der Woche, sieben „Zeichen" und sieben „Ich-bin-Worte" Jesu im Johannesevangelium…

sind die sieben Geister Gottes, die über die ganze Erde ausgesandt sind." (Offb 5,6) In dieser Vision steht das geschlachtete Lamm für Jesus. Die sieben Geister Gottes bewegen sich nicht etwa um ihn herum, sondern sie bilden als sieben Augen einen Teil von ihm. Das Lamm sieht im Heiligen Geist, was in den Herzen von uns Menschen vor sich geht. Der auferstandene Messias gießt seinen Geist über die Welt aus, das wird gesagt mit dem Bild von den sieben Geistern, die über die ganze Erde ausgesandt sind: ein Bild für Pfingsten. So erinnern auch die *sieben lodernden Fackeln* an die Erscheinung der *Zungen wie von Feuer*, die sich am Pfingsttag auf die Jünger verteilten: „Unser Gott ist verzehrendes Feuer." (Hebr 12,29) Wir kennen als bildhafte Darstellung des Heiligen Geistes fast ausschließlich nur die Taube, die bei der Taufe nach Lk 3,22 auf Jesus herabkam. Hier haben wir eine Alternative, die in der Ikonographie verständlicher Weise nur selten verwendet wird: die sieben Geister Gottes als Augen des Lammes und als brennende Fackeln vor seinem Thron.

1.2.2. Das gemeinsame Priestertum

Ich will noch auf zwei weitere Aussagen in der Einleitung näher eingehen: *Jesus liebt uns und hat uns von unseren Sünden erlöst durch sein Blut; er hat uns zu Königen gemacht und zu Priestern vor Gott, seinem Vater.* In der Offenbarung wird das *gemeinsame Priestertum der Gläubigen* dreimal direkt angesprochen[9]. Jesus empfing die Salbung, den Heiligen Geist, bei seiner Taufe im Jordan vom Vater im Himmel. Daraufhin begann er seine öffentliche Wirksamkeit als der „Christus", d.h. der Gesalbte, der Messias. Durch seine Selbsthingabe am Kreuz hat er ein neues Priestertum eingesetzt und „wurde von Gott angeredet als Hoher Priester nach der Ordnung Melchisedeks" (Hebr 5,10). In den Sakramenten der Taufe und der Firmung erhalten alle Gläubigen Anteil an dieser Salbung Jesu zum Priester, Propheten und König, durch das Zeichen einer Chrisamsalbung auf die Stirn. Damit ist der Auftrag verbunden, Gott das Opfer des eigenen Lebens und des Gebets darzubringen (Röm 12,1), aus dem Wort Gottes zu leben (Kol 3,16) und es in Werken der Liebe zu bezeugen (Joh 15,12).

---

[9] Offb 1,6; 5,10; 20,6. Vgl. 1Petr 2,5; KKK 783-786, 901-913, 1141, 1286, 1305, 1546.

A. Offb 1-3

Die Teilhabe am Priestertum Christi gehört also wesentlich zur christlichen Identität. Es geht um das Ziel eines heiligen Lebens in der Nachfolge Jesu, inspiriert vom Heiligen Geist.

Von diesem gemeinsamen Priestertum der Gläubigen ist das apostolische Amt der Bischöfe und Priester wesentlich verschieden[10]. Es vergegenwärtigt Christus als Haupt und Hirten der Kirche, als Quelle der Gnade und Wahrheit. Das Priestertum des Dienstes ist eines der *Mittel, durch welche der Herr das priesterliche Volk heranbildet und leitet.* Es ist also „nur" ein Mittel, nicht das Ziel! Von zentraler Bedeutung für unser christliches Leben ist der erste Teil des Satzes: *Jesus liebt uns und hat uns von unseren Sünden erlöst durch sein Blut.* Paulus drückt dasselbe auch persönlich aus: „Soweit ich aber jetzt noch in dieser Welt lebe, lebe ich im Glauben an den Sohn Gottes, der *mich* geliebt und sich für *mich* hingegeben hat." (Gal 2,20) Bevor wir irgendetwas bezeugen können, müssen wir diese Liebe in unserem Herzen empfangen und erfahren haben.

1.2.3. Die Parusie: Wiederkunft in Herrlichkeit

Schließlich wird noch das Hauptthema der Apokalypse angesprochen, nämlich die Parusie, die Wiederkunft Christi in Herrlichkeit: *Siehe, er kommt mit den Wolken, und jedes Auge wird ihn sehen, auch alle, die ihn durchbohrt haben; und alle Völker der Erde werden seinetwegen jammern und klagen.* In diesem kurzen Satz sind zahlreiche Anspielungen auf andere Schriftstellen des Alten und Neuen Testaments enthalten. Das ist typisch für das Buch der Offenbarung, das die Prophetie der ganzen Bibel in sich aufnimmt und zum Abschluss führt.

Das Kommen des Messias *mit den Wolken* bezieht sich auf Daniel 7,13-14: „Da kam mit den Wolken des Himmels einer wie ein Menschensohn... Ihm wurden Herrschaft, Würde und Königtum gegeben. Alle Völker, Nationen und Sprachen müssen ihm dienen." Jesus wendet dieses Wort auf sich selbst an, wenn er verkündet: „Danach wird das Zeichen des Menschensohnes am Himmel erscheinen; *dann werden alle Völker der Erde jammern und klagen, und sie werden den Menschensohn mit großer Macht und Herrlichkeit auf den Wolken des Himmels kommen sehen.*" (Mt 24,30)

---

[10] Vgl. KKK 874-879; 1120, 1547-1554.

Der Briefgruß **1.2.**

Schließlich wird Jesus bei seiner Himmelfahrt in eine Wolke aufgenommen und zwei Männer in weißen Gewändern, d.h. zwei Engel, verkünden den Jüngern: „Ihr Männer von Galiläa, was steht ihr da und schaut zum Himmel empor? Dieser Jesus, der von euch ging und in den Himmel aufgenommen wurde, wird ebenso wiederkommen, wie ihr ihn habt zum Himmel hingehen sehen." (Apg 1,11)

1.2.3.1. Oben und Unten, Himmel und Unterwelt

Die Wolken sind ein Symbol für die verborgene Gegenwart des Herrn[11], für seine göttliche Herrlichkeit sowie für seine unbegrenzte Macht und Herrschaft. In der ganzen Heiligen Schrift gibt es eine tiefe Symbolik im Hinblick auf oben und unten.

Was wir *zuerst* als Himmel bezeichnen, d.h. was beobachtbar über uns liegt[12], wird zum Symbol für das, was unsichtbar ist, und als Ziel des Lebens über uns liegt: die verborgene Welt Gottes, der Engel und der Heiligen. Beides wird in den biblischen Sprachen Hebräisch und Griechisch, wie auch im Deutschen, mit demselben Wort *Himmel* bezeichnet[13]. Es ist sicher die Absicht des Schöpfers, dass uns das sichtbare Oben, das unbegrenzt zu sein scheint, auf das unsichtbare und unvergängliche Leben verweist; so ähnlich wie der sichtbare Leib des Menschen, besonders sein Gesicht, auf die unsichtbare und unsterbliche Seele[14] hinweist.

Wir müssen also jeweils nachdenken und unterscheiden, wovon die Rede ist, wenn wir in der Offenbarung vom *Himmel*, von *Wolken*, oder von *Sonne, Mond und Sternen* hören: es kann entweder nur das Beobachtbare gemeint sein, oder nur der Gegenstand des Glaubens oder das eine als Zeichen für das andere, d.h. beides gemeinsam.

---

[11] Vgl. Ex 16,10; 20,21; 24,16; 40,34-38; Bei der Verklärung Jesu: „Noch während Jesus redete, warf eine leuchtende Wolke ihren Schatten auf sie, und aus der Wolke rief eine Stimme: Das ist mein geliebter Sohn, an dem ich Gefallen gefunden habe; auf ihn sollt ihr hören." (Mt 17,5)

[12] Die Erdatmosphäre mit ihren Wolken und dem Wettergeschehen; alles, was sich in unserem Sonnensystem bewegt und von der Sonne erleuchtet wird (die Planeten, ihre Monde, die Asteroiden und Kometen…) und schließlich die Sterne unserer Galaxis und die anderen Galaxien, die nur als Nebel in einem Teleskop beobachtbar sind.

[13] KKK 1023-1029 (Himmel als Ziel des menschlichen Lebens), KKK 325-327 (Himmel und Erde als Schöpfung).

[14] KKK 362-365 (In Leib und Seele einer).

A. Offb 1-3

So ist es bei den Texten über die Himmelfahrt Jesu und seine Parusie: Jesus wurde vor den Augen der Jünger *wahrnehmbar* erhoben[15] und wurde von einer *sichtbaren* Wolke aufgenommen. Und das bedeutet, dass er in den transzendenten Himmel einging (Mk 16,19), von wo aus er uns an jedem Ort der Erde nahe ist. Ebenso wird er, für alle sichtbar, auf den Wolken von oben her wiederkommen, das heißt mit göttlicher Macht und Herrlichkeit, um alle Menschen im transzendenten Bereich zum Gericht zu versammeln.

Die gleiche Symbolik gilt mit umgekehrtem Vorzeichen auch für unten. Was physikalisch unter uns liegt[16], wird zum Symbol für den Abgrund der Hölle, für die Unterwelt (griechisch: Hades) als Reich der Bedrängnis und des Todes. Dafür gibt es zahlreiche Beispiele in der Offenbarung des Johannes[17]. Auch hier gilt, dass man im Einzelfall unterscheiden muss, ob von Gegebenheiten der Geologie, vom Reich des Bösen oder von beidem die Rede ist: vom Konkreten, Irdischen als Zeichen für das Unsichtbare, Jenseitige. Aufgrund dieser Symbolik, die in die Schöpfungsordnung eingeschrieben ist, erscheinen Engel und Heilige in Visionen stets als von oben, vom Himmel kommend, während die Geister von Toten oder von Dämonen aus dem Abgrund heraufsteigen.

1.2.3.2. Alpha und Omega

Der Menschensohn kommt und stammt also von oben, nicht von unten. Er kommt, um sein Reich endgültig und für alle sichtbar aufzurichten. Das Reich Gottes ist schon jetzt mitten unter uns (Lk 17,21), aber es ist noch nicht in Herrlichkeit offenbar geworden. Sein Kommen ist universal, es betrifft alle Völker der Erde und jeden

---

[15] Apg 1,9-11; Lk 24,50-51. Auch in der Kirchengeschichte wurde das Phänomen der Levitation, der Erhebung von Heiligen über den Erdboden, häufig bezeugt.
Vgl. Kol 3,1-2: „Wenn ihr nun mit dem Christus auferweckt worden seid, so *sucht, was droben ist, wo der Christus ist, sitzend zur Rechten Gottes!* Sinnt auf das, was droben ist, nicht auf das, was auf der Erde ist!" (Elberfelder Übersetzung). *Droben* oder *oben* ist die wörtliche Übersetzung des griechischen Ausdrucks, der in der Einheitsübersetzung mit „im Himmel" wiedergegeben wird.
[16] Die Erdkruste mit ihren Schluchten, Spalten, finsteren Höhlen (ohne elektrische Beleuchtung!), mit ihrem Magma und Vulkanismus, schließlich der Erdmantel und der Erdkern mit seinem hohen Druck und Temperaturen über 4000° C.
[17] Offb 1,18; 6,8; 9,1; 11,7; 13,11; 17,8; 20,3; 20,14.

einzelnen Menschen, wie uns der Text sagt: *jedes Auge wird ihn sehen, auch alle, die ihn durchbohrt haben* (siehe 9.3.1.). Darin steckt ein Zitat von Sach 12,10: „Doch über das Haus David und über die Einwohner Jerusalems werde ich den Geist des Mitleids und des Gebets ausgießen. *Und sie werden auf den blicken, den sie durchbohrt haben.* Sie werden um ihn klagen, wie man um den einzigen Sohn klagt; sie werden bitter um ihn weinen, wie man um den Erstgeborenen weint." Dies verwirklicht sich also nicht nur im Blick auf das Kreuz des Menschensohnes, wovon das Johannesevangelium spricht (Joh 19,33-37), sondern auch im Hinblick auf seine Parusie, seine Wiederkunft in Herrlichkeit. Denn es ist Ein und Derselbe, der für uns gekreuzigt wurde, der aus Liebe zu uns sein Blut vergossen hat und der kommt auf den Wolken des Himmels, um die Lebenden und Toten zu richten.

Er ist *das Alpha und das Omega*[18]: das sind der erste und der letzte Bluchstabe des griechischen Alphabets. Er ist also der Erste, sowohl in der Schöpfung als auch durch die Auferstehung (Kol 1,15-18), und er ist auch der Letzte, der durch seine Wiederkunft die irdische Geschichte zum Abschluss bringt und die Macht des Bösen endgültig vernichtet. Alpha und Omega stehen auf unseren Osterkerzen, die den auferstandenen Herrn repräsentieren: *Ja, amen. Ich bin das Alpha und das Omega, spricht Gott, der Herr, der ist und der war und der kommt, der Herrscher über die ganze Schöpfung.* Durch das alleinige Vorkommen dieser Selbstbezeichnung Jesu in den ersten und letzten beiden Kapiteln der Offenbarung wird der Klammercharakter dieser Kapitel hervorgehoben, die den Hauptinhalt einleiten und abschließen. Ich verwende *Alpha* und *Omega* als alternative Bezeichnung für die Rahmenkapitel dieses Buches.

Gott ist der Ewige, der ewig Seiende, ohne Anfang und ohne Ende: *der ist, der war und der kommt.* Das erinnert an die Offenbarung seines Namens im brennenden Dornbusch: „Ich bin der ich bin" (Ex 3,14). Dieser Gottesname (JHWH, Jahwe) wird gewöhnlich mit „der Herr" wiedergegeben, man könnte ihn aber auch als „der Ewige" oder „der Seiende" übersetzen.

---

[18] Vgl. Offb 1,17-18; 2,8; 21,6; 22,13.

A. Offb 1-3

1.3. Die Einleitung zu den sieben Sendschreiben

Der Text der Offenbarung fährt fort mit einer zweiten Einleitung in Bezug auf die sieben Sendschreiben an die sieben Gemeinden in Kleinasien. Hier beginnt gewissermaßen ein neuer Abschnitt innerhalb der drei einleitenden Kapitel. Ich zitiere den Text:

„Ich, euer Bruder Johannes, der wie ihr bedrängt ist, der mit euch an der Königsherrschaft teilhat und mit euch in Jesus standhaft ausharrt, ich war auf der Insel Patmos um des Wortes Gottes willen und des Zeugnisses für Jesus. Am Tag des Herrn wurde ich vom Geist ergriffen und hörte hinter mir eine Stimme, laut wie eine Posaune.
Sie sprach: Schreib das, was du siehst, in ein Buch, und schick es an die sieben Gemeinden: nach Ephesus, nach Smyrna, nach Pergamon, nach Thyatira, nach Sardes, nach Philadelphia und nach Laodizea." (Offb 1,9-11) Das griechische Wort für die „Gemeinden" ist dasselbe Wort wie für die „Kirche": *Ekklesia*. In der Offenbarung kommt es nur im Plural vor und hat dann den Sinn von Ortskirchen: die eine Kirche, die Jesus auf den Felsen des Glaubens von Petrus gegründet hat (Mt 16,18), ist örtlich in vielen Gemeinden gegenwärtig.

1.3.1. Johannes auf Patmos am Herrentag

Der Bruder Johannes, verbannt auf die Insel Patmos, ist nach alter kirchlicher Tradition der Apostel und Evangelist Johannes. Mit dieser Ansicht stimme ich überein. Es kann aber auch ein anderer Johannes gewesen sein, weil er die zwölf Apostel im Himmel sieht[19] und sich selbst vor allem als Prophet versteht. Die Offenbarung weist in Stil und Inhalt zahlreiche Berührungspunkte mit dem Johannesevangelium auf. Im Vorwort hat sich der Verfasser im Hinblick auf den sich offenbarenden Gott als „Knecht Johannes" (Offb 1,1) bezeichnet. Das weist darauf hin, dass er nur ein Diener, ein Vermittler der Offenbarung, ist und nicht deren Urheber.

Er hat mit den Angesprochenen an der „Königsherrschaft" teil, das heißt am „Reich" oder am „Königtum" Gottes. Das sind die drei Übersetzungsmöglichkeiten für das griechische Wort *Basileia*, das hier wiederum die Teilhabe am gemeinsamen Priestertum der Gläubigen bezeichnet (siehe 1.2.2.).

---

[19] Vgl. Offb 21,14 sowie die sechs Stellen mit den 24 Ältesten ab Offb 4,4.

Einleitung zu den 7 Sendschreiben 1.3.

Johannes hat mit den Angesprochenen aber auch an der Bedrängnis und am Ausharren in Jesus Anteil, d.h. an der Situation der Verfolgung, die ihn auf die Insel Patmos geführt hat (nicht etwa ein Griechenlandurlaub). Die Teilhabe am Königtum Jesu zeigt sich gerade durch die Treue zu ihm in der Bedrängnis: „Wenn ihr standhaft bleibt, werdet ihr das Leben gewinnen." (Lk 21,19)
Die Offenbarung wurde Johannes am „Tag des Herrn", d.h. am Sonntag, zuteil. Diese Bezeichnung für den Sonntag, den Tag der Auferstehung Christi, ist einzigartig in der Bibel. An allen anderen Stellen im NT (5-mal) und im AT (18-mal) bedeutet der „Tag des Herrn" dagegen der Tag seines Zorns, das Gericht über die Erde (siehe 2.3.3.). Man muss allerdings dazusagen, dass die griechische Formulierung beides Mal verschieden ist, und man den hier verwendeten Ausdruck[20] besser mit „Herrentag", statt mit „Tag des Herrn" übersetzen würde. Die sieben Gemeinden Kleinasiens, die Adressaten des ganzen Buches, liegen alle im Westen der heutigen Türkei, einige davon an der ägäischen Küste. Durch sie wendet sich der Herr aber an seine Kirche zu jeder Zeit ihrer Geschichte.

1.3.2. Die Vision von der Herrlichkeit Jesu

Als nächstes folgt die Beschreibung einer bild- und symbolreichen Vision von Jesus, der zu den Gemeinden spricht. Wir haben schon gehört, dass seine Stimme „laut wie eine Posaune" ertönte. Besser würde man übersetzen: „laut wie Trompetenschall", denn bei dem Instrument handelt es sich um eine einfache Signaltrompete ohne Ventile. Ich zitiere die Beschreibung der Vision und Sie, liebe Leser, können versuchen, sich bildhaft vorzustellen, was uns Johannes da beschreibt: „Da wandte ich mich um, weil ich sehen wollte, wer zu mir sprach. Als ich mich umwandte, sah ich sieben goldene Leuchter und mitten unter den Leuchtern einen, der wie ein Mensch aussah; er war bekleidet mit einem Gewand, das bis auf die Füße reichte, und um die Brust trug er einen Gürtel aus Gold. Sein Haupt und seine Haare waren weiß wie weiße Wolle, leuchtend weiß wie Schnee, und seine Augen wie Feuerflammen; seine Beine glänzten wie Golderz, das im Schmelzofen glüht, und seine Stimme war wie das Rauschen

---

[20] κυριακῇ ἡμέρᾳ (Herrentag) statt ἡμέρα κυρίου (Tag des Herrn).

A. Offb 1-3

von Wassermassen. In seiner Rechten hielt er sieben Sterne, und *aus seinem Mund kam ein scharfes, zweischneidiges Schwert, und sein Gesicht leuchtete wie die machtvoll strahlende Sonne.* Als ich ihn sah, fiel ich wie tot vor seinen Füßen nieder. Er aber legte seine rechte Hand auf mich und sagte: Fürchte dich nicht! Ich bin der Erste und der Letzte und der Lebendige. Ich war tot, doch nun lebe ich in alle Ewigkeit, und ich habe die Schlüssel zum Tod und zur Unterwelt." (Offb 1,12-18)

Sie werden festgestellt haben, dass diese Vision gewaltig ist und wenig mit der Sanftheit des Jesuskindes in der Krippe gemeinsam hat. Wie bei jeder göttlichen Selbstoffenbarung muss der Herr sagen: *Fürchte dich nicht!* Das sagt er in der Bibel den angesprochenen Menschen insgesamt 365-mal, sozusagen einmal jeden Tag im Jahr. Wir könnten sogar versucht sein zu behaupten, das sei gar nicht Jesus, weil uns die Erscheinung zu fremdartig vorkommt. Aber er spricht: *Ich bin der Erste und der Letzte und der Lebendige. Ich war tot, doch nun lebe ich in alle Ewigkeit, und ich habe die Schlüssel zum Tod und zur Unterwelt.* Nur der gekreuzigte und auferstandene Herr hat die Schlüssel zum Tod und zur Unterwelt, d.h. die Macht über die Unterwelt, in die er als Sieger hinabgestiegen ist. Nur ihm ist das Gericht übertragen worden (Joh 5,27). Die Schlüssel des Himmelreichs hat er dagegen Petrus anvertraut (Mt 16,19).

1.3.2.1. Ein scharfes, zweischneidiges Schwert

Ein anderes Element der Vision weist ebenfalls auf den Richter hin: *aus seinem Mund kam ein scharfes, zweischneidiges Schwert.* Dieses Schwert kommt noch einmal in Offb 19,15 im Zusammenhang mit dem apokalyptischen Reiter vor: „Aus seinem Mund kam ein scharfes Schwert, mit ihm wird er die Völker schlagen". Dieses Schwert symbolisiert das Wort Gottes, wie wir im Hebräerbrief nachlesen können: „Denn lebendig ist das Wort Gottes, kraftvoll und schärfer als jedes zweischneidige Schwert; es dringt durch bis zur Scheidung von Seele und Geist, von Gelenk und Mark; es richtet über die Regungen und Gedanken des Herzens; vor ihm bleibt kein Geschöpf verborgen, sondern alles liegt nackt und bloß vor den Augen dessen, dem wir Rechenschaft schulden." (Hebr 4,12-13) Wir erinnern uns daran, dass Jesus das lebendige Wort Gottes in Person ist; das Wort,

Einleitung zu den 7 Sendschreiben 1.3.

das Fleisch geworden ist (vgl. Joh 1,14). Im Johannesevangelium sagt Jesus selbst: „Wer mich verwirft und meine Worte nicht annimmt, hat den, der ihn richtet: das Wort, das ich geredet habe, wird ihn richten am letzten Tag." (Joh 12,48) Soweit zu dem scharfen, zweischneidigen Schwert, das aus dem Mund des Menschensohnes kommt. *Seine Stimme war wie das Rauschen von Wassermassen.* Diesen Eindruck hatte schon der Prophet Ezechiel bei der Offenbarung der Herrlichkeit des Herrn: „Da sah ich, wie die Herrlichkeit des Gottes Israels aus dem Osten herankam. Ihr Rauschen war wie das Rauschen gewaltiger Wassermassen, und die Erde leuchtete auf von seiner Herrlichkeit." (Ez 43,2)

1.3.2.2. Leuchtend weiß wie Schnee

Betrachten wir jetzt noch den Rest der Vision. Sie ist geprägt von strahlendem Licht, von Glanz, von der Farbe Weiß, die eigentlich gar keine Farbe ist, sondern der Zusammenklang aller Farben im Spektrum des Sonnenlichts: *Sein Haupt und seine Haare waren weiß wie weiße Wolle, leuchtend weiß wie Schnee, und seine Augen wie Feuerflammen; seine Beine glänzten wie Golderz, das im Schmelzofen glüht... und sein Gesicht leuchtete wie die machtvoll strahlende Sonne.* Erinnert Sie das an ein Ereignis aus dem Evangelium? Die Vision ähnelt der Schilderung von der Verklärung des Herrn, in der die gleichen Schlüsselworte vorkommen: „Und er wurde vor ihren Augen verwandelt; sein Gesicht leuchtete wie die Sonne, und seine Kleider wurden blendend weiß wie das Licht." (Mt 17,2) Auf dieses Ereignis bezieht sich Petrus, wenn er in seinem zweiten Brief schreibt: „Denn wir sind nicht irgendwelchen klug ausgedachten Geschichten gefolgt, als wir euch die machtvolle Ankunft Jesu Christi, unseres Herrn, verkündeten, sondern wir waren Augenzeugen seiner Macht und Größe." (2Petr 1,16) Die Verklärung auf dem Berg weist voraus auf die Wiederkunft des Herrn in Macht und Herrlichkeit, um die es im Buch der Offenbarung wesentlich geht[21]. Jesus hat sich nach seiner Auferstehung den Jüngern offenbar *nicht* so gezeigt, kein Evangelium spricht davon. Der Auferstandene gab sich stattdessen durch Zeichen zu erkennen:

---

[21] Vgl. auch Lk 9,28-36; Mk 9,1-10; KKK 554-556 (Eine Vorahnung des Reiches: die Verklärung).

A. Offb 1-3

durch die Kraft seines Wortes, durch das Brechen des Brotes und die Wundmale an seinem verklärten Leib. Aber er hat sich nach seiner Himmelfahrt dem Johannes auf Patmos noch einmal in göttlicher Herrlichkeit gezeigt, um zu bezeugen, dass sein Leib in die endgültige Verklärung des Himmels eingegangen ist. Das weiße Gewand, das bis auf die Füße reicht, kann uns auch an die Vision von Schwester Faustina Kowalska erinnern und an das allgemein bekannte Bild vom barmherzigen Jesus, das daraus hervorgegangen ist.

1.3.3. Sieben Leuchter und sieben Sterne

Ich will jetzt noch den Teil der Vision betrachten, der zu den sieben Sendschreiben überleitet. Die Symbolik wird am Ende des ersten Kapitels teilweise erklärt. Dort heißt es: „Schreib auf, was du gesehen hast, was ist und was danach geschehen wird. Der geheimnisvolle Sinn der sieben Sterne, die du auf meiner rechten Hand gesehen hast, und der sieben goldenen Leuchter ist: Die sieben Sterne sind die Engel der sieben Gemeinden, und die sieben Leuchter sind die sieben Gemeinden." (Offb 1,19-20)

Schon allein die Zahl Sieben weist darauf hin, dass die heilige Kirche als Ganze angesprochen ist, in den örtlich verschiedenen Haltungen gegenüber ihrem einen Herrn und Gründer. Jesus sagt in der Bergpredigt: „Man zündet nicht ein Licht an und stülpt ein Gefäß darüber, sondern man stellt es auf den Leuchter; dann leuchtet es allen im Haus." (Mt 5,15) Jesus stellt also sein Licht des Evangeliums und der Sakramente auf den Leuchter der kirchlichen Gemeinden, damit alle Menschen es sehen.

Die sieben Sterne werden durchgängig als sieben Engel bezeichnet, aber der folgende Text zeigt sehr deutlich, dass die Leiter der Gemeinden, die Bischöfe, damit angesprochen sind (siehe 1.4.2.). Der Ausdruck „Engel" ist in diesem Fall wörtlich zu verstehen. Das griechische Wort *Angellos* bedeutet zuerst „Gesandter", „Beauftragter", bevor es ein himmlisches Geistwesen bezeichnet. Die Bischöfe sind wie Sterne in der Hand des Herrn, von ihm berufene Heilige, bevor er sie dann zu seinen Gemeinden aussendet. Auch an anderen Stellen der Heiligen Schrift werden Menschen mit Sternen verglichen, insofern sie ein Abglanz vom ewigen Licht Gottes sind. So heißt es z.B. in Dan 12,3: „Die Verständigen werden strahlen, wie

Einleitung zu den 7 Sendschreiben 1.3.

der Himmel strahlt; und die Männer, die viele zum rechten Tun geführt haben, werden immer und ewig wie die Sterne leuchten." Jesus selbst ist der Morgenstern, das aufstrahlende Licht aus der Höhe (Lk 1,78). Eine andere Sterndeutung (oder Astrologie) gibt es in der Bibel nicht: Die Sterne bedeuten die Gemeinschaft der Engel und Heiligen mit dem Herrn![22] Das sind die „Stars" in den Augen Gottes. Mit der Deutung der sieben *Engel* aus der Vision als *Verantwortliche der angesprochenen Gemeinden* will ich keineswegs ausschließen, dass jede Ortskirche auch ihren eigenen Schutzengel hat.

---

[22] Vgl. auch Gen 1,16; Gen 15,5; Num 24,17; Mt 2,2; Mt 13,43; Mt 17,2; Phil 2,15; Offb 12,1; Offb 22,16.
„Die Weisen aus dem Morgenland, von denen das heutige Evangelium berichtet, wie überhaupt die Heiligen sind allmählich selbst zu Sternbildern Gottes geworden, die uns den Weg zeigen. In all diesen Menschen hat gleichsam die Berührung mit Gottes Wort eine Explosion des Lichtes ausgelöst, durch die der Glanz Gottes in diese unsere Welt hineinleuchtet und uns den Weg zeigt. *Die Heiligen sind Sterne Gottes, von denen wir uns führen lassen zu dem hin, nach dem unser Wesen fragt.* Liebe Freunde, ihr seid dem Stern Jesus Christus nachgefolgt, als ihr Ja zum Priestertum und zum Bischofsamt gesagt habt. Und gewiss haben euch auch kleinere Sterne geleuchtet und geholfen, den Weg nicht zu verlieren. In der Allerheiligenlitanei rufen wir all diese Sterne Gottes herbei, damit sie euch immer wieder leuchten und den Weg zeigen. *Indem ihr zu Bischöfen geweiht werdet, werdet ihr gerufen, auch selber Sterne Gottes für die Menschen zu sein, sie auf den Weg zum wahren Licht, zu Christus zu führen.*" (Benedikt XVI. am 6.1.2012, aus der Predigt zur Bischofsweihe am Hochfest der Erscheinung des Herrn)

A. Offb 1-3

1.4. Die sieben Sendschreiben

Die Sendschreiben an die sieben Gemeinden Kleinasiens sind in Wirklichkeit eine ganz persönliche Anrede des Bischofs und eine Bestandsaufnahme der Gemeinde durch Jesus. Es kommt so deutlich zum Ausdruck, dass es sich um die Gemeinden des Herrn handelt und sie sich vor ihm verantworten müssen. Die Sendschreiben nehmen die Kapitel zwei und drei der Offenbarung ein. Im Gegensatz zu den folgenden Kapiteln werden hier keine neuen Visionen wiedergegeben, sondern sie beziehen sich noch auf die einleitende Vision (siehe 1.3.2.). Insofern haben diese Kapitel immer noch einen einleitenden Charakter für das Buch als Ganzes und stehen in Parallele zu den letzten beiden Kapiteln (Offb 21-22), welche die Kirche in ihrem Zustand nach der Parusie des Herrn symbolisch darstellen. Jedes Schreiben hat ganz genau denselben Aufbau, dieselbe Struktur, von der wir in der Betrachtung des Textes ausgehen werden. Ich will dabei nicht auf die historische Bedeutung eingehen, welche die Anrede für die sieben Gemeinden am Ende des ersten Jahrhunderts gehabt haben mag. Es geht mir vielmehr darum, was die Anrede uns, der Kirche am Beginn des 21. Jahrhunderts, sagen kann.

1.4.1. Auftrag und Auftraggeber

Jedes Sendschreiben beginnt mit einem Auftrag an Johannes:
„An den Engel der Gemeinde in Ephesus, Smyrna, Pergamon… schreibe." Dann folgt jeweils ein Satz, der Jesus als Auftraggeber charakterisiert. Diese sieben Einleitungsworte werde ich nun zitieren. Sie werden erkennen, dass diese vor allem der vorhergehenden Vision des verklärten Christus entnommen sind. „An den Engel der Gemeinde in Ephesus schreibe: So spricht Er, der die sieben Sterne in seiner Rechten hält und mitten unter den sieben goldenen Leuchtern einhergeht". An Smyrna: „So spricht Er, der Erste und der Letzte, der tot war und wieder lebendig wurde." An Pergamon: „so spricht er, der das scharfe, zweischneidige Schwert hat". An Thyatira: „So spricht der Sohn Gottes, der Augen hat wie Feuerflammen und Beine wie Golderz." An Sardes: „So spricht er, der die sieben Geister Gottes und die sieben Sterne hat" An Philadelphia: „So spricht der Heilige, der Wahrhaftige, der den Schlüssel Davids hat, der öffnet, so dass niemand mehr schließen kann, und der

schließt, so dass niemand mehr öffnen kann[23]." An Laodizea: „So spricht er, der Amen heißt, der treue und wahrhaftige Zeuge, der Anfang der Schöpfung Gottes."
Soweit die sieben Kennzeichnungen des Herrn Jesus. Neu gegenüber dem ersten Kapitel der Offenbarung sind die letzten beiden Bezeichnungen. An Philadelphia: „der Heilige, der Wahrhaftige, *der den Schlüssel Davids hat...*". Der Schlüssel Davids weist Jesus als den Messias aus, der königliche Macht über Israel hat, wie es der Engel Gabriel Maria angekündigt hatte: „Gott, der Herr, wird ihm den Thron seines Vaters David geben. Er wird über das Haus Jakob in Ewigkeit herrschen, und seine Herrschaft wird kein Ende haben." (Lk 1,32-33) An Laodizea: „So spricht er, *der Amen heißt, der treue und wahrhaftige Zeuge, der Anfang der Schöpfung Gottes.*" Das erinnert stark an den Prolog des Johannesevangeliums, wo das ewige Wort als Gott am Anfang der Schöpfung steht, und als Mensch zuverlässig Zeugnis gibt für den Vater: „Im Anfang war das Wort, und das Wort war bei Gott, und das Wort war Gott. Im Anfang war es bei Gott. Alles ist durch das Wort geworden, und ohne das Wort wurde nichts, was geworden ist..." (Joh 1,1-3)
Der Treue und Wahrhaftige ist ein Name Jesu als apokalyptischer Reiter in Offb 19,11f. Er ist das „Ja" oder das „Amen" zu allem, was Gott verheißen hat: „Darum rufen wir durch ihn zu Gottes Lobpreis auch das Amen." (2Kor 1,20)

1.4.2. Ich kenne Dich!

In den sieben Sendschreiben folgt dann jeweils ein Satz, der das Wissen des Herrn um den Bischof und seine Gemeinde zum Ausdruck bringt. Gerade diese Sätze beweisen, dass es sich bei dem Angesprochenen nicht um ein Engelwesen handelt, denn sie zeigen ihn in menschlichen, irdischen Situationen, sogar in Schwäche und Sünde. Sie zeigen auch die Gegenwärtigkeit der Situation, die sich mehr oder weniger auf heute übertragen lässt. Man kann sich durch das eine oder andere Wort auch ganz persönlich angesprochen fühlen. Ich gehe die Gemeinden jetzt wieder der Reihe nach durch.

---

[23] Vgl. Jes 22,22; Lk 13,25-28; Mt 25,10-13.

A. Offb 1-3

An Ephesus: „Ich kenne deine Werke und deine Mühe und dein Ausharren; ich weiß: Du kannst die Bösen nicht ertragen, du hast die auf die Probe gestellt, die sich Apostel nennen und es nicht sind, und hast sie als Lügner erkannt. Du hast ausgeharrt und um meines Namens willen Schweres ertragen und bist nicht müde geworden."
An Smyrna: „Ich kenne deine Bedrängnis und deine Armut, und doch bist du reich, und die Lästerung von denen, die sagen, sie seien Juden, es aber nicht sind, sondern eine Synagoge Satans."
An Pergamon: „Ich weiß, wo du wohnst; es ist dort, wo der *Thron des Satans*[24] steht. Und doch hältst du an meinem Namen fest und hast den Glauben an mich nicht verleugnet, auch nicht in den Tagen, als Antipas, mein treuer Zeuge, bei euch getötet wurde, dort, wo der Satan wohnt." An Thyatira: „Ich kenne deine Werke, deine Liebe und deinen Glauben, dein Dienen und Ausharren, und ich weiß, dass du in letzter Zeit mehr getan hast als am Anfang." An Sardes: „Ich kenne deine Werke. Dem Namen nach lebst du, aber du bist tot. Werde wach und stärke, was noch übrig ist, was schon im Sterben lag. Ich habe gefunden, dass deine Taten in den Augen meines Gottes nicht vollwertig sind." An Philadelphia: „Ich kenne deine Werke, und ich habe vor dir eine *Tür geöffnet*, die niemand mehr schließen kann[25]. Du hast nur geringe Kraft, und dennoch hast du an meinem Wort festgehalten und meinen Namen nicht verleugnet." An Laodizea: „Ich kenne deine Werke. Du bist weder kalt noch heiß. Wärest du doch kalt oder heiß! Weil du aber lau bist, weder heiß noch kalt, will ich dich aus meinem Mund ausspeien."
Die meisten dieser Anreden sind positiv, ermutigend und bestätigend: das freut uns. Zwei von ihnen, an Sardes und Laodizea, sind schon von Anfang an eine Mahnung, in der das Wissen des Herrn um unsere Sünden überwiegt.

---

[24] Der Satan kommt hier gleich drei Mal vor. Er ist der Feind und Gegenspieler Christi und seiner Kirche, ein gefallener Engel, der Anführer der Dämonen. Vgl. Mt 4,1-11; Joh 8,44; Offb 12,9; 20,2; 20,10; KKK 391-395. „Synagoge Satans" ist demnach eine Zusammenkunft böser Menschen und der „Thron des Satans" ist ein Ort, wo er verehrt wird und von wo aus er über die Menschen herrschen kann (Offb 13,2).
[25] Diese Tür bedeutet für mich die Weihe an das unbefleckte Herz Mariens. Maria ist die Pforte des Himmels, die jedem Menschen offensteht, der eintreten will, ein sicherer Zufluchtsort gegen den Satan. Außerdem ist Jesus selbst die geöffnete Tür (Joh 10,9).

Die sieben Sendschreiben **1.4.**

Das könnte eine Beschreibung des Abfalls vom Christentum und der Entfremdung von Gott sein: „Dem Namen nach lebst du, aber du bist tot. Du bist weder kalt noch heiß." Lauheit kommt durch die Vermischung von heiß[26] und kalt[27] zustande. Es ist besser, eindeutig und bewusst gegen den Herrn zu sein, als das Christentum zu verwässern, es mit fremden, heidnischen Überzeugungen zu vermischen oder es nur ein bisschen zu leben[28]. Ich will aber darauf verzichten, meine persönliche Auslegung in Bezug auf unsere Zeit darzulegen. Das soll der Überlegung jedes Einzelnen überlassen bleiben.

1.4.3. Mahnung und Ermutigung

Als nächstes folgt jeweils eine Mahnung zur Umkehr oder eine Ermutigung zur Treue, wie sie in den meisten Apostelbriefen vorkommt. Auch hier liegt eine Übertragung auf unsere Gegenwart nahe, die von innerer und äußerer Bedrängnis der Kirche gekennzeichnet ist.

An Ephesus: „*Ich werfe dir aber vor, dass du deine erste Liebe verlassen hast. Bedenke, aus welcher Höhe du gefallen bist. Kehr zurück zu deinen ersten Werken!* Wenn du nicht umkehrst, werde ich kommen und deinen Leuchter von seiner Stelle wegrücken. Doch für dich spricht: Du verabscheust das Treiben der Nikolaiten, das auch ich verabscheue." An Smyrna: „Fürchte dich nicht vor dem, was du noch erleiden musst. Der Teufel wird einige von euch ins Gefängnis werfen, um euch auf die Probe zu stellen, und ihr werdet in Bedrängnis sein, zehn Tage lang. *Sei treu bis in den Tod; dann werde ich dir den Kranz des Lebens geben*[29]." An Pergamon: „Aber ich habe etwas gegen dich: Bei dir gibt es Leute, die an der Lehre Bileams festhalten; Bileam[30] lehrte Balak, er solle die Israeliten dazu

---

[26] „Heiß" lässt sich mit dem Feuer der Liebe, der Kraft des Glaubens, der lebendigen Hoffnung, dem Wirken des Heiligen Geistes identifizieren.
[27] „Kalt" ist die Abwesenheit, der Mangel an Wärme, was Bewegung und Leben erstarren lässt. Geistlich gesehen kann man das mit Agnostizismus, Atheismus oder überzeugtem Heidentum identifizieren.
[28] Vgl. Lk 12,10; Mt 5,13.
[29] Diese Ermutigung enthält wiederum einen starken Anklang an Offb 13,10. Siehe auch 1.3.1. Felix Mendelssohn-Bartholdy hat diesen Satz im zweiten Teil seines Oratoriums „Paulus" sehr innig als Kantilene vertont.
[30] Num 31,18; Num 22,4-25,3.

A. Offb 1-3

verführen, Fleisch zu essen, das den Götzen geweiht war, und Unzucht zu treiben. *So gibt es auch bei dir Leute, die in gleicher Weise an der Lehre der Nikolaiten festhalten. Kehre nun um!* Sonst komme ich bald und werde sie mit dem Schwert aus meinem Mund bekämpfen." In dieser Warnung steht Bileam für die Verführung und die Nikolaiten für die Irrlehrer in der Kirche. Beiden droht der Herr das Gericht durch das Schwert aus seinem Mund an (Offb 1,16). An Thyatira: „Aber ich werfe dir vor, dass du das Weib Isebel[31] gewähren lässt; sie gibt sich als Prophetin aus und lehrt meine Knechte und verführt sie, Unzucht zu treiben und Fleisch zu essen, das den Götzen geweiht ist. *Ich habe ihr Zeit gelassen umzukehren; sie aber will nicht umkehren und von ihrer Unzucht ablassen.* Darum werfe ich sie auf das Krankenbett, und alle, die mit ihr Ehebruch treiben, bringe ich in große Bedrängnis, wenn sie sich nicht abkehren vom Treiben dieses Weibes. Ihre Kinder werde ich töten, der Tod wird sie treffen, und alle Gemeinden werden erkennen, dass *ich es bin, der Herz und Nieren prüft, und ich werde jedem von euch vergelten, wie es seine Taten verdienen*[32]. Aber euch übrigen in Thyatira, denen, die dieser Lehre nicht folgen und die "Tiefen des Satans", wie sie es nennen, nicht erkannt haben, euch sage ich: Ich lege euch keine andere Last auf. *Aber was ihr habt, das haltet fest, bis ich komme.*"

Während es in Offb 17-18 um die Unzucht und Untreue gegenüber Gott in der Welt geht, ist hier die Rede von Verführung zu schwerer Sünde, Irrlehre und falscher Prophetie im Innern der Kirche.

An Sardes: „*Denk also daran, wie du empfangen und gehört hast*[33]. *Bewahre es und kehre um!* Wenn du aber nicht aufwachst, werde ich kommen wie ein Dieb[34], und du wirst bestimmt nicht wissen, zu welcher Stunde ich komme." An Philadelphia: „*Du hast dich an mein Gebot gehalten, standhaft zu bleiben; daher werde auch ich zu*

---

[31] 1Kön 16,29-34; 1Kön 18,4; 1Kön 21.

[32] Das wird in der Bibel häufig bezeugt: Ps 62,13; Jer 17,10; Sir 11,26; Mt 16,27; Mt 25,14-46; Röm 2,6; 2Tim 4,14…

[33] Der griechische Text sagt nicht, was empfangen und gehört wurde. Die Einheitsübersetzung ergänzt „die Lehre", aber man kann auch an die Liebe und Gnade Gottes denken. Es kommt darauf an, Gedächtnis zu halten über den Anfang der Berufung, der Begegnung mit Christus.

[34] Das wird im NT häufig bezeugt: Mt 24,43-44; Lk 21,34-35; 1Thes 5,2-4; 2Petr 3,10; Offb 16,15.

dir halten und dich bewahren vor der Stunde der Versuchung, die über die ganze Erde kommen soll, um die Bewohner der Erde auf die Probe zu stellen. *Ich komme bald.* Halte fest, was du hast, damit niemand deinen Siegeskranz nimmt!" An Laodizea: „*Du behauptest: Ich bin reich und wohlhabend, und nichts fehlt mir.* Du weißt aber nicht, dass gerade du elend und erbärmlich bist, arm, blind und nackt. Darum rate ich dir: Kaufe von mir Gold, das im Feuer geläutert ist, damit du reich wirst; und kaufe von mir weiße Kleider, und zieh sie an, damit du nicht nackt dastehst und dich schämen musst; und kaufe Salbe für deine Augen, damit du sehen kannst. Wen ich liebe, den weise ich zurecht und nehme ihn in Zucht. Mach also Ernst, und kehr um! *Ich stehe vor der Tür und klopfe an.* Wer meine Stimme hört und die Tür öffnet, bei dem werde ich eintreten, und wir werden Mahl halten, ich mit ihm und er mit mir."
Diese Mahnung passt besonders zu unserer Zeit, zur Situation der Kirche in Westeuropa. Sie ist reich an Symbolik: Gold, das im Feuer geläutert ist, kann den Glauben und die Liebe bedeuten (1Petr 1,7-9); weiße Kleider bedeuten die Heiligkeit, die guten Werke, die Taufgnade[35]; die Salbe erinnert an das Salböl, an die Gabe des Heiligen Geistes. Er erleuchtet die Augen unseres Herzens, um das von Gott geoffenbarte zu erkennen (Eph 1,17-18). In keinem Fall geht es darum, wirklich etwas zu kaufen. Der unbeständige und trügerische materielle Reichtum soll durch geistlichen Reichtum eingetauscht werden, der auch im ewigen Leben Bestand hat[36]. Jesus klopft an die Tür unseres Herzens; er respektiert unsere Freiheit und wartet, bis wir ihm öffnen. Er will durch das innere Gebet und den Empfang der Eucharistie in unser Leben eintreten und *mit uns Mahl halten.*

1.4.4. Verheißungen für den, der siegt

Nach den Mahnungen des Herrn an die Bischöfe und ihre Ortskirchen folgt eine abschließende Verheißung für den, der siegt. Das weist darauf hin, dass das christliche Leben mit geistlichem Kampf gegen die Sünde und ihre Ursachen verbunden ist. Jesus selbst ist der Sieger über Sünde, Tod und Teufel. Die Verbundenheit mit ihm

---

[35] Vgl. Offb 3,4-5; Offb 19,8. Bei der Taufe wird dem Täufling ein weißes Kleid als Zeichen der inneren Reinheit und Heiligkeit überreicht.
[36] Vgl. Mt 6,19-21; Mt 13,44-46; Lk 12,15-21, Jak 5,1-3.

A. Offb 1-3

durch den Glauben, das Gebet und die Sakramente wird uns Anteil an seinem Sieg verleihen. Die Verheißungen haben *eschatologischen Charakter*, sie beziehen sich letztlich auf das ewige Leben in einer neuen Schöpfung, die der Herr bei seiner Wiederkunft in Herrlichkeit herbeiführen wird. Sie sind reich an Symbolik, die auf Bekanntes aus der Bibel *zurückverweist*, oder auf noch Kommendes in der Offenbarung *vorausverweist*. Wir gehen die sieben Gemeinden wieder der Reihe nach durch, wobei ich auf den Inhalt im Kontext der Heiligen Schrift näher eingehen möchte.

1.4.4.1. Verheißung an die Kirche von Ephesus

„Wer siegt, dem werde ich zu essen geben vom Baum [Holz] des Lebens, der im Paradies Gottes steht." (Offb 2,7, siehe 10.2.3.2.)
Der Inhalt verweist zurück auf den Anfang des Buches Genesis, wo Gott den Menschen in den Garten Eden setzte: „Dann legte Gott, der Herr, in Eden, im Osten, einen Garten an und setzte dorthin den Menschen, den er geformt hatte. Gott, der Herr, ließ aus dem Ackerboden allerlei Bäume wachsen, verlockend anzusehen und mit köstlichen Früchten, in der Mitte des Gartens aber den *Baum des Lebens* und den Baum der Erkenntnis von Gut und Böse." (Gen 2,8-9)
Das Wort *Garten* wird in der griechischen Übersetzung der Septuaginta mit dem persischen Ausdruck „Paradeisos", d.h. Park, *Paradies*, wiedergegeben. Dadurch wird die Schönheit und Harmonie der Schöpfung zum Ausdruck gebracht. Der Mensch sollte nicht nach den Früchten vom Baum der Erkenntnis greifen, er sollte das Böse nicht kennenlernen (Gen 2,16-17). Nach dem Sündenfall wurde er aus dem Paradies vertrieben und es wurde ihm verwehrt vom Baum des Lebens zu essen (Gen 3,22-24). Damit wird die Sterblichkeit des Menschen, der leibliche Tod als Folge der Sünde zum Ausdruck gebracht.
Erst Jesus hat durch seinen Tod am Kreuz den Zugang zum Paradies wieder geöffnet, wobei mit dem Wort *Paradies* diesmal die jenseitige, unsichtbare Welt des ewigen Lebens gemeint ist. So sagt Jesus zu dem mit ihm gekreuzigten Verbrecher, der Reue zeigte: „Heute noch wirst du mit mir im *Paradies* sein." (Lk 23,43) Und Johannes bemerkt, dass Jesus in einem *Gartengrab* nahe beim Ort der Kreuzigung beigesetzt wurde: „An dem Ort, wo man ihn gekreu-

zigt hatte, war ein *Garten*, und in dem Garten war ein neues Grab, in dem noch niemand bestattet worden war." (Joh 19,41) Das legt uns nahe, das Kreuz selbst als den *Baum (wörtl.: Holz) des Lebens* im neuen Bund zu sehen. Die Frucht des Kreuzes ist das Opfer des Leibes Christi: die Eucharistie und die Kirche, die von der Eucharistie lebt. Jesus verheißt eine neue Unsterblichkeit im Leib, die uns beim Empfang der hl. Kommunion zugesagt wird: „Wer mein Fleisch isst und mein Blut trinkt, hat das ewige Leben, und ich werde ihn auferwecken am letzten Tag." (Joh 6,54)

1.4.4.2. Verheißung an die Kirche von Smyrna

„Wer siegt, dem kann der zweite Tod nichts anhaben." (Offb 2,11)
Der *zweite Tod* kommt noch einmal in Offb 20,6 und Offb 20,14 vor. Dort heißt es: „Der Tod und die Unterwelt aber wurden in den Feuersee geworfen. Das ist der zweite Tod: der Feuersee. Wer nicht im Buch des Lebens verzeichnet war, wurde in den Feuersee geworfen." Der zweite Tod bezeichnet also die Hölle, die ewige Verdammnis, d.h. den Ausschluss von der Gemeinschaft mit Gott in der neuen Schöpfung: „Aber die Feiglinge und Treulosen, die Befleckten, die Mörder und Unzüchtigen, die Zauberer, Götzendiener und alle Lügner - ihr Los wird der See von brennendem Schwefel sein. Dies ist der zweite Tod." (Offb 21,8) Jesus verheißt ein ewiges Leben, das nicht mehr von Sünde und Untergang bedroht ist.

1.4.4.3. Verheißung an die Kirche von Pergamon

„Wer siegt, dem werde ich von dem verborgenen Manna geben. Ich werde ihm einen weißen Stein geben, und auf dem Stein steht ein neuer Name, den nur der kennt, der ihn empfängt." (Offb 2,17)
Das *verborgene Manna* weist zuerst hin auf die geheimnisvolle Speise, die der Herr dem Volk Israel auf seiner Wüstenwanderung gegeben hat. So lesen wir in Ex 16,14-15: „Als sich die Tauschicht gehoben hatte, lag auf dem Wüstenboden etwas Feines, Knuspriges, fein wie Reif, auf der Erde. Als die Israeliten das sahen, sagten sie zueinander: Was ist das? Denn sie wussten nicht, was es war. Da sagte Mose zu ihnen: Das ist das Brot, das der Herr euch zu essen gibt." Jesus nimmt Bezug darauf, als er in der Synagoge in Kafarnaum von der Eucharistie spricht: „Eure Väter haben in der Wüste das Manna gegessen und sind gestorben. So aber ist es mit

A. Offb 1-3

dem Brot, das vom Himmel herabkommt: Wenn jemand davon isst, wird er nicht sterben. Ich bin das lebendige Brot, das vom Himmel herabgekommen ist. Wer von diesem Brot isst, wird in Ewigkeit leben." (Joh 6,49-51) Das *verborgene Manna* ist also ohne Zweifel die verborgene Gegenwart des Herrn in der Eucharistie. Der *weiße Stein* mit dem *neuen Namen* weist hin auf die neue Identität und den neuen Namen, den die Christen bei der Taufe empfangen. Erst im ewigen Leben wird uns diese Identität von Gott her ganz offenbar werden. Die Farbe *Weiß* bezeichnet wiederum *Reinheit und Verklärung*. Der Stein ist Teil des Felsens, der Gott selbst ist: „Auch wenn mein Leib und mein Herz verschmachten, Gott ist der Fels meines Herzens und mein Anteil auf ewig." (Ps 73,26) Jesus verheißt sich selbst als ewigen Lohn.

1.4.4.4. Verheißung an die Kirche von Thyatira

„Wer siegt und bis zum Ende an den Werken festhält, die ich gebiete, dem werde ich Macht über die Völker geben. Er wird über sie herrschen mit eisernem Zepter und sie zerschlagen wie Tongeschirr, wie auch ich von meinem Vater empfangen habe, und ich werde ihm den Morgenstern geben." (Offb 2,26-28)

In dieser Verheißung wird der Sieg inhaltlich näher bezeichnet: er besteht in der Standhaftigkeit, bis zum Ende an den Werken der Liebe festzuhalten, die dem Gebot Jesu entsprechen (Joh 15,9-17). Die Verheißung besteht, vielleicht überraschender Weise, in der Teilnahme am Gericht über die Völker. *Er wird über sie herrschen mit eisernem Zepter*: das wird in Offb 12,5 vom Sohn der apokalyptischen Frau ausgesagt, und in Offb 19,15 vom apokalyptischen Reiter, wobei es sich beide Male eindeutig um die Person Jesu handelt. Er hat die Vollmacht zum Gericht von Gott, seinem Vater, empfangen (Joh 5,22). Eisen war lange Zeit das härteste bekannte Metall und wurde zur Herstellung von Kriegsgerät verwendet. Auch in den heutigen Stahlsorten ist Eisen das hauptsächliche Element. Wenn Jesus mit eisernem Stab die Völker zerschlägt, dann ist damit der Krieg gemeint, von dem im VII. Abschnitt (siehe <u>8.</u>) und an vielen anderen Stellen der Offenbarung die Rede ist.

Tatsächlich gibt es auch einige Stellen im Alten und Neuen Testament, die von einer Teilnahme der Heiligen an diesem Gericht über

die Völker sprechen. In Psalm 149 beten wir: „Der Herr hat an seinem Volk Gefallen, die *Gebeugten krönt er mit Sieg*. In festlichem Glanz sollen die Frommen frohlocken, auf ihren Lagern jauchzen: Loblieder auf Gott in ihrem Mund, ein *zweischneidiges Schwert in der Hand, um die Vergeltung zu vollziehen an den Völkern*, an den Nationen das Strafgericht, um ihre Könige mit Fesseln zu binden, ihre Fürsten mit eisernen Ketten, *um Gericht über sie zu halten, so wie geschrieben steht*. Herrlich ist das für all seine Frommen." (Ps 149,4-9) Im Evangelium sagt Jesus zu den zwölf Aposteln: „Amen, ich sage euch: Wenn die Welt neu geschaffen wird und der Menschensohn sich auf den Thron der Herrlichkeit setzt, werdet ihr, die ihr mir nachgefolgt seid, auf zwölf Thronen sitzen und *die zwölf Stämme Israels richten*." (Mt 19,28) Und Paulus mahnt die Korinther: „Wagt es einer von euch, der mit einem anderen einen Rechtsstreit hat, vor das Gericht der Ungerechten zu gehen statt zu den Heiligen? Wisst ihr denn nicht, dass *die Heiligen die Welt richten werden*? Und wenn durch euch die Welt gerichtet wird, seid ihr dann nicht zuständig, einen Rechtsstreit über Kleinigkeiten zu schlichten? Wisst ihr nicht, dass wir über Engel richten werden? Also erst recht über Alltägliches." (1Kor 6,1-3) Schließlich kommt der Gedanke der Teilnahme am Gericht Gottes im Buch der Weisheit in einem wunderschönen Text zum Ausdruck: „Die Seelen der Gerechten sind in Gottes Hand, und keine Qual kann sie berühren… Beim Endgericht werden sie aufleuchten wie Funken, die durch ein Stoppelfeld sprühen. *Sie werden Völker richten und über Nationen herrschen*, und der Herr wird ihr König sein in Ewigkeit." (Weish 2,1.7-8)
Wenn wir das alles zusammennehmen, kann man schon von einer geoffenbarten Wahrheit sprechen, dass die Gerechten am Weltgericht beteiligt sein werden, mindestens in der Form von Einsicht, Lobpreis und Zustimmung zur Gerechtigkeit Gottes[37]. Schließlich enthält die Verheißung noch den geheimnisvollen Satz: *und ich werde ihm den Morgenstern geben*. In der Offenbarung ist der Morgenstern wiederum Jesus selbst, der von sich sagt: „Ich bin die Wurzel und das Geschlecht Davids, der glänzende Morgenstern." (Offb 22,16) Darüber hinaus gilt der Morgenstern in der christlichen Tradition als

---

[37] Wie z.B. in Offb 15,3-4; 16,5-7 und 19,1-4. Vgl. Lk 11,31-32; Mt 12,41-42; Offb 20,4; siehe 9.2.2.

A. Offb 1-3

Sinnbild für Maria, weil sie die Glänzendste aller Heiligen ist, und weil sie dem Aufgang der Sonne, dem Kommen des Herrn, vorausgeht. So kann die Gabe des Morgensterns bedeuten, dass Jesus dem Siegenden seine Mutter Maria als Beistand und Orientierung gibt.

1.4.4.5. Verheißung an die Kirche von Sardes

„Wer siegt, wird ebenso mit weißen Gewändern bekleidet werden. Nie werde ich seinen Namen aus dem Buch des Lebens streichen, sondern ich werde mich vor meinem Vater und vor seinen Engeln zu ihm bekennen." (Offb 3,5)

Die weißen Gewänder sind in der Offenbarung ein konstantes Merkmal der Heiligen im Himmel. Sie erinnern an das Taufkleid und bedeuten die gerechten Taten der Heiligen (Offb 19,8), die Reinheit und Verklärung ihrer Seele in göttlichem Licht. Sie sind das „Hochzeitsgewand" das jeder erhält, der zum Festmahl des ewigen Lebens eingeladen ist (Mt 22,9-12). Das Wort *„ebenso"* bezieht sich auf Jesus im vorangehenden Satz, der die Verheißung einleitet: „Du hast aber einige Leute in Sardes, die ihre Kleider nicht befleckt haben; sie werden *mit mir in weißen Gewändern* gehen, denn sie sind es wert." (Offb 3,4) Von einem *Buch des Lebens* ist schon in Psalm 69 und im Buch Maleachi die Rede: „Der Herr horchte auf und hörte hin, und *man schrieb vor ihm ein Buch, das alle in Erinnerung hält, die den Herrn fürchten und seinen Namen achten.* Sie werden an dem Tag, den ich herbeiführe - spricht der Herr der Heere -, mein besonderes Eigentum sein." (Mal 3,16-17)

Auch Paulus spricht im Philipperbrief von Mitarbeitern, deren Namen im Buch des Lebens stehen (Phil 4,3). Des Weiteren kommt dieses Buch in der Offenbarung noch drei Mal vor[38]. Es ist ein Sinnbild für die Gegenwart unseres irdischen Lebens in den Augen und im Wissen Gottes. Viele Menschen, die aus unmittelbarer Todesnähe noch einmal zurückgekommen sind, berichten davon, dass sie ihr gesamtes Leben wie in einem Film vor sich gesehen haben. Nichts, was wir getan haben, ist vergessen oder geht verloren[39].

---

[38] Offb 13,8; 17,8; 20,12 u. 15; 21,27. Das Buch des Lebens ist nicht zu verwechseln mit der versiegelten Buchrolle in Offb 5-6, die einen anderen Inhalt und andere Bedeutung hat. Siehe 2.2.1.

[39] Sir 15,17-19; Sir 42,18; Ps 33,15; Lk 2,2-3.

Das Buch des Lebens bezeichnet auch die bleibende Frucht, die unser Leben in Vereinigung mit Christus bringt. In diesem Sinn heißt es in Offb 14,13: „Selig die Toten, die im Herrn sterben, von nun an; ja, spricht der Geist, sie sollen ausruhen von ihren Mühen; *denn ihre Werke begleiten sie.*" Schließlich ist auch im Evangelium von einem wechselseitigen Bekennen der Jünger zum Herrn und des Herrn zu seinen Jüngern die Rede: *„Wer sich nun vor den Menschen zu mir bekennt, zu dem werde auch ich mich vor meinem Vater im Himmel bekennen. Wer mich aber vor den Menschen verleugnet, den werde auch ich vor meinem Vater im Himmel verleugnen."* (Mt 10,32)
„Ich sage euch: *Wer sich vor den Menschen zu mir bekennt, zu dem wird sich auch der Menschensohn vor den Engeln Gottes bekennen."* (Lk 12,8)

1.4.4.6. Verheißung an die Kirche von Philadelphia

„Wer siegt, den werde ich zu einer Säule im Tempel meines Gottes machen, und er wird immer darin bleiben. Und ich werde auf ihn den Namen meines Gottes schreiben und den Namen der Stadt meines Gottes, des neuen Jerusalem, das aus dem Himmel herabkommt von meinem Gott, und ich werde auf ihn auch meinen neuen Namen schreiben." (Offb 3,12)
Von Menschen als Säulen ist im NT sonst nur noch im Galaterbrief die Rede. Dort heißt es, dass Jakobus, Kephas und Johannes, die als Säulen angesehen werden, Paulus und Barnabas die Hand gaben zum Zeichen der Gemeinschaft (Gal 2,9). Es handelt sich also sinnbildlich um eine tragende Rolle in der Kirche. Jeder Christ ist wichtig im Plan Gottes. Auch mit dem *Tempel* wird in der zitierten Verheißung die *Kirche*, d.h. die Gemeinschaft der Heiligen, gemeint sein, nach dem Wort des Apostels Paulus an die Gemeinde von Korinth: „Gottes Tempel ist heilig, und der seid ihr" (1Kor 3,17). Das *Beschreiben mit dem Namen Gottes und dem Namen der heiligen Stadt Jerusalem* bedeutet eine bleibende, unverlierbare Zugehörigkeit zu Gott im himmlischen Jerusalem. Man erinnert sich dabei an das Siegel des Heiligen Geistes, das durch die Sakramente der Taufe, Firmung und Weihe verliehen wird und das die Berufung ausdrückt, für immer Eigentum Gottes zu sein. Vom *neuen Jerusalem, das aus dem Himmel herabkommt*, ist ganz am Ende der Offenbarung wieder

A. Offb 1-3

die Rede, als dem Ziel der irdischen Geschichte (siehe 10.2.).
Jesus verheißt die bleibende Zugehörigkeit zum dreifaltigen Gott in der Gemeinschaft der Heiligen und in der neuen Schöpfung.

1.4.4.7. Verheißung an die Kirche von Laodizea

„Wer siegt, der darf mit mir auf meinem Thron sitzen, so *wie auch ich gesiegt habe* und mich mit meinem Vater auf seinen Thron gesetzt habe." (Offb 3,21)
Diese Verheißung erinnert an das schon zitierte Wort Jesu an die 12 Apostel, dass sie mit ihm auf zwölf Thronen sitzen werden, um die zwölf Stämme Israels zu richten. Direkt im Anschluss an dieses letzte Sendschreiben folgt die erste große Vision des Himmels, in der die 24 Ältesten auf Thronen sitzen, die dem Thron Gottes zugeordnet sind (Offb 4,4). Das Sitzen auf dem Thron Jesu bedeutet Teilhabe an seiner Herrschaft, an seinem Königtum, an seinem Reich. Es bedeutet auch die schon besprochene Teilnahme am Gericht[40]. So heißt es in Offb 20,4: „Dann sah ich Throne; und denen, die darauf Platz nahmen, wurde das Gericht übertragen. Ich sah die Seelen aller, die enthauptet worden waren, weil sie an dem Zeugnis Jesu und am Wort Gottes festgehalten hatten." Der *Sieg Jesu* besteht in seiner Treue zum Auftrag des Vaters, in seinem Gehorsam bis zum Tod am Kreuz. Jesus hat für uns gesiegt über Sünde, Tod und Teufel, und er verheißt uns die ewige Teilhabe an seinem Reich.

1.4.5. Wer Ohren hat, der höre

Nach den eschatologischen Verheißungen folgt in den letzten vier Sendschreiben ein gleichlautender Satz, eine Mahnung zum rechten Hören, d.h. Verstehen: „Wer ein Ohr hat, soll hören, was *der Geist* den Gemeinden sagt." Derselbe Satz steht in den ersten drei Sendschreiben *vor* der Verheißung. Ähnliche Formulierungen kennen wir aus dem Mund Jesu im Evangelium[41]. Hier ist aber interessant, dass die Rede Jesu (siehe 1.4.1.) auch Rede des Geistes ist. Der Seher Johannes wurde am Tag des Herrn „vom Geist ergriffen" (Offb 1,10). Das Wort Jesu an die Gemeinden ist also zugleich auch das vom

---

[40] Lk 22,28-30; Mt 19,28. Siehe 1.4.4.4.
[41] Mt 11,15; 13,9 und 13,4.

Die sieben Sendschreiben 1.4.

Heiligen Geist inspirierte Wort des Johannes an die Gemeinden: Gottes Wort in menschlicher Sprache und Symbolik. Der Heilige Geist erinnert uns an das Wort des Herrn und macht es so für uns gegenwärtig: „Der Beistand aber, der Heilige Geist, den der Vater in meinem Namen senden wird, der wird euch alles lehren und euch an alles erinnern, was ich euch gesagt habe." (Joh 14,26) „Wenn aber jener kommt, der Geist der Wahrheit, wird er euch in die ganze Wahrheit führen. Denn er wird nicht aus sich selbst heraus reden, sondern *er wird sagen, was er hört, und euch verkünden, was kommen wird*." (Joh 16,13)

Die sieben Sendschreiben betreffen tatsächlich unsere heutige Zeit sowie die eschatologische Zukunft und sind nicht bloße Vergangenheit: „Schreib auf, was du gesehen hast: *was ist und was danach geschehen wird*." (Offb 1,19) Wer Ohren hat, der höre, was *der Geist der Kirche von heute* durch diese Sendschreiben sagen will.

Ikone der Auferstehung

I. Offb 4-6

2. Würdig ist das Lamm, das Buch und seine sieben Siegel zu öffnen (I. Offb 4-6)

Wir wollen nun die Kapitel 4-6 der Offenbarung des Johannes betrachten. Sie folgen einem Schema, welches das Buch als Ganzes prägt und in gewisser Weise auch schon in den ersten drei Kapiteln gegenwärtig ist: Zuerst kommt ein Blick in den Himmel, eine Vision, die stärkt und tröstet, die uns das Ziel unseres irdischen Lebens vor Augen stellt. Dann folgt der Blick auf die Erde in den letzten Zeiten der großen Drangsal und des Gerichts.

Beginnen wir also mit der Vision von der himmlischen Herrlichkeit in den Kapiteln vier und fünf. Johannes sieht den Thron Gottes, der Heiligsten Dreifaltigkeit, und darauf hingeordnet die Gemeinschaft der Engel und der Heiligen. Er schaut die himmlische Liturgie, an der wir in der hl. Messe vorauskostend teilnehmen dürfen. Einleitend lesen wir:

„Danach sah ich: Eine Tür war geöffnet am Himmel; und die Stimme, die vorher zu mir gesprochen hatte und die wie eine Posaune klang, sagte: Komm herauf, und ich werde dir zeigen, was dann geschehen muss. Sogleich wurde ich vom Geist ergriffen..." (Offb 4,1-2)

Die geöffnete Tür besagt, dass Jesus einen Blick in den Himmel freigibt, der allerdings reich an Symbolik ist. Die Stimme wie eine Posaune, wie Trompetenschall, verweist auf die Vision vom verklärten Christus im ersten Kapitel, ebenso die Formulierung „sogleich war ich im Geist" (Offb 1,10). Statt „vom Geist ergriffen" könnte man auch interpretieren: *Sogleich geriet ich in Extase, wurde ich vom Geist erfüllt.*

2.1. Die Vision von Gottes Thron

Ich zitiere weiter, was Johannes, vom Heiligen Geist erleuchtet, sieht: „Ein Thron stand im Himmel; auf dem Thron saß einer, der wie ein Jaspis und ein Karneol aussah. Und über dem Thron wölbte sich ein Regenbogen[42], der wie ein Smaragd aussah. Und rings um den Thron standen vierundzwanzig Throne, und auf den Thronen

---

[42] Griechisch: „Iris", was man auch als farbigen Lichtkreis, Strahlenkranz, oder „Heiligenschein" interpretieren kann.

Die Vision von Gottes Thron 2.1.

saßen vierundzwanzig Älteste in weißen Gewändern und mit goldenen Kränzen auf dem Haupt. Von dem Thron gingen Blitze, Stimmen und Donner aus. Und sieben lodernde Fackeln brannten vor dem Thron; das sind die sieben Geister Gottes. Und vor dem Thron war etwas wie ein gläsernes Meer, gleich Kristall. Und in der Mitte, rings um den Thron, waren vier Lebewesen voller Augen, vorn und hinten. Das erste Lebewesen glich einem Löwen, das zweite einem Stier, das dritte sah aus wie ein Mensch, das vierte glich einem fliegenden Adler. Und jedes der vier Lebewesen hatte sechs Flügel, außen und innen voller Augen. Sie ruhen nicht, bei Tag und Nacht, und rufen: Heilig, heilig, heilig ist der Herr, der Gott, der Herrscher über die ganze Schöpfung; er war, und er ist, und er kommt. Und wenn die Lebewesen dem, der auf dem Thron sitzt und in alle Ewigkeit lebt, Herrlichkeit und Ehre und Dank erweisen, dann werfen sich die vierundzwanzig Ältesten vor dem, der auf dem Thron sitzt, nieder und beten ihn an, der in alle Ewigkeit lebt. Und sie legen ihre goldenen Kränze vor seinem Thron nieder und sprechen: Würdig bist du, unser Herr und Gott, Herrlichkeit zu empfangen und Ehre und Macht. Denn du bist es, der die Welt erschaffen hat, durch deinen Willen war sie und wurde sie erschaffen." (Offb 4,2-11)

Im Zentrum der Vision steht der Thron Gottes. Er steht für die unbeschränkte Herrschaft des Herrn über die ganze Schöpfung. Viele Details der Schilderung erinnern an eine ähnliche Vision des Propheten Ezechiel, die ihm in der Verbannung am Fluss Kebar gegeben wurde. Diese Vision ist wesentlich ausführlicher geschildert und im ersten Kapitel des Buches Ezechiel nachzulesen. Unter anderem ist dort auch von einer Art Regenbogen um den Thron herum die Rede (Ez 1,28), der die Schönheit und Erhabenheit des Herrn veranschaulicht, aber natürlich nichts mit Regen zu tun hat. Das Thema des Regenbogens verweist zurück auf den Bund Gottes mit Noah, und durch ihn mit allen Völkern und Lebewesen auf der Erde (Gen 9,12-16).

Der Thron Gottes ist außerdem durch Edelsteine gekennzeichnet: Der Text spricht von *Jaspis*, *Karneol*, *Smaragd* und einem gläsernen Meer gleich *Kristall*. Diese Edelsteine stehen ebenfalls für die Schönheit, den Glanz und die strahlende Pracht des Herrn.

I. Offb 4-6

Ich habe im ersten Kapitel schon begründet, dass die sieben lodernde Fackeln bzw. die sieben Geister Gottes ein Sinnbild für den Heiligen Geist sind (siehe 1.2.1.).

2.1.1. Die vierundzwanzig Ältesten

Vor dem Thron begegnen uns vierundzwanzig Älteste, die in der Offenbarung insgesamt 12 Mal[43] vorkommen: *Und rings um den Thron standen vierundzwanzig Throne, und auf den Thronen saßen vierundzwanzig Älteste in weißen Gewändern und mit goldenen Kränzen auf dem Haupt.* Das Sitzen auf Thronen und das Tragen goldener Kränze bedeutet, dass sie teilhaben an der Herrschaft Gottes über die Schöpfung[44]. Die Kränze und die weißen Gewänder sind Zeichen des Sieges über den Tod: „Sei treu bis in den Tod, dann werde ich Dir den Kranz des Lebens geben" (Offb 2,10).

Es ist nahe liegend, dass die 24 Ältesten *Israel und die Kirche* bedeuten: die 12 Söhne Israels, d.h. die Patriarchen oder Stammväter Israels[45], und die 12 Apostel von Jesus, dem Messias Israels. Auch der Begriff „Älteste" weist in diese Richtung, denn er wird im ganzen Neuen Testament immer für Gemeindeleiter verwendet. Petrus bezeichnet sich selbst mit diesem Begriff: *„Eure Ältesten ermahne ich, da ich ein Ältester bin wie sie und ein Zeuge der Leiden Christi und auch an der Herrlichkeit teilhaben soll, die sich offenbaren wird*: Sorgt als Hirten für die euch anvertraute Herde Gottes, nicht aus Zwang, sondern freiwillig, wie Gott es will; auch nicht aus Gewinnsucht, sondern aus Neigung; seid nicht Beherrscher eurer Gemeinden, sondern Vorbilder für die Herde! *Wenn dann der oberste Hirt erscheint, werdet ihr den nie verwelkenden Kranz der Herrlichkeit empfangen.*" (1Petr 5,1-4)

Sie werden in der Vision zwar als Sieger und Teilhaber am Gericht dargestellt, aber es ist zu bedenken, dass sie durch den Dienst der Nächstenliebe dorthin gekommen sind, nach dem Wort aus dem Evangelium: „Da setzte sich Jesus, rief die Zwölf und sagte zu ihnen: Wer der Erste sein will, soll der Letzte von allen und der Diener aller

---

[43] Offb 4,4 u.10; 5,5.6.8.11 u.14; 7,11 u.13; 11,16; 14,3 und 19,4.
[44] Vgl. Lk 22,28-30; Mt 19,28. Siehe 1.2.2. (Das gemeinsame Priestertum), sowie 1.4.4.4. und 1.4.4.7.
[45] Vgl. Gen 35,22-26. Sie werden auch in Offb 7,4-8 namentlich aufgezählt.

Die Vision von Gottes Thron 2.1.

sein." (Mk 9,35) Der Zusammenhang zwischen Selbsthingabe und Teilhabe am Reich Gottes wird auch beim Letzten Abendmahl nach Lukas besonders deutlich. Dort heißt es über die Apostel nach der Einsetzung der Eucharistie und der Ankündigung des Verrats: „Es entstand unter ihnen ein Streit darüber, wer von ihnen wohl der Größte sei. Da sagte Jesus: Die Könige herrschen über ihre Völker, und die Mächtigen lassen sich Wohltäter nennen. Bei euch aber soll es nicht so sein, sondern der Größte unter euch soll werden wie der Kleinste, und der *Führende soll werden wie der Dienende*. Welcher von beiden ist größer: wer bei Tisch sitzt oder wer bedient? Natürlich der, der bei Tisch sitzt. *Ich aber bin unter euch wie der, der bedient. In allen meinen Prüfungen habt ihr bei mir ausgeharrt. Darum vermache ich euch das Reich, wie es mein Vater mir vermacht hat*: Ihr sollt in meinem Reich mit mir an meinem Tisch essen und trinken, und *ihr sollt auf Thronen sitzen und die zwölf Stämme Israels richten*." (Lk 22,24-30)

Die Haupttätigkeit der vierundzwanzig Ältesten besteht in der Offenbarung des Johannes darin, Gott anzubeten und ihm die Ehre zu geben. Sie werfen sich dabei vor ihm nieder und legen ihre goldenen Kränze vor seinen Thron hin. Die 12 Söhne Israels und die 12 Apostel begegnen uns von neuem am Ende des Buches bei der Beschreibung der himmlischen Stadt Jerusalem (Offb 21,12-14). Wir können davon ausgehen, dass Jesus bewusst *zwölf* Apostel ausgewählt hat, um damit innerhalb von Israel, gegründet auf die 12 Patriarchen, einen neuen Anfang zu setzten. So hat er die Gründung des neuen und ewigen Bundes, die Gründung der Kirche, konkret zum Ausdruck gebracht. Die Apostel haben nach dem Selbstmord von Judas Iskariot deshalb das Bedürfnis verspürt, ihre Elfzahl durch die Wahl von Matthias wieder auf zwölf zu erhöhen (Apg 1,15-26).

2.1.2. Die vier Lebewesen

Außer den 24 Ältesten spielen die vier Lebewesen in der Vision eine wichtige Rolle. Sie haben große Ähnlichkeit mit den vier Lebewesen aus der schon erwähnten Vision von Ez 1,4-25. Dort werden sie noch viel ausführlicher, aber etwas anders geschildert. Diese Engelwesen erinnern einerseits an die Kerubim an den beiden Enden der Deckplatte der Bundeslade. Die Kerubim waren aus Gold gefertigte

I. Offb 4-6

Kunstwerke und die goldene Deckplatte der Bundeslade wurde als Repräsentation des *Thrones Gottes* in Mitten des Volkes Israels verstanden. Sie wird daher auch *Gnadenthron* oder *Sühneplatte* genannt. Diese auf Gottes Anweisung angefertigten Kerubim wurden nun in einer weiteren Vision im 10. Kapitel des Buches Ezechiel lebendig und Ezechiel erkannte, dass die vier Lebewesen in seiner ersten Vision Kerubim waren: „Es waren die Lebewesen, die ich unter dem Thron des Gottes Israels am Fluss Kebar gesehen hatte, und ich erkannte, dass es Kerubim waren." (Ez 10,20) Die Kerubim sind durch ein vierfaches Gesicht gekennzeichnet. Vielleicht kommt Ihnen die folgende Schilderung aus Ihrer Kirche bekannt vor: „Das erste Lebewesen glich einem Löwen, das zweite einem Stier, das dritte sah aus wie ein Mensch, das vierte glich einem fliegenden Adler." (Offb 4,7) *Löwe, Stier, Mensch und Adler*, das hat die kirchliche Tradition mit den vier Evangelisten Markus, Lukas, Matthäus und Johannes verbunden bzw. mit dem Beginn ihrer vier Evangelien. Die Kerubim sind daher in der kirchlichen Kunst dem Wort Gottes zugeordnet und in vielfältiger Weise dargestellt, besonders an der Kanzel, am Ambo oder an den vier Eckpfeilern der Kuppel, falls es eine solche gibt.

Andererseits gleichen die vier Lebewesen in der Offenbarung des Johannes auch den Serafim aus der Berufungsvision des Jesaja: „Im Todesjahr des Königs Usija sah ich den Herrn. Er saß auf einem hohen und erhabenen Thron. Der Saum seines Gewandes füllte den Tempel aus. Serafim standen über ihm. Jeder hatte sechs Flügel: Mit zwei Flügeln bedeckten sie ihr Gesicht, mit zwei bedeckten sie ihre Füße, und mit zwei flogen sie. Sie riefen einander zu: Heilig, heilig, heilig ist der Herr der Heere. Von seiner Herrlichkeit ist die ganze Erde erfüllt. Die Türschwellen bebten bei ihrem lauten Ruf, und der Tempel füllte sich mit Rauch." (Jes 6,1-4) *Serafim* bedeutet „die Brennenden". Die Parallelstelle in Offenbarung 4,8 lautet folgendermaßen: *Und jedes der vier Lebewesen hatte sechs Flügel, außen und innen voller Augen. Sie ruhen nicht, bei Tag und Nacht, und rufen: Heilig, heilig, heilig ist der Herr, der Gott, der Herrscher über die ganze Schöpfung; er war, und er ist, und er kommt.*

Aus beiden Stellen hat die kirchliche Liturgie das „Drei-mal-Heilig" entnommen, den Gesang des Sanctus in der hl. Messe, das Trisagion

Die Vision von Gottes Thron 2.1.

in der ostkirchlichen Liturgie. Felix Mendelssohn hat es im zweiten Teil seines Oratoriums „der Elias" vertont. Hier begegnen wir zum ersten Mal dem Text der Offenbarung als Inspirationsquelle der Liturgie. Wir sehen auch ein Symbol des Gebets ohne Unterlass[46], da es von den Engeln heißt, dass sie darin bei Tag und Nacht nicht ruhen. Das wird für uns gesagt, denn Tag und Nacht gibt es nur auf der Erde, nicht aber im Himmel.

2.1.3. Du bist es, der die Welt erschaffen hat

Das vierte Kapitel endet mit einem Hymnus der Anbetung, den Johannes Brahms im sechsten Teil seines „Deutschen Requiems" vertont hat: „Herr, Du bist würdig, zu nehmen Preis und Ehre und Kraft. Denn Du hast alle Dinge geschaffen, und durch Deinen Willen haben sie das Wesen und sind geschaffen." (Offb 4,11) Es wird so bestätigt und wiederholt, was die Heilige Schrift von Anfang an offenbart: *„Im Anfang schuf Gott Himmel und Erde... Gott sah alles an, was er gemacht hatte: Es war sehr gut.* Es wurde Abend, und es wurde Morgen: der sechste Tag. *So wurden Himmel und Erde vollendet und ihr ganzes Gefüge.* Am siebten Tag vollendete Gott das Werk, das er geschaffen hatte, und er ruhte am siebten Tag, nachdem er sein ganzes Werk vollbracht hatte. *Und Gott segnete den siebten Tag und erklärte ihn für heilig*; denn an ihm ruhte Gott, nachdem er das ganze Werk der Schöpfung vollendet hatte." (Gen 1,1-2,3) Gott hat das ganze sichtbare Universum erschaffen, nach heutiger Meinung seit ca. 13,7 Milliarden Jahren. Die Ruhe am Schabbat[47], dem siebten Tag, lädt uns ein, in eine persönliche Beziehung zu unserem Schöpfer zu treten. Jesus bestätigt diesen geistlichen Sinn des Schabbats, wenn er sagt: „Kommt alle zu mir, die ihr euch plagt und schwere Lasten zu tragen habt. *Ich werde euch Ruhe verschaffen.* Nehmt mein Joch auf euch und *lernt von mir; denn ich bin gütig und von Herzen demütig; so werdet ihr Ruhe finden für eure Seele.*" (Mt 11,28-29) Die Himmelsvisionen zeigen uns die Seelen der Verstorbenen, die im ewigen Schabbat der unverlierbaren Gegenwart Gottes angelangt sind.

---

[46] Vgl. Lk 18,1 und 1Thess 5,17.
[47] Ich schreibe das Wort bewusst mit "Sch", weil das dem hebräischen Wort und seiner Aussprache entspricht.

I. Offb 4-6

Die Offenbarung von Gott, dem Schöpfer[48], ist also in der ganzen Bibel gegenwärtig, wird aber besonders klar im Buch der Makkabäer zum Ausdruck gebracht. Dort sagt eine Mutter zu ihrem Sohn: „Ich bitte dich, mein Kind, *schau dir den Himmel und die Erde an; sieh alles, was es da gibt, und erkenne: Gott hat das aus dem Nichts erschaffen, und so entstehen auch die Menschen.*" (2Makk 7,28) Das hebräische Wort für „erschaffen" (*barah*) und die griechische Übersetzung *ktizo* werden in der Bibel ausschließlich für das Hervorbringen neuer Dinge durch den Herrn verwendet: für das Hervorbringen aus noch nicht vorhandener Materie oder aus noch nicht bestehenden biologischen Formen und Strukturen. Gott wird daher in der Offenbarung des Johannes neun Mal als *Pantokrator* bezeichnet, als *Herrscher über das All* oder *Herrscher über die ganze Schöpfung*.

Die heute überall verbreitete Lehre Charles Darwins, alles Leben sei *durch Naturgesetze und Zufall von selbst entstanden*, widerspricht der geoffenbarten Wahrheit radikal. Die Naturgesetze sind wie das Universum nicht ewig, sondern von Gott gestiftet, der Natur vorgegeben und fein aufeinander abgestimmt, so dass Leben auf der Erde erst möglich wird. Dass der Zufall irgendetwas Geordnetes hervorbringen könnte, widerspricht auch der Vernunft und jeder menschlichen Erfahrung. Umso erstaunlicher ist es, dass diese Lehre allgemein geglaubt wird. Wohl nur deshalb, weil dadurch Gott, der Schöpfer, erfolgreich aus dem Denken eliminiert wird. Das sage ich aus eigener Erfahrung, denn bei mir war es so, bevor ich zum christlichen Glauben gekommen bin. „Töricht waren von Natur alle Menschen, denen die Gotteserkenntnis fehlte. Sie hatten die Welt in ihrer Vollkommenheit vor Augen, ohne den wahrhaft Seienden erkennen zu können. Beim Anblick der Werke erkannten sie den Meister nicht… denn von der Größe und Schönheit der Geschöpfe lässt sich auf ihren Schöpfer schließen." (Weish 13,1.5)

Ich leugne in keiner Weise, dass es Evolution, d.h. eine zeitliche Entwicklung aller sichtbaren Dinge, wirklich gibt. Aber zeitliche Entwicklung setzt schon die Existenz dessen voraus, was sich entwickelt. Sie bringt nichts Neues hervor, sie ist nicht schöpferisch, sie ist nicht Gott. Das wird heute auf rein wissenschaftlicher Ebene in

---

[48] KKK 282-301, besonders 296-297 (Gott erschafft „aus nichts").

Die Vision von Gottes Thron 2.1.

der Theorie des „intelligent Design" formuliert[49]. *Nicht eine einzige komplexe Struktur in der Biologie, weder auf Zellebene noch auf Organebene, kann durch zufällige Mutationen und natürliche Auslese erklärt werden.* Diese natürlichen Mechanismen bringen immer nur Varianten von schon Bestehendem hervor, und zwar meistens weniger überlebensfähige. Jede beliebige Zelle ist voller Information, die in ihrer DNS kodiert ist. Information entsteht niemals von allein, ohne eine intelligente Ursache. Wenigstens im Himmel wird das allgemein anerkannt:
Denn du bist es, der die Welt erschaffen hat, durch deinen Willen war sie und wurde sie erschaffen.

Erschaffung des Menschen, Michelangelo

---

[49] Siehe http://gloria.tv/?media=114126 (The Privileged Planet), http://gloria.tv/?media=27074 (Unlocking the Mystery of Life), oder „The case for a creator" von Lee Strobel. Auf Deutsch als DVD: http://www.derprivilegierteplanet.de/ und http://www.demgeheimnisdeslebensnahe.de/.

I. Offb 4-6

2.2. Der Löwe von Juda und das geopferte Lamm

Das fünfte Kapitel der Offenbarung beginnt zunächst mit der versiegelten Buchrolle, die das Lamm in Empfang nimmt und zu öffnen vermag: „Und ich sah auf der rechten Hand dessen, der auf dem Thron saß, eine *Buchrolle; sie war innen und außen beschrieben und mit sieben Siegeln versiegelt.* Und ich sah: Ein gewaltiger Engel rief mit lauter Stimme: Wer ist würdig, die Buchrolle zu öffnen und ihre Siegel zu lösen? Aber niemand im Himmel, auf der Erde und unter der Erde konnte das Buch öffnen und es lesen. Da weinte ich sehr, weil niemand für würdig befunden wurde, das Buch zu öffnen und es zu lesen. Da sagte einer von den Ältesten zu mir: *Weine nicht! Gesiegt hat der Löwe aus dem Stamm Juda*, der Spross aus der Wurzel Davids; er kann das Buch und seine sieben Siegel öffnen. Und ich sah: Zwischen dem Thron und den vier Lebewesen und mitten unter den Ältesten *stand*[50] *ein Lamm; es sah aus wie geschlachtet* und hatte sieben Hörner und *sieben Augen; die Augen sind die sieben Geister Gottes, die über die ganze Erde ausgesandt sind. Das Lamm*[51] *trat heran und empfing das Buch aus der rechten Hand dessen, der auf dem Thron saß.*" (Offb 5,1-7)

In dieser Vision wird Gott bildhaft als Dreifaltigkeit gezeigt: der Vater, *der auf dem Thron saß*, gibt das Buch dem Sohn, *dem Lamm*, der Heilige Geist wird repräsentiert durch *die sieben Geister Gottes*, die Augen des Lammes oder lodernden Fackeln vor dem Thron (siehe 1.2.1.).

Das Bild vom Lamm, das wie geschlachtet aussieht, stellt Jesus dar, der für uns gekreuzigt wurde. Bei seiner Auferstehung hat er die Wundmale der Kreuzigung behalten und sie den Jüngern gezeigt, um

---

[50] Das *Stehen* des Lamms in der Mitte vor dem Thron ist ein alternatives Bild zum *Sitzen* des Menschensohns zur Rechten Gottes (Mk 14,62; Lk 22,69; Röm 8,34; Kol 3,1; Hebr 1,3 und 12,2; Offb 3,21). Beides drückt die Teilnahme an der göttlichen Herrschaft über das All aus. Ich kenne nur noch eine andere Stelle, wo der Menschensohn zur Rechten Gottes *steht*: bei der Steinigung von Stephanus (Vision in Apg 7,55-56).

[51] Das griechische Wort (*Arnion*) kann auch einen jungen Schafbock (Widder) mit Hörnern bezeichnen. Es ist nicht spezifisch für ein Lamm, wie das von Joh 1,29 gebrauchte Wort (*Amnos*). Sowohl Lämmer als auch Widder waren im AT zulässige Opfertiere. Abraham hat anstelle seines Sohnes Isaak einen Widder als Brandopfer dargebracht (Gen 22,13).

Der Löwe von Juda, das geopferte Lamm 2.2.

sich ihnen dadurch zu erkennen zu geben[52]. Wir kennen die Bezeichnung Jesu als *Lamm Gottes* aus der hl. Messe und von mehreren Bibelstellen: „Seht, das Lamm Gottes, das die Sünde der Welt hinwegnimmt." (Joh 1,29) Jesus erfüllt in seiner Passion das Vorbild des Paschalammes (Ex 12) und des leidenden Gottesknechtes (Jes 53) aus dem Alten Testament. So hören wir in der ersten Lesung der Karfreitagsliturgie: „Er wurde misshandelt und niedergedrückt, aber er tat seinen Mund nicht auf. Wie ein Lamm, das man zum Schlachten führt, und wie ein Schaf angesichts seiner Scherer, so tat auch er seinen Mund nicht auf." (Jes 53,7) Und am Ostersonntag kann folgender Text als zweite Lesung gewählt werden: „Ihr seid ja schon ungesäuertes Brot; denn als unser Paschalamm ist Christus geopfert worden. Lasst uns also das Fest nicht mit dem alten Sauerteig feiern, nicht mit dem Sauerteig der Bosheit und Schlechtigkeit, sondern mit den ungesäuerten Broten der Aufrichtigkeit und Wahrheit." (1Kor 5,7-8)

Aber Jesus ist zugleich auch *der Löwe von Juda*, der durch die Auferstehung über die Sünde, den Tod und den Satan triumphiert hat. Auch diese Bezeichnung stammt aus dem Alten Testament. Im Segen Jakobs über seine Söhne wird Juda als junger Löwe bezeichnet (Gen 49,9) und damit ist die Verheißung verbunden: „Nie weicht von Juda das Zepter, der Herrscherstab von seinen Füßen, bis der kommt, dem er gehört, dem der Gehorsam der Völker gebührt." (Gen 49,10) Das ist der Messias, der König von Israel, der Spross aus der Wurzel Davids.

Jesus hat sich zugleich als Löwe und als Lamm gezeigt: als Löwe durch die Heilungen, Zeichen und Wunder, durch die Austreibung von Dämonen und die Wortverkündigung in göttlicher Vollmacht; als Lamm durch seinen Gehorsam, seine Demut und sein Leiden für uns bis zum Tod am Kreuz. Wir machen als Christen eine ähnliche Erfahrung, dass die Kraft im Heiligen Geist und die menschliche Schwäche zusammengehen. So schreibt Paulus im zweiten Korintherbrief: „Deswegen bejahe ich meine Ohnmacht [Schwachheiten], alle Misshandlungen und Nöte, Verfolgungen und Ängste, die ich für Christus ertrage; denn wenn ich schwach bin, dann bin ich

---

[52] Vgl. Lk 24,38-40 und Joh 20,19-20.

I. Offb 4-6

stark."[53] Wenn die Teilhabe am Leiden und der Verfolgung des Lammes für uns ein Grund zum *Weinen* sein kann, dann ist der Sieg des Löwen von Juda umso mehr ein Grund der Hoffnung und des Trostes. Der ursprüngliche Name der Gemeinschaft der Seligpreisungen, der ich angehöre, hieß nach dieser Vision in der Offenbarung „Der Löwe von Juda und das geopferte Lamm".

2.2.1. Das versiegelte Buch

Die Einzigartigkeit Jesu kommt in der Vision deutlich zum Ausdruck, denn niemand sonst im Himmel, auf der Erde und unter der Erde ist würdig, die Buchrolle zu öffnen und seine sieben Siegel zu brechen. Das „Buch mit sieben Siegeln" ist zu einem sprichwörtlichen Ausdruck geworden für etwas Unverständliches, das uns zu hoch erscheint und dessen Sinn verborgen bleibt. In diesem Sinn mag für Manchen die Offenbarung des Johannes oder sogar die Bibel als Ganzes ein solches versiegeltes Buch sein. Dazu ist zu sagen, dass man zum Verständnis der Heiligen Schrift auch den Beistand des Heiligen Geistes braucht, der das Wort Gottes inspiriert hat. Ohne das Gebet und die Demut wird es schwer sein zu verstehen, was Gott uns sagen will. Es braucht im Umgang mit der Heiligen Schrift ein hörendes Herz und die Bereitschaft, dem sich offenbarenden Gott Glauben zu schenken.

Die Buchrolle mit ihren sieben Siegeln wird in Verbindung mit dem Lamm häufig in der kirchlichen Kunst dargestellt. Es ist ein Buch, auf Griechisch *Biblion*, wovon das Wort „Bibel" herkommt. Im ersten Jahrhundert gab es nur Pergamentrollen als „Bücher", die man innen und außen beschreiben konnte. Bis heute wird die Thora im Judentum in Form solcher Buchrollen für den Gottesdienst verwendet. Der Inhalt dieses Buches wird mit der Öffnung seiner sieben Siegel im 6. und 8. Kapitel geoffenbart: Es handelt sich um geschichtliche Ereignisse, die der Wiederkunft des Herrn vorausgehen. Sie haben eine „Außenseite", eben die wahrnehmbaren Ereignisse auf der Erde, und eine „Innenseite", nämlich das damit verbundene Geschehen in der himmlischen, unsichtbaren Welt. Das Buch mit den sieben Siegeln enthält die letzten Zeiten der Weltgeschichte,

---

[53] 2Kor 12,10. Der ganze Zusammenhang dieses Verses handelt von Gottes Kraft, die in der menschlichen Schwachheit wirkt: 2Kor 11,16- 12,13 und 2Kor 13,3-4.

Der Löwe von Juda, das geopferte Lamm 2.2.

die der Herr lenkt und zu ihrem Ziel führt. Nur Gott kennt unsere Zukunft. Sie gehört ihm und unsere Aufgabe ist es, vertrauensvoll in seiner Gegenwart zu leben.

Das versiegelte Buch ist also etwas ganz Verschiedenes vom Buch des Lebens, das die Taten und das Leben jedes einzelnen Menschen vor Gott in Erinnerung hält (siehe 1.4.4.5.). Johannes Paul II. schrieb in seiner Enzyklika über das Leben: „Das geschlachtete Lamm lebt mit den Zeichen der Passion in der Herrlichkeit der Auferstehung. Es allein beherrscht das ganze Geschehen der Geschichte: es öffnet deren "Siegel" (vgl. Offb 5,1-10) und macht in der Zeit und über sie hinaus die Macht des Lebens über den Tod geltend. Im "neuen Jerusalem", d.h. in der neuen Welt, auf die die Geschichte der Menschen gerichtet ist, wird "der Tod nicht mehr sein, keine Trauer, keine Klage, keine Mühsal. Denn was früher war ist vergangen" (Offb 21,4)."[54]

2.2.2. Die himmlische Liturgie

Ich will jetzt noch den zweiten Teil des 5. Kapitels der Offenbarung besprechen, und ausnahmsweise den Kommentar dazu im Voraus geben. Es handelt sich nämlich um eine himmlische Liturgie, mit Texten, die im Stundengebet der Kirche vorkommen[55] und von Georg Friedrich Händel im Finale des Oratoriums „Der Messias" vertont wurden. Zusätzlich zu diesen liturgischen Texten gibt es den Gebrauch von *Räucherwerk (Weihrauch) in goldenen Schalen* als Zeichen für die Gebete der Heiligen, die zu Gott emporsteigen. Der Gebrauch des Weihrauchs in der hl. Messe und in der ostkirchlichen Liturgie hat genau denselben Sinn. Er vermittelt einen himmlischen Duft, der uns den Wohlgeruch der Heiligkeit und der Gegenwart Gottes bezeugt. Die Engel und Heiligen singen gemeinsam *ein neues Lied*: dieser Ausdruck kommt häufig im Buch der Psalmen vor[56] und bezieht sich auf die Neuheit der Liebe, auf die je neue Zuwendung zu Gott in jeder Liturgie. Unzählige Engel (zehntausendmal zehntausend) besingen das Werk der Erlösung und seine Frucht, das gemeinsame Priestertum und die Königsherrschaft der Heiligen.

---

[54] Johannes Paul II.: *Evangelium vitae*, Nr. 105.
[55] Im Canticum der Vesper vom Dienstag.
[56] Ps 33,3; 40,4; 96,1; 98,1; 144,9; 149,1; Jes 42,10; Offb 14,3.

I. Offb 4-6

Diesem Inhalt sind wir schon in der Einleitung (Offb 1,5-6) begegnet. Schließlich werden alle vernunftbegabten Geschöpfe *im Himmel, auf der Erde, unter der Erde und auf dem Meer* in den universalen Lobpreis des dreifaltigen Gottes mit einbezogen[57]. Das Lamm mit den sieben Augen wird nun in gleicher Weise angebetet wie der, der auf dem Thron sitzt, und es wird gemeinsam mit ihm verherrlicht, denn der Sohn ist eines Wesens mit dem Vater[58]. Hören wir jetzt also diesen feierlichen, hymnischen Text. Er eignet sich zur Gestaltung der eucharistischen Anbetung, wo *dasselbe Lamm Gottes* in Gestalt der konsekrierten Hostie leibhaftig auf dem Altar unserer Kirchen gegenwärtig ist:

„*Als es das Buch empfangen hatte, fielen die vier Lebewesen und die vierundzwanzig Ältesten vor dem Lamm nieder; alle trugen Harfen und goldene Schalen voll von Räucherwerk; das sind die Gebete der Heiligen. Und sie sangen ein neues Lied*: Würdig bist du, das Buch zu nehmen und seine Siegel zu öffnen; denn du wurdest geschlachtet und hast mit deinem Blut Menschen für Gott erworben aus allen Stämmen und Sprachen, aus allen Nationen und Völkern, und du hast sie für unseren Gott zu Königen und Priestern gemacht; und sie werden auf der Erde herrschen. Ich sah, und ich hörte die Stimme von vielen Engeln rings um den Thron und um die Lebewesen und die Ältesten; die Zahl der Engel war zehntausendmal zehntausend und tausendmal tausend. Sie riefen mit lauter Stimme: Würdig ist das Lamm, das geschlachtet wurde, Macht zu empfangen, Reichtum und Weisheit, Kraft und Ehre, Herrlichkeit und Lob. *Und alle Geschöpfe im Himmel und auf der Erde, unter der Erde und auf dem Meer, alles, was in der Welt ist, hörte ich sprechen: Ihm, der auf dem Thron sitzt, und dem Lamm gebühren Lob und Ehre und Herrlichkeit und Kraft in alle Ewigkeit.* Und die vier Lebewesen sprachen: Amen. Und die vierundzwanzig Ältesten fielen nieder und beteten an.*" (Offb 5,8-14)

---

[57] Vgl. Röm 14,11; Phil 2,10-11; Jes 45,23-24.
[58] KKK 240-244 (Die Offenbarung Gottes als Dreifaltigkeit).

2.3. Das Lamm öffnet sechs der sieben Siegel

Das nun folgende sechste Kapitel zeigt unsere Welt vor dem Tag des Gerichts. Das Lamm öffnet sechs der sieben Siegel und die Buchrolle zeigt je eine neue Not und Bedrängnis auf der Erde. Von der Abfolge her ist das so ähnlich wie im Evangelium: Jesus nimmt die drei Apostel Petrus, Johannes und Jakobus mit sich auf den Berg der Verklärung, wo sie Zeugen seiner Herrlichkeit sind (Mt 17,1). Dann nimmt er sie aber auch mit in den Garten Getsemani, wo sie Zeugen seiner Todesangst und Bedrängnis werden (Mt 26,37).

Dasselbe Schema bestimmt die ganze Offenbarung des Johannes in ihrem Hauptteil (Offb 4-20). Der Blick zum Thron Gottes im Himmel macht es möglich, auch die geschichtliche Realität auf der Erde zu sehen, die zu ihrem Untergang und zum Letzten Gericht führt.

Hören wir zunächst die Vision von der Öffnung der ersten vier Siegel: „Dann sah ich: Das Lamm öffnete das erste der sieben Siegel; und ich hörte das erste der vier Lebewesen wie mit Donnerstimme rufen: Komm!

Da sah ich ein weißes Pferd; und der, der auf ihm saß, hatte einen Bogen. Ein Kranz wurde ihm gegeben, und als Sieger zog er aus, um zu siegen. Als das Lamm das zweite Siegel öffnete, hörte ich das zweite Lebewesen rufen: Komm!

Da erschien ein anderes Pferd; das war feuerrot. Und der, der auf ihm saß, wurde ermächtigt, der Erde den Frieden zu nehmen, damit die Menschen sich gegenseitig abschlachteten. Und es wurde ihm ein großes Schwert gegeben. Als das Lamm das dritte Siegel öffnete, hörte ich das dritte Lebewesen rufen: Komm!

Da sah ich ein schwarzes Pferd; und der, der auf ihm saß, hielt in der Hand eine Waage. Inmitten der vier Lebewesen hörte ich etwas wie eine Stimme sagen: Ein Maß Weizen für einen Denar und drei Maß Gerste für einen Denar. Aber dem Öl und dem Wein füge keinen Schaden zu! Als das Lamm das vierte Siegel öffnete, hörte ich die Stimme des vierten Lebewesens rufen: Komm!

Da sah ich ein fahles Pferd; und der, der auf ihm saß, heißt "der Tod"; und die Unterwelt zog hinter ihm her. Und ihnen wurde die Macht gegeben über ein Viertel der Erde, *Macht, zu töten durch Schwert, Hunger und Tod und durch die Tiere der Erde.*" (Offb 6,1-8)

I. Offb 4-6

2.3.1. Die ersten vier Siegel: todbringende Reiter-Mächte

Bei der Öffnung von jedem der vier Siegel ruft eines der vier Lebewesen: „Komm!" Das kann an den Seher Johannes gerichtet sein und heißen: „Komm und sieh!" Es könnte aber auch an das Lamm, an Jesus, gerichtet sein, wie später in Offb 22,17, wo der Geist und die Braut rufen: Komm! Tatsächlich kommt das Lamm am Ende des sechsten Kapitels, am Tag des Zorns.

Der Inhalt der Offenbarung sind vier symbolische Pferde mit ihren Reitern. Ich beginne absichtsvoll mit dem zweiten Siegel. Das zweite Pferd ist feuerrot, der Reiter hat ein großes Schwert und bringt Krieg und Bürgerkrieg über die Erde. Das Thema des Krieges durchzieht die ganze Offenbarung des Johannes und wird mehrmals symbolisch dargestellt (siehe 9.2.1.2.). Abgesehen von den bewaffneten Auseinandersetzungen und blutigen Attentaten (Terrorismus) schlachten sich die Menschen auch in einem subtileren, verborgenen Krieg gegenseitig ab: durch Abtreibung, Embryonenselektion im Reagenzglas, verbrauchende Embryonenforschung und Euthanasie.

Das dritte Pferd ist schwarz und bringt Teuerung, Missernten und wirtschaftliche Not über die Erde. Das kann die Folge der Klimaveränderungen sein. Die globale Erwärmung sorgt schon heute für extreme Überschwemmungen, Hitzewellen und Dürreperioden, was zu Ernteausfällen und zum Steigen der Nahrungsmittelpreise führt. Der Hunger breitet sich aus mit der Erosion und Verwüstung der Böden, insbesondere in den Entwicklungsländern. Sie werden von den Industrienationen enteignet und wirtschaftlich ausgebeutet[59].

Das vierte Pferd ist fahl, d.h. chlorbleich (gr.: „chloros"). Der Reiter, der darauf sitzt, heißt „der Tod" und die Unterwelt zieht hinter ihm her. Damit werden hier nicht der Satan und seine Dämonen bezeichnet, denn sie werden in der Offenbarung benannt und identifiziert, wenn sie gemeint sind (siehe 3.3.7.1.). Der Reiter ist vielmehr eine Allegorie auf den Tod und das Heer der Verstorbenen, das er mit sich bringt. Solche Bilder wurden im späten Mittelalter in Bezug auf die Pest künstlerisch zur Darstellung gebracht. Der Reiter hat *Macht über ein Viertel der Erde*. Ursachen für den Tod auf globaler Ebene

---

[59] Siehe der Film „Let's make money" von Erwin Wagenhofer: http://letsmakemoney.de/.

Das Lamm öffnet sechs der 7 Siegel 2.3.

sind sich häufende Naturkatastrophen wie Erdbeben, Stürme und Überschwemmungen, sowie darauf folgende Flüchtlingsströme und Seuchen[60]. Außerdem kann man an den Tod durch Selbstmord, Drogenkonsum, Vergiftungen, Krebserkrankungen, sowie durch neue Krankheitserreger (Bakterien und Viren) denken.

Was ist wohl mit dem *Tod durch die Tiere der Erde* gemeint? In den Kapiteln 9, 13 und 17 der Offenbarung werden damit vor allem Menschen bezeichnet, die sich wie Raubtiere verhalten. Das entspricht einer alttestamentlichen Tradition und findet sich besonders in den Psalmen[61]. Die Raubtiere selbst sind in unserer Zeit eher vom Aussterben bedroht, sie stellen keine Gefahr für menschliches Leben auf globaler Ebene dar.

Sie werden sich nun vielleicht fragen, warum ich nicht mit der Öffnung des ersten Siegels begonnen habe. Das Pferd ist weiß und von dem Reiter heißt es: *er hatte einen Bogen, ein Kranz wurde ihm gegeben und als Sieger zog er aus, um zu siegen*. Wir könnten versucht sein, das positiv auf Jesus hin zu deuten (vgl. Offb 19,11). Dagegen spricht aber der Zusammenhang mit den anderen drei Pferden. In diesem Zusammenhang des Unheils ist mehr an einen geistigen Sieg von Ideologie, Irrtum und Relativismus auf globaler Ebene zu denken, der genauso todbringend ist wie die folgenden Plagen. Das Pferd sieht weiß aus, es täuscht das Gute aber nur vor. Seine Macht scheint sauber und demokratisch legitimiert zu sein. Der Reiter auf dem Pferd hat aber einen Bogen, mit dem er genauso tötet wie die anderen drei Reiter. Es ist eine Allegorie auf den geistigen, moralischen Verfall, der dem Materiellen vorausgeht. Es ist der praktische und theoretische Atheismus, der das Denken irreleitet und die wahren Werte oder moralischen Normen in der Gesellschaft außer Kraft setzt. Der Reiter symbolisiert den Sieg des technischen Fortschritts ohne jede ethische Begrenzung.

Jesus dagegen trägt in der Offenbarung als Reiter keinen Bogen; er ist kein Bogenschütze wie Ismael (Gen 21,20).

---

[60] „An vielen Orten wird es Seuchen und Hungersnöte geben, schreckliche Dinge werden geschehen..." (Lk 21,11).
[61] Z.B. Ps 22,13-14.17.21-22; Ps 35,16-17; Ps 57,5; Ps 59,7-8; Ez 22,27; Zef 3,3; Mt 7,6 und 7,15.

I. Offb 4-6

Er wird in Worten und Symbolen eindeutig identifiziert als „der Treue und Wahrhaftige" (siehe 8.1.). Er ist im ganzen Abschnitt *das Lamm*, das im Himmel die Siegel der Buchrolle aufbricht. Es wäre ganz unlogisch, wenn das Lamm bei der Öffnung des ersten Siegels zugleich als reitender Bogenschütze auf der Erde gezeigt würde.

2.3.2. Das fünfte Siegel: die Stimme der Märtyrer

Ich fahre nun fort mit der Öffnung des fünften Siegels, das sich in Inhalt und Stil von den bisherigen unterscheidet: „Als das Lamm das fünfte Siegel öffnete, sah ich unter dem Altar die Seelen aller, die hingeschlachtet worden waren wegen des Wortes Gottes und wegen des Zeugnisses, das sie abgelegt hatten." (Offb 6,9) Das griechische Wort für Zeugnis heißt *Martyria*, wovon wiederum das Fremdwort „Martyrium" herkommt. Ich möchte daran erinnern, dass das 20. Jahrhundert mehr christliche Märtyrer hervorgebracht hat als alle bisherigen Jahrhunderte zusammengenommen und dass auch mehr Menschen „hingeschlachtet" worden sind, als in allen Jahrhunderten zuvor: Angefangen vom Völkermord an den Armeniern in der Türkei, über die beiden Weltkriege und die zahlreichen Diktaturen bis zum Völkermord in Ruanda. Für den deutschen Sprachraum wurde auf Initiative von Johannes Paul II. ein Martyrologium des 20. Jahrhunderts erstellt. Die Ortsangabe „unter dem Altar" verweist auf das Opfer des eigenen Lebens, das die Märtyrer, gestärkt durch die heilige Eucharistie, dargebracht haben. Die Altäre der Kirche, auf denen die hl. Messe gefeiert wird, sind mit Reliquien der Heiligen versehen. Das Messopfer wurde und wird über ihren Gräbern gefeiert. Ihre Seelen werden in der Vision unter einem *himmlischen Altar* gezeigt, ein Symbol für die wirksame Gegenwart des Opfers Christi im Himmel.

Ich zitiere weiter: „Sie riefen mit lauter Stimme: Wie lange zögerst du noch, Herr, du Heiliger und Wahrhaftiger, Gericht zu halten und unser Blut an den Bewohnern der Erde zu rächen? Da wurde jedem von ihnen ein weißes Gewand gegeben; und ihnen wurde gesagt, sie sollten noch kurze Zeit warten, bis die volle Zahl erreicht sei durch den Tod ihrer Mitknechte und Brüder, die noch sterben müssten wie sie." (Offb 6,9-11) Die „kurze Zeit" ist in Bezug auf die Ewigkeit Gottes und die Seelen im Himmel kurz (siehe 1.1.2.).

Das Lamm öffnet sechs der 7 Siegel 2.3.

Die „volle Zahl" der Märtyrer ist keine uns bekannte oder von vornherein festgelegte Zahl, sondern eine allein Gott bekannte „Vollzahl" (siehe 3.1.). Dass die Seelen der in Christus Verstorbenen mit weißen Gewändern bekleidet werden, begegnet uns sehr häufig in der Offenbarung. Es ist ein Zeichen ihrer Gerechtigkeit und Verklärung im Licht[62]. Wörtlich übersetzt rufen sie: „Bis wann, heiliger und wahrhaftiger Herrscher, richtest und rächst du nicht unser Blut an denen, die auf der Erde wohnen?" Dadurch wird schon einleitend angedeutet, dass das folgende sechste Siegel dieses Gericht über die Bewohner der Erde darstellt.

2.3.3. Das sechste Siegel: der Tag des Zorns

Ich zitiere zunächst den Text aus der Offenbarung, der das sechste Kapitel abschließt. Es ist ein Text, der wörtlichen Bezug nimmt auf unzählige Stellen im Alten und Neuen Testament. Er fasst zusammen, was in den anderen Schriften der Bibel verstreut über den Tag des Zorns steht: „Und ich sah: Das Lamm öffnete das sechste Siegel. Da entstand ein gewaltiges Beben. Die Sonne wurde schwarz wie ein Trauergewand, und der ganze Mond wurde wie Blut. Die Sterne des Himmels fielen herab auf die Erde, wie wenn ein Feigenbaum seine Früchte abwirft, wenn ein heftiger Sturm ihn schüttelt. Der Himmel verschwand wie eine Buchrolle, die man zusammenrollt, und alle Berge und Inseln wurden von ihrer Stelle weggerückt. Und die Könige der Erde, die Großen und die Heerführer, die Reichen und die Mächtigen, alle Sklaven und alle Freien verbargen sich in den Höhlen und Felsen der Berge. Sie sagten zu den Bergen und Felsen: Fallt auf uns und verbergt uns vor dem Blick dessen, der auf dem Thron sitzt, und vor dem Zorn des Lammes; denn der große Tag ihres Zorns ist gekommen. Wer kann da bestehen?" (Offb 6,12-17) Die wichtigste Parallelstelle zu diesem Abschnitt ist das Wort Jesu aus dem Evangelium:
„Sofort nach den Tagen der großen Not wird sich die Sonne verfinstern, und der Mond wird nicht mehr scheinen; die Sterne werden vom Himmel fallen, und die Kräfte des Himmels werden erschüttert werden. Danach wird das Zeichen des Menschensohnes am Himmel erscheinen; dann werden alle Völker der Erde jammern und klagen…"

---

[62] Siehe 1.3.2.2. und 1.4.4.5. Vgl. Offb 3,4-5; 3,18; 4,4; 7,9-14; 19,8 und 19,14.

I. Offb 4-6

(Mt 24,29-30; Mk 13,24-26) Die „Tage der großen Not" in diesem Evangelium können wir mit den ersten fünf Siegeln identifizieren. Vielleicht wird es Ihnen bei diesen Worten ergehen wie einigen Jüngern, die die Rede Jesu in Kafarnaum über das Brot vom Himmel gehört hatten. Sie sagten: „Was er sagt ist unerträglich, wer kann das anhören?" (Joh 6,60) Viele solcher Stellen aus der Offenbarung mögen uns unerträglich erscheinen, sie sind aber genauso „Wort des lebendigen Gottes" wie die schönen Stellen der Heiligen Schrift, die mehr von seiner Liebe und Barmherzigkeit sprechen. Sie werden sich historisch genauso verwirklichen wie die Passion und die Kreuzigung Jesu, von der Petrus sagte: „Das soll Gott verhüten, Herr! Das darf nicht mit dir geschehen!" (Mt 16,22) Was in der Offenbarung gezeigt und angekündigt wird, geschieht z.T. schon heute, und es wird mit Sicherheit geschehen vor der Parusie, der Wiederkunft Christi in Herrlichkeit.

2.3.3.1. Die Erschütterung der Erde

Betrachten wir nun die Details dieser Vision vom Tag des Zorns. *Das Lamm öffnete das sechste Siegel. Da entstand ein gewaltiges Beben...* Wir kennen die zerstörende Gewalt von Erdbeben aus den Nachrichten, und sie werden von Jesus als Anfang der Wehen vor seinem Kommen bezeichnet: „Denn ein Volk wird sich gegen das andere erheben und ein Reich gegen das andere, und an vielen Orten wird es Hungersnöte und Erdbeben geben. Doch das alles ist erst der Anfang der Wehen." (Mt 24,7-8) Hier bewirkt das Erdbeben jedoch, dass *alle Berge und Inseln von ihrer Stelle weggerückt werden und dass alle Menschen sich in Höhlen und Felsen verkriechen*[63]. Dieses besondere Beben, das die ganze Erde erschüttert, kommt noch in Offb 11,13 und in Offb 16,18 vor. Dort heißt es: „Es entstand ein gewaltiges Erdbeben, wie noch keines gewesen war, seitdem es Menschen auf der Erde gibt. So gewaltig war dieses Beben. Die große Stadt brach in drei Teile auseinander, und die Städte der Völker stürzten ein... Alle Inseln verschwanden, und es gab keine Berge mehr."

---

[63] Offb 6,14-15; vgl. Lk 23,23-31 (das Wort Jesu auf dem Kreuzweg an die weinenden Frauen), Hos 10,8; Jes 2,19.

Das Lamm öffnet sechs der 7 Siegel 2.3.

Wir wollen dieses endzeitliche Beben noch an anderen Stellen der hl. Schrift aufspüren. Es wird z.b. im Zusammenhang mit dem endzeitlichen Kampf von Gog und Magog gegen das Volk Gottes in Ez 38 beschrieben. Mit dem Weltbeben greift Gott zugunsten seines Volkes ein (Ez 38,19-21).

Es wird in der „Jesaja-Apokalypse" beschrieben: „Die Schleusen hoch droben werden geöffnet, die Fundamente der Erde werden erschüttert. Die Erde birst und zerbirst, die Erde bricht und zerbricht, die Erde wankt und schwankt. Wie ein Betrunkener taumelt die Erde, sie schwankt wie eine wacklige Hütte. Ihre Sünden lasten auf ihr; sie fällt und kann sich nicht mehr erheben." (Jes 24,18-20)

In Nahum 1,5-8 lesen wir: „Berge beben vor dem Herrn, und Hügel geraten ins Wanken. Die Welt schreit vor ihm auf, die Erde und all ihre Bewohner. Vor seinem Groll - wer kann da bestehen? Wer hält stand in der Glut seines Zorns? Sein Grimm greift um sich wie Feuer, und die Felsen bersten vor ihm. Gut ist der Herr, eine feste Burg am Tag der Not. Er kennt alle, die Schutz suchen bei ihm. Doch in reißender Flut macht er seinen Gegnern ein Ende, und Finsternis verfolgt seine Feinde." Im Hebräerbrief lesen wir unter Bezugnahme auf Haggai 2,6-7:

„Seine Stimme hat damals [d.h. beim Bundesschluss am Sinai][64] die Erde erschüttert, jetzt aber hat er verheißen: Noch einmal lasse ich es beben, aber nicht nur die Erde erschüttere ich, sondern auch den Himmel. Dieses "Noch-einmal" weist auf die Umwandlung dessen hin, das, weil es erschaffen ist, erschüttert wird, damit das Unerschütterliche bleibt." (Hebr 12,26-27) Diese Stelle gibt uns den Übergang zur Erschütterung des Himmels oder der Atmosphäre, die der Text der Offenbarung deutlich zum Ausdruck bringt.

2.3.3.2. Finsternis von Sonne, Mond und Sternen

Die Sonne wurde schwarz wie ein Trauergewand, und der ganze Mond wurde wie Blut. Die Sterne des Himmels fielen herab auf die Erde, wie wenn ein Feigenbaum seine Früchte abwirft, wenn ein heftiger Sturm ihn schüttelt. Der Himmel verschwand wie eine Buchrolle, die man zusammenrollt... Die Verdunkelung von Sonne,

---

[64] Eckige Klammern in einem Zitat bedeuten meine eigenen Anmerkungen, Bemerkungen oder Ergänzungen.

I. Offb 4-6

Mond und Sternen im Zusammenhang mit der kosmischen Erschütterung werden im Alten Testament für den Tag des Herrn sehr häufig bezeugt: In Jes 13,10 und 24,23; in Ez 32,7-8:
„Wenn dein Leben erlischt, will ich den Himmel bedecken und die Sterne verdüstern. Die Sonne decke ich zu mit Wolken, der Mond lässt sein Licht nicht mehr leuchten. Deinetwegen verdunkle ich alle die strahlenden Lichter am Himmel und lege Finsternis über dein Land ..."; in Joel 3,3-4 und 4,15; in Amos 5,18-20 und in Zef 1,15.
Aus unserem heutigen Weltbild heraus ist es klar, dass eine Verfinsterung von Sonne, Mond und Sternen nur durch eine konzentrierte Ansammlung von Staub, Rauch, Asche und Gesteinsbrocken in der Erdatmosphäre geschehen kann. Die Himmelskörper können nicht alle auf einmal von selbst ihren Schein verlieren. Sonne und Sterne sind gigantische Gaskugeln, in denen fortlaufend Kernfusion stattfindet. Jeder Stern durchläuft zwar eine Entwicklung und hat ein natürliches Ende seiner „Lebensdauer", indem er langsam erlischt oder „explodiert", das heißt äußere Schichten seiner Masse in den Weltraum abstößt (Supernova). Das kann aber mit der Vision nicht gemeint sein.
Das in der Bibel Beschriebene ist realistisch denkbar im Fall eines Atomkriegs oder des Zusammenstoßes der Erde mit Asteroiden. Beides würde die Beobachtung verständlich machen, dass einerseits „Sterne des Himmels auf die Erde herabfallen" und andererseits „der Himmel verschwindet, wie eine Buchrolle, die man zusammenrollt" (aufgrund der Verfinsterung). Offensichtlich können Sterne im astronomischen Sinn nicht auf die Erde fallen. Es hat aber für uns den Anschein, als ob es so wäre, wenn Langstreckenraketen oder größere Gesteinsbrocken in die Erdatmosphäre eintreten und zu glühen beginnen. Ihr Einschlag würde die Erde erschüttern und den Rauch, der den Himmel verfinstert, in die Atmosphäre bringen. Nach meiner Überzeugung sind die biblischen Aussagen über die Himmelskörper so gemeint (siehe 3.3.3.). Alternativ kann man auch an explosive Vulkanausbrüche denken, die ebenfalls die Atmosphäre verdunkeln und glühendes Gestein auf die Erde schleudern würden.

Das Lamm öffnet sechs der 7 Siegel **2.3.**

2.3.3.3. Der Zorn des Lammes: Schrecken mit Hoffnung

Bei aller kosmischen Erschütterung, die die ganze Erde als Lebensraum betrifft, ist aber die Erkenntnis Gottes und seines Eingreifens das Wesentliche. So heißt es ja beim Abschluss des sechsten Kapitels und des sechsten Siegels: *Sie sagten zu den Bergen und Felsen: Fallt auf uns und verbergt uns vor dem Blick dessen, der auf dem Thron sitzt, und vor dem Zorn des Lammes; denn der große Tag ihres Zorns ist gekommen. Wer kann da bestehen?* Das verweist uns zurück auf die Einleitung, wo wir gehört haben: „Siehe, er kommt mit den Wolken, und jedes Auge wird ihn sehen, auch alle, die ihn durchbohrt haben; und alle Völker der Erde werden seinetwegen jammern und klagen. Ja, amen." (Offb 1,7) Das Thema des Zornes Gottes werde ich später ausführlich erörtern, wenn es in Offb 16 um die sieben Schalen mit den letzten Plagen geht (siehe 6.2.). *Der Zorn des Lammes* trifft jedenfalls das Übermaß der Sünden, „die sich bis zum Himmel aufgetürmt haben" (Offb 18,5).

Dafür gibt es eine beeindruckende Parallele im Buch Jesaja: „Ja, du hast dein Volk, das Haus Jakob, verstoßen; denn es ist voll von Zauberern und Wahrsagern wie das Volk der Philister und überflutet von Fremden. Sein Land ist voll Silber und Gold, zahllos sind seine Schätze. Sein Land ist voll von Pferden, zahllos sind seine Wagen. Sein Land ist voll von Götzen. Alle beten das Werk ihrer Hände an, das ihre Finger gemacht haben. Doch die Menschen müssen sich ducken, jeder Mann muss sich beugen. Verzeih ihnen nicht! *Verkriech dich im Felsen, verbirg dich im Staub vor dem Schrecken des Herrn und seiner strahlenden Pracht! Da senken sich die stolzen Augen der Menschen, die hochmütigen Männer müssen sich ducken, der Herr allein ist erhaben an jenem Tag. Denn der Tag des Herrn der Heere kommt über alles Stolze und Erhabene, über alles Hohe - es wird erniedrigt -...* Die Götzen aber schwinden alle dahin. Verkriecht euch in Felshöhlen und Erdlöchern vor dem Schrecken des Herrn und vor seiner strahlenden Pracht, wenn er sich erhebt, um die Erde zu erschrecken." (Jes 2,6-19)

Im zweiten Petrusbrief wird dieselbe endzeitliche Erschütterung der Erde mit Mahnungen zur Wachsamkeit und Heiligkeit verbunden. Der hl. Petrus ermuntert sogar dazu, den Tag Gottes zu erwarten und seine Ankunft zu beschleunigen (2Petr 3,10-13).

I. Offb 4-6

Das sagt er offensichtlich nicht wegen des Schreckens, sondern wegen der Hoffnung, die damit verbunden ist: nämlich auf *einen neuen Himmel und eine neue Erde, in denen die Gerechtigkeit wohnt.* Diese neue Schöpfung werden wir in Kapitel 10.2. ausführlich betrachten. Wie kann man aber *seine Ankunft beschleunigen*? Sicher nur durch inständiges Gebet, durch ein heiliges Leben und durch die Sehnsucht nach seinem Kommen. Ähnlich heißt es in Jesaja 26,8-9: „Herr, auf das Kommen deines Gerichts vertrauen wir. Deinen Namen anzurufen und an dich zu denken, ist unser Verlangen. Meine Seele sehnt sich nach dir in der Nacht, auch mein Geist ist voll Sehnsucht nach dir. Denn dein Gericht ist ein Licht für die Welt, die Bewohner der Erde lernen deine Gerechtigkeit kennen."

2.3.3.4. Eine geistlich-symbolische Deutung

Ich will darauf hinweisen, dass man die Beschreibung des sechsten Siegels *auch* geistlich verstehen kann. Ich betone „auch", denn das Erste ist immer die historische, konkrete Bedeutung der Symbole in der Offenbarung, wenn es um die Erde geht. Eine „bloß" geistliche, allegorische Deutung halte ich für falsch, so fromm und mystisch sie auch sein mag.

Die Sonne, die sich verfinstert, kann für Gott stehen, der nicht mehr erkannt wird oder der sein leuchtendes Angesicht vor uns verbirgt. Es entspricht durchaus dem Sinn dieser Stelle, von einer Gottesfinsternis zu sprechen. Die Sterne bedeuten in der Symbolik der Bibel die Gemeinschaft der Heiligen. Wenn sie vom Himmel fallen, kann das bedeuten, dass auch Christen sich zum Bösen verführen lassen und vom Glauben abfallen. Das erinnert schließlich an das Wort Jesu im Matthäusevangelium: „Und wenn jene Zeit nicht verkürzt würde, dann würde kein Mensch gerettet; doch um der Auserwählten willen wird jene Zeit verkürzt werden." (Mt 24,22) Wenn der Mond wie Blut wird, deutet das darauf hin, dass auf der Erde Blut vergossen wird, was ja auch schon der Inhalt des vierten und fünften Siegels ist. Das sechste Siegel kann schließlich als Voraussicht oder letzte Warnung vor dem Zorn Gottes gedeutet werden, als eine Art Selbstoffenbarung des Herrn an alle Menschen. Einerseits bringen die ersten fünf Siegel zum Ausdruck, was es in der Menschheits- und Kirchengeschichte schon immer an Not und

Das Lamm öffnet sechs der 7 Siegel 2.3.

Bedrängnis gegeben hat. *Es tritt nun nicht mehr vereinzelt, lokal auf, sondern massiv gehäuft und in verheerender Stärke: es betrifft ganze Regionen oder „ein Viertel der Erde" (Offb 6,8).* Das ist der *Anfang der Wehen.* Das sechste Siegel bringt dagegen etwas spezifisch Letztzeitliches zum Ausdruck, das der Wiederkunft Christi direkt vorausgeht und sie unmittelbar ankündet. In diesem Zusammenhang wird auch „das Zeichen des Menschensohnes am Himmel erscheinen" (Mt 24,30), womit sicher das Zeichen des Kreuzes gemeint ist, das Zeichen des Sieges Christi über Sünde, Tod und Teufel.

Schon beim Tod Jesu traten die apokalyptischen Zeichen des Erbebens und der Verfinsterung der Gestirne auf. Was Jesus am Kreuz durchlebte, betrifft nun die ganze Menschheit: „Von der sechsten bis zur neunten Stunde *herrschte eine Finsternis im ganzen Land.* Um die neunte Stunde rief Jesus laut: Eli, Eli, lema sabachtani?, das heißt: *Mein Gott, mein Gott, warum hast du mich verlassen?...* Jesus aber schrie noch einmal laut auf. Dann hauchte er den Geist aus. *Da riss der Vorhang im Tempel von oben bis unten entzwei. Die Erde bebte, und die Felsen spalteten sich. Die Gräber öffneten sich, und die Leiber vieler Heiligen, die entschlafen waren, wurden auferweckt."* (Mt 27,45-52)

Wie beim Sterben Jesu, so steht auch am Ende der Apokalypse nicht der Tod, sondern die allgemeine Auferweckung des Leibes in seiner verklärten, unsterblichen Seinsweise[65].

Jesus mahnt uns im Evangelium mehrfach dazu, im Hinblick auf dieses Ende bereit und wachsam zu sein: „Nehmt euch in Acht, dass Rausch und Trunkenheit und die Sorgen des Alltags euch nicht verwirren und dass jener Tag euch nicht plötzlich überrascht wie eine Falle; denn er wird über alle Bewohner der ganzen Erde hereinbrechen. *Wacht und betet allezeit, damit ihr allem, was geschehen wird, entrinnen und vor den Menschensohn hintreten könnt."* (Lk 21,34-36) Matthäus überliefert dazu parallel folgende Worte des Herrn: „Seid also wachsam! Denn ihr wisst nicht, an welchem Tag euer Herr kommt. Bedenkt: Wenn der Herr des Hauses wüsste, zu welcher Stunde in der Nacht der Dieb kommt, würde er wach bleiben und nicht zulassen, dass man in sein Haus einbricht.

---

[65] Siehe 3.7.1.; 9.3.; vgl. KKK 997-1001.

I. Offb 4-6

Darum haltet auch ihr euch bereit! Denn der Menschensohn kommt zu einer Stunde, in der ihr es nicht erwartet." (Mt 24,42-44)

2.3.3.5. Die Offenbarung und Privatoffenbarungen

Ich möchte noch einmal darauf hinweisen, dass wir uns mit der Realität der sechs Siegel nur konfrontieren können, wenn wir vorher mit Johannes den Blick in den Himmel gemacht haben und wenn uns damit das Ziel unseres Lebens und der Weltgeschichte vor Augen steht.

Für sich allein genommen können die Unheilskapitel der Offenbarung zu einer einseitig negativen Weltsicht führen, in der man nur nach Katastrophen, finsteren Privatoffenbarungen und Daten für den Weltuntergang Ausschau hält. Das ist aber überhaupt nicht die Absicht der Offenbarung des Johannes und widerspricht der christlichen Hoffnung. Der Herr sagt uns im Evangelium: „Doch jenen Tag und jene Stunde kennt niemand, auch nicht die Engel im Himmel, nicht einmal der Sohn, sondern nur der Vater." (Mt 24,36)

Privatoffenbarungen sind mit Vorsicht zu genießen, wenn sie die menschliche Neugier befriedigen wollen, indem sie das kommende Unheil ausmalen, das in der Bibel angekündigt wird. Das Wort Gottes ist in dieser Beziehung konkret genug. Es will uns nicht in Angst und Schrecken versetzen, sondern angesichts realer Bedrohungen zur Umkehr bewegen und im Vertrauen auf die Gegenwart und das rettende Eingreifen Gottes stärken.

Außerdem kommt es bei den Privatoffenbarungen wesentlich auch auf das Urteil der Kirche und die Früchte in ihrem Leben an: „Hütet euch vor den falschen Propheten, die in Schafskleidern zu euch kommen! Inwendig aber sind sie reißende Wölfe. An ihren Früchten werdet ihr sie erkennen. Erntet man etwa von Dornen Trauben oder von Disteln Feigen? Jeder gute Baum bringt gute Früchte hervor, ein schlechter Baum aber schlechte. Ein guter Baum kann keine schlechten Früchte hervorbringen und ein schlechter Baum keine guten. Jeder Baum, der keine guten Früchte hervorbringt, wird umgehauen und ins Feuer geworfen. An ihren Früchten also werdet ihr sie erkennen." (Mt 7,15-20) Anfang der 90er Jahre lernte ich einen katholischen „Seher" und seine Privatoffenbarungen kennen, die sich in vielen Details auf die Offenbarung des Johannes bezogen.

Das Lamm öffnet sechs der 7 Siegel 2.3.

Es stellte sich jedoch heraus, dass er gegen die Lehre der Kirche handelte, dass seine konkreten Prophezeiungen sich nicht erfüllten und sie von der Kirche als unecht abgewiesen wurden.

Echte Privatoffenbarungen[66] vergegenwärtigen den einen oder anderen Aspekt des Evangeliums, um ihn im Leben der Kirche neu und besser zur Geltung zu bringen. Sie führen zum Wesentlichen des christlichen Glaubens: Gebet, Umkehr, Beichte, Nächstenliebe, Eucharistie und Vertrauen auf Gott, unseren Schöpfer.

Johannes und das Lamm
Romanische Steinskulptur im Priorat von Serrabona

---

[66] KKK 66-67 (Es wird keine andere Offenbarung mehr geben).

II. Offb 7-11

3. Sieben Engel standen vor Gott bereit, die sieben Posaunen zu blasen (II. Offb 7-11)

Mit dem 7. Kapitel beginnt auch ein inhaltlich neuer Abschnitt der Offenbarung, der bis zum Ende des 11. Kapitels reicht. Der Abschnitt beginnt mit folgenden Worten:

„*Danach sah ich*: Vier Engel standen an den vier Ecken der Erde. Sie hielten die vier Winde der Erde fest, damit der Wind weder über das Land noch über das Meer wehte, noch gegen irgendeinen Baum. Dann sah ich vom Osten her einen anderen Engel emporsteigen; er hatte das Siegel des lebendigen Gottes und rief den vier Engeln, denen die Macht gegeben war, dem Land und dem Meer Schaden zuzufügen, mit lauter Stimme zu: Fügt dem Land, dem Meer und den Bäumen keinen Schaden zu, bis wir den Knechten unseres Gottes das Siegel auf die Stirn gedrückt haben." (Offb 7,1-3)

Es scheint mir offensichtlich zu sein, dass dieser neue Text nicht eine zeitliche Weiterführung nach dem Tag des Zornes sein kann. Vielmehr fängt die Geschichte wieder von vorne an, aus einer anderen Perspektive. Wenn Johannes schreibt: „*Danach sah ich*", dann drückt das im Allgemeinen keine Chronologie, keine zeitliche Abfolge von Ereignissen aus, sondern nur was er nacheinander in seinen Visionen gezeigt bekam. Meine Grundüberzeugung besteht darin, dass in der Offenbarung dieselben endzeitlichen Ereignisse vor der Wiederkunft Christi in immer neuer Perspektive, aus je verschiedenem Blickwinkel, unter Betrachtung von verschiedenen Aspekten beschrieben werden. Der neue Abschnitt besteht in der Öffnung des siebten Siegels, das sich im Blasen von sieben Posaunen entfaltet. Doch zuvor gibt es einen Aufschub, eine Zeit des Abwartens und der Gnade. Es ist von einem vorläufigen Schutz unseres Lebensraums die Rede. Dabei versinnbildlicht die wiederkehrende Zahl *vier* die Erde mit ihren vier Himmelsrichtungen.

3.1. Die Besiegelung der 144000 aus Israel

„Fügt dem Land, dem Meer und den Bäumen keinen Schaden zu, bis wir den Knechten unseres Gottes das Siegel auf die Stirn gedrückt haben." (Offb 7, 3) Was hat es nun mit dieser *Besiegelung der Stirn* auf sich? Es hat nichts zu tun mit den sieben Siegeln der Buchrolle, die das Lamm vor dem Thron öffnet. Vielmehr handelt es sich um ein Siegel, mit dem 144 000 aus allen Stämmen der Söhne Israels auf ihrer Stirn bezeichnet werden. Es folgt dann die einzige Stelle im ganzen Neuen Testament, wo die 12 Stämme Israels, die nach den 12 Söhnen Jakobs benannt sind, wirklich der Reihe nach aufgezählt werden[67]: „Und ich erfuhr die Zahl derer, die mit dem Siegel gekennzeichnet waren. Es waren hundertvierundvierzigtausend aus allen Stämmen der Söhne Israels, die das Siegel trugen: Aus dem Stamm Juda trugen zwölftausend das Siegel, aus dem Stamm Ruben zwölftausend, aus dem Stamm Gad zwölftausend, aus dem Stamm Ascher zwölftausend, aus dem Stamm Naftali zwölftausend, aus dem Stamm Manasse zwölftausend, aus dem Stamm Simeon zwölftausend, aus dem Stamm Levi zwölftausend, aus dem Stamm Issachar zwölftausend, aus dem Stamm Sebulon zwölftausend, aus dem Stamm Josef zwölftausend, aus dem Stamm Benjamin trugen zwölftausend das Siegel." (Offb 7,4-8)

Was bedeutet nun diese Besiegelung der 144 000 auf ihrer Stirn? Wenn Sie die Zahl von 144 000 Auserwählten hören, denken Sie wahrscheinlich an die Zeugen Jehovas, die diese Stelle zu Unrecht wörtlich und exklusiv auf sich beziehen. Sicher ist diese Zahl aber keine begrenzte, exklusive Zahl, die etwa denjenigen ausschließt, der mit der Nummer 144 002 leider zu spät dran ist. Sie ist vielmehr eine symbolische Zahl, die uns im Text vorgerechnet wird als 12 mal 12 000. 12 steht immer für das Volk Gottes, das eben im Alten Bund auf die zwölf Stammväter und im Neuen Bund auf die zwölf Apostel des Lammes gegründet ist. 1000 steht für sehr viele, die man nicht mehr einfach mit dem Finger abzählen kann. 144 000 ist eine offene

---

[67] Allerdings fehlt der Stamm Dan, dafür ist Josef durch Manasse (seinen Sohn) verdoppelt. Statt Ruben, dem Erstgeborenen Jakobs, steht Juda an erster Stelle, von dem Jesus, der Messias, abstammt (vgl. Gen 49,1-28; Mt 1,1-2).

II. Offb 7-11

Gesamtzahl aus dem Volk Gottes, wobei die Aufzählung der Stämme Israels aber besonders auf das jüdische Volk hinweist.

Das Siegel Gottes ist im Neuen Testament ein Symbol für die Gabe des Heiligen Geistes. Das kennen wir schon vom Sakrament der Firmung, wo der Firmling eine Salbung auf die Stirn empfängt mit den Worten: „Sei besiegelt durch die Gabe Gottes, den Heiligen Geist". Der Katechismus lehrt im Zusammenhang mit der Firmung folgendes über das Siegel des Geistes:

„Christus selbst erklärt von sich, der Vater habe ihn mit seinem Siegel beglaubigt (Joh 6,27). Auch der Christ ist durch ein Siegel gekennzeichnet: Gott ist es, „der uns sein Siegel aufgedrückt und als ersten Anteil [am verheißenen Heil] den Geist in unser Herz gegeben hat" (2Kor 1,21-22). Dieses Siegel des Heiligen Geistes bedeutet, dass man gänzlich Christus angehört, für immer in seinen Dienst gestellt ist, aber auch dass einem der göttliche Schutz in der großen endzeitlichen Prüfung verheißen ist." (KKK 1296)

Der Katechismus nimmt dabei Bezug auf Offb 9,3-4, wo die Besiegelten vom Schaden durch „Heuschrecken und Skorpione" ausgenommen werden. Diese Funktion des Schutzes erinnert an das Buch Ezechiel, wo die Einwohner Jerusalems mit einem schützenden „Taw"[68] auf ihrer Stirn bezeichnet werden, die über die in der Stadt begangenen Gräueltaten seufzen und stöhnen (Ez 9,4). Die franziskanische Tradition hat aus dem Taw ein T in Kreuzform gemacht.

Kommen wir nun noch einmal auf die 144 000 zurück, die mit dem Siegel Gottes auf ihrer Stirn bezeichnet werden. Einerseits kann das also die Gesamtheit der erlösten Menschen sein, oder die Gesamtheit derer, die in der endzeitlichen Auseinandersetzung auf der Seite Jesu, des Lammes, stehen und ihm folgen (Offb 14,1-3).

Andererseits kann es, wie schon gesagt, ein besonderer Hinweis auf das Volk Israel sein, dem noch eine Begegnung mit Jesus, seinem Messias, verheißen ist. Paulus drückt im 11. Kapitel des Römerbriefes mehrfach die Erwartung aus, dass die Juden am Ende, nach den Heidenvölkern, zum Glauben an Jesus gelangen werden[69]. Am prägnantesten ist folgende Formulierung:

---

[68] Letzter Buchstabe des hebräischen Alphabets, entspricht dem Omega in der griechischen Schrift.
[69] Röm 11,12.15.23-24.26-27.31; KKK 674.

Die Gemeinschaft der Heiligen 3.2.

„Damit ihr euch nicht auf eigene Einsicht verlasst, Brüder, sollt ihr dieses Geheimnis wissen: Verstockung liegt auf einem Teil Israels, bis die Heiden in voller Zahl das Heil erlangt haben; dann wird ganz Israel gerettet werden, wie es in der Schrift heißt: Der Retter wird aus Zion kommen, er wird alle Gottlosigkeit von Jakob entfernen." (Röm 11,25-26) Auch im Alten Testament gibt es zahlreiche Stellen, an denen dem jüdischen Volk eine besondere, endzeitliche Ausgießung des Geistes verheißen wird, nachdem es erneut im Land Israel gesammelt wurde. Die uns bekannteste Stelle ist folgende Lesung aus der Osternacht: „Ich hole euch heraus aus den Völkern, ich sammle euch aus allen Ländern und bringe euch in euer Land. Ich gieße reines Wasser über euch aus, dann werdet ihr rein... Ich lege meinen Geist in euch und bewirke, dass ihr meinen Gesetzen folgt und auf meine Gebote achtet und sie erfüllt." (Ez 36,24-27) Zuerst gibt es also eine physische Sammlung des Volkes im Land Israel, aber mit dem Ziel der inneren Erneuerung durch den Heiligen Geist. Das kommt auch in Offb 7,4-8 zum Ausdruck, wo von der Gabe des Siegels Gottes an die 12 Stämme Israels die Rede ist.

3.2. Die Gemeinschaft der Heiligen

Nach dieser Stelle kommt wieder ein Blick in den Himmel, und diesmal werden dem Seher Johannes ausdrücklich die Geretteten aus den Heidenvölkern gezeigt. Die Kirche feiert sie am 1. November, an Allerheiligen. Ich zitiere: „Danach sah ich: eine große Schar aus allen Nationen und Stämmen, Völkern und Sprachen; niemand konnte sie zählen. Sie standen in weißen Gewändern vor dem Thron und vor dem Lamm und trugen Palmzweige in den Händen." (Offb 7,9) Die weißen Gewänder als Symbol der „Bekleidung" mit göttlichem Licht sind uns schon vertraut. Dazu kommen hier noch die Palmzweige. Sie sind in der Antike ein Siegeszeichen und bedeuten die Teilhabe der Heiligen am Sieg Jesu über den Tod. Sie erinnern auch an die Huldigung Jesu bei seinem Einzug in Jerusalem am „Palmsonntag". Da riefen die Juden: „Hosanna! Gesegnet sei er, der kommt im Namen des Herrn, der König Israels!" (Joh 12,13)

In ähnlicher Weise fährt unser Text in der Offenbarung mit einer himmlischen Liturgie fort, in der Gott und das Lamm von neuem angebetet und verherrlicht werden. Da heißt es: „Sie riefen mit lauter

II. Offb 7-11

Stimme: Die Rettung kommt von unserem Gott, der auf dem Thron sitzt, und von dem Lamm. Und alle Engel standen rings um den Thron, um die Ältesten und die vier Lebewesen. Sie warfen sich vor dem Thron nieder, beteten Gott an und sprachen: Amen, Lob und Herrlichkeit, Weisheit und Dank, Ehre und Macht und Stärke unserem Gott in alle Ewigkeit. Amen." (Offb 7,10-12)

3.2.1. Trost für die Bedrängten

Auf diesen Lobpreis Gottes, unseres Retters, folgt ein kurioser Dialog des Sehers mit einem der Ältesten in der Vision. Er bringt eine wunderschöne Erklärung der Vision: „Da fragte mich einer der Ältesten: Wer sind diese, die weiße Gewänder tragen, und woher sind sie gekommen? Ich erwiderte ihm: Mein Herr, das musst du wissen. Und er sagte zu mir: Es sind die, die aus der großen Bedrängnis kommen; *sie haben ihre Gewänder gewaschen und im Blut des Lammes weiß gemacht.* Deshalb stehen sie vor dem Thron Gottes und dienen ihm bei Tag und Nacht in seinem Tempel; und der, der auf dem Thron sitzt, wird sein Zelt über ihnen aufschlagen. Sie werden keinen Hunger und keinen Durst mehr leiden, und weder Sonnenglut noch irgendeine sengende Hitze wird auf ihnen lasten. *Denn das Lamm in der Mitte vor dem Thron wird sie weiden* und zu den Quellen führen, aus denen das Wasser des Lebens strömt, und Gott wird alle Tränen von ihren Augen abwischen." (Offb 7,13-17)

Ich gehe auf einige Aspekte dieser Erklärung noch näher ein. „Es sind die, die aus der großen Bedrängnis kommen": Das ist ein Hinweis auf die Christenverfolgung und das Martyrium, von dem schon bei der Öffnung des fünften Siegels die Rede war. Es erinnert an die Seligpreisung: „Selig, die um der Gerechtigkeit willen verfolgt werden, denn ihnen gehört das Himmelreich." (Mt 5,10) Das Wort des Trostes greift zurück auf Jes 49,10: „Auf allen Bergen werden sie weiden, auf allen kahlen Hügeln finden sie Nahrung. Sie leiden weder Hunger noch Durst, Hitze und Sonnenglut schaden ihnen nicht. Denn er leitet sie voll Erbarmen und führt sie zu sprudelnden Quellen." Die Quellen mit dem Wasser des Lebens erinnern an das lebendige Wasser, welches Jesus der Samariterin am Jakobsbrunnen verheißen hat (Joh 4,10-14). Es ist ein Symbol für das Wort Gottes und die Gabe des Heiligen Geistes.

Die Gemeinschaft der Heiligen **3.2.**

3.2.2. Das Blut des Lammes: Hoher Priester und Guter Hirt

Außerdem heißt es: *sie haben ihre Gewänder gewaschen und im Blut des Lammes weiß gemacht.* Das passt zu keiner gängigen Waschmittelwerbung, weil es sich nicht auf irdische Stoffe bezieht. Es ist vielmehr geistlich zu verstehen, als die innere Reinigung der Seele von ihren Sünden durch das Opfer des Kreuzes, bei dem Jesus sein Blut für uns vergossen hat. Die Neuheit des Neuen Bundes besteht gerade darin, dass wir durch das Blut Christi freien Zugang zum Vater haben, *der auf dem Thron sitzt.* Der Hebräerbrief bringt zum Ausdruck, dass wir zu der hier gezeigten Wirklichkeit schon jetzt Zugang haben durch den Glauben und die Hoffnung: „*Wir haben also die Zuversicht, Brüder, durch das Blut Jesu in das Heiligtum einzutreten. Er hat uns den neuen und lebendigen Weg erschlossen durch den Vorhang hindurch, das heißt durch sein Fleisch. Da wir einen Hohen Priester haben, der über das Haus Gottes gestellt ist, lasst uns mit aufrichtigem Herzen und in voller Gewissheit des Glaubens hintreten, das Herz durch Besprengung gereinigt vom schlechten Gewissen [d.h. durch das Blut Christi] und den Leib gewaschen mit reinem Wasser [in der Taufe].* Lasst uns an dem unwandelbaren Bekenntnis der Hoffnung festhalten, denn er, der die Verheißung gegeben hat, ist treu." (Hebr 10,19-23)

Das Heiligtum ist nichts anderes als die unmittelbare Zugänglichkeit Gottes, seine Gegenwart, seine Intimität, seine Herrlichkeit, seine Heiligkeit. Das Lamm in der Mitte ist zugleich der *Hohe Priester auf ewig nach der Ordnung Melchisedeks,* kraft seiner Auferstehung von den Toten: „Die Hauptsache dessen aber, was wir sagen wollen, ist: Wir haben einen Hohen Priester, der sich zur Rechten des Thrones der Majestät im Himmel gesetzt hat, als Diener des Heiligtums und des wahren Zeltes, das der Herr selbst aufgeschlagen hat, nicht etwa ein Mensch." (Hebr 8,1-2)

Dann folgt in der Offenbarung eine Beschreibung des Himmels, wo die Leiden dieser Zeit von uns genommen werden. Es ist eine tröstliche und friedvolle Parallelstelle zu Offb 21,3-5. Das Lamm in der Mitte ist auch der gute Hirte, der seine Schafe auf gute Weide, zu den Wassern des Lebens, führt: „Ich bin der gute Hirt. Der gute Hirt gibt sein Leben hin für die Schafe... Ich habe noch andere Schafe,

II. Offb 7-11

die nicht aus diesem Stall sind; auch sie muss ich führen, und sie werden auf meine Stimme hören; *dann wird es nur eine Herde geben und einen Hirten.*" (Joh 10,11-16) Die „anderen Schafe" sind eben die Gläubigen aus den Heidenvölkern, von denen in dieser Vision die Rede ist, die nicht aus dem Stall Israel sind, von dem zuvor bei der Aufzählung der 12 Stämme die Rede war. Die Erklärung „Sie dienen ihm bei Tag und Nacht in seinem Tempel" ist als symbolischer Bezug und Rückgriff auf den Tempel im AT zu verstehen. Im Himmel und in der kommenden Welt gibt es weder Tag noch Nacht noch die besondere Gegenwart Gottes in einem Tempelgebäude[70].

---
[70] Offb 21,22 und Offb 22,5. Siehe 6.1.2.

3.3. Das siebte Siegel entfaltet sich in sechs Posaunenstößen

Aus dem zweiten Kapitel kennen wir schon das Schema, dass in der Offenbarung des Johannes nach einem stärkenden Blick in den Himmel der Blick auf die Erde folgt, in den letzten Zeiten vor der Wiederkunft Christi. Das geschieht diesmal mit einer feierlichen Einleitung und Zeitverzögerung, die durch die Öffnung des siebten Siegels gekennzeichnet ist: „Als das Lamm das siebte Siegel öffnete, trat im Himmel Stille ein, etwa eine halbe Stunde lang." (Offb 8,1) Das ist eine Art *stiller* Anbetung und Fürbitte in Erwartung des Gerichts, das über die Erde kommen wird. Es erinnert an das Wort beim Propheten Sacharia: „Alle Welt schweige in der Gegenwart des Herrn. Denn er tritt hervor aus seiner heiligen Wohnung." (Sach 2,17) Es ist auch eine gewaltige Unterbrechung der bisherigen himmlischen Geräuschkulisse, wo von Blitzen, Stimmen, Donnern und dem Rauschen gewaltiger Wassermassen die Rede war. Das schweigende Gebet wird sinnbildlich in Form von Weihrauch dargebracht: „Und ein anderer Engel kam und trat mit einer goldenen Räucherpfanne an den Altar; ihm wurde viel Weihrauch gegeben, den er auf dem goldenen Altar vor dem Thron verbrennen sollte, um so die Gebete aller Heiligen vor Gott zu bringen. Aus der Hand des Engels stieg der Weihrauch mit den Gebeten der Heiligen zu Gott empor." (Offb 8,3-4)

Das 7. Siegel: sechs Posaunenstöße **3.3.**

Man könnte diese Zeit des Schweigens und des Gebets zusammen mit der Besiegelung der 144 000 als eine Zeit besonderer Barmherzigkeit und göttlicher Offenbarung deuten, die dem Gericht vorangeht. Ausdrücklich ist vom fürbittenden Gebet der Heiligen die Rede, wobei zuerst die im Himmel gemeint sind, die in der vorigen Vision zu sehen waren. Dann sind aber sicher auch die auf der Erde lebenden Beter mitgemeint. Meiner Meinung nach leben wir in so einer Zeit der Gnade und des Aufschubs. Sie ist gekennzeichnet durch zahlreiche Marienerscheinungen, die zu Gebet und Umkehr mahnen, durch heilige Päpste, denen die Weltmission und die Einheit der Christen ein Anliegen ist, sowie durch politische Bemühungen um Frieden und Abrüstung.

Nur formal handelt es sich um einen Abschluss der sechs Siegel. Inhaltlich bildet das siebte Siegel mit den vorangehenden Visionen vielmehr einen Neuanfang, der das endzeitliche Geschehen unter einem neuen Aspekt beschreibt. Es besteht eine gewisse Parallele zwischen der Öffnung der 7 Siegel und dem Blasen der 7 Posaunen: die ersten vier (Siegel und Posaunen) bilden inhaltlich und formal eine Einheit. Sie weisen jeweils dieselbe Struktur auf und haben einen kurzen, aufzählenden Charakter. Die Nummern fünf und sechs sind wesentlich ausführlicher geschildert und inhaltlich verschieden von den ersten vier. Die Nummer Sieben stellt schließlich einen Anfang bzw. Abschluss dar, der sich allein im Himmel abspielt, der uns zur himmlischen Sicht zurückführt.

3.3.1. Posaunen, Signaltrompeten oder Widderhörner

Nun kommt die zentrale Ankündigung des Gerichts unter dem Bild der Posaunen, bzw. Trompeten, die geblasen werden: „Und ich sah: Sieben Engel standen vor Gott; ihnen wurden sieben Posaunen gegeben." (Offb 8,2) Ich habe schon erwähnt, dass diese Posaunen nicht als Instrumente klassischer Musik in einem Sinfonieorchester zu verstehen sind, sondern als einfache Signaltrompeten, die zu einer Versammlung rufen. In englischen und französischen Bibelausgaben wird das griechische Wort *Salpinx* deshalb auch konsequent mit *Trompete* übersetzt. Im deutschen Sprachraum, wo es Posaunenchöre gibt, scheinen wir die Posaune mehr zu lieben. In der hebräischen Tradition Israels wäre hier vom *Schofar* die Rede gewesen. Das ist

II. Offb 7-11

ein Widderhorn, das an die Opferung Isaaks und den Gehorsam Abrahams erinnert (Gen 22,13), sowie an den Schall der Hörner bei der Offenbarung Gottes am Sinai (Ex 20,18). Das Schofar wird von den Juden insbesondere am Neujahrstag, Rosch HaSchana, geblasen. Es bedeutet dann von Gott her den Ruf zur Umkehr und zum Gericht. Das Wort *Schofar* aus dem Alten Testament wird von der Septuaginta immer mit *Salpinx* übersetzt.

Gehen wir nun dem Thema der Signaltrompeten in der Heiligen Schrift nach. In Ps 81,4 lesen wir: „Stoßt in die Posaune am Neumond und zum Vollmond, am Tag unsres Festes!" Damit wird das Fest angekündigt und die Festversammlung einberufen. Im Matthäusevangelium ist es der Menschensohn, der bei seinem Kommen die Engel unter lautem Posaunenschall aussenden wird, um die von ihm Auserwählten aus allen Himmelsrichtungen zusammenzuführen (Mt 24,31). In zwei Paulusbriefen kündigt die Posaune Gottes die Auferstehung der Toten und die Verwandlung der noch auf Erden Lebenden an[71]. Die Trompete weckt die Verstorbenen sozusagen aus ihrem Todesschlaf und der Herr verwandelt den irdischen Leib der noch auf Erden Lebenden in einen Auferstehungsleib. Es gibt zahlreiche Gemälde vom Jüngsten Gericht, wo Engel zu sehen sind, die lange Trompeten blasen, mit denen sie die Toten aus den Gräbern rufen und um den Herrn versammeln.

3.3.2. Die ersten vier Posaunen

Kehren wir nun zu der Stelle mit den sieben Engeln zurück, denen sieben Posaunen gegeben wurden. Die Posaunen rufen zum Gericht Gottes über die Erde, mit dem wir uns im folgenden Abschnitt neu befassen. Dieses Gericht wird eingeleitet durch folgende Verse: „Und der Engel nahm das Räucherfass und füllte es von dem Feuer des Altars und warf es auf die Erde; *und es geschahen Donner und Stimmen und Blitze und ein Erdbeben.* Und die sieben Engel, welche die sieben Posaunen hatten, machten sich bereit, um zu posaunen." (Offb 8,5-6)[72] Nun ist es also aus mit der himmlischen Stille. *Donner, Stimmen und Blitze* gehen einerseits vom Thron Gottes aus (Offb 4,5) und können positiv als Sinnbild für die *ehrfurchts-*

---

[71] 1Kor 15,51-53 und 1Thess 4,16-17, siehe 3.7.1.
[72] Elberfelder Übersetzung.

Das 7. Siegel: sechs Posaunenstöße 3.3.

gebietende Erhabenheit und Allmacht des Herrn gesehen werden. So hat sich der Herr am Sinai offenbart (Ex 19,16-19) und so offenbart er sich wieder beim Übergang zum folgenden Abschnitt (Offb 11,19). Näherliegend ist es aber, dass nun vom Gericht über die Erde die Rede ist, das in den Posaunen näher ausgeführt wird.

Blitze und Erdbeben sind die stärksten Manifestationen von elektrischer und mechanischer Energie in der Natur. Im Psalm 77 werden sie mit der Befreiung Israels aus Ägypten in Verbindung gebracht: „Du allein bist der Gott, der Wunder tut, du hast deine Macht den Völkern kundgetan. Du hast mit starkem Arm dein Volk erlöst, die Kinder Jakobs und Josefs... Die Wolken gossen ihr Wasser aus, *das Gewölk ließ die Stimme dröhnen, auch deine Pfeile flogen dahin. Dröhnend rollte dein Donner, Blitze erhellten den Erdkreis, die Erde bebte und wankte...* Du führtest dein Volk wie eine Herde durch die Hand von Mose und Aaron." (Ps 77,15-21)

Eine weitere, noch drastischer formulierte Parallelstelle findet sich in Psalm 18: „Da wankte und schwankte die Erde, die Grundfesten der Berge erbebten. Sie wankten, denn sein Zorn war entbrannt. Rauch stieg aus seiner Nase auf, aus seinem Mund kam *verzehrendes Feuer, glühende Kohlen sprühten aus von ihm...* Er hüllte sich in Finsternis, in dunkles Wasser und dichtes Gewölk wie in ein Zelt. *Von seinem Glanz erstrahlten die Wolken, Hagel fiel nieder und glühende Kohlen.* Da ließ der Herr den Donner im Himmel erdröhnen, der Höchste ließ seine Stimme erschallen. *Er schoss seine Pfeile und streute sie, er schleuderte Blitze und jagte sie dahin. Da wurden sichtbar die Tiefen des Meeres, die Grundfesten der Erde wurden entblößt...* Er griff aus der Höhe herab und fasste mich, zog mich heraus aus gewaltigen Wassern. Er entriss mich meinen mächtigen Feinden, die stärker waren als ich und mich hassten. Sie überfielen mich am Tag meines Unheils, doch der Herr wurde mein Halt. Er führte mich hinaus ins Weite, er befreite mich, denn er hatte an mir Gefallen." (Ps 18,8-20)

Ähnliches entfaltet sich in den sieben Posaunen der Offenbarung des Johannes: einerseits Zerstörungen und Unheil auf der Erde, andererseits Rettung und Herausführung des Volkes Gottes aus der Bedrängnis.

II. Offb 7-11

Wir betrachten den zweiten Teil des 8. Kapitels der Offenbarung: „Der erste Engel blies seine Posaune. Da fielen Hagel und Feuer, die mit Blut vermischt waren, auf das Land. Es verbrannte ein Drittel des Landes, ein Drittel der Bäume und *alles grüne Gras*. Der zweite Engel blies seine Posaune. Da wurde etwas, das einem großen brennenden Berg glich, ins Meer geworfen. Ein Drittel des Meeres wurde zu Blut. Und ein Drittel der Geschöpfe, die im Meer leben, kam um, und ein Drittel der Schiffe wurde vernichtet. Der dritte Engel blies seine Posaune. Da fiel ein großer Stern vom Himmel; er loderte wie eine Fackel und fiel auf ein Drittel der Flüsse und auf die Quellen. Der Name des Sterns ist "Wermut". Ein Drittel des Wassers wurde bitter und viele Menschen starben durch das Wasser, weil es bitter geworden war. Der vierte Engel blies seine Posaune. Da wurde ein Drittel der Sonne, des Mondes und der Sterne getroffen, so dass sie ein Drittel ihrer Leuchtkraft verloren und der Tag um ein Drittel dunkler wurde und ebenso die Nacht." (Offb 8,7-12)

3.3.3. Nukleare Kriegführung

Ich folge in der Deutung dieses Abschnitts dem Buch „Christliche Prophetie und Nuklearenergie"[73] von Bernhard Philberth[74]. Er war deutscher Physiker, Erfinder und katholischer Priester, 1927 in Traunstein geboren und im August 2010 in Melbourne verstorben. Die folgenden Gedanken stammen also aus dem Buch von Philberth. Ich stehe aber persönlich dahinter, ich habe selbst Physik studiert und sehe darin eine sinnvolle, mögliche und spezifische Deutung für unsere Zeit. Es handelt sich bei den ersten *sechs Posaunen* um eine symbolische Darstellung nuklearer und konventioneller Kriegführung. Von einem apokalyptischen Krieg ist in der Offenbarung häufig die Rede[75]. Hier wird er als ein Aspekt der letzt-zeitlichen Bedrängnis vor der Wiederkunft Christi genauer dargestellt.

Wenn bei der ersten Posaune *Hagel und Feuer, mit Blut vermischt* auf das Land fallen, so bedeutet dies, dass Kernwaffen in der Atmosphäre über dem Festland gezündet werden. Dabei entsteht ein

---

[73] Philberth, Bernhard: *Christliche Prophetie und Nuklearenergie*. Christiana-Verlag im Fe-Medienverlag, Kisslegg-Immenried, 1991, 12. Aufl.
[74] Siehe: http://www.philberth.de/biographien/. (abgerufen am 18.9.2010).
[75] Zuerst in Offb 6,4; zuletzt in Offb 20,7-9. Siehe 9.2.1.2.

Das 7. Siegel: sechs Posaunenstöße 3.3.

Feuerball aus Licht, Röntgen- und Gammastrahlen; eine Hitzewelle, die Gesteine und Lebewesen vergast und *ein Drittel des Landes verbrennt*. Die radioaktiven Isotope, die dabei entstehen, wirken als Gift vor allem im Blut: „Zellausfälle mit Blutzersetzung und Krebswucherungen sind die hauptsächlichen Folgen."[76] Die Radioaktivität führt zur inneren Verbrennung von *einem Drittel der Bäume und allem grünen Gras*.

Bei der zweiten Posaune ist die Rede davon, dass etwas, das einem *großen, brennenden Berg* glich, ins Meer geworfen wurde. So sieht es aus, wenn eine Wasserstoffbombe im oder über dem Meer gezündet wird. Es entsteht eine feuerglühende Dampfhalbkugel. Die Radioisotope gelangen dabei vor allem ins Wasser. *Ein Drittel des Meeres wurde zu Blut*. Das wird vom biblischen Text selbst erklärt: *ein Drittel der Geschöpfe, die im Meer leben, kam um, und ein Drittel der Schiffe wurde vernichtet*.

Bei der dritten Posaune fiel ein großer Stern vom Himmel, *er loderte wie eine Fackel und fiel auf ein Drittel der Flüsse und auf die Quellen*. So sieht es aus, wenn eine mit radioaktivem Material bestückte Interkontinentalrakete wieder in die Erdatmosphäre eintritt: „Der Niedergang eines tonnenschweren künstlichen Satelliten lässt eindrucksvoll einen großen, weißglühenden Stern mit leuchtenden Dämpfen erscheinen... Es gibt sogar nukleare Giftbomben ganz ohne Explosivwirkung, die gewisse, aus Reaktorabfällen abgesonderte Radioisotope über dem Zielgebiet abrauchen."[77] Die Radioaktivität verseucht natürlich auch das Trinkwasser: *Ein Drittel des Wassers wurde zu Wermut und viele Menschen starben durch das Wasser, weil es bitter geworden war*. Wermut ist eine Pflanze[78], die scharfe Bitterstoffe und ein Nervengift enthält.

Dass nun beim Blasen der vierten Posaune Sonne, Mond und Sterne abgedunkelt werden und ein Drittel ihrer Leuchtkraft verlieren, ist leicht einsehbar. Bei einer nuklearen Detonation über dem Festland werden gewaltige Gesteins- und Staubmassen in die Erdatmosphäre geschleudert. „Durch den Staubsog der hochstrebenden Glutwolken wird dieser Staub in viele Kilometer Höhen, zum Teil... bis in die

---

[76] Philberth, Bernhard: *Christliche Prophetie und Nuklearenergie*, 9. Aufl., S. 171.
[77] Philberth, S. 173-174.
[78] Artemisia absinthium, eine Beifußart.

II. Offb 7-11

Stratosphäre verbracht, wo er sich über alle Kontinente verteilt."[79] Staubschwaden in großer Höhe führen zu einer Verringerung der Lichteinstrahlung, zu einer Verdüsterung und Verfärbung des Sonnen- und Mondlichts auf der ganzen Erde. Bei der Öffnung des sechsten Siegels hieß es sogar: „die Sonne wurde schwarz wie ein Trauergewand, und der ganze Mond wurde wie Blut" (Offb 6,12), wegen seiner dunkelroten Verfärbung. Die in diesem Abschnitt ständig wiederkehrende Angabe *ein Drittel* würde ich deuten als „erschreckend, bedrohlich viel", mehr als „ein Viertel" (Offb 6,8) und weniger als „alles" (Offb 16,3-4).

---

[79] Philberth, S. 175.

3.3.4. Abwendbare Bedrohung oder kommende Realität?

Bedeutet diese geschichtliche Interpretation nun nur eine Drohung oder eine kommende Realität? Die Menschheit ist seit 1945 in das *Atomzeitalter* eingetreten. Dabei ist zu unterscheiden zwischen *Atombomben*, die gegen Hiroshima und Nagasaki eingesetzt wurden, und *Wasserstoffbomben*, die auf Kernfusion beruhen und eine über tausendfach stärkere Zerstörungskraft entfalten. Ich zitiere einen Text aus der „Wikipedia": „Kernwaffen – auch Nuklearwaffen oder Atomwaffen genannt – sind Waffen, deren Wirkung auf kernphysikalischen Prozessen beruht, insbesondere der Kernspaltung und Kernfusion. Konventionelle Waffen beziehen dagegen ihre Explosionsenergie aus chemischen Reaktionen, bei denen die Atomkerne unverändert bleiben. Zusammen mit biologischen und chemischen Waffen gehören Kernwaffen zu den so genannten *NBCR-Waffen*.
Die Nutzung der Kernspaltung als Waffe stellte einen Wendepunkt in der Kriegsführung dar. Bereits die ersten Kernwaffen erreichten Explosionsenergien, die mehr als zehntausend Tonnen konventionellen Sprengstoffs entsprachen. Damit setzten sie genug Energie frei, um im August 1945 die japanischen Städte Hiroshima und Nagasaki fast vollständig zu zerstören und Hunderttausende von Menschen zu töten. Während des Kalten Krieges entwickelten vor allem die USA und die UdSSR Kernwaffen mit teilweise mehr als 10.000 Kilotonnen (10 Megatonnen) TNT-Äquivalent. Die stärkste jemals gezündete Bombe war die sowjetische Zar-Bombe. Sie wurde

Abwendbare Bedrohung? 3.3.4.

am 30. Oktober 1961 bei einem atmosphärischen Kernwaffentest gezündet und setzte eine Energie von etwa 57.000 Kilotonnen (57 Megatonnen) TNT-Äquivalent frei. Zum Vergleich: Die Hiroshima-Bombe hatte eine Sprengkraft von 13 Kilotonnen TNT. Eine Bombe mit derartiger Kraft hätte im Kriegseinsatz ganze Ballungsgebiete verwüstet. Die Temperatur, die bei einer nuklearen Explosion erzeugt wird, beträgt im Zentrum zwischen 10 und 15 Millionen Grad Celsius. Durch ihre große Zerstörungskraft, aber mehr noch durch die bei der Explosion freigesetzten Radioaktivität und Rückstände, stellen Kernwaffen eine ernste existenzielle Bedrohung nicht nur für die Menschheit, sondern für das gesamte Leben auf der Erde dar."[80]
Damit ist auch ein nuklearer Krieg oder ein atomarer Anschlag in den Bereich des Möglichen gerückt und die hier vertretene Interpretation von Offb 8,6-13 und Offb 16 erst möglich geworden. *Alternativ kann man auch an den Absturz künstlicher Satelliten oder an einen Zusammenprall der Erde mit größeren Meteoriten oder einem Asteroiden denken, was aber mit den Worten der Offenbarung weniger gut zusammenpasst.*
Auf der Seite der Menschen erfordert die atomare Bedrohung vor allem politische Bemühungen um Abrüstung und Nichtverbreitung der zugrundeliegenden Technik. Ich will diese Bedrohung aber nicht von der wissenschaftlichen oder politischen Seite her betrachten, sondern aus der Sicht der Heiligen Schrift. Es gibt auch prophetisch angekündigte Bedrohungen in Privatoffenbarungen, von denen gesagt wird, man könne die Ereignisse durch Fasten und Gebet abmildern oder ganz außer Kraft setzen.
Das klassische Vorbild dafür ist die Androhung der Zerstörung Ninives im Buch Jona. Jona ging auf Befehl des Herrn in die Stadt und kündigte an: „Noch vierzig Tage, und Ninive ist zerstört!" (Jona 3,4) Die Bewohner der Stadt glaubten Gott und kehrten um durch Gebet und Buße. „Und Gott sah ihr Verhalten; er sah dass sie umkehrten und sich von ihren bösen Taten abwandten. Da reute Gott das Unheil, das er ihnen angedroht hatte, und er führte die Drohung nicht aus." (Jona 3,10) Kann das nun mit den in der Offenbarung des Johannes angekündigten Ereignissen der Zukunft genauso sein?

---
[80] http://de.wikipedia.org/wiki/Kernwaffe, abgerufen am 18.9.2010.

II. Offb 7-11

3.3.4.1. Die Verhärtung der Herzen

Die Rücknahme einer Bedrohung oder ihr Nicht-Eintreffen ist immer die Folge einer Umkehr der Menschen, einer Rückkehr zur Vernunft. Das entspricht unserer Erfahrung und den Beispielen in der Heiligen Schrift. Aber gerade die Offenbarung des Johannes und die Endzeitreden Jesu bezeugen, dass diese Umkehr am Ende der Zeiten nicht mehr stattfinden wird. Viele Heilige, welche für die Welt noch vor Gott eintreten könnten, werden umgebracht und die Herzen der Menschen verhärten sich: „Sie ließen nicht ab von Mord und Zauberei, von Unzucht und Diebstahl." (Offb 9,21) „Dennoch verfluchten sie den Gott des Himmels wegen ihrer Schmerzen und ihrer Geschwüre; und sie ließen nicht ab von ihrem Treiben." (Offb 16,11)

Die Kapitel 17-18 sind voll von diesen moralischen Zustandsbeschreibungen. Jesus sagt im Evangelium: „Dann wird man euch in große Not bringen und euch töten, und ihr werdet von allen Völkern um meines Namens willen gehasst. Dann werden viele zu Fall kommen und einander hassen und verraten. Viele falsche Propheten werden auftreten, und sie werden viele irreführen. Und weil die Missachtung von Gottes Gesetz überhandnimmt, wird die Liebe bei vielen erkalten. Wer jedoch bis zum Ende standhaft bleibt, wird gerettet." (Mt 24,9-13)

Paulus schreibt folgende Endzeit-Prophetie an Timotheus: „*Das sollst du wissen: In den letzten Tagen werden schwere Zeiten anbrechen.* Die Menschen werden selbstsüchtig sein, habgierig, prahlerisch, überheblich, bösartig, ungehorsam gegen die Eltern, undankbar, ohne Ehrfurcht, lieblos, unversöhnlich, verleumderisch, unbeherrscht, rücksichtslos, roh, heimtückisch, verwegen, hochmütig, mehr dem Vergnügen als Gott zugewandt. Den Schein der Frömmigkeit werden sie wahren, doch die Kraft der Frömmigkeit werden sie verleugnen. Wende dich von diesen Menschen ab." (2Tim 3,1-5)

3.3.4.2. Die Bezeugung an zahlreichen Stellen der Bibel

Es gibt viele Stellen der Hl. Schrift, die man *nach der Kenntnis der Kernwaffen* als Prophetie eines Atomkriegs deuten kann. Dazu gehören die schon angeführten Stellen über die Verfinsterung der Gestirne (siehe 2.3.3.2.): „Danach aber wird es geschehen, dass ich meinen Geist ausgieße über alles Fleisch. Eure Söhne und Töchter

Abwendbare Bedrohung? **3.3.4.**

werden Propheten sein, eure Alten werden Träume haben, und eure jungen Männer haben Visionen. Auch über Knechte und Mägde werde ich meinen Geist ausgießen in jenen Tagen. Ich werde wunderbare Zeichen wirken am Himmel und auf der Erde: *Blut und Feuer und Rauchsäulen. Die Sonne wird sich in Finsternis verwandeln und der Mond in Blut, ehe der Tag des Herrn kommt, der große und schreckliche Tag.* Und es wird geschehen: Wer den Namen des Herrn anruft, wird gerettet." (Joel 3) Wie sollte uns diese Beschreibung nicht an die *Atompilze* erinnern, die wir alle schon einmal gesehen haben? Und das direkt nach der Verheißung einer universellen Ausgießung des Heiligen Geistes „über alles Fleisch"! Das Wort des Evangeliums ist noch eindeutiger, wenn es davon spricht, dass man am Himmel gewaltige Zeichen sehen wird: *„Die Menschen werden vor Angst vergehen in der Erwartung der Dinge, die über die Erde kommen; denn die Kräfte des Himmels werden erschüttert werden."*[81]

Das Wesen einer Wasserstoffbombe kann nicht genauer beschrieben werden, als dadurch, dass *die Kräfte des Himmels erschüttert werden*. Denn die Kernfusion, welche die Sonne und alle Sterne des Himmels leuchten lässt, wird vom Menschen auf die Erde geholt. Angesichts der Folgen kann es nur Bestürzung und Ratlosigkeit geben. Diese Folgen werden an mehreren Stellen des Alten Testaments beschrieben: „Warum war niemand da, als ich kam, warum gab niemand Antwort, als ich rief? Ist meine Hand denn zu schwach, um zu befreien, fehlt mir die Kraft, um zu retten? Durch meine Drohung trockne ich das Meer aus. *Ich mache Flüsse zur Wüste, so dass die Fische verfaulen aus Mangel an Wasser und sterben vor Durst.* Ich kleide den Himmel in Schwarz und hülle ihn in ein Trauergewand." (Jes 50,2-3) „Dies aber wird der Schlag sein, den der Herr gegen alle Völker führt, die gegen Jerusalem in den Krieg gezogen sind: Er lässt *ihren Körper verfaulen, noch während sie auf den Füßen stehen; die Augen verfaulen ihnen in den Augenhöhlen und die Zunge im Mund.*" (Sach 14,12) Das ist eine realistische Beschreibung der radioaktiven Verstrahlung von Menschen und Tieren.

---

[81] Lk 21,26; im Zusammenhang von Lk 10-11 und 25-27; Mt 24,29-30; Mk 13,25-26.

II. Offb 7-11

Die Ereignisse der ersten vier Posaunen kommen aus der Stille heraus unangekündigt über die Erde. Paulus schreibt im ersten Thessalonicherbrief: „Über Zeit und Stunde, Brüder, brauche ich euch nicht zu schreiben. Ihr selbst wisst genau, dass der Tag des Herrn kommt wie ein Dieb in der Nacht. *Während die Menschen sagen: Friede und Sicherheit!, kommt plötzlich Verderben über sie wie die Wehen über eine schwangere Frau, und es gibt kein Entrinnen.* Ihr aber, Brüder, lebt nicht im Finstern, so dass euch der Tag nicht wie ein Dieb überraschen kann." (1Thess 5,1-4) Hören wir schließlich die Beschreibung aus dem zweiten Petrusbrief: „Der Tag des Herrn wird aber kommen wie ein Dieb. Dann wird der *Himmel prasselnd vergehen, die Elemente werden verbrannt und aufgelöst,* die Erde und alles, was auf ihr ist, werden (nicht mehr) gefunden… *An jenem Tag wird sich der Himmel im Feuer auflösen, und die Elemente werden im Brand zerschmelzen.* Dann erwarten wir, seiner Verheißung gemäß, einen neuen Himmel und eine neue Erde, in denen die Gerechtigkeit wohnt." (2Petr 3,10-13)
All diese Texte geben einen klaren, vernünftig einsehbaren Sinn im Licht der Nuklearwaffentechnik. Der Himmel (die Atmosphäre) und die Elemente können sich nur durch Kernfusion im Feuer auflösen. Aber die Zerstörung der Gestalt dieser Welt, die vergeht (1Kor 7,31), leitet von Gott her einen neuen Schöpfungsakt ein: „Siehe, ich mach alles neu." (Offb 21,5)

3.3.4.3. Antwort: aufschiebbar und unumgänglich

Meine Antwort auf die eingangs gestellte Frage ist ein für uns paradoxes Sowohl-als-auch. Solange es genug Bereitschaft zur Umkehr, zum Gebet, zur Fürbitte und zur politischen Vernunft gibt, können die in der Bibel angekündigten Ereignisse *aufgeschoben* werden. Niemand soll sagen, wir könnten nichts dafür tun! So erklärt sich die *Parusieverzögerung*, von der Petrus am Anfang des oben zitierten Textes spricht (2Petr 3,9). Das Paradox besteht auch darin, dass wir einerseits für den Frieden auf Erden beten und andererseits um das baldige Kommen des Herrn in Herrlichkeit, das offenbar nicht im Frieden geschehen wird. Allerdings bleibt der Friede Jesu immer zugänglich: „Frieden hinterlasse ich euch, meinen Frieden gebe ich euch; *nicht einen Frieden, wie die Welt ihn gibt, gebe ich euch. Euer Herz beunruhige sich nicht und verzage nicht.*" (Joh 14,27) Was in der Hl. Schrift so oft bezeugt wird, ist andererseits eine *sichere Ankündigung, die sich nicht aus dem Weg der Geschichte räumen lässt. Die oben zitierten Schriftstellen sind zu vergleichen mit den Prophetien von der Passion und Auferstehung Jesu, die eine zentrale Stellung im Heilsgeschehen hatten und den Neuen Bund herbeiführten.* Wie im Alten Bund alles das erste Kommen Jesu als Erlöser vorbereitet hat, so bereitet jetzt alles sein Kommen in Herrlichkeit zum Weltgericht vor: „Und wie es dem Menschen bestimmt ist, ein einziges Mal zu sterben, worauf dann das Gericht folgt, so wurde auch Christus ein einziges Mal geopfert, um die Sünden vieler hinwegzunehmen; *beim zweiten Mal wird er nicht wegen der Sünde erscheinen, sondern um die zu retten, die ihn erwarten.*" (Hebr 9,27-28) Die kommende Realität apokalyptischer Ereignisse widerspricht nicht der christlichen Hoffnung und sie bedeutet auch nicht, dass wir nun wüssten, wann, was, wo genau passieren wird. Die christliche Hoffnung hält auch dem „Weltuntergang" stand, sie führt uns über diese vergängliche Welt hinaus. Das kommt in den zitierten Texten ebenfalls zum Ausdruck.

3.3.5. Die fünfte Posaune: stechende Heuschrecken aus dem Schacht

Bernhard Philberth bemerkt nun in seinem Buch den inhaltlichen Absatz zwischen der vierten und fünften Posaune. Während die ersten vier Posaunenstöße für die Menschen unangekündigt über die Erde hereinbrechen, kündigen sich nun die weiteren Posaunenstöße den Menschen an: „Und ich sah und hörte: Ein Adler flog hoch am Himmel und rief mit lauter Stimme: *Wehe! Wehe! Wehe* den Bewohnern der Erde! Noch drei Engel werden ihre Posaunen blasen." (Offb 8,13) Die kommenden drei Posaunen sind also als Weherufe strukturiert. Weherufe gibt es öfters in der Bibel, auch aus dem Mund Jesu im Evangelium[82]. Hier handelt es sich um die Letzten, welche die Menschheit und die Erde als Ganzes betreffen (Offb 8,13; 9,12 und 11,14).

---

[82] z.B. Mt 18,7; Mt 23; Lk 6,24-26; Lk 10,13; Mk 14,21; Offb 18,10.16.19.

II. Offb 7-11

3.3.5.1. Der Stern mit dem Schlüssel zum Schacht des Abgrunds

Im Bild der Offenbarung geht es dabei um Heuschrecken, die aus einem Schacht des Abgrunds aufsteigen und die Macht haben, Menschen zu quälen: „Der fünfte Engel blies seine Posaune. Da sah ich einen Stern, der vom Himmel auf die Erde gefallen war; ihm wurde der Schlüssel zu dem Schacht gegeben, der in den Abgrund führt. Und er öffnete den Schacht des Abgrunds. Da stieg Rauch aus dem Schacht auf, wie aus einem großen Ofen, und Sonne und Luft wurden verfinstert durch den Rauch aus dem Schacht. Aus dem Rauch kamen Heuschrecken über die Erde, und ihnen wurde Kraft gegeben, wie sie Skorpione auf der Erde haben. *Es wurde ihnen gesagt, sie sollten dem Gras auf der Erde, den grünen Pflanzen und den Bäumen keinen Schaden zufügen, sondern nur den Menschen, die das Siegel Gottes nicht auf der Stirn haben.* Es wurde ihnen befohlen, die Menschen nicht zu töten, sondern nur zu quälen, fünf Monate lang. Und der Schmerz, den sie zufügen, ist so stark, wie wenn ein Skorpion einen Menschen sticht." (Offb 9,1-5)

Philberth erklärt die Vision folgendermaßen: „Die Konzeption der Abschreckung fordert, dass der Einfall eines feindlichen nuklearen Geschosses selbstständig den nuklearen Gegenschlag auslöst... Die Forderung nach einer durch einen Überraschungsangriff nicht ausschaltbaren Abschreckungsmacht führt zur Verlegung der Raketenabschussbasen und Startbahnen der taktischen Luftflotten in unterirdische Schachtanlagen. Mehr als tausend unterirdische, durch schwere Deckel verschlossene Abschuss-Schächte stehen schon seit 1966 in Bereitschaft... Unterirdische Startbahnen in von Panzertüren verschlossenen Schachtanlagen für Bodenkampfflugzeuge sind schon seit längerer Zeit bereitgestellt... In der Automatisierung des Gegenschlags ist buchstäblich dem niederstoßenden Satellitengeschoss der Schlüssel zur Öffnung der unterirdischen Schächte gegeben. Die hochleistungsfähigen modernen Raketentreibstoffe ergeben... eine ungewöhnlich starke, ofenartige Rauchentwicklung.

Die Fernraketen und taktischen Geschwader heben sich daher aus einem dichten Qualm heraus, der von den Schachtmündungen her aufsteigt ...Die geheime Offenbarung bezeichnet ausdrücklich die „Heuschrecken" als Befehlsträger [*Es wurde ihnen gesagt...*] und

Die fünfte Posaune 3.3.5.

somit als bewusst nach Weisung Handelnde, die nicht das Gras bekämpfen, sondern unmittelbar gegen Menschen vorgehen; naturgemäß gegen die operierenden militärischen Einheiten... Uns heute erscheint es zwar selbstverständlich, dass Boden-Kampfflugzeuge den Befehl erhalten, auf Truppen und nicht auf Gras oder Bäume zu schießen. Doch im Gegensatz zu den... Atomwaffen-Detonationen, die in so charakteristischer Weise das grüne Gras schädigen [Offb 9,7], ist diese Feststellung überaus bemerkenswert."[83]

Ich will ergänzen: Der *Schmerz durch den Stich des Skorpions* entsteht dann durch die schweren Verletzungen, welche konventionelle Schusswaffen zufügen und wie man sie aus jedem modernen Krieg kennt. Außerdem sagt der Text indirekt, dass Menschen, die das Siegel Gottes auf der Stirn trugen, auf besondere Weise beschütz werden[84]. Das weist voraus auf den Schutz der Frau, der Gott in der Wüste einen Zufluchtsort geschaffen hat (Offb 12,6).

3.3.5.2. Heuschrecken wie Rosse mit Gesichtern von Menschen

Es folgt eine detaillierte Beschreibung der Heuschrecken, aus der klar wird, dass es keine wirklichen Heuschrecken sind: „Und die Heuschrecken sehen aus wie Rosse, die zur Schlacht gerüstet sind; auf ihren Köpfen tragen sie etwas, das goldschimmernden Kränzen gleicht, und ihre Gesichter sind wie Gesichter von Menschen, ihr Haar ist wie Frauenhaar, ihr Gebiss wie ein Löwengebiss, ihre Brust wie ein eiserner Panzer; und das Rauschen ihrer Flügel ist wie das Dröhnen von Wagen, von vielen Pferden, die sich in die Schlacht stürzen. Sie haben Schwänze und Stacheln wie Skorpione, und in ihren Schwänzen ist die Kraft, mit der sie den Menschen schaden, fünf Monate lang. Sie haben als König über sich den Engel des Abgrunds; er heißt auf Hebräisch Abaddon, auf Griechisch Apollyon. Das erste «Wehe» ist vorüber. Noch zweimal wird das «Wehe» kommen." (Offb 9,7-12) Ich lasse zur Deutung wieder Bernhard Philberth zu Wort kommen:

---

[83] Philberth, Bernhard: *Christliche Prophetie und Nuklearenergie*, 9. Aufl., S. 183-185.
[84] Offb 7,3-4; siehe 3.1. Dieser Schutz entspricht der Erfahrung einzelner Personen (z.B. P. Gereon Goldmann OFM), einzelner Orte (z.B. Kaufbeuren) und einzelner Nationen (z.B. Schweiz, Portugal) im Zweiten Weltkrieg.

II. Offb 7-11

„Die taktischen Zerstörungs-Geschwader werden dem Verfasser der Geheimen Offenbarung wie mit den natürlichen Sinnen wahrnehmbar gezeigt. Er beschreibt sie mit Worten aus einer Zeit, da Muskelkraft allein das Geschehen beherrschte... Er sieht die Zerstörungs-Geschwader auf die Menschen aus der Luft niederstoßen wie die Heuschreckenschwärme auf die Felder... Er sieht die metallische Verschalung der Flugzeuge – und vergleicht sie mit der Rüstung von Kampfrossen... Er sieht die Kanzeln mit ihrer durchbrochenen Metallkonstruktion – und vergleicht sie mit goldähnlichen Kronen [Kränzen]. Er sieht den Piloten durch die Kanzel schauen und erkennt das Gesicht des Menschen... Er sieht die Kondensstreifen... und vergleicht sie mit Frauenhaar... Er hört den gewaltigen Lärm der Triebwerke, die er als „Flügelschlag" bezeichnet – und vergleicht sie mit dem Lärm vieler in den Kampf stürmender Streitwagen... Er sieht die Läufe der Bordwaffen als „Schwänze und Stacheln" und empfindet, dass eben aus diesen das ausgestoßen wird – wie mit dem Schwanz des Skorpions -, was die Menschen schädigt und peinigt. Fünf Monate lang währen diese Angriffe. Dieser Teil des Kriegsgeschehens wird beherrscht vom Geist dieser Taktik, die eben nach den unterirdischen Basen mit ihren Zerstörungs-Geschwadern benannt ist (Hebräisch: Abaddon = Abgrund; Griechisch: Apollyon = Zerstörer) Diesen Luftangriffen folgen nachstoßende, gewaltig motorisierte Heeresverbände mit Panzern."[85]

Ich meine, dass mit dem König bzw. *dem Engel des Abgrunds* durchaus auch ein Oberbefehlshaber dieser Flugverbände gemeint sein kann, entsprechend der Bezeichnung der Bischöfe als *Engel der Gemeinden* in Offb 2 und 3. Damit will ich wiederum nicht ausschließen, dass symbolisch die unsichtbare Bedeutungsebene mit angesprochen wird: Der Engel des Abgrunds kann auch Satan sein, der hinter dem ultimativ Bösen dieser irdischen Ereignisse steht.

Er wurde wieder freigelassen und steigt aus dem Abgrund empor (Offb 20,7-8). Ohne Zweifel gibt es eine geistliche Dimension in diesem Kampf, welche vor allem Inhalt der Kapitel 12-14 sein wird. Auch im 10. Kapitel des Danielbuches ist die Rede davon, dass die kriegerische Auseinandersetzung auf der Erde von einem unsichtbaren Kampf im Bereich der Engel begleitet wird.

---

[85] Philberth, S. 186-188.

Die sechste Posaune 3.3.6.

3.3.6. *Die sechste Posaune: Feuer, Rauch und Schwefel*

Beim Blasen der sechsten Posaune gibt es zunächst einen Rückbezug auf Offb 7,1-3: vier Engel wurden angewiesen, dem Land, dem Meer und den Bäumen keinen Schaden zuzufügen. Nun werden sie „losgelassen": „Der sechste Engel blies seine Posaune: Da hörte ich eine Stimme, die von den vier Hörnern des goldenen Altars her kam, der vor Gott steht. Die Stimme sagte zu dem sechsten Engel, der die Posaune hält: Binde die vier Engel los, die am großen Strom, am Eufrat, gefesselt sind. Da wurden die vier Engel losgebunden, die auf Jahr und Monat, auf Tag und Stunde bereitstanden, um ein Drittel der Menschheit zu töten." (Offb 9,13-15) Im Zusammenhang mit den ersten fünf Posaunen sehe ich in den losgebundenen „Engeln" wiederum menschliche Heerführer, die das nachfolgend geschilderte „Reiterheer" befehligen: „Und die Zahl der Reiter dieses Heeres war vieltausendmal tausend; diese Zahl hörte ich. Und so sahen die Pferde und die Reiter in der Vision aus: Sie trugen feuerrote, rauchblaue und schwefelgelbe Panzer. Die Köpfe der Pferde glichen Löwenköpfen, und aus ihren Mäulern schlug Feuer, Rauch und Schwefel. *Ein Drittel der Menschen wurde durch diese drei Plagen getötet, durch Feuer, Rauch und Schwefel, die aus ihren Mäulern hervorkamen.* Denn die tödliche Macht der Pferde war in ihren Mäulern und in ihren Schwänzen. Ihre Schwänze glichen Schlangen, die Köpfe haben, mit denen sie Schaden zufügen können." (Offb 9,16-19)

Diese Beschreibung besagt von selbst, dass es sich nicht wirklich um Rosse handelt. Man kann in der Beschreibung leicht Panzerfahrzeuge mit ihren Kanonen erkennen: „Er [Johannes] sieht die Panzer daherrollen, die er in Ermangelung irgendeines besseren Vergleiches als „Rosse" bezeichnen muss. Die erste, sich selbst bewegende Maschine war knapp zweitausend Jahre später die Lokomotive, die die Leute damals auch als „Stahlross" bezeichneten. Er sieht die üblichen Tarnfarben: kupferrot, ockergelb und schwarzblau…

Er vergleicht die Geschütze mit Schlangen; das einzig passende Beispiel aus einer Zeit über tausend Jahre vor der ersten Kanone. Im 15. bis 17. Jahrhundert wurden die langen kleinkalibrigen Geschütze allgemein als „Schlangen" bezeichnet; etwa „Feldschlangen".

II. Offb 7-11

Er sieht das Mündungsfeuer aus dem „Maul" des „Kopfes" am Lauf-Ende hervorschießen."[86] Auch die unzählbar große Menge von *vieltausendmal tausend* ist heute schon längst realistisch. Zusammenfassend schreibt Philberth am Anfang seines Kapitels: „Das Bild des modernen taktischen Krieges ist geprägt durch den Masseneinsatz von tieffliegenden Bodenkampfflugzeugen, die mit Bordwaffen die Truppe panikerregend angreifen, und von Panzern, die mit starker Infanteriebedeckung die Länder todbringend überrollen."[87] Auf diese Weise kann man die Beschreibung der symbolischen Heuschrecken und Reiter mit ihren Aktionen verstehen.

Betrachten wir jetzt noch den geistlichen Zustand der Menschen am Ende des 9. Kapitels, der verständlich macht, warum das Gericht über die Erde kommt: „Aber die übrigen Menschen, die nicht durch diese Plagen umgekommen waren, *wandten sich nicht ab von den Machwerken ihrer Hände: Sie hörten nicht auf, sich niederzuwerfen vor ihren Dämonen*, vor ihren Götzen aus Gold, Silber, Erz, Stein und Holz, den Götzen, die weder sehen, noch hören, noch gehen können. *Sie ließen nicht ab von Mord und Zauberei, von Unzucht und Diebstahl.*" (Offb 9,20-21) Es ist die Verhärtung in der Sünde, welche den Tod herbeiführt (siehe 3.3.4.1.). Es handelt sich um Sünden, von denen unsere Welt durchaus geprägt ist: Mord und Zauberei[88], Unzucht und Diebstahl, Okkultismus (Niederfallen vor den Dämonen) und Götzendienst.

Philberth schreibt darüber auch einen geistlich passenden Abschnitt: „Durch all diese katastrophalen Ereignisse der 6 Posaunen lassen sich die Menschen immer noch nicht zur Umkehr bringen. Sie dienen weiter ihren militärischen und politischen Konzeptionen, die dem menschlichen Wähnen entspringen und nicht die Gebote Gottes zur Grundlage haben; sie dienen bösen Geistern. Sie vertrauen weiter auf ihre Apparate, die sie mit ihren eigenen Händen gefertigt haben, und lassen die Technik über das Schicksal walten; sie beten Götzen an."[89]

---

[86] Philberth, S. 190-191.
[87] Philberth, S. 181.
[88] Griechisch: *Pharmakon* (pl.). Das könnte man auch mit „Gifte" oder „Drogen" übersetzen. Es sind jedenfalls keine Zauberkunststücke gemeint, sondern in der schwarzen Magie verwendete Sprüche und üble Getränke.
[89] Philberth, S. 191.

3.3.7. Geschichtliche Prophetie und Parallelstellen aus dem AT

Die Deutung Philberts wirft zwei Fragen auf. Zuerst geht es um die Frage, wie der Text der Offenbarung zustande kommt. Zweitens geht es um die noch wichtigere Frage, ob es überhaupt vernünftig möglich ist, den Text so konkret geschichtlich zu interpretieren.

3.3.7.1. Was hat Johannes gesehen?

Über das Zustandekommen der Visionen kann man geteilter Meinung sein. Philberth sagt, Johannes habe das Gemeinte direkt gesehen, konnte es aber nicht verstehen, weil es dafür in seiner Zeit kein passendes Vokabular und keine Erfahrung gab. *Er musste für die Beschreibung des Geschauten vergleichende Elemente aus seiner Lebenserfahrung hernehmen. Das waren eben Heuschreckenschwärme, Reiterheere und die anderen zum Vergleich herangezogenen Tiere: Löwen, Schlangen und Skorpione.* So lässt sich auch besser verstehen, was wir schon bei der Öffnung des vierten Siegels gehört haben: Dem Reiter auf dem fahlen Pferd wurde die Macht gegeben, zu töten durch Schwert, Hunger und *Tod durch die Tiere der Erde.* Das wird im neunten Kapitel der Offenbarung inhaltlich entfaltet.

Ich halte es für sinnvoller zu sagen, Johannes habe die Tiere und ihre Aktion wirklich so gesehen, wie er sie beschreibt. Das Kriegsgeschehen wurde ihm von vornherein symbolisch vermittelt, so wie auch alle anderen Visionen bildhaft-symbolischen Charakter haben. Seit dem 20. Jahrhundert bekommen diese Symbole aber eine überraschend neue, konkrete Bedeutung. *Sie können erst im Licht der heutigen Waffentechnik in ihrem geschichtlich-prophetischen Sinn verstanden werden.* Jedenfalls ist die Wirkung der Ereignisse geschichtlich, sie betrifft unsere materielle Lebenswelt: Das Leben auf der Erde wird durch die ersten vier Posaunen tödlich getroffen, Menschen werden durch die Heere von Heuschrecken und Pferden verwundet, gequält und sterben. *Wenn Johannes mit den Tieren in Wirklichkeit Dämonen gemeint hätte, so hätte er es geschrieben, wie in Offb 16,13-14 und in Offb 18,2.* Dort ist von Dämonengeistern die Rede, die wie Frösche aussehen (siehe 6.2.3.) bzw. von Dämonen, die mit unreinen, abscheulichen Vögeln verglichen werden.

II. Offb 7-11

Er hätte es auch gesagt, wenn mit dem Stern in Offb 9,1 in Wirklichkeit Satan gemeint wäre. Dieser wird in der Offenbarung mit verschiedenen Namen (Satan, Teufel, Drache) 22 Mal benannt, hier jedoch nicht. *Der Text der Offenbarung sagt uns selbst, ob er gefallene Engel meint oder physische Objekte, die wie Tiere aussehen.*
Davon abgesehen bleiben die Details der Beschreibung von Offb 8 und 9 einfach unverständlich, wenn man sie auf die unsichtbare Welt bezieht. Man kann über diese Einzelheiten dann nur schweigend hinweggehen, während sie im Rahmen eines physischen Krieges konkrete Bedeutung erhalten. Schließlich bleibt noch die Möglichkeit zu behaupten, es handle sich um Alpträume oder sonstige rein psychische Erscheinungen einer kranken Seele, oder es handle sich um einen Schriftsteller, der eigentlich gar nichts gesehen, sondern sich alles nur selbst ausgedacht habe[90]. Beides widerspricht unmittelbar dem Sinn der Heiligen Schrift als Zeugnis des Glaubens und der Selbstoffenbarung Gottes (Offb 1,1-3).

3.3.7.2. Die Wirklichkeit geschichtlicher Prophetie

Die Deutung Philberts geht davon aus, dass es reale, geschichtsbezogene Prophetie wirklich gibt. Das wird in der Offenbarung des Johannes selbstverständlich vorausgesetzt: „Selig wer *diese prophetischen Worte* vorliest und bewahrt."[91] Das Alte Testament ist voll von solchen geschichtlichen Prophetien im Hinblick auf das erste Kommen des Messias. Die neutestamentlichen Autoren (besonders Matthäus und Paulus) zitieren aus ihnen, um ihre Erfüllung im Leben Jesu aufzuzeigen. Jesus selbst hat die Zerstörung des Tempels und Jerusalems vorausgesagt, was sich nur 40 Jahre später, im Jahr 70 n. Chr., verwirklichte[92]. Er hat das ganze Alte Testament auf sich bezogen: „Begreift ihr denn nicht? Wie schwer fällt es euch, alles zu glauben, was die Propheten gesagt haben. Musste nicht der Messias all das erleiden, um so in seine Herrlichkeit zu gelangen? Und er legte ihnen dar, ausgehend von Mose und allen Propheten, was in der

---

[90] So wie C.S. Lewis die Welt von „Narnia" und wie J.R.R. Tolkien „Mittelerde" literarisch geschaffen haben.
[91] Offb 1,3; vgl. Offb 10,7; 11,3. 6. 18; 19,10; 22,6-7. 9-10 und 18-19.
[92] Mk 13,1-2; Mt 24,1-2; Lk 21,5-6; Lk 21,20-24.

Geschichtliche Prophetie 3.3.7

gesamten Schrift über ihn geschrieben steht."[93]

Während das ganze Neue Testament von der Erfüllung der Propheten spricht, vermeidet man heute diese Redeweise und drückt dasselbe anders aus. So Papst Benedikt XVI. im zweiten Band seines Buches über Jesus von Nazareth, unter der Überschrift „Vorüberlegung: Wort und Ereignis im Passionsbericht". Darin führt er aus:

„Das Besondere an diesen Berichten ist, dass sie angefüllt sind mit Anspielungen und Zitaten aus dem Alten Testament: Wort Gottes und Ereignis durchdringen einander. Die Fakten sind gleichsam mit Wort – mit Sinn – angefüllt; und auch umgekehrt: Was bisher nur Wort – oft unverständliches Wort – gewesen war, wird Wirklichkeit, und so erst erschließt es sich... Der so gefundene Einklang von Faktum und Wort bestimmt nicht nur die Struktur der Passionsberichte (und der Evangelien überhaupt), sondern ist konstitutiv für den christlichen Glauben."[94]

Diesen *Einklang von Wort und Faktum* erwarte ich auch für die Zukunft der Parusie. Auch die Offenbarung des Johannes ist *angefüllt mit Anspielungen und Zitaten aus dem Alten Testament*. Es ist naheliegend zu glauben, dass sich das Wort dieser Visionen ebenso mit Fakten füllen wird, wie es zur Zeit des Lebens Jesu geschehen ist. Und es ist weiter naheliegend diese Fakten im Voraus verstehen und deuten zu wollen, wenn es denn der Sinn des Wortes ist, sie im Voraus anzukündigen. Die Offenbarung des Johannes versteht sich selbst als *prophetisches Wort*, welches *Fakten der Zukunft* ankündigt: „Offenbarung Jesu Christi, die Gott ihm gegeben hat, damit er seinen Knechten zeigt, was bald geschehen muss..." (Offb 1,1)

Die Wirklichkeit geschichtlicher Prophetie, d.h. die Voraussage realer, zukünftiger Ereignisse, setzt voraus, dass für Gott die ganze Geschichte Gegenwart ist und er so schon alles „im Voraus" weiß bzw. sieht: „Der Höchste hat Kenntnis von allem, bis in die fernste Zeit sieht er das Kommende. Vergangenheit und Zukunft macht er kund und enthüllt die Rätsel des Verborgenen." (Sir 42,18-19) Von dieser göttlichen Erkenntnis teilt er Engeln und Menschen mit, was für unser Heil förderlich ist. Dieses Vorauswissen sogar der freien,

---

[93] Lk 24,25-27; vgl. Lk 24,44-47; Lk 4,21; Mt 11,13; Joh 5,46-47; Joh 19,36-37...
[94] Joseph Ratzinger, Benedikt XVI.: *Jesus von Nazareth, Zweiter Teil.* Freiburg 2011. S. 226 und 227.

II. Offb 7-11

menschlichen (Fehl-) Entscheidungen hebt aber keineswegs unsere Freiheit oder die Verantwortung für unsere Handlungen auf.
Es gibt deswegen keine Rechtfertigung unseres oft katastrophalen Handelns und keine absolute Vorherbestimmung (Prädestination) des Menschen für den Himmel oder für die Hölle[95]. Das ist ein Geheimnis des Glaubens an den Gott Israels und der Kirche, der sich in der Geschichte offenbart und zugleich als Herr über der Geschichte steht. Zum Abschluss dieses Abschnitts möchte ich noch zwei Parallelstellen zu den sechs Posaunen aus dem Alten Testament zitieren. Sie sind Manifestation des endzeitlichen Weltkrieges, von dem im Abschnitt 3.3. die Rede war.

3.3.7.3. Joel 2,1-11 (vgl. Jes 13,1-13)

„Auf dem Zion stoßt in das Horn [entspricht der Posaune!], schlagt Lärm auf meinem heiligen Berg! Alle Bewohner des Landes sollen zittern; denn es kommt der Tag des Herrn, ja, er ist nahe, der Tag des Dunkels und der Finsternis, der Tag der Wolken und Wetter. Wie das Morgenrot, das sich über die Berge hinbreitet, kommt ein Volk, groß und gewaltig, wie es vor ihm noch nie eines gab und nach ihm keines mehr geben wird bis zu den fernsten Geschlechtern. Vor ihm her verzehrendes Feuer, hinter ihm lodernde Flammen; vor ihm ist das Land wie der Garten Eden, hinter ihm schaurige Wüste - nichts kann ihm entrinnen. Wie Rosse sehen sie aus, wie Reiter stürmen sie dahin. Wie rasselnde Streitwagen springen sie über die Kuppen der Berge, wie eine prasselnde Feuerflamme, die die Stoppeln frisst, wie ein mächtiges Heer, gerüstet zur Schlacht. Bei ihrem Anblick winden sich Völker, alle Gesichter glühen vor Angst. Wie Helden stürmen sie dahin, wie Krieger erklettern sie die Mauer. Jeder verfolgt seinen Weg, keiner verlässt seine Bahn. Keiner stößt den andern; Mann für Mann ziehen sie ihre Bahn. Sie überfallen die Stadt, erstürmen die Mauern, klettern an den Häusern empor, steigen durch die Fenster ein wie ein Dieb. Die Erde zittert vor ihnen, der Himmel erbebt; Sonne und Mond verfinstern sich, die Sterne halten ihr Licht zurück. Und der Herr lässt vor seinem Heer seine Stimme dröhnen; sein Heer ist gewaltig, mächtig ist der Vollstrecker seines Befehls. Ja, groß ist der Tag des Herrn und voll Schrecken. Wer kann ihn ertragen?"

---

[95] Vgl. KKK 306-314; 1036-1037.

Geschichtliche Prophetie 3.3.7

3.3.7.4. Ezechiel 38,8-12. 17-23

„Nach langer Zeit wirst du deinen Auftrag erhalten. Nach vielen Jahren wirst du in ein Land kommen, dessen Volk dem Schwert entronnen ist und aus vielen Völkern wieder auf den Bergen Israels zusammengeführt wurde, die lange verödet waren. Mitten aus den Völkern wurde es herausgeführt, und alle leben in Sicherheit. Wie ein Unwetter ziehst du herauf; wie eine Wolke, die das ganze Land bedeckt - du und all deine Truppen und viele Völker mit dir. So spricht Gott, der Herr: An jenem Tag steigen (unheilvolle) Gedanken in deinem Herzen auf, und du ersinnst einen bösen Plan. Du sagst: Ich will gegen das ungeschützte Land hinaufziehen und die friedlichen Menschen überfallen, die dort in Sicherheit leben; alle leben sie ohne Mauern, und sie haben keine Riegel und Tore. Ich will Beute machen und plündern, ich will diese wieder bewohnten Trümmer angreifen und das Volk überfallen, das aus den Völkern zusammengeführt wurde, das sich wieder Herden und Besitz erworben hat und jetzt auf dem Nabel der Erde wohnt... So spricht Gott, der Herr: Du bist der, von dem ich in früherer Zeit durch meine Knechte gesprochen habe, durch die Propheten Israels, die in jenen Tagen und Jahren weissagten, dass ich dich gegen Israel heranziehen lasse. Und an jenem Tag, wenn Gog gegen das Land Israel heranzieht - Spruch Gottes, des Herrn -, wird der Groll in mir aufsteigen. In meinem leidenschaftlichen Eifer, im Feuer meines Zorns schwöre ich: An jenem Tag wird es im ganzen Land Israel ein gewaltiges Erdbeben geben. Dann zittern die Fische im Meer und die Vögel am Himmel vor mir, das Wild auf dem Feld und alle kleinen Tiere, die auf dem Erdboden kriechen, und alle Menschen auf Erden. Es bersten die Berge, die Felswände stürzen ein, und alle Mauern fallen zu Boden. Dann rufe ich mein ganzes Bergland zum Krieg gegen Gog auf - Spruch Gottes, des Herrn. Da wird sich das Schwert des einen gegen den andern wenden. Ich richte ihn durch Pest und (Ströme von) Blut; ich lasse Wolkenbrüche und Hagel, Feuer und Schwefel über ihn und seine Truppen und über die vielen Völker, die bei ihm sind, herabregnen. So werde ich mich als groß und heilig erweisen und mich vor den Augen vieler Völker zu erkennen geben. Dann werden sie erkennen, dass ich der Herr bin."

II. Offb 7-11

Dieses Zitat ist nur ein kleiner Ausschnitt aus dem größeren Zusammenhang von Ez 38-39. Es ist unschwer zu erkennen, dass der endzeitliche Krieg vor allem um Jerusalem und das Land Israel geführt wird. Auch in der Offenbarung des Johannes wird das am Ende angedeutet (Offb 20,9).

Den alttestamentlichen Darstellungen ist gemeinsam, dass die feindlichen Heere vom Herrn selbst den Auftrag erhalten; sie sind Vollstrecker seines Befehls. Gott ist der direkte Urheber von allem, von Heil und von Unheil: „Ich erschaffe das Licht und mache das Dunkel, ich bewirke das Heil und erschaffe das Unheil. Ich bin der Herr, der das alles vollbringt." (Jes 45,7) Er verhärtet das Herz des Pharao[96]; „Er erbarmt sich also, wessen er will, und macht verstockt, wen er will." (Röm 9,18)

Im Neuen Testament wird das differenzierter gesehen (siehe 6.2.1.): das Unheil wird von Menschen und Dämonen, insbesondere dem Teufel, bewirkt, aber vom Herrn nur zugelassen. Gott ist seinem Wesen nach Liebe; er kann daher das Böse, insbesondere die Verhärtung eines Menschen, nicht wollen oder hervorbringen. Aber er hat die Macht, es in seinen Heilsplan einzubauen und zum Guten zu wenden.

Engel mit Schofar (Widderhorn)

---

[96] Ex 9,12; 10,20; 10,27; 11,10; 14,8.

3.4. Ankündigung des Endes

Obwohl die sechste Posaune im Text bis Offb 11,14 reicht und dort als „zweites Wehe" bezeichnet wird[97], so bildet der folgende Text doch einen inhaltlichen und formalen Einschub. Das drücke ich in der Gliederung dadurch aus, dass ich hier nicht mit der Nummer 3.3.8. fortfahre, sondern eine Ebene höher gehe. Zunächst geht es um einen Dialog des Sehers mit den Engeln, um warnende, feierliche Ankündigungen: „Und ich sah: Ein anderer gewaltiger Engel kam aus dem Himmel herab; er war von einer Wolke umhüllt, und der Regenbogen stand über seinem Haupt. Sein Gesicht war wie die Sonne, und seine Beine waren wie Feuersäulen. In der Hand hielt er ein kleines, aufgeschlagenes Buch. Er setzte seinen rechten Fuß auf das Meer, den linken auf das Land und rief laut, so wie ein Löwe brüllt." (Offb 10,1-3)

3.4.1. Der starke Engel: Gabriel?

Die Vision dieses Engels erinnert ohne Zweifel an die Vision vom verklärten Christus in Offb 1,12-18. Insbesondere erinnern das Gesicht wie die Sonne und die Beine wie Feuersäulen daran. Der Engel kommt vom Himmel, er ist mit Macht bekleidet. Eigentlich heißt es im Griechischen: „ein anderer *starker Engel* stieg aus dem Himmel herab, bekleidet mit einer Wolke, und der Regenbogen auf seinem Haupt." Den Regenbogen kann man wie bei der Vision vom Thron Gottes als einen farbigen Strahlenkranz oder Lichthof verstehen. Der Engel brüllt wie ein Löwe, was im Rahmen der Offenbarung an den Löwen von Juda, den Messias erinnert. Eine ähnliche Engelerscheinung, die dem verklärten Jesus ähnlich ist, findet sich auch im Buch Daniel: „Ich blickte auf und sah, wie ein Mann vor mir stand, der in Leinen gekleidet war und einen Gürtel aus feinstem Gold um die Hüften trug. Sein Körper glich einem Chrysolith, sein Gesicht leuchtete wie ein Blitz, und die Augen waren wie brennende Fackeln. Seine Arme und Beine glänzten wie polierte Bronze. Seine Worte waren wie das Getöse einer großen Menschenmenge."

---

[97] Bezugnahme auf die Verkündigung des Adlers in Offb 8,13: „Und ich sah und hörte: Ein Adler flog hoch am Himmel und rief mit lauter Stimme: Wehe! Wehe! Wehe den Bewohnern der Erde! Noch drei Engel werden ihre Posaunen blasen."

II. Offb 7-11

(Dan 10,5-6) Im Buch Daniel ist es der Engel Gabriel, der Daniel seine Visionen erklärt[98]. Er bezeichnet sich auch als Fürst, der gemeinsam mit dem Engelfürsten Michael kämpft (Dan 10,13). Wir können damit den *starken Engel* in der Offenbarung des Johannes möglicherweise mit dem hl. Erzengel Gabriel identifizieren, der Maria die frohe Botschaft brachte. Gabriel heißt auf Deutsch: Gott ist mächtig, oder auch: Mann Gottes. Er ist offenbar in besonderer Weise der Menschwerdung Gottes zugeordnet und wird in der Vision wohl deshalb ähnlich wie Jesus, der Mensch gewordene Sohn Gottes, gezeigt. Der Engel hält ein kleines, aufgeschlagenes Buch in der Hand, welches prophetische Worte Gottes enthält. Auch das spricht für Gabriel, der dem Propheten Daniel und der Jungfrau Maria das Wort Gottes mitgeteilt und erklärt hat. So ist es wahrscheinlich derselbe starke Engel, welcher in Offb 5,2 mit lauter Stimme rief: „Wer ist würdig, das Buch zu öffnen und seine Siegel zu brechen?"

3.4.2. Die Stimme der sieben Donner

Eine Kuriosität bei dieser Vision ist die Stimme der *sieben Donner*, die als Antwort auf den rufenden Engel „sprechen", deren Botschaft aber nicht aufgeschrieben werden soll: „Nachdem er gerufen hatte, erhoben die sieben Donner ihre Stimme. Als die sieben Donner gesprochen hatten, wollte ich es aufschreiben. Da hörte ich eine Stimme vom Himmel her rufen: Halte geheim, was die sieben Donner gesprochen haben; schreib es nicht auf." (Offb 10,3-4) Es werden hier Geheimnisse angekündet aber nicht offenbart. Das gibt es auch im Buch Daniel (Dan 12,4.9) und bei heutigen Privatoffenbarungen.

Der sprechende Donner erinnert an folgende Stelle aus dem Johannesevangelium, die kurz vor der Passion Jesu steht, aber inhaltlich gut zur Offenbarung passt. Jesus sagt: „Jetzt ist meine Seele erschüttert. Was soll ich sagen: Vater, rette mich aus dieser Stunde? Aber deshalb bin ich in diese Stunde gekommen. Vater, verherrliche deinen Namen! Da kam eine Stimme vom Himmel: Ich habe ihn schon verherrlicht und werde ihn wieder verherrlichen. *Die Menge, die dabeistand und das hörte, sagte: Es hat gedonnert.* Andere sagten: Ein Engel hat zu ihm geredet. Jesus antwortete und sagte:

---

[98] Dan 8,16; 9,21-22 und 10,14.

Ankündigung des Endes **3.4.**

Nicht mir galt diese Stimme, sondern euch. *Jetzt wird Gericht gehalten über diese Welt*; jetzt wird der Herrscher dieser Welt hinausgeworfen werden." (Joh 12,27-31) Auch im Buch der Offenbarung wird Gericht gehalten und der Herrscher dieser Welt wird endgültig hinausgeworfen. In meiner Vorstellung gehen die sieben Donner von den sieben Fackeln vor dem Thron, von den sieben Geistern Gottes aus. Sie sind eine Antwort des Heiligen Geistes auf den Ruf des Engels.

3.4.3. Vollendung der Zeit

Die Vision mit dem starken Engel fährt nun folgendermaßen fort: „Und der Engel, den ich auf dem *Meer* und auf dem *Land* stehen sah, erhob seine rechte Hand zum *Himmel*. Er schwor bei dem, der in alle Ewigkeit lebt, der den *Himmel* geschaffen hat und was darin ist, die *Erde* und was darauf ist, und das *Meer* und was darin ist: *Es wird keine Zeit mehr bleiben*, denn in den Tagen, wenn der siebte Engel seine Stimme erhebt und seine Posaune bläst, wird auch das *Geheimnis Gottes* vollendet sein; so hatte er es seinen Knechten, den Propheten, verkündet." (Offb 10,6-7) Das ist eine sehr feierliche Ankündigung vom Ende der Zeit auf der Erde und damit vom Ende unserer Welt. Sie betrifft den gesamten Lebensraum: das Festland, das Meer und die Atmosphäre der Erde, welche der Engel berührt und anspricht. Es ist die Ankündigung der siebten Posaune, bei der sich das Geheimnis Gottes vollendet, d.h. bei der alles in Erfüllung gehen wird, was in den heiligen Schriften noch verheißen ist.

Vieles, was in der Bibel prophetisch angekündigt wird, hat sich beim ersten Kommen Christi vor 2000 Jahren noch nicht erfüllt. Es wird sich mit seiner glorreichen Wiederkunft erfüllen, zur Zeit der letzten Posaune, die hier angekündigt wird. Das ist ein Geheimnis des Glaubens und des schöpferischen Eingreifens Gottes. Auch diese feierliche Ankündigung hat eine Parallele im Buch Daniel: „Darauf hörte ich die Stimme des Mannes, der in Leinen gekleidet war und über dem Wasser des Flusses stand; er erhob seine rechte und seine linke Hand zum Himmel, schwor bei dem, der ewig lebt, und sagte:
Es dauert noch eine Zeit, zwei Zeiten und eine halbe Zeit. Wenn der am Ende ist, der die Macht des heiligen Volkes zerschlägt, dann wird sich das alles vollenden." (Dan 12,7)

II. Offb 7-11

3.4.4. Nimm und iss!

Doch fahren wir fort mit der Erscheinung des starken Engels im 10. Kapitel der Offenbarung: „Und die Stimme aus dem Himmel, die ich gehört hatte, sprach noch einmal zu mir: Geh, nimm das Buch, das der Engel, der auf dem Meer und auf dem Land steht, aufgeschlagen in der Hand hält. Und ich ging zu dem Engel und bat ihn, mir das kleine Buch zu geben. Er sagte zu mir: Nimm und iss es! In deinem Magen wird es bitter sein, in deinem Mund aber süß wie Honig. Da nahm ich das kleine Buch aus der Hand des Engels und aß es. In meinem Mund war es süß wie Honig. Als ich es aber gegessen hatte, wurde mein Magen bitter. Und mir wurde gesagt: Du musst noch einmal weissagen über viele Völker und Nationen mit ihren Sprachen und Königen." (Offb 10,8-11).

Eine Buchrolle zu verspeisen ist nur in der Vision möglich und hat symbolischen Charakter. Die Bitterkeit im Magen bedeutet die Bitterkeit des Inhalts aus menschlicher Sicht. Es geht um die Ankündigung von weiterem Unheil im 11. Kapitel: *Du musst noch einmal weissagen über viele Völker und Nationen mit ihren Sprachen und Königen.* Die Süßigkeit im Mund bedeutet, dass das Wort Gottes für den Menschen süßer als Honig ist, weil es von Gott herkommt und zu ihm hinführt[99]. Es ist geistliche Nahrung und Freude:

„Der Mensch lebt nicht nur von Brot, sondern von jedem Wort, das aus Gottes Mund kommt." (Mt 4,4)

Eine ganz ähnliche Vision mit der gleichen Bedeutung hatte der Prophet Ezechiel: „Du aber, Menschensohn, höre, was ich zu dir sage. Sei nicht widerspenstig wie dieses widerspenstige Volk! Öffne deinen Mund, und iss, was ich dir gebe. Und ich sah: Eine Hand war ausgestreckt zu mir; sie hielt eine Buchrolle. Er rollte sie vor mir auf. Sie war innen und außen beschrieben, und auf ihr waren Klagen, Seufzer und Weherufe geschrieben… Ich aß sie, und sie wurde in meinem Mund süß wie Honig." (Ez 2,8-3,3) Während Ezechiel zum widerspenstigen Haus Israel reden soll, hat Johannes den Auftrag zu einer Kirche zu reden, in der viele zu Fall kommen und vom Glauben abfallen. Damit beginnt das 11. Kapitel der Offenbarung.

---

[99] Ps 19,10-11; 81,17; 119,103.

3.5. Die Vermessung des Tempels

Der erste inhaltliche Abschnitt von Kapitel 11 ist nur kurz aber sehr inhaltsreich: „Dann wurde mir ein Messstab gegeben, der aussah wie ein Stock, und mir wurde gesagt: Geh, miss den Tempel Gottes und den Altar, und zähle alle, die dort anbeten! Den Hof, der außerhalb des Tempels liegt, lass aus, und miss ihn nicht; denn er ist den Heiden überlassen. Sie werden die Heilige Stadt zertreten, zweiundvierzig Monate lang." (Offb 11,1-2) Die beiden Verse nehmen klaren Bezug auf zwei Parallelstellen im Buch Ezechiel. Zuerst wird dem Propheten in Ez 8 und 9 der elende Zustand Jerusalems und des Tempels vor ihrer Zerstörung durch die Babylonier gezeigt. Da gibt es nur wenige, die dem Herrn treu sind und über die Gräueltaten seufzen und stöhnen, die in der Heiligen Stadt begangen werden. Sie werden mit einem schützenden T (taw) auf ihrer Stirn bezeichnet. Das erinnert an das Siegel des lebendigen Gottes in Offb 7,2-4. Jerusalem und der Tempel werden zerstört, ihre Einwohner getötet. Dann gibt es in Ez 40-42 die Vision eines neuen, endzeitlichen Tempels, der mit einer Messlatte, einem Messstab, ausgemessen wird. Im Neuen Testament wird dieser neue, endzeitliche Tempel als der Leib Christi geoffenbart. Der Tempel ist zuerst der menschliche, verklärte Leib des Herrn, dann aber auch der sakramentale Leib der hl. Eucharistie und der Kirche, schließlich der Leib jedes einzelnen Gläubigen. So schreibt Paulus im ersten Korintherbrief: „Oder wisst ihr nicht, dass euer Leib ein Tempel des Heiligen Geistes ist, der in euch wohnt und den ihr von Gott habt? Ihr gehört nicht euch selbst; denn um einen teuren Preis seid ihr erkauft worden. Verherrlicht also Gott in eurem Leib!" (1Kor 6,19-20)

3.5.1. Die Leere der Kirche

Die Kirche ist der Ort, wo Gott wohnt und wo ihm das Opfer der hl. Messe, das Opfer des Kreuzes, dargebracht wird. Man könnte auch sagen, das Gebäude und der Kult des alttestamentlichen Tempels[100] wurden ersetzt durch die Darbringung der hl. Eucharistie, durch die Hingabe aus Liebe (vgl. 1Petr 2,4-5).

---

[100] D.h. die Darbringung von Opfertieren (Lämmer, Böcke, Stiere…) und Naturalgaben (Korn, Wein, Öl…).

II. Offb 7-11

Dies wird von Jesus im Johannesevangelium bei der Tempelreinigung angedeutet: „Da stellten ihn die Juden zur Rede: Welches Zeichen lässt du uns sehen als Beweis, dass du dies tun darfst? Jesus antwortete ihnen: Reißt diesen Tempel nieder, in drei Tagen werde ich ihn wieder aufrichten. Da sagten die Juden: Sechsundvierzig Jahre wurde an diesem Tempel gebaut, und du willst ihn in drei Tagen wieder aufrichten? *Er aber meinte den Tempel seines Leibes.* Als er von den Toten auferstanden war, erinnerten sich seine Jünger, dass er dies gesagt hatte, und sie glaubten der Schrift und dem Wort, das Jesus gesprochen hatte." (Joh 2,18-22)

Diese Sicht wird auch in den anderen Evangelium durch den Mund falscher Zeugen indirekt bestätigt: „Einige der falschen Zeugen, die gegen ihn auftraten, behaupteten: Wir haben ihn sagen hören: Ich werde diesen von Menschen erbauten Tempel niederreißen und in drei Tagen einen anderen errichten, der nicht von Menschenhand gemacht ist." (Mk 14,57-58) Das ist insofern falsch, als Jesus die Zerstörung des irdischen Tempelgebäudes nur vorausgesagt hat. Er wollte ihn nicht niederreißen. Stattdessen wurde sein irdischer, dem Leiden unterworfene Leib durch den Tod am Kreuz niedergerissen und durch einen nicht von Menschenhand gemachten Auferstehungsleib von neuem errichtet. Die Eucharistie ist derselbe Leib des Herrn, verborgen im Zeichen des Brotes. Jesus sagt von sich selbst: „Hier ist einer, der größer ist als der Tempel." (Mt 12,6)

Aus dieser Sicht heraus kann man die zwei Verse von Offb 11,1-2 tiefer verstehen. Johannes misst den Tempel des neuen Bundes aus, aber mit einem Bild aus Ezechiel 40-42. Er misst Glaube, Hoffnung und Liebe, die es noch in der Kirche gibt: *Geh, miss den Tempel Gottes und den Altar, und zähle alle, die dort anbeten! Den Hof, der außerhalb des Tempels liegt, lass aus, und miss ihn nicht; denn er ist den Heiden überlassen.* Das will sagen: es gibt nur noch sehr wenige, die Gott im Geheimnis seines fleischgewordenen Wortes wirklich anbeten.

Der Glaube an die wirkliche, leibhafte Auferstehung Christi ist am Schwinden und folglich auch die Teilnahme an der hl. Messe und die Anbetung des heiligsten Altarsakraments. Der Hauptteil des kirchlichen Bereichs ist den Neu-Heiden, d.h. den Heiden der Postmoderne überlassen. Das habe ich vor kurzem konkret erlebt, als ich eine

Die Vermessung des Tempels 3.5.

berühmte und schöne Kathedrale Deutschlands besuchte: die Kirche war voll von knipsenden Touristen, in der Anbetungskapelle ganz am Rande war niemand außer Jesus. Die Teilnahme an der Eucharistiefeier, Quelle und Höhepunkt des christlichen Lebens, wird in Europa bekanntlich immer geringer. Das ist eine Folge der fortschreitenden Säkularisierung, der Abwendung von Gott. Es ist mir also in der Überschrift kein Rechtschreibfehler unterlaufen, wie Sie vielleicht dachten. Ich meinte eine Leere mit zwei "e".

Die beiden Verse (Offb 11,1-2) sind ein Widerhall anderer Stellen aus dem Neuen Testament, die etwas über den Zustand der Kirche in den letzten Zeiten aussagen: „Sollte Gott seinen Auserwählten, die Tag und Nacht zu ihm schreien, nicht zu ihrem Recht verhelfen, sondern zögern? Ich sage euch: Er wird ihnen unverzüglich ihr Recht verschaffen. *Wird jedoch der Menschensohn, wenn er kommt, auf der Erde noch Glauben vorfinden?*" (Lk 18,7-8) Ich zitiere auch nochmals die Stelle aus dem zweiten Timotheusbrief, insofern sie etwas über den Stand der Gottesverehrung aussagt: „Das sollst du wissen: In den letzten Tagen werden schwere Zeiten anbrechen. Die Menschen werden selbstsüchtig sein,… hochmütig, mehr dem Vergnügen als Gott zugewandt. *Den Schein der Frömmigkeit werden sie wahren, doch die Kraft der Frömmigkeit werden sie verleugnen.*" (2Tim 3,1-5)

3.5.2. Die Heilige Stadt: Jerusalem

Die Heiden werden die Heilige Stadt zertreten, 42 Monate lang. Damit ist hier die zukünftige Herrschaft des Antichrist gemeint[101], nicht etwa die Vergangenheit.

Jerusalem ist die Heilige Stadt, wo im Alten Bund die Herrlichkeit Gottes im Tempel wohnte und wo sie sich im Neuen Bund in der Person Jesu, des Erlösers, offenbarte. In Jerusalem oder in unmittelbarer Nähe hat der Herr die heilige Eucharistie eingesetzt und sein Leben am Kreuz hingegeben, er ist auferstanden am dritten Tag, aufgefahren in den Himmel und hat den Geist über seine Kirche ausgegossen. *So hat diese Stadt die Berufung, das Reich Gottes darzustellen, es zu verbreiten und sein Erscheinen in Herrlichkeit vorzubereiten.* Sie ist Ursprung und Ziel der Kirche.

---

[101] 42 Monate lang: siehe 3.6.1. Der Antichrist: siehe 4.2.

II. Offb 7-11

Der auferstandene Herr sagte zu den Aposteln: „So steht es in der Schrift: Der Messias wird leiden und am dritten Tag von den Toten auferstehen, und in seinem Namen wird man *allen Völkern, angefangen in Jerusalem, verkünden, sie sollen umkehren, damit ihre Sünden vergeben werden.* Ihr seid Zeugen dafür. Und ich werde die Gabe, die mein Vater verheißen hat, zu euch herab senden. *Bleibt in der Stadt, bis ihr mit der Kraft aus der Höhe erfüllt werdet.*" (Lk 24,46-49)

Die irdische Stadt wird zum Vorausbild des neuen oder himmlischen Jerusalem, in dem Gott alles in allem sein wird[102]. Tatsächlich gibt es nur ein himmlisches *Jerusalem*, nicht etwa ein himmlisches Rom, Berlin oder New York. Wenn die Heilige Stadt zertreten wird, dann bedeutet dies, dass auch die Kirche zertreten wird, wohl deshalb, weil das Salz des Glaubens in ihr schal geworden ist: „Ihr seid das Salz der Erde. Wenn das Salz seinen Geschmack verliert, womit kann man es wieder salzig machen? Es taugt zu nichts mehr; es wird weggeworfen und von den Leuten *zertreten*." (Mt 5,13)

---

[102] Vgl. Offb 3,12 und 21,2-22,5. Siehe 1.4.4.6. und 10.2.

3.6. Die zwei Zeugen

Auf dem Hintergrund dieser endzeitlichen Bedrängnis der Kirche und der Stadt Jerusalem treten nun die beiden Zeugen auf, über die man auf dem Hintergrund des Alten Testaments besonders viel sagen kann. Ich zitiere Offb 11,3-7: „Und ich will meinen zwei Zeugen auftragen, im Bußgewand aufzutreten und prophetisch zu reden, zwölfhundertsechzig Tage lang. Sie sind die zwei Ölbäume und die zwei Leuchter, die vor dem Herrn der Erde stehen. Wenn ihnen jemand Schaden zufügen will, schlägt Feuer aus ihrem Mund und verzehrt ihre Feinde; so muss jeder sterben, der ihnen schaden will. Sie haben Macht, den Himmel zu verschließen, damit kein Regen fällt in den Tagen ihres Wirkens als Propheten. Sie haben auch Macht, das Wasser in Blut zu verwandeln und die Erde zu schlagen mit allen möglichen Plagen, sooft sie wollen. Wenn sie ihren Auftrag als Zeugen erfüllt haben, wird sie das Tier, das aus dem Abgrund heraufsteigt, bekämpfen, besiegen und töten."

Die zwei Zeugen 3.6.

3.6.1. 1260 Tage, 42 Monate...

Das Tier, das aus dem Abgrund heraufsteigt, ist der Antichrist, bzw. die antichristliche Weltherrschaft (siehe 4.2.). Die zwei Zeugen, treten 1260 Tage lang auf (vgl. Offb 12,6). 1260 ist 42 mal 30, d.h. 42 Monate (Offb 11,2 und 13,5), d.h. 3 ½ Jahre. Diese Zeit wird im Buch Daniel auch als „eine Zeit, zwei Zeiten und eine halbe Zeit"[103] bezeichnet. Das alles meint ein und dasselbe: eine *kurze und unheilvolle Zeit*, die letzte Zeit vor der Wiederkunft Christi in Herrlichkeit, die Weltherrschaft des Antichrist. Es meint auch die Hälfte einer „Jahrwoche", einer Woche von sieben Jahren. Die Woche ist heilig und von Gott eingesetzt. Die Hälfte davon ist krumm und wird dem Widersacher überlassen. Diese symbolische Deutung schließt nicht aus, dass 42 Monate vielleicht auch eine reale, prophetische Zeitangabe sind. Hitlers "1000-jähriges Reich" hat immerhin 12 Jahre gedauert. Man kann hoffen, dass das Weltreich seines Nachfolgers schneller vergehen wird…

3.6.2. Umkehrpredigt

Befassen wir uns nun mit den zwei Zeugen, die in dieser Zeit auftreten. Es sind Zeugen des Herrn Jesus, die im Bußgewand auftreten, die Umkehr predigen und prophetisch reden, indem sie das Reich Gottes ankündigen. Sie aktualisieren also die Verkündigung Jesu: „Die Zeit ist erfüllt, das Reich Gottes ist nahe. Kehrt um und glaubt an das Evangelium!" (Mk 1,15)

Das Reich Gottes ist nun in seiner herrlichen Vollendung durch die Wiederkunft Christi nahe. Die zwei Zeugen werden auch charakterisiert als zwei Ölbäume und zwei Leuchter, die vor dem Herrn der Erde stehen. Der Ölbaum, d.h. Olivenbaum, steht hier für das Salböl: die beiden Zeugen haben die Salbung oder Kraft des Heiligen Geistes für ihre Verkündigung. Sie sind ein Licht für die Welt, wie es Jesus seinen Jüngern aufgetragen hat: „Man zündet auch nicht ein Licht an und stülpt ein Gefäß darüber, sondern man stellt es auf den Leuchter; dann leuchtet es allen im Haus. So soll euer Licht vor den Menschen leuchten, damit sie eure guten Werke sehen und euren Vater im Himmel preisen." (Mt 5,15-16)

---

[103] Dan 7,25; Dan 12,7 und Offb 12,14.

II. Offb 7-11

Zusätzlich zu dieser Deutung der beiden Zeugen als Ölbäume und Leuchter, verweist die Stelle direkt auf eine ähnliche Vision des Propheten Sacharja, der zwei Ölbäume links und rechts neben einem siebenarmigen Leuchter stehen sieht. Auf die Frage, was sie bedeuten, sagt ihm ein Engel: „Das sind die beiden Gesalbten, die vor dem Herrn der ganzen Erde stehen." (Sach 4,14)
Das Stehen vor dem Herrn der Erde bedeutet auch einen priesterlichen Dienst der Fürsprache vor Gott. Man kann sich vorstellen, dass sie nicht nur Zeugen und Propheten sind, sondern vielleicht auch Priester, die dem Herrn das eucharistische Opfer darbringen. Jetzt haben wir alles Positive über ihren Dienst zum Ausdruck gebracht.

3.6.3. Mose und Elija

Es folgen nun aber zwei Verse, die sie auch als Vermittler von Göttlichem Gericht nach dem Vorbild der alttestamentlichen Propheten, nämlich von Mose und Elija, darstellen: *Wenn ihnen jemand Schaden zufügen will, schlägt Feuer aus ihrem Mund und verzehrt ihre Feinde; so muss jeder sterben, der ihnen schaden will. Sie haben Macht, den Himmel zu verschließen, damit kein Regen fällt in den Tagen ihres Wirkens als Propheten.* Das wird in den beiden Büchern der Könige konkret von Elija ausgesagt[104]. *Sie haben auch Macht, das Wasser in Blut zu verwandeln und die Erde zu schlagen mit allen möglichen Plagen, sooft sie wollen.* Das wird im Buch Exodus von Mose ausgesagt[105]. Der Satz erinnert an die 10 Plagen gegen Ägypten, die den Pharao veranlassen, das Volk Israel aus der Sklaverei ziehen zu lassen, um dem Herrn in Freiheit dienen zu können. Wie sollen wir diese biblischen Bezüge deuten?
Vernünftiger Weise müsste man sagen, dass der Herr zwei endzeitliche Propheten sendet, die mit dem Geist und der Kraft des Elija dem zweiten Kommen des Herrn vorangehen. So hat der Engel Gabriel das Wirken von Johannes dem Täufer angekündigt: „Er wird mit dem Geist und mit der Kraft des Elija dem Herrn vorangehen, um das Herz der Väter wieder den Kindern zuzuwenden und die Ungehorsamen zur Gerechtigkeit zu führen und so das Volk für den Herrn bereit zu machen." (Lk 1,17)

---

[104] 2Kön 1,9-12 und 1Kön 17,1.
[105] Ex 4,9 und Ex 7,16-22.

Die zwei Zeugen 3.6.

Es gibt aber auch eine etwas verrückte Interpretation: Elija ist nach dem Zeugnis der Heiligen Schrift nicht gestorben, sondern „in einem feurigen Wagen" direkt in den Himmel aufgenommen worden. Das wird im zweiten Buch der Könige sehr ausführlich angekündigt, beschrieben und durch eine vergebliche Suchaktion nachträglich bestätigt (2Kön 2,1-18).

Mose und Elija treten gemeinsam bei der Verklärung des Herrn auf dem Berg Tabor in Erscheinung und zeigen sich dabei als lebendige Personen aus dem himmlischen Bereich. Die Ankündigung am Ende des Buches Maleachi, dass Elija wiederkommen soll, bezieht sich auf den Tag des Herrn, also auf das Gericht am Ende der Zeiten: „Bevor aber der Tag des Herrn kommt, der große und furchtbare Tag, seht, da sende ich zu euch den Propheten Elija." (Mal 3,23) Sicherlich geht diese Prophezeiung nach den Worten Jesu schon durch Johannes den Täufer in Erfüllung: „wenn ihr es gelten lassen wollt: Ja, er ist Elija, der wiederkommen soll." (Mt 11,14) Aber auch Jesus lässt noch eine zukünftige Erfüllung offen, wenn er nach der Verklärung auf dem Berg Tabor sagt: „Ja, Elija kommt, und er wird alles wiederherstellen." (Mt 17,11)

Die verrückte Deutung der zwei Zeugen besteht also darin, in ihnen Elija und Mose in Person zu sehen, die bisher nicht gestorben wären sondern erst bei ihrer künftigen Tätigkeit zur Zeit des Antichrist den Tod kosten würden. Diese Interpretation ist vor allem deshalb verrückt, weil sie der allgemeinen Lehre der Kirche widerspricht, dass jeder Mensch nur einmal auf Erden lebt[106]. Man könnte eine Ausnahme von diesem Glauben nur dann rechtfertigen, wenn Gott selbst, nach dem Zeugnis der Heiligen Schrift, tatsächlich eine Ausnahme gemacht hätte. Nun heißt es allerdings von Mose in Dt 34,5, dass er starb und nur der Ort seines Grabes unbekannt sei. Statt seiner Person käme jedoch auch der Stammvater Henoch als einer der beiden Zeugen in Frage, von dem die Schrift ebenfalls eindeutig bezeugt, dass er lebendig entrückt wurde:

„Aufgrund des Glaubens wurde Henoch entrückt und musste nicht sterben; er wurde nicht mehr gefunden, weil Gott ihn entrückt hatte; vor der Entrückung erhielt er das Zeugnis, dass er Gott gefiel."

---

[106] KKK 1013 und 633 (Christus ist hinabgestiegen zu den Toten).

II. Offb 7-11

(Hebr 11,5 mit Bezug auf Gen 5,21-24) Möglicherweise handelt es sich bei den beiden Zeugen also um eine Rückkehr dieser beiden "biblisch Entrückten" vor dem Ende der Zeiten. Ihre leibliche Aufnahme in den Himmel, ohne zu sterben und lange vor der Himmelfahrt Jesu, könnte den Sinn haben uns zu zeigen, welchen Plan der Schöpfer ursprünglich mit der Menschheit hatte, bevor Sünde und Tod in die Geschichte eingetreten sind. Jedenfalls wird der leibliche Tod des Menschen als Folge der Sünde gesehen[107].

3.6.4. Tod und Auferstehung

Hören wir jetzt noch, wie ihre Geschichte in der Offenbarung des Johannes weitergeht: „Wenn sie ihren Auftrag als Zeugen erfüllt haben, wird sie das Tier, das aus dem Abgrund heraufsteigt, bekämpfen, besiegen und töten. Und ihre Leichen bleiben auf der Straße der großen Stadt liegen. Diese Stadt heißt, geistlich verstanden: Sodom und Ägypten; dort wurde auch ihr Herr gekreuzigt. Menschen aus allen Völkern und Stämmen, Sprachen und Nationen werden ihre Leichen dort sehen, dreieinhalb Tage lang; sie werden nicht zulassen, dass die Leichen begraben werden. Und die Bewohner der Erde freuen sich darüber, beglückwünschen sich und schicken sich gegenseitig Geschenke; denn die beiden Propheten hatten die Bewohner der Erde gequält. Aber nach den dreieinhalb Tagen kam von Gott her wieder Lebensgeist in sie, und sie standen auf. Da überfiel alle, die sie sahen, große Angst. Und sie hörten eine laute Stimme vom Himmel her rufen: Kommt herauf! Vor den Augen ihrer Feinde stiegen sie in der Wolke zum Himmel hinauf. In diesem Augenblick entstand ein gewaltiges Erdbeben. Ein Zehntel der Stadt stürzte ein, und siebentausend Menschen kamen durch das Erdbeben um. Die Überlebenden wurden vom Entsetzen gepackt und gaben dem Gott des Himmels die Ehre. Das zweite "Wehe" ist vorüber, das dritte "Wehe" kommt bald." (Offb 11,7-14)

Dieser Abschnitt beendet das zweite „Wehe", d.h. den inhaltlichen Abschnitt der sechsten Posaune, der in Offb 9,13 mit der Losbindung der vier Engel am Eufrat und dem gewaltigen kriegerischen Reiterheer begann. Was in diesem Abschnitt steht, braucht nicht viel

---

[107] Gen 2,17 und 3,19; Weish 1,13 und 2,23-24; KKK 400.

Die zwei Zeugen 3.6.

Erklärung, da es sich um geschichtlich-prophetischen Klartext ohne viel Symbolik handelt. An einer Stelle fügt Johannes jedoch das Wort „geistlich, symbolisch" ein: *Die große Stadt heißt, geistlich verstanden: Sodom und Ägypten; dort wurde auch ihr Herr gekreuzigt.* Das weist darauf hin, dass es etwas zu erklären gibt.

Worin besteht nun die symbolische Bedeutung dieser ungleichen Ortsangaben? Ägypten ist ein Land, das in Exodus 1-15 für Unrecht, Unterdrückung, Sklaverei und Götzendienst durch den gottgleich regierenden Pharao steht. Heute steht es für die fortschreitende Christenverfolgung durch den Islam. Sodom ist eine Stadt am Südende des Toten Meeres, die nach Gen 18,16-19,29 für moralische Verkommenheit, insbesondere durch homosexuelle Orgien steht, und die durch Feuer und Schwefel vernichtet wurde[108].

Dann fügt Johannes noch hinzu: *Dort wurde auch ihr Herr gekreuzigt.* Jesus wurde in Jerusalem gekreuzigt, das Gott in besonderer Weise als seine Stadt auserwählt hat (siehe 3.5.1.). Wenn es hier in eine Reihe von Orten der Verdorbenheit eingereiht wird, dann bezieht sich das auf die Feindschaft gegen den Herrn und die Sünden, die Jesus in Matthäus 23 insbesondere den Pharisäern vorwirft.

Dort kommt ebenfalls das „Wehe" vor, wie in der Offenbarung des Johannes. Jesus sagt z.B.: „Wehe euch, ihr Schriftgelehrten und Pharisäer, ihr Heuchler! Ihr haltet Becher und Schüsseln außen sauber, innen aber sind sie voll von dem, was ihr in eurer Maßlosigkeit zusammengeraubt habt. Wehe euch, ihr Schriftgelehrten und Pharisäer, ihr Heuchler! Ihr seid wie die Gräber, die außen weiß angestrichen sind und schön aussehen; innen aber sind sie voll Knochen, Schmutz und Verwesung. So erscheint auch ihr von außen den Menschen gerecht, innen aber seid ihr voll Heuchelei und Ungehorsam gegen Gottes Gesetz." (Mt 23,25-27) Die Stadt des Unheils bezieht sich aber auch auf die Sündhaftigkeit der Heiden, d.h. aller Menschen, durch die Jesus gekreuzigt worden ist[109]. Insbesondere sind es die Römer, die den Tod Jesu direkt herbeigeführt haben. Die große Stadt der Verdorbenheit und des Unheils wird dann ab Offb 14,8 durchgehend „Babylon" genannt:

---

[108] Gen 19,4-9 und Gen 19,23-25; siehe 7.3.1. und 7.3.2.
[109] KKK 597-598 (alle Sünder sind am Leiden Christi schuld).

II. Offb 7-11

Babylon, die Große, die Mutter der Huren und aller Abscheulichkeiten der Erde (Offb 17,5). Aber hier, beim Tod der zwei Zeugen, ist schon dasselbe damit gemeint: eine gottlose Zivilisation, die dem Untergang geweiht ist. Die beiden Zeugen werden von dem *Tier bekämpft und getötet*. Sie werden in aller Öffentlichkeit von den Toten auferweckt als Vorausnahme der allgemeinen Auferstehung am Letzten Tag (siehe <u>9.3.</u>): Dieser steht nun unmittelbar bevor, bei der letzten Posaune.

3.7. Der siebte Engel blies seine Posaune

Die siebte Posaune wird auch als das „dritte Wehe" bezeichnet. Allerdings wird von dem wehevollen Inhalt nicht mehr viel beschrieben. Vielmehr endet das 11. Kapitel mit einem Siegeshymnus im Himmel auf das rettende und richtende Eingreifen Gottes in die Weltgeschichte. Es ist von neuem eine himmlische Liturgie, deren Text im Stundengebet der Kirche, in der Vesper vom Donnerstag, aufgegriffen wird: „Der siebte Engel blies seine Posaune. Da ertönten laute Stimmen im Himmel, die riefen: *Nun gehört die Herrschaft über die Welt unserem Herrn und seinem Gesalbten; und sie werden herrschen in alle Ewigkeit*. Und die vierundzwanzig Ältesten, die vor Gott auf ihren Thronen sitzen, warfen sich nieder, beteten Gott an und sprachen: Wir danken dir, Herr, Gott und Herrscher über die ganze Schöpfung, der du bist und der du warst; denn du hast deine große Macht in Anspruch genommen und die Herrschaft angetreten. Die Völker gerieten in Zorn. *Da kam dein Zorn und die Zeit, die Toten zu richten: die Zeit, deine Knechte zu belohnen, die Propheten und die Heiligen und alle, die deinen Namen fürchten*, die Kleinen und die Großen, die Zeit, alle zu verderben, die die Erde verderben..." (Offb 11,15-18)[110]

Die Herrschaft gehört nun in alle Ewigkeit dem Herrn und seinem Gesalbten: das heißt Gott, dem Vater und Jesus Christus, dem Sohn, in der Einheit des Heiligen Geistes. Aber die Heiligen haben wiederum Anteil an dieser Herrschaft, am Reich Gottes. Auch von ihnen heißt es in Offb 22,5: „sie werden herrschen in alle Ewigkeit." Was bedeutet diese Aussage in Bezug auf die Knechte Gottes?

---

[110] Ich zähle den Vers 19, der Übergangscharakter hat, schon zum folgenden Kapitel: siehe <u>4.1.</u>

Die siebte Posaune 3.7.

Es bedeutet in völligem Einklang mit dem Willen Gottes zu leben und die *neue Schöpfung* zu bebauen und zu hüten, wie es seinem Willen entspricht[111].

3.7.1. Auferstehung und Verwandlung des Leibes

Es geschieht hier, was Paulus im ersten Korintherbrief angekündigt hat: „Denn wie in Adam alle sterben, so werden in Christus alle lebendig gemacht werden. Es gibt aber eine bestimmte Reihenfolge: *Erster ist Christus; dann folgen, wenn Christus kommt, alle, die zu ihm gehören.* Danach [Dann] kommt das Ende, wenn er jede Macht, Gewalt und Kraft vernichtet hat und seine Herrschaft Gott, dem Vater, übergibt. Denn er muss herrschen, bis Gott ihm alle Feinde unter die Füße gelegt hat. *Der letzte Feind, der entmachtet wird, ist der Tod.*" (1Kor 15,22-26) Der Ausdruck „Danach" in der Einheitsübersetzung ist missverständlich, insofern er an eine Zeitspanne zwischen dem Kommen Christi und dem Ende der feindlichen Mächte denken lässt. Es handelt sich jedoch um eine Aufzählung der Ereignisse, die mit der Parusie verbunden sind: das Lebendiggemacht-werden derer, die Christus gehören, und das Ende aller feindlichen Mächte in der Schöpfung. Beides ist mit dem Kommen des Herrn verbunden, wie die Stelle in Offb 11,15-18 klar zum Ausdruck bringt.

Die siebte Posaune entspricht der „letzten Posaune" im ersten Korintherbrief. Sie ist mit der allgemeinen Auferstehung der Toten und der Verwandlung der noch auf Erden Lebenden verbunden: „Seht, ich enthülle euch ein Geheimnis: Wir werden nicht alle entschlafen, aber wir werden alle verwandelt werden - plötzlich, in einem Augenblick, *beim letzten Posaunenschall. Die Posaune wird erschallen, die Toten werden zur Unvergänglichkeit auferweckt, wir aber werden verwandelt werden.* Denn dieses Vergängliche muss sich mit Unvergänglichkeit bekleiden und dieses Sterbliche mit Unsterblichkeit."(1Kor 15,51-53)[112] Die Verwandlung betrifft vor allem den Leib, der ohne zu sterben vom Schöpfergeist in einen verklärten Auferstehungsleib verwandelt wird. Auf dieses einmalige Ereignis am Ende der Geschichte lässt sich das Wort Jesu anwenden:

---

[111] Vgl. Gen 1,26-28; Offb 22,1-5.
[112] Vgl. auch Phil 3,20-21: „der unseren armseligen Leib verwandeln wird in die Gestalt seines verherrlichten Leibes…"

II. Offb 7-11

„Amen, ich sage euch: Von denen, die hier stehen, werden einige den Tod nicht erleiden, bis sie den Menschensohn in seiner königlichen Macht kommen sehen." (Mt 16,28) Die Verstorbenen erhalten dagegen durch die Auferweckung ihren Auferstehungsleib[113].
Die Parallelstelle aus dem ersten Thessalonicherbrief spricht von einer Entrückung, d.h. von einem Ergriffen- oder Weggenommenwerden aus dem Zustand der Bedrängnis: *„Denn der Herr selbst wird vom Himmel herabkommen, wenn der Befehl ergeht, der Erzengel ruft und die Posaune Gottes erschallt.* Zuerst werden die in Christus Verstorbenen *auferstehen*; dann werden wir, die Lebenden, die noch übrig sind [die übrigbleiben], zugleich mit ihnen auf den Wolken in die Luft *entrückt, dem Herrn entgegen. Dann werden wir immer beim Herrn sein."* (1Thess 4,16-17)

3.7.2. Der Triumph Gottes über den Aufstand des Bösen

Der Siegeshymnus drückt aus, was wir bei den vorigen Posaunen schon gesehen haben: *die Völker gerieten in Zorn*. Das ist die kürzest mögliche Zusammenfassung der ersten sechs Posaunen, eines endzeitlichen „Weltkrieges". Gott wird diesen letzten Ausbruch des Bösen zulassen, um auf diese Weise seinen endgültigen Sieg herbeizuführen: *Da kam dein Zorn und die Zeit, die Toten zu richten: die Zeit, deine Knechte zu belohnen, die Propheten und die Heiligen und alle, die deinen Namen fürchten, die Kleinen und die Großen, die Zeit, alle zu verderben, die die Erde verderben.* Das Verderben der Erde hat im 20. Jhd. bereits begonnen. Wir kennen die weltweite Bedrohung des Lebens durch die Abholzung der Wälder, die Ausbeutung der Ölquellen, die Vergiftung des Wassers, durch die Luft- und Umweltverschmutzung. Die Offenbarung zeigt uns, dass das erst der Anfang des Verderbens ist.
Das *Gericht über die Völker* wird in zahlreichen Psalmen[114] besungen: „*Der Herr vereitelt die Beschlüsse der Heiden, er macht die Pläne der Völker zunichte. Der Ratschluss des Herrn bleibt ewig bestehen, die Pläne seines Herzens überdauern die Zeiten.* Wohl dem Volk, dessen Gott der Herr ist, der Nation, die er sich zum Erbteil erwählt hat. Der Herr blickt herab vom Himmel, er sieht auf

---

[113] KKK 988-1004, insbesondere KKK 999 (Wie werden die Toten auferstehen?).
[114] Z.B. in Ps 7,7-12; 9,5-11; 58,11-12; 75; 76,8-13; 82; 96,9-13, 98,4-9; 110,5-6.

Die siebte Posaune **3.7.**

alle Menschen. Von seinem Thronsitz schaut er nieder auf alle Bewohner der Erde. *Der ihre Herzen gebildet hat, er achtet auf all ihre Taten. Dem König hilft nicht sein starkes Heer, der Held rettet sich nicht durch große Stärke. Nichts nützen die Rosse zum Sieg, mit all ihrer Kraft können sie niemand retten.* Doch das Auge des Herrn ruht auf allen, die ihn fürchten und ehren, die nach seiner Güte ausschauen; denn er will sie dem Tod entreißen und in der Hungersnot ihr Leben erhalten..." (Ps 33,10-19)
Zum Abschluss dieses längsten inhaltlichen Abschnitts (II.) möchte ich den Artikel im Katechismus zitieren, der ihn am besten zusammenfasst: „Die Kirche wird nur durch dieses letzte Pascha hindurch, worin sie dem Herrn in seinem Tod und seiner Auferstehung folgen wird, in die Herrlichkeit des Reiches eingehen. Das Reich wird also nicht in stetigem Fortschritt durch einen geschichtlichen Triumph der Kirche zustande kommen, sondern durch den Sieg Gottes im Endkampf mit dem Bösen. In diesem Sieg wird die Braut Christi vom Himmel herabkommen. *Nach der letzten kosmischen Erschütterung dieser Welt, die vergeht, wird es in Gestalt des letzten Gerichts zum Triumph Gottes über den Aufstand des Bösen kommen.*" (KKK 677)

III. Offb 12-14

4. Die Frau, mit der Sonne bekleidet – der Drache und die beiden Tiere (III. Offb 12,1 - 14,5)

Was nun folgt ist wiederum kein zeitliches Danach, sondern eine neue Perspektive, eine neue Sichtweise, in der das gleiche endzeitliche Geschehen dargestellt wird. Das 12. Kapitel steht real und geistlich in der Mitte des ganzen Buches, weil es sich nicht nur auf die endzeitliche Zukunft bezieht, sondern einen Blick auf den Anfang der Schöpfung und die ganze Heilsgeschichte wirft.

4.1. Das große Zeichen am Himmel

Die Überleitung zum neuen Abschnitt bildet der letzte Vers von Kapitel 11: „Und der Tempel Gottes im Himmel wurde geöffnet, und *die Lade seines Bundes wurde in seinem Tempel gesehen*; und es geschahen Blitze und Stimmen und Donner und ein Erdbeben und ein großer Hagel." (Offb 11,19)[115]

Ursprünglich wurden die biblischen Bücher ohne Kapitel- und Verseinteilung geschrieben. Die heutigen Kapitel stammen aus dem 13. Jhd. und die Versnummern aus dem 16. Jhd. Man kann sich leicht vorstellen, dass der Erfinder der Nummern sich dachte, bei der siebten Posaune müsse auch noch "etwas passieren". So hat er diesen Vers wegen der Blitze, Stimmen und Donner noch zur letzten Posaune hinzugezählt. Diese Zeichen der Allmacht Gottes gehen einerseits von seinem Thron aus[116] und sind Ausdruck seiner ehrfurchtsgebietenden Erhabenheit. Andererseits kann es Erdbeben und schweren Hagel nur auf der Erde geben, was wiederum für die Zugehörigkeit dieses Verses zum letzten Kapitel spricht.

4.1.1. Die Bundeslade

Offb 11,19 ist sicher symbolisch zu verstehen. Im Himmel gibt es weder ein Tempelgebäude aus Stein, noch die verlorengegangene Bundeslade aus dem Alten Testament. Der Tempel im Himmel steht für die Gegenwart Gottes in der Gemeinschaft der Heiligen. Darauf gehe ich unter 6.1.2. näher ein. Wofür aber steht die Bundeslade?

---

[115] Eberfelder Übersetzung.
[116] Offb 4,5; 8,5; siehe 3.3.2.

Das große Zeichen am Himmel 4.1.

Sie befand sich im allerheiligsten Bereich des Bundeszeltes und des ersten Tempels in Jerusalem; sie wird im Alten Testament unzählige Male erwähnt und beschrieben[117]. Im Neuen Testament kommt sie dagegen nur noch im Hebräerbrief vor, wo kurz erklärt wird, um was es sich handelte: „Hinter dem Vorhang aber war ein Zelt, das sogenannte Allerheiligste, mit dem goldenen Rauchopferaltar und *der ganz mit Gold überzogenen Bundeslade*; darin waren ein goldener Krug mit dem Manna, der Stab Aarons, der Triebe angesetzt hatte, und die Bundestafeln; über ihr waren die Kerubim der Herrlichkeit, die die Sühneplatte überschatteten." (Hebr 9,3-5) Die Bundeslade enthielt also das Manna, den Stab Aarons, des Hohen Priesters, und die Bundestafeln mit den zehn Geboten. Daraus ist in unseren Kirchen in gewisser Weise der Tabernakel geworden, der das lebendige Wort Gottes, das Brot vom Himmel enthält, d.h. Jesus selbst im Sakrament der hl. Eucharistie. Es gibt aber noch eine andere Form der Verwirklichung der Bundeslade im Neuen Testament: Maria, die Mutter Jesu, hat den Sohn Gottes jungfräulich[118] empfangen und ihn als einen Embryo in ihrem Leib getragen. Sie ist daher die Arche des Neuen Bundes, vergleichbar mit der Bundeslade, dem Ort der Wohnung Gottes unter den Menschen im Alten Bund. Insofern dient diese Vision als Überleitung für den nächsten großen Abschnitt, der mit der berühmten Vision von der Frau beginnt.

4.1.2. Maria, die Mutter des Erlösers

„Dann erschien ein großes Zeichen am Himmel: *eine Frau, mit der Sonne bekleidet; der Mond war unter ihren Füßen und ein Kranz von zwölf Sternen auf ihrem Haupt.* Sie war schwanger und schrie vor Schmerz in ihren Geburtswehen. Ein anderes Zeichen erschien am Himmel: ein Drache, groß und feuerrot, mit sieben Köpfen und zehn Hörnern und mit sieben Diademen auf seinen Köpfen. Sein Schwanz fegte ein Drittel der Sterne vom Himmel und warf sie auf die Erde herab. Der Drache stand vor der Frau, die gebären sollte; er wollte ihr Kind verschlingen, sobald es geboren war.

---

[117] Z.B. Ex 25,10-22; 37,1-9; 40,20-21; Dt 10,1-8; Jos 4,9-11; 1Sam 4,11-21; 1Sam 5 u.6; 2Sam 6,1-17; 1Kön 8,2-11...
[118] Lk 1,27 und 1,34. KKK 496-507.

III. Offb 12-14

Und sie gebar ein Kind, einen Sohn, der über alle Völker mit eisernem Zepter herrschen wird. Und ihr Kind wurde zu Gott und zu seinem Thron entrückt." (Offb 12,1-5)

In Offb 12,5 wird das Kind eindeutig mit Jesus, dem Sohn Gottes, identifiziert: er wurde in seiner Himmelfahrt zur Rechten Gottes erhoben und wird über alle Völker Gericht halten. Die *Herrschaft mit eisernem Zepter* wird noch an zwei weiteren Stellen von Jesus ausgesagt[119]. Die Frau, das große Zeichen am Himmel, ist also zuerst Maria, die Mutter des Herrn, die unter dem Symbol der Bundeslade angekündigt wurde. Sie wird gezeigt mit der Sonne bekleidet, dem Mond unter ihren Füßen und einem Kranz von zwölf Sternen auf ihrem Haupt. So wird sie in katholischen Kirchen unzählige Male dargestellt und so ähnlich zeigt sie sich auch auf dem Gnadenbild „Unsere Liebe Frau von Guadalupe" in Mexiko City, auf dem Gewand des hl. Juan Diego.

Der Kranz von zwölf Sternen weist hin auf die Gemeinschaft der Heiligen (siehe 1.3.3.), aus der sie als Königin, als Mutter des Königs, herausragt. Sie ist die Königin der Apostel.

Die Bekleidung mit der Sonne bedeutet die Verklärung der Frau in ihrem Leib. Das entspricht den weißen Gewändern, mit denen die Heiligen des Himmels in vielen Visionen erscheinen. Der Unterschied besteht in der Fülle der Erlösung: die Frau ist schon mit ihrem Auferstehungsleib und der Herrlichkeit Gottes bekleidet[120]. Niemand ist Christus darin so ähnlich geworden wie sie. Von den anderen Heiligen glauben wir dagegen, dass sie erst bei der allgemeinen Auferstehung am Letzten Tag einen verklärten Leib erhalten[121].

Der Mond unter ihren Füßen steht für die sichtbare Schöpfung, die Maria an Würde und Schönheit überragt. Sie ist das Meisterwerk der Schöpfung Gottes. Maria ist durch ihre leibliche Aufnahme in den Himmel für uns zu einem sicheren Zeichen der Hoffnung und des Trostes geworden.

---

[119] Offb 2,27 - siehe 1.4.4.4. und Offb 19,15.
[120] KKK 966 (Aufnahme Mariens in den Himmel).
[121] KKK 997- 1001 (Auferstehung der Toten).

Das große Zeichen am Himmel **4.1.**

4.1.2.1. Offenbarte Feindschaft

Kommen wir jetzt zu der Bedrohung durch den Drachen, der ihr Kind verschlingen wollte, sobald es geboren war. Historisch gesehen wurden Joseph, Maria und das Jesuskind tatsächlich verfolgt; sie mussten vor Herodes nach Ägypten fliehen, um dem Kindermord in Bethlehem zu entgehen (Mt 2,13-18). Maria ist in der Heilsgeschichte die direkte Gegenspielerin des Drachens, der für den Satan steht. Sie ist nur ein Mensch, ein Geschöpf, hat aber an der Sünde, an den Werken des Teufels, keinen Anteil gehabt. Sie war von Beginn ihres Lebens an begnadet (Lk 1,28), ohne Makel der Erbsünde empfangen[122]. In Offb 12 wird das Thema der *Feindschaft* zwischen der Schlange, bzw. dem feuerroten Drachen, und der Frau entfaltet, das in Gen 3,14-15 angekündigt worden ist: „Da sprach Gott, der Herr, zur Schlange: Weil du das getan hast, bist du verflucht unter allem Vieh und allen Tieren des Feldes. Auf dem Bauch sollst du kriechen und Staub fressen alle Tage deines Lebens. *Feindschaft setze ich zwischen dich und die Frau*, zwischen deinen Nachwuchs und ihren Nachwuchs. Er trifft dich am Kopf, und du triffst ihn an der Ferse." Die Frau in Gen 3,15 kann man wie die Frau in der Offenbarung auf Maria hin deuten. Der Drache ist das *Gegenzeichen* zur Frau.

4.1.2.2. Einzigartige Mitwirkung an der Erlösung

Die Feindschaft besteht zwischen ihr und dem Satan, weil sie die Mutter des Messias ist und so am Werk der Erlösung in einzigartiger Weise teilgenommen hat. Der Katechismus schreibt darüber: „...Sie machte sich aus ganzem Herzen, ohne dass eine Sünde sie davon abgehalten hätte, den göttlichen Heilswillen zu eigen und gab sich ganz der Person und dem Werk ihres Sohnes hin, um mit der Gnade Gottes, in Abhängigkeit vom Sohn und in Verbundenheit mit ihm, dem Erlösungsgeheimnis zu dienen... " Diese Verbindung der Mutter mit dem Sohn im Heilswerk zeigt sich vom Augenblick der jungfräulichen Empfängnis Christi bis zu seinem Tod" (LG 57). Sie ist besonders offensichtlich in der Stunde seines Leidens. "Auch die selige Jungfrau ging den Pilgerweg des Glaubens.

---

[122] KKK 490-493 (Die unbefleckte Empfängnis).

III. Offb 12-14

Ihre Vereinigung mit dem Sohn hielt sie in Treue bis zum Kreuz, wo sie nicht ohne göttliche Absicht stand, heftig mit ihrem Eingeborenen litt und sich mit seinem Opfer in mütterlichem Geist verband, indem sie der Darbringung des Schlachtopfers, das sie geboren hatte, liebevoll zustimmte. Und schließlich wurde sie von Christus selbst, als er am Kreuz starb, dem Jünger zur Mutter gegeben mit den Worten: ‚Frau, siehe da dein Sohn' (Joh 19,26–27)" (LG 58)"[123]

In Bezug auf dieses Leiden der Jungfrau unter dem Kreuz kann man verstehen, dass es in Offb 12,2 heißt, *sie schrie vor Schmerz in ihren Geburtswehen*[124]. Das ist mehr im Hinblick auf die Teilhabe an der heilbringenden Passion Christi als im Hinblick auf seine Geburt in Bethlehem zu verstehen.

4.1.3. Der Sturz des Drachens und seiner Engel

Die nachfolgende Vision bezieht sich auf den Engelsturz vor der Erschaffung des Menschen: „Da entbrannte im Himmel ein Kampf; Michael und seine Engel erhoben sich, um mit dem Drachen zu kämpfen. Der Drache und seine Engel kämpften, aber sie konnten sich nicht halten, und sie verloren ihren Platz im Himmel. Er wurde *gestürzt*, der große Drache, die alte Schlange, die Teufel oder Satan heißt und die ganze Welt verführt; *der Drache wurde auf die Erde gestürzt, und mit ihm wurden seine Engel hinabgeworfen*." (Offb 12,7-9) Diesen Engelsturz kann man auch schon in Vers 12,4 angedeutet sehen: *Sein Schwanz fegte ein Drittel der Sterne vom Himmel und warf sie auf die Erde herab.* In dieser Deutung würden die Sterne für die Engel stehen, die der Drache in sein Verderben mit hineinzog, die mit ihm hinabgeworfen wurden und die so zu den Dämonen oder unreinen, bösen Geistern wurden, von denen im Neuen Testament häufig die Rede ist.

Wir wissen aus der Heiligen Schrift, dass es sich hier nicht um einen Mythos handelt, sondern um ein reales Geschehen in der geistigen Welt. Die Scheidung von Licht und Finsternis zu Beginn der Schöpfung in Gen 1,4 kann man daraufhin deuten. Luzifer und seine Engel wurden als gute Wesen erschaffen. Aber Gott stellte sie auf die Probe und sie verfielen der Sünde des Stolzes und der Rebellion.

---

[123] KKK 494 und 964. Vgl. auch KKK 965-970 (Maria, Mutter der Kirche).
[124] Das ist ein Rückbezug auf die Folgen der Sünde in Gen 3,16.

Das große Zeichen am Himmel 4.1.

Sie verloren ihren Platz im Himmel, d.h. in der Gegenwart Gottes, und traten seit Beginn der Menschheitsgeschichte als Verführer und Lügner auf[125]. Der Teufel ist „Sünder von Anfang an" (1Joh 3,8) und „der Vater der Lüge" (Joh 8,44). Ihm steht der hl. Erzengel Michael gegenüber, dessen Name bedeutet: „Wer ist wie Gott?"
Wir sind eingeladen, diesen Namen zu unserem Schutz anzurufen. Sein Fest wird jedes Jahr am 29. September gefeiert. Auch in Daniel 10,13 und 12,1 tritt Michael als Engelfürst im Kampf gegen die Feinde des Volkes Gottes auf.
Im anschließenden Siegeshymnus der Offenbarung wird ein zweiter Sieg über den Satan besungen, nämlich durch das Opfer Christi am Ende der Zeiten. Es ist ein zweiter Sturz des Drachens durch das Blut des Lammes und das Zeugnis der Märtyrer:
„Da hörte ich eine laute Stimme im Himmel rufen: *Jetzt ist er da, der rettende Sieg, die Macht und die Herrschaft unseres Gottes und die Vollmacht seines Gesalbten; denn gestürzt wurde der Ankläger unserer Brüde*r, der sie bei Tag und bei Nacht vor unserem Gott verklagte. Sie haben ihn besiegt durch das Blut des Lammes und durch ihr Wort und Zeugnis; sie hielten ihr Leben nicht fest, bis hinein in den Tod. Darum jubelt ihr Himmel und alle, die darin wohnen." (Offb 12,10-12) Von diesem zweiten Sturz des Anklägers wird auch in Offb 20,1-3 die Rede sein, wo es heißt, ein Engel habe den Satan für tausend Jahre gefesselt und *im Abgrund verschlossen*. In der Vorzeit wurde er vom Himmel auf die Erde gestürzt, in der Fülle der Zeit aber von der Erde in den Abgrund der Hölle: *Der Herrscher dieser Welt ist gerichtet* (Joh 16,11). Der rettende Sieg und die Vollmacht seines Gesalbten (d.h. seines Christus oder Messias) sind die Auferstehung Jesu von den Toten und seine Erhöhung zum Thron Gottes. Der Drache wird in Offb 12,3 als groß und feuerrot, mit sieben bekränzten Köpfen und zehn Hörnern beschrieben. Das lässt mich symbolisch an die großen totalitären Regime des 20. Jahrhunderts denken. Sie ließen die Rebellion Satans gegenüber Gott auf der Erde sichtbar und erfahrbar werden. Die Köpfe und Hörner sind in dieser Assoziation die unterdrückten Völker und deren Herrscher.

---

[125] KKK 391-395 (Der Fall der Engel).

III. Offb 12-14

Doch zur irdischen Verwirklichung der satanischen Herrschaft kommen wir erst im nächsten Kapitel (siehe 4.2.).
Möglicher Weise hat das Zeichen der Frau auch einen direkten Bezug zum Engelsturz. Vielleicht bestand die Prüfung der Engel gerade darin, der Frau und ihrem Sohn, bzw. den Menschen im Allgemeinen, dienen zu sollen. Das wäre eine echte Herausforderung der Demut für sie gewesen, da sie dem Menschen der Natur nach weit überlegen sind. Vielleicht ist die Rebellion Luzifers eine Reaktion auf die Vorankündigung des großen Zeichens durch Gott.
Bis jetzt haben wir im 12. Kapitel das Schon-jetzt, d.h. die Gegenwart unserer Erlösung erkannt: Maria hat den Erlöser geboren, sie hat mitgewirkt an seinem Sieg über den Satan, den Verführer und Ankläger der Menschen.

4.1.4. Verfolgung Israels, Verfolgung der Kirche

Nun bezieht sich das 12. Kapitel aber auch auf die endzeitliche Verfolgung der Kirche zur Zeit des Antichrist in der symbolischen Zeit von 3 ½ Jahren oder 42 Monaten oder 1260 Tagen. Sie wird auch eine „kurze Zeit" oder „eine Zeit, zwei Zeiten und eine halbe Zeit" genannt (siehe 3.6.1.). Davon ist im folgenden Abschnitt die Rede: „Weh aber euch, Land und Meer! Denn der Teufel ist zu euch hinab gekommen; seine Wut ist groß, weil er weiß, dass *ihm nur noch eine kurze Frist bleibt. Als der Drache erkannte, dass er auf die Erde gestürzt war, verfolgte er die Frau, die den Sohn geboren hatte.*" (Offb 12,12-13) *Das führt uns zu einer alternativen, symbolischen Deutung der Frau als einer Person, die das Volk Gottes, Israel und die Kirche, verkörpert.* Auch das ist Maria: Tochter Zion, Tochter des Volkes Israel und zugleich Urbild und Vorbild der Kirche. In ihr ist alles verwirklicht, was diese sein soll: „So will er die Kirche herrlich vor sich erscheinen lassen, ohne Flecken, Falten oder andere Fehler; heilig soll sie sein und makellos."[126] Eine dritte Bedeutungsebene spreche ich weiter unten an.

---

[126] Eph 5,27. Vgl. KKK 972 (Maria – eschatologische Ikone der Kirche).

Das große Zeichen am Himmel 4.1.

4.1.4.1. Rückzug in die Wüste

An dieser Stelle holen wir das oben ausgelassene Zitat von Offb 12,6 nach, das im folgenden Text weiter ausgeführt wird: „Die Frau aber floh in die Wüste, wo Gott ihr einen Zufluchtsort geschaffen hatte; dort wird man sie mit Nahrung versorgen, *zwölfhundertsechzig Tage lang.*" Die Frau wird in der Wüste durch die Vorsehung Gottes mit Nahrung versorgt, wie es der Herr schon am Volk Israel[127] und mit Elijah[128] in der Wüste getan hat. Man kann auch an die wunderbare Brotvermehrung Jesu an einem „einsamen Ort"[129] denken. Darüber hinaus kann die geistliche Nahrung des Wortes Gottes und der hl. Eucharistie gemeint sein, denn der Mensch lebt nicht nur von Brot allein[130].

„Aber der Frau wurden die beiden Flügel des großen Adlers gegeben, damit sie in die Wüste an ihren Ort fliegen konnte. Dort ist sie vor der Schlange sicher und wird *eine Zeit und zwei Zeiten und eine halbe Zeit lang* ernährt. Die Schlange spie einen Strom von Wasser aus ihrem Rachen hinter der Frau her, damit sie von den Fluten fortgerissen werde. Aber die Erde kam der Frau zu Hilfe; sie öffnete sich und verschlang den Strom, den der Drache aus seinem Rachen gespien hatte. Da geriet der Drache in Zorn über die Frau, und er ging fort, um Krieg zu führen mit ihren übrigen Nachkommen, die den Geboten Gottes gehorchen und an dem Zeugnis für Jesus festhalten." (Offb 12,12-17)

Die *beiden Flügel des großen Adlers*, die der Frau gegeben werden, könnten das Wort Gottes und die lebendige Überlieferung der Kirche sein. So wird sie vom Schutz des Herrn, von seiner Liebe und Wahrheit, auf Adlerflügeln getragen, wie es poetisch vom Volk Israel in der Wüste ausgesagt wurde: „Ihr habt gesehen, was ich den Ägyptern angetan habe, wie ich euch auf Adlerflügeln getragen und hierher zu mir gebracht habe." (Ex 19,4)

---

[127] Ex 16,11-15.31-35 (Wachteln und die Gabe des Manna).
[128] 1Kön 17,2-6 (Brot und Fleisch durch Raben); 1Kön 19,4-8 (Brot und Wasser durch einen Engel).
[129] Mk 6,31-44; Mt 14,13-21. Das griechische Wort für „einsam" ist dasselbe wie für „Wüste" oder „Wildnis".
[130] Mt 4,1-4 (Versuchung Jesu in der Wüste durch Satan); Joh 6,48-51 (Rede Jesu in Kafarnaum über die Gabe der Eucharistie).

III. Offb 12-14

Die Wüste ist in der Bibel normaler Weise ein Ort des Rückzugs und der Einsamkeit mit Gott, wo es leichter ist, auf seine Stimme zu hören als im Lärm der Zivilisation.

4.1.4.2. Der Krieg des Teufels

In der Wüste sind plötzlich auftretende Wasserfluten eine reale Lebensgefahr. Der Strom von Wasser, den die Schlange ausspeit, kann eine Flut von Sünde und Bedrängnis sein, durch die die Kirche *von innen her* verdorben werden soll. Es ist sozusagen der Strom des Zeitgeistes, der die wahre Frömmigkeit in der Kirche wegspülen soll, nämlich insbesondere das Rosenkranzgebet und die Anbetung der Eucharistie (siehe 3.5.1.). Es ist eine Flut der Sünde, die ein Stück weit auch in das Innere der Kirche eindringt. Da kommt ihr die Erde der geöffneten Seite Christi, die göttliche Barmherzigkeit, zu Hilfe. Man kann auch die gute Erde derer darin sehen, „die das Wort mit gutem und aufrichtigem Herzen hören, daran festhalten und durch ihre Ausdauer Frucht bringen." (Lk 8,15) Der Krieg des Teufels gilt nun *den übrigen Nachkommen der Frau*, welche *die Gebote Gottes halten und das Zeugnis Jesu haben*, wie der griechische Text genauer sagt. Der erste Nachkomme ist der Sohn in Offb 12,5; die übrigen sind diejenigen, die ihm nachfolgen. Das *Zeugnis Jesu* ist sein Tod und seine Auferstehung, sein Opfer am Kreuz.

Wir leben in einer Zeit, in der die Gebote Gottes in der Öffentlichkeit ausgehebelt werden, in der sie verachtet und von Parlamenten durch ihre Gesetzgebung für ungültig erklärt werden. Es ist eine Zeit, in der das Halten der Gebote schon mit Verleumdung und Verfolgung verbunden ist. Die endzeitliche Verfolgung der Kirche wird von Jesus im Evangelium deutlich vorausgesagt: „Aber bevor das alles geschieht, wird man euch festnehmen und euch verfolgen. Man wird euch um meines Namens willen den Gerichten der Synagogen übergeben, ins Gefängnis werfen und vor Könige und Statthalter bringen. Dann werdet ihr Zeugnis ablegen können. Nehmt euch fest vor, nicht im Voraus für eure Verteidigung zu sorgen; denn ich werde euch die Worte und die Weisheit eingeben, so dass alle eure Gegner nicht dagegen ankommen und nichts dagegen sagen können. *Sogar eure Eltern und Geschwister, eure Verwandten und Freunde werden euch ausliefern, und manche von euch wird man töten. Und ihr werdet um meines Namens willen von allen gehasst werden.* Und doch wird euch kein Haar gekrümmt werden. *Wenn ihr standhaft bleibt, werdet ihr das Leben gewinnen.*"[131]

4.1.5. Die Bedrohung des Menschen

Ich sehe im zwölften Kapitel noch eine zusätzliche Bedeutungsebene, welche die Frau als Person betrifft: „*Feindschaft setze ich zwischen dich und die Frau, zwischen deinen Nachwuchs und ihren Nachwuchs.*" (Gen 3,15) Da ist einmal der Drache, *der ihr Kind verschlingen wollte, sobald es geboren war.* Der Drache steht heute gewissermaßen vor jeder schwangeren Frau und will ihr Kind durch Empfängnisverhütung, und wenn diese nicht funktioniert, durch Abtreibung verschlingen. Daraus ergibt sich eine akute Überalterung der alten Länder Europas. Als weitere Mittel, das Kind zu verschlingen, gibt es die Selektion der im Reagenzglas gezeugten menschlichen Embryonen, von denen nur ganz wenige einer Mutter eingepflanzt werden, oder die für Forschungszwecke missbraucht werden. Außerdem denke ich an den Tod vieler geborener Kinder durch Hunger und Elend in den armen Ländern der Erde.

Auch folgenden Vers will ich symbolisch auf die menschliche Person in unserer Zeit übertragen: *Die Schlange spie einen Strom von Wasser aus ihrem Rachen hinter der Frau her, damit sie von den Fluten fortgerissen werde.* Darin kann man die Bedrohung der Frau durch den Mann und durch eine frauenfeindliche Ideologie in der heutigen Zeit erkennen. Dabei denke ich an den Frauenhandel und an die Gender-Ideologie, die das natürliche, schöpfungsbedingte Wesen von Mann und Frau sowie ihren Platz in Ehe und Familie leugnet. Das Gender-Mainstreaming besagt, der Mensch könne seine geschlechtliche Identität und Ausrichtung frei wählen und selbst bestimmen[132].

---

[131] Lk 21,12-19; vgl. Mt 10,17-23; Mk 13,9-13; Joh 16,1-4. Der Krieg des Teufels gegen das Volk Gottes wird u.a. durch den Islam geführt, der von Anfang an das *Zeugnis Jesu* verfälscht, der Christen wie Juden unterdrückt und getötet hat. Es gibt unter islamischer Herrschaft keine Gewissens- oder Religionsfreiheit. Wer zum Glauben an den Herrn gelangt muss fliehen oder wird hingerichtet: „...es kommt die Stunde, in der jeder, der euch tötet, meint, Gott einen heiligen Dienst zu leisten." (Joh 16,2).
[132] Siehe das Buch von Gabriele Kuby: „Die globale sexuelle Revolution. Zerstörung der Freiheit im Namen der Freiheit." Fe-Medienverlag, Kisslegg-Immenried, 2012.

III. Offb 12-14

Dabei ist sie in Wirklichkeit vom Schöpfer vorgegeben und in die Natur des Menschen eingeschrieben. All das ist der *Strom von Wasser aus dem Rachen der Schlange*, durch welchen die Frau ihren inneren Halt verlieren und vom Bösen fortgerissen werden soll.
Dieselbe Bedrohung richtet sich natürlich auch gegen den Mann, der an all dem aktiv beteiligt ist: als medizinischer Akteur der Abtreibung und der Reagenzglaszüchtung von menschlichen Embryonen, als Akteur der sexuellen Ausbeutung und dominierenden Gewalt, als Propagandist für den Gender-Menschen.
Kommen wir nun zum folgenden, 13. Kapitel, in dem der Krieg des Drachens gegen die Kirche auf Erden näher ausgeführt wird.

4.2. Die antichristliche Weltherrschaft

Der Abschnitt beginnt eigentlich mit dem letzten Vers des 12. Kapitels: „Und der Drache trat an den Strand des Meeres." Was nun aus dem Meer herauskommt, ist sein Spiegelbild, sein Abbild im Bereich der Menschen: nämlich eine widergöttliche, antichristliche Weltherrschaft. Das Meer steht hier für die Bedrohung des menschlichen Lebens durch eine unheimliche, unbezwingbare Macht. Beim ersten Auftreten des Tieres in Offb 11,7 stieg es aus dem Abgrund herauf, der für die Hölle steht. Es bringt gewissermaßen die Hölle auf Erden, den Untergang für diejenigen, die ihm folgen.

4.2.1. Das Tier aus dem Meer

„Und ich sah: Ein Tier stieg aus dem Meer, mit zehn Hörnern und sieben Köpfen. Auf seinen Hörnern trug es zehn Diademe und auf seinen Köpfen Namen, die eine Gotteslästerung waren. *Das Tier, das ich sah, glich einem Panther; seine Füße waren wie die Tatzen eines Bären und sein Maul wie das Maul eines Löwen. Und der Drache hatte ihm seine Gewalt übergeben, seinen Thron und seine große Macht.* Einer seiner Köpfe sah aus wie tödlich verwundet; aber die tödliche Wunde wurde geheilt. Und die ganze Erde sah dem Tier staunend nach. *Die Menschen warfen sich vor dem Drachen nieder*, weil er seine Macht dem Tier gegeben hatte; und sie beteten das Tier an und sagten: Wer ist dem Tier gleich, und wer kann den Kampf mit ihm aufnehmen? Das Tier öffnete sein Maul, um Gott und seinen Namen zu lästern, seine Wohnung und alle, die im Himmel wohnen.

Die antichristliche Weltherrschaft 4.2.

Und es wurde ihm erlaubt, mit den Heiligen zu kämpfen und sie zu besiegen. Es wurde ihm auch Macht gegeben über alle Stämme, Völker, Sprachen und Nationen. Alle Bewohner der Erde fallen nieder vor ihm: alle, deren Name nicht seit der Erschaffung der Welt eingetragen ist ins Lebensbuch des Lammes, das geschlachtet wurde. Wenn einer Ohren hat, so höre er. Wer zur Gefangenschaft bestimmt ist, geht in die Gefangenschaft. Wer mit dem Schwert getötet werden soll, wird mit dem Schwert getötet. *Hier muss sich die Standhaftigkeit und die Glaubenstreue der Heiligen bewähren."* (Offb 13,1-10)

Das Tier aus dem Meer fasst die Eigenschaften mehrerer Raubtiere zusammen und hängt ganz von der Macht Satans ab. Es ist sozusagen sein Stellvertreter, seine Ikone im Bereich der staatlichen Gewalt. So wird der Teufel im Neuen Testament auch als „Gott dieser Weltzeit" (2Kor 4,3) oder „Fürst dieser Welt"[133] bezeichnet. Der Aspekt der Weltherrschaft und der Unterdrückung der Heiligen kommt im Text deutlich zum Ausdruck. Schon in Daniel 7 und 8 werden die Reiche dieser Welt im Bild von Tieren mit Hörnern dargestellt, die gegeneinander kämpfen und einander ablösen (siehe 4.2.5.).

Während bei Daniel die zeitliche Abfolge dieser Weltreiche eine große Rolle spielt, geht es in der Offenbarung nur noch um ein Reich, nämlich um das Letzte, das durch die Ankunft des Herrn vernichtet wird. Aber dieses eine und letzte Reich des Antichrist trägt die Züge jeder Diktatur, die das Volk Gottes schon erlebt hat: es ist zugleich anmaßend gegenüber Gott und menschenverachtend. Das wird ausgedrückt im Bild der 10 Hörner und dem Maul, das Gott und seinen Namen lästert. Die 10 Hörner verkünden ein Gesetz, das in völligem Widerspruch zu den 10 Geboten, d.h. dem Gesetz Gottes, steht. Es herrschen Recht- und Gesetzlosigkeit. Insbesondere werden im Reich des Tieres der Drache und auch das Tier selbst angebetet, statt dem lebendigen Gott. Das wollte der Teufel schon immer. Das hat er Jesus bei der Versuchung in der Wüste vorgeschlagen, als er ihm alle Reiche dieser Welt zeigte: „Wieder nahm ihn der Teufel mit sich und führte ihn auf einen sehr hohen Berg; er zeigte ihm alle Reiche der Welt mit ihrer Pracht und sagte zu ihm: Das alles will ich dir geben, wenn du dich vor mir niederwirfst und mich anbetest.

---

[133] Joh 12,31; 14,30; 16,11.

III. Offb 12-14

Da sagte Jesus zu ihm: Weg mit dir, Satan! Denn in der Schrift steht: Vor dem Herrn, deinem Gott, sollst du dich niederwerfen und ihm allein dienen." (Mt 4,8-10) Die Anbetung des Bösen wird heute überall in Europa in okkulten Kreisen praktiziert. Der Abfall von Gott verbreitet sich auch durch die verschiedenen Praktiken der Esoterik und des New Age. Seit 1966 gibt es sogar eine in San Franzisco (USA) gegründete "Satanskirche". Der Teufel bietet dem Menschen leeres Vergnügen und böse Macht im Austausch gegen das Heil seiner Seele an. Jesus sagt uns im Evangelium: wer sein Leben so findet, wird es verderben, wer es aber um Jesu willen verliert, wird es finden[134].

Während das Tier mit politischer Staatsgewalt kämpft, sind die Heiligen, d.h. die *übrigen Nachkommen der Frau*, zum geistlichen Kampf berufen: *Hier muss sich die Standhaftigkeit und die Glaubenstreue der Heiligen bewähren.* Das Thema des geistlichen Kampfes wird vor allem im sechsten Kapitel des Epheserbriefes entfaltet: „Und schließlich: Werdet stark durch die Kraft und Macht des Herrn! Zieht die Rüstung Gottes an, damit ihr den listigen Anschlägen des Teufels widerstehen könnt. Denn wir haben nicht gegen Menschen aus Fleisch und Blut zu kämpfen, sondern gegen die Fürsten und Gewalten, gegen die Beherrscher dieser finsteren Welt, gegen die bösen Geister des himmlischen Bereichs. Darum legt die Rüstung Gottes an, damit ihr am Tag des Unheils standhalten, alles vollbringen und den Kampf bestehen könnt. Seid also standhaft: Gürtet euch mit Wahrheit, zieht als Panzer die Gerechtigkeit an und als Schuhe die Bereitschaft, für das Evangelium vom Frieden zu kämpfen. Vor allem greift zum Schild des Glaubens! Mit ihm könnt ihr alle feurigen Geschosse des Bösen auslöschen. Nehmt den Helm des Heils und das Schwert des Geistes, das ist das Wort Gottes. Hört nicht auf, zu beten und zu flehen! Betet jederzeit im Geist; seid wachsam, harrt aus und bittet für alle Heiligen..." (Eph 6,10-18)

Der Helm des Heils ist im Text selbst nicht erklärt. Ich sehe darin die Sakramentalien und Sakramente der Kirche, insbesondere die Beichte und die hl. Eucharistie.

---

[134] Vgl. Mt 10,39; Mk 8,34-38; 1Makk 1.

Die antichristliche Weltherrschaft 4.2.

4.2.2. Der Antichrist im Neuen Testament

Was im 13. Kapitel über die weltliche und religiöse Herrschaft des Antichrist geschrieben steht, hat eine klare Parallelstelle im zweiten Thessalonicherbrief. Paulus schreibt dort, dass der Tag des Herrn, d.h. der Tag seiner Wiederkunft, noch nicht gekommen sein kann, bevor diese widergöttliche Herrschaft nicht offenbar geworden ist: „Lasst euch durch niemand und auf keine Weise täuschen! *Denn zuerst muss der Abfall von Gott kommen und der Mensch der Gesetzwidrigkeit erscheinen, der Sohn des Verderbens, der Widersacher, der sich über alles, was Gott oder Heiligtum heißt, so sehr erhebt, dass er sich sogar in den Tempel Gottes setzt und sich als Gott ausgibt* [das Tier aus dem Meer]. Erinnert ihr euch nicht, dass ich euch dies schon gesagt habe, als ich bei euch war? Ihr wisst auch, was ihn jetzt noch zurückhält, damit er erst zur festgesetzten Zeit offenbar wird. Denn die geheime Macht der Gesetzwidrigkeit ist schon am Werk; nur muss erst der beseitigt werden, der sie bis jetzt noch zurückhält. Dann wird der gesetzwidrige Mensch allen sichtbar werden. *Jesus, der Herr, wird ihn durch den Hauch seines Mundes töten und durch seine Ankunft und Erscheinung vernichten* [durch die Epiphanie seiner Parusie]. *Der Gesetzwidrige aber wird, wenn er kommt, die Kraft des Satans haben. Er wird mit großer Macht auftreten und trügerische Zeichen und Wunder tun.* Er wird alle, die verlorengehen, betrügen und zur Ungerechtigkeit verführen; sie gehen verloren, weil sie sich der Liebe zur Wahrheit verschlossen haben, durch die sie gerettet werden sollten." (2Thess 2,3-10) Wer derjenige ist, der ihn noch zurückhält und der erst beseitigt werden muss, weiß ich auch nicht. Ich nehme aber an, dass es ein Papst ist, oder die beiden Zeugen in Offb 11.

Es gibt im Neuen Testament tatsächlich zwei verschiedene Begriffe vom Antichrist. Der eine befindet sich in den Johannesbriefen wo das Wort *Anti-Christos* direkt vorkommt und sich auf Irrlehrer bezieht, die es von Anfang an in der Kirche gegeben hat.

So heißt es in 1Joh 2,22-23: „Wer ist der Lügner - wenn nicht der, der leugnet, dass Jesus der Christus ist? Das ist der Antichrist: wer den Vater und den Sohn leugnet. Wer leugnet, dass Jesus der Sohn ist, hat auch den Vater nicht; wer bekennt, dass er der Sohn ist, hat auch den Vater."

III. Offb 12-14

Das ist eine klare Definition, die auf viele Irrlehren und Ideologien angewendet werden kann. Kurz vorher schreibt Johannes in seinem Brief folgende Sätze, die auch gut zur endzeitlichen Prophetie der Offenbarung passen:
„Die Welt und ihre Begierde vergeht; wer aber den Willen Gottes tut, bleibt in Ewigkeit. *Meine Kinder, es ist die letzte Stunde. Ihr habt gehört, dass der Antichrist kommt,* und jetzt sind viele Antichriste gekommen. Daran erkennen wir, dass es die letzte Stunde ist."
(1Joh 2,17-18). Witziger Weise wird diese Lesung immer in den letzten Stunden des Jahres, am 31. Dezember, in der hl. Messe gelesen. Hier ist von *vielen Antichristen* die Rede. Es gibt eben viele Irrlehrer, Gurus, Sektenführer oder falsche Propheten.

Demgegenüber gibt es einen speziellen Begriff vom Antichrist, dem wir in Offb 13 und in 2Thess 2 begegnen: Es handelt sich um eine Person, die als Tier, als Mensch der Gesetzwidrigkeit, Widersacher oder Sohn des Verderbens bezeichnet wird. Es ist eine totalitäre Weltherrschaft, die nur durch die Wiederkunft Christi in Herrlichkeit gebrochen wird: *Jesus, der Herr, wird ihn durch den Hauch seines Mundes töten und durch die Erscheinung seiner Ankunft vernichten.* Dieser gottlose Weltherrscher wird allerdings im griechischen Text nicht als *Anti-Christos* bezeichnet. Natürlich steht er nicht allein da, sondern hat seinen politischen Apparat, sein totalitäres System, seine Mitherrscher, symbolisiert durch die sieben Köpfe und zehn Hörner des Tieres. Im Katechismus der Kath. Kirche steht über den Antichrist und seine Zeit folgendes:

„Vor dem Kommen Christi muss die Kirche eine letzte Prüfung durchmachen, die den Glauben vieler erschüttern wird. Die Verfolgung, die ihre Pilgerschaft auf Erden begleitet, wird das „Mysterium der Bosheit" enthüllen: Ein religiöser Lügenwahn bringt den Menschen um den Preis ihres Abfalls von der Wahrheit eine Scheinlösung ihrer Probleme. *Der schlimmste religiöse Betrug ist der des Antichrist, das heißt eines falschen Messianismus, worin der Mensch sich selbst verherrlicht, statt Gott und seinen im Fleisch gekommenen Messias."* (KKK 675)

Kommen wir nun zum zweiten Tier, das in Offenbarung 13 aus der Erde aufsteigt.

4.2.3. Das Tier aus der Erde

"Und ich sah: Ein anderes Tier stieg aus der Erde herauf. *Es hatte zwei Hörner wie ein Lamm, aber es redete wie ein Drache. Die ganze Macht des ersten Tieres übte es vor dessen Augen aus.* Es brachte die Erde und ihre Bewohner dazu, das erste Tier anzubeten, dessen tödliche Wunde geheilt war. Es tat große Zeichen; sogar Feuer ließ es vor den Augen der Menschen vom Himmel auf die Erde fallen. Es verwirrte die Bewohner der Erde durch die Wunderzeichen, die es im Auftrag des Tieres tat; es befahl den Bewohnern der Erde, ein Standbild zu errichten zu Ehren des Tieres, das mit dem Schwert erschlagen worden war und doch wieder zum Leben kam. Es wurde ihm Macht gegeben, dem Standbild des Tieres Lebensgeist zu verleihen, so dass es auch sprechen konnte und bewirkte, dass alle getötet wurden, die das Standbild des Tieres nicht anbeteten. *Die Kleinen und die Großen, die Reichen und die Armen, die Freien und die Sklaven, alle zwang es, auf ihrer rechten Hand oder ihrer Stirn ein Kennzeichen anzubringen.* Kaufen oder verkaufen konnte nur, wer das Kennzeichen trug: den Namen des Tieres oder die Zahl seines Namens. Hier braucht man Kenntnis. Wer Verstand hat, berechne den Zahlenwert des Tieres. Denn es ist die Zahl eines Menschennamens; seine Zahl ist sechshundertsechsundsechzig." (Offb 13,11-18)

Dieses zweite Tier ist offenbar der religiöse Arm der antichristlichen Weltmacht. Insofern als die Religion dem Leben normaler Weise Festigkeit und Halt verleiht, steigt das Tier aus dem Festland auf. Es trägt alle Kennzeichen einer Nachäffung oder falschen Imitation unseres Herrn Jesus Christus und seiner Wirksamkeit. Es *sieht aus wie* ein Lamm, redet aber inhaltlich wie der Drache. Jesus dagegen *ist* das Lamm und redet wie der Gute Hirt[135]. Das Tier zwingt zur Anbetung des Antichrist und seines Standbildes und hat insofern die Funktion eines Anti-Priesters, der ewiges Verderben vermittelt. Es handelt sich um eine totale Unterdrückung der Religionsfreiheit. Jesus führt uns dagegen zur Anbetung seines Vaters im Himmel[136], des Herrschers über die ganze Schöpfung.

---

[135] Joh 10,14.27-28.
[136] Joh 4,22-24.

III. Offb 12-14

Er ist Hoher Priester auf ewig nach der Ordnung Melchisedeks[137] und führt uns zum ewigen Leben. Das Tier verwirrt die Bewohner der Erde durch große Wunderzeichen und lässt Feuer auf die Erde fallen. Jesus tut große Wunder als Zeichen für das Reich Gottes und er sendet das Feuer des Heiligen Geistes auf uns herab[138]. Die ganze Wirksamkeit des zweiten Tieres, das aus der Erde heraufsteigt, kann man als falschen Messianismus auffassen. Das kündet der Herr im Evangelium an: „Wenn dann jemand zu euch sagt: Seht, hier ist der Messias!, oder: Da ist er!, so glaubt es nicht! Denn es wird mancher *falsche Messias und mancher falsche Prophet* auftreten, und sie werden große Zeichen und Wunder tun, um, wenn möglich, auch die Auserwählten irrezuführen. Denkt daran: Ich habe es euch vorausgesagt." (Mt 24,23-25) Das Tier aus der Erde wird dann auch drei Mal als *der falsche Prophet*[139] bezeichnet und "genießt" die Gemeinschaft mit dem ersten Tier und dem Teufel im See von brennendem Schwefel.

Das führt mich zu einer alternativen Deutung, bei der ich im Drachen und den beiden Tieren eine finstere Nachahmung der Heiligsten Dreifaltigkeit sehe (vgl. Offb 16,13). Dabei entspricht dem Vater der Drache, der beide Tiere als sein Abbild unter den Menschen hervorbringt und formt. Dem Sohn entspricht das erste Tier, das die königliche Herrschaft über die Welt an sich reißt und angebetet wird. Dann ist die häufig wiederkehrende Aussage von der tödlichen Verwundung und Wiederbelebung dieses Tieres eine Nachäffung des Todes und der Auferstehung des Herrn. Dem Heiligen Geist entspricht das Tier aus dem Festland, das zur Anbetung des Drachens und des Antichrist führt und die Sakramente der Kirche imitiert, wie ich im folgenden Abschnitt zeigen will. Wie der Heilige Geist die „Kraft des Höchsten", der „Finger Gottes"[140], ist, so übt dieses Tier die ganze Macht des ersten Tieres aus und verwirrt die Bewohner der Erde durch unheilvolle Zeichen und Wunder.

---

[137] Hebr 5,1-10; Ps 110,4.
[138] Z.B. Joh 2,1-11, Lk 12,49, Apg 2,2-4.
[139] Offb 16,13; 19,20 und 20,10.
[140] Lk 1,35 und 11,20.

Die antichristliche Weltherrschaft **4.2.**

4.2.4. Das lebendige Standbild und das Kennzeichen

Das Tier befahl den Bewohnern der Erde, ein Standbild zu errichten zu Ehren des Tieres, das mit dem Schwert erschlagen worden war und doch wieder zum Leben kam. Es wurde ihm Macht gegeben, dem Standbild des Tieres Lebensgeist zu verleihen, so dass es auch sprechen konnte und bewirkte, dass alle getötet wurden, die das Standbild des Tieres nicht anbeteten. Ein lebendiges Standbild zu errichten, das reden kann und den Antichrist überall gegenwärtig macht, ist heute technisch kein Problem mehr. Wenn sich schon Hitler und Stalin durch das Radio und Statuen überall gegenwärtig machen konnten, dann erst recht der kommende Weltherrscher mit den heutigen Medien von Fernsehen, Internet und Robotertechnik. Das Ziel ist seine Anbetung, d.h. die Vereinigung von politischem und religiösem Machtanspruch, eben eine totalitäre Herrschaft. Das kennen wir schon vom antiken Kaiserkult, von der Pseudoreligion des Nationalsozialismus und vom staatlichen Atheismus unter der kommunistischen Herrschaft.

Ich denke, dass sich auch die Voraussage Daniels vom unheilvollen Gräuel im Heiligtum (Dan 9,27) auf dieses lebendige Standbild bezieht. Ich zitiere dazu das Wort des Herrn im Matthäusevangelium: „Wenn ihr dann am heiligen Ort den unheilvollen Gräuel stehen seht, der durch den Propheten Daniel vorhergesagt worden ist, dann sollen die Bewohner von Judäa in die Berge fliehen... *Denn es wird eine so große Not[Bedrängnis] kommen, wie es noch nie eine gegeben hat, seit die Welt besteht, und wie es auch keine mehr geben wird.* Und wenn jene Zeit nicht verkürzt würde, dann würde kein Mensch gerettet; doch um der Auserwählten willen wird jene Zeit verkürzt werden." (Mt 24,15-22)

Schließlich äfft das zweite Tier auch die Sakramente der Kirche nach, indem es die Menschen mit dem Kennzeichen und Namen des ersten Tieres besiegelt. Das Prägemal, die Eingravierung der Zahl 666 an Stirn oder rechter Hand, bedeutet gleichgeschaltet zu werden, so zu denken und zu handeln wie das Tier. Es bedeutet ihm innerlich ausgeliefert zu sein. Dem steht das Siegel des Heiligen Geistes gegenüber, das wir in Taufe und Firmung empfangen und das uns zu Kindern Gottes macht. Orthodoxe Juden binden sich beim Gebet Kapseln an Stirn und Hand, die das *Schema Israel*, das Bekenntnis

III. Offb 12-14

zum lebendigen und wahren Gott enthalten (Dt 6,4-9). Von dieser geistlichen Deutung abgesehen kann die Kennzeichnung auch die materielle Bedeutung einer elektronischen Markierung an Hand oder Stirn haben, von der dann das Kaufen und Verkaufen abhängig gemacht wird. Die Technik dafür steht bereit (RFID Chips) und wird auch schon im Kleinen angewendet, z.B. um in bestimmten Clubs ohne Geld und Kreditkarte zahlen zu können. Die Zahl 666 ist symbolischer Natur und man kann alle möglichen Namen hineininterpretieren, angefangen mit Kaiser Nero. Der heutige Satanismus nimmt sie als sein Kennzeichen voll für sich in Anspruch.

Die Menschheit hat im 20. Jahrhundert zahlreiche totalitäre Systeme erlebt, sowohl auf nationaler Ebene (z.B. Chile, Argentinien, ex Zaire, Kambodscha...) als auch, im Fall des Nationalsozialismus und des Kommunismus, auf internationaler Ebene mit universalem Heilsanspruch. Das 13. Kapitel der Offenbarung sagt uns, dass das noch nicht alles war, dass uns noch "größeres" bevorsteht.

4.2.5. Parallelstellen aus dem AT

Die zwei Tiere aus Offenbarung 13 haben mehrere Parallelen im Buch Daniel. Die Elemente der totalitären Herrschaft und der pervertierten Religion, der Unterdrückung des Bundes, sind deutlich zu erkennen. Ich halte es für falsch, die folgenden Stellen ausschließlich auf die Antike zur Zeit des syrischen Diadochen Antiochus Epiphanes (2. Jhd. v. Chr.) zu beziehen. Es wird im Text selbst klar gesagt, dass es sich auch um Prophetien in Bezug auf das Ende der Zeiten handelt.

4.2.5.1. Daniel 7

„Ich hatte während der Nacht eine Vision: *Die vier Winde des Himmels wühlten das große Meer auf.* Dann stiegen *aus dem Meer vier große Tiere herauf*; jedes hatte eine andere Gestalt. Das erste war einem *Löwen* ähnlich, hatte jedoch Adlerflügel. Während ich es betrachtete, wurden ihm die Flügel ausgerissen; es wurde vom Boden emporgehoben und *wie ein Mensch auf zwei Füße gestellt*, und es wurde ihm ein menschliches Herz gegeben. Dann erschien ein zweites Tier; es glich einem *Bären* und war nach einer Seite hin aufgerichtet. Es hielt drei Rippen zwischen den Zähnen in seinem Maul,

Die antichristliche Weltherrschaft 4.2.

und man ermunterte es: Auf, friss noch viel mehr Fleisch! Danach sah ich ein anderes Tier; es glich einem *Panther*, hatte aber auf dem Rücken vier Flügel, wie die Flügel eines Vogels; auch hatte das Tier vier Köpfe; ihm wurde die Macht eines Herrschers verliehen.
Danach sah ich in meinen nächtlichen Visionen ein viertes Tier; *es war furchtbar und schrecklich anzusehen und sehr stark; es hatte große Zähne aus Eisen. Es fraß und zermalmte alles, und was übrig blieb, zertrat es mit den Füßen. Von den anderen Tieren war es völlig verschieden. Auch hatte es zehn Hörner.* Als ich die Hörner betrachtete, da wuchs zwischen ihnen ein anderes, kleineres Horn empor, und vor ihm wurden drei von den früheren Hörnern ausgerissen; und an diesem Horn waren Augen wie Menschenaugen und ein Maul, das anmaßend redete.
Ich sah immer noch hin; da wurden Throne aufgestellt, und ein Hochbetagter nahm Platz. Sein Gewand war weiß wie Schnee, sein Haar wie reine Wolle. Feuerflammen waren sein Thron, und dessen Räder waren loderndes Feuer. Ein Strom von Feuer ging von ihm aus. Tausendmal Tausende dienten ihm, zehntausendmal Zehntausende standen vor ihm. Das Gericht nahm Platz, und es wurden Bücher aufgeschlagen. Ich sah immer noch hin, *bis das Tier - wegen der anmaßenden Worte, die das Horn redete - getötet wurde. Sein Körper wurde dem Feuer übergeben und vernichtet...*" (Dan 7,2-11)
Die Stelle endet mit dem Kommen des Menschensohns auf den Wolken des Himmels.
Während Daniel hier vier Reiche hintereinander sieht, die den räuberischen Charakter eines Löwen, Bären und Panthers haben, kommen diese Vergleiche in der Offenbarung dem einen Tier aus dem Meer zu. Offensichtlich ist dieses identisch mit dem vierten Tier bei Daniel: es wird durch die Ankunft des Menschensohnes entmachtet und "gefeuert" (dem Feuer der Hölle übergeben).
Wir kennen aus den Lesungen der Liturgie nur die feierliche Darstellung des Gerichts. Doch der Menschensohn kommt nicht, weil er Lust dazu hat, sondern um uns von der Herrschaft des Tieres zu befreien und seine eigene, ewige Herrschaft aufzurichten.

III. Offb 12-14

Er kommt in einer Situation größter Not, in der nur noch er selbst die Menschen retten kann, die auf „sein Erscheinen warten"[141].

In der Schilderung Daniels erinnert mich der Löwe an die europäischen Königtümer und Kaiserreiche vor dem ersten Weltkrieg, der Mensch an die nachfolgenden Demokratien, der Bär an den von Russland ausgehenden Kommunismus und der Panther an die Naziherrschaft Hitlers. Das ist allerdings nur eine persönliche Assoziation.

Das vierte Tier übertrifft und fasst zusammen, was wir schon erlebt haben: „Dann wollte ich noch Genaueres über das vierte Tier erfahren, das Tier, das anders war als alle anderen, ganz furchtbar anzusehen, mit Zähnen aus Eisen und mit Klauen aus Bronze, das alles fraß und zermalmte, und was übrigblieb, mit den Füßen zertrat... Ich sah dieses Horn gegen die Heiligen kämpfen. Es überwältigte sie, bis der Hochbetagte kam. Da wurde den Heiligen des Höchsten Recht verschafft, und es kam die Zeit, in der die Heiligen das Königtum erhielten. Der Engel antwortete mir: Das vierte Tier bedeutet: Ein viertes Reich wird sich auf der Erde erheben, ganz anders als alle anderen Reiche. Es wird die ganze Erde verschlingen, sie zertreten und zermalmen." (Dan 7,19-23)

Ich kenne zwar die Deutung der Reiche in Bezug auf die Antike vor Christus, aber sie interessiert hier nicht, weil es in Wirklichkeit nicht um die Vergangenheit geht, sondern um die Zukunft der Parusie.

4.2.5.2. Daniel 8-9

Deutung der Vision vom Widder und Ziegenbock: „Dann sagte er: Siehe, ich kündige dir an, was in der letzten Zeit, der Zeit des Zorns, geschehen wird; denn die Vision bezieht sich auf die Zeit des Endes... In der letzten Zeit ihrer Herrschaft, wenn die Frevler ihr Maß vollgemacht haben, kommt ein König voll Härte und Verschlagenheit. *Er wird mächtig und stark und richtet ungeheures Verderben an; alles, was er unternimmt, gelingt ihm.* Mächtige Herrscher wird er vernichten, auch das Volk der Heiligen. *Dank seiner Schlauheit gelingt ihm sein Betrug. Er wird überheblich und bringt über viele unversehens Verderben.*

---

[141] 2Tim 4,8; vgl. Tit 2,11-13.

Die antichristliche Weltherrschaft 4.2.

Selbst gegen den höchsten Gebieter steht er auf; doch ohne Zutun eines Menschen wird er zerschmettert." (Dan 8,19-25)
„Nach den zweiundsechzig Wochen wird ein Gesalbter umgebracht, aber ohne (Richterspruch). Das Volk eines Fürsten, der kommen wird, bringt Verderben über die Stadt und das Heiligtum. Er findet sein Ende in der Flut; *bis zum Ende werden Krieg und Verwüstung herrschen*, wie es längst beschlossen ist. *Vielen macht er den Bund schwer, eine Woche lang. In der Mitte dieser Woche setzt er den Schlachtopfern und Speiseopfern ein Ende. Oben auf dem Heiligtum wird ein unheilvoller Gräuel stehen, bis das Verderben, das beschlossen ist, über den Verwüster kommt.*" (Dan 9,26-27)

4.2.5.3. Daniel 11-12

„Er [der König des Nordens] stellt Streitkräfte auf, die das Heiligtum auf der Burg entweihen, das tägliche Opfer abschaffen und den unheilvollen Gräuel aufstellen. *Er verführt mit seinen glatten Worten die Menschen dazu, vom Bund abzufallen; doch die Schar derer, die ihrem Gott treu sind, bleibt fest und handelt entsprechend.* Die Verständigen im Volk bringen viele zur Einsicht; *aber eine Zeitlang zwingt man sie nieder mit Feuer und Schwert, mit Haft und Plünderung.* Doch während man sie niederzwingt, erfahren sie eine kleine Hilfe; viele schließen sich ihnen an, freilich nur zum Schein. Aber auch manche von den Verständigen kommen zu Fall; *so sollen sie geprüft, geläutert und gereinigt werden bis zur Zeit des Endes*; denn es dauert noch eine Weile bis zu der bestimmten Zeit. *Der König tut, was er will. Er wird übermütig und prahlt gegenüber allen Göttern, auch gegenüber dem höchsten Gott führt er unglaubliche Reden.* Dabei hat er Erfolg, bis der Zorn (Gottes) zu Ende ist. Denn was beschlossen ist, muss ausgeführt werden..." (Dan 11,31-36)
Dies ist nur ein kleiner Ausschnitt aus dem langen und verworrenen Kriegsgeschehen aus Dan 10-11. Der Antichrist ist als „König des Nordens" deutlich erkennbar:
„*Er dringt in die Länder ein, überschwemmt sie und rückt vor. Auch ins Land der Zierde dringt er ein. Viele werden niedergezwungen...*
Da erschrecken ihn Gerüchte aus dem Osten und dem Norden. *In großem Zorn zieht er aus, um viele zu vernichten und auszurotten. Zwischen dem Meer und dem Berg der heiligen Zierde schlägt er*

III. Offb 12-14

seine Prunkzelte auf. Dann geht er seinem Ende zu, und niemand ist da, der ihm hilft. *In jener Zeit tritt Michael auf, der große Engelfürst, der für die Söhne deines Volkes eintritt.* Dann kommt eine Zeit der Not, wie noch keine da war, seit es Völker gibt, bis zu jener Zeit. Doch dein Volk wird in jener Zeit gerettet, jeder, der im Buch verzeichnet ist." (Dan 11,40-12,1)

Die Darstellung endet im zwölften Kapitel mit der Auferstehung der Toten, d.h. mit der Wiederkunft Christi in Herrlichkeit: „Von denen, die im Land des Staubes schlafen, werden viele erwachen, die einen zum ewigen Leben, die anderen zur Schmach, zu ewigem Abscheu. Die Verständigen werden strahlen, wie der Himmel strahlt; und die Männer, die viele zum rechten Tun geführt haben, werden immer und ewig wie die Sterne leuchten. Du, Daniel, halte diese Worte geheim, und versiegle das Buch bis zur Zeit des Endes! Viele werden nachforschen, und die Erkenntnis wird groß sein." (Dan 12,2-4)

4.2.5.4. Jesaja 14

Das folgende Spottlied auf den König von Babel lässt sich leicht auf den Antichrist und, in der Mitte des Textes, auch auf den Sturz Satans anwenden: „Ach, der Unterdrücker fand sein Ende, ein Ende nahm die Not. *Der Herr hat die Knüppel der Frevler zerbrochen, den Stock der Tyrannen, der in seinem Zorn die Völker erschlug, sie schlug ohne Ende, der die Völker in seiner Wut zertrat und sie verfolgte ohne jedes Erbarmen.* Nun hat die ganze Welt Ruhe und Frieden, man bricht in Jubel aus. Selbst die Zypressen und die Zedern des Libanon machen sich über dich lustig: Seit du am Boden liegst, kommt keiner mehr her, um uns zu fällen. Das Totenreich drunten gerät in Erregung, wenn du hinabkommst. Deinetwegen weckt es die Totengeister auf, alle Fürsten der Erde, alle Könige der Völker lässt es aufstehen von ihren Thronen. Sie alle rufen dir zu: Auch du bist nun kraftlos geworden wie wir, jetzt bist du uns gleich. Hinabgeschleudert zur Unterwelt ist deine Pracht samt deinen klingenden Harfen. Auf Würmer bist du gebettet, Maden sind deine Decke. *Ach, du bist vom Himmel gefallen, du strahlender Sohn der Morgenröte. Zu Boden bist du geschmettert, du Bezwinger der Völker.*

Die antichristliche Weltherrschaft 4.2.

Du aber hattest in deinem Herzen gedacht: Ich ersteige den Himmel; dort oben stelle ich meinen Thron auf, über den Sternen Gottes; auf den Berg der Versammlung setze ich mich, im äußersten Norden. Ich steige weit über die Wolken hinauf, um dem Höchsten zu gleichen. Doch in die Unterwelt wirst du hinabgeworfen, in die äußerste Tiefe. Jeder, der dich sieht, starrt dich an, er blickt genau auf dich hin und denkt: Ist das der Mann, der die Königreiche in Schrecken versetzte, der die Erde erbeben ließ, der die Welt zur Wüste gemacht hat, ihre Städte zerstörte, der die Gefangenen nicht nach Hause entließ? ... Du hast dein eigenes Land zugrunde gerichtet, hingemordet dein eigenes Volk; darum soll man die Namen der Nachkommen dieses Verbrechers niemals mehr nennen." (Jes 14,4-20) Ganz ähnlich ist die Gerichtsrede über den König von Assur in Jes 10,5-19.

4.2.5.5. Falsche Propheten bei Jeremia

Schon im Alten Testament gab es falsche Propheten, die trügerisches Heil weissagten. Besonders der Prophet Jeremia hat sich mit ihnen auseinandergesetzt. Ich zitiere eine Stelle, wo sich der Herr selbst über die Plage der falschen Propheten beklagt:

„Ich habe gehört, was die Propheten reden, die in meinem Namen Lügen weissagen und sprechen: Einen Traum habe ich gehabt, einen Traum. Wie lange noch? Haben sie denn wirklich etwas in sich, die Propheten, die Lügen weissagen und selbsterdachten Betrug? Durch ihre Träume, die sie einander erzählen, möchten sie meinen Namen in Vergessenheit bringen bei meinem Volk, wie ihre Väter meinen Namen wegen des Baal vergessen haben. Der Prophet, der einen Traum hat, erzählt nur einen Traum; wer aber mein Wort hat, der verkündet wahrhaftig mein Wort. Was hat das Stroh mit dem Korn zu tun? - Spruch des Herrn. Ist nicht mein Wort wie Feuer... und wie ein Hammer, der Felsen zerschmettert? Darum gehe ich nun gegen die Propheten vor, die einander meine Worte stehlen...

Ja, nun gehe ich gegen die Propheten mit ihren erlogenen Träumen vor; sie erzählen die Träume und verführen mein Volk durch ihre Lügen und ihr freches Geschwätz. Ich aber habe sie weder gesandt noch beauftragt, und sie sind diesem Volk ganz unnütz - Spruch des Herrn." (Jer 23,25-32)

III. Offb 12-14

4.3. Das Lamm auf dem Berg Zion

Zu Beginn des 14. Kapitels der Offenbarung richtet sich der Blick wieder zum Himmel, dem Inhalt unserer Hoffnung. Es handelt sich um ein neues Zeichen am Himmel, bei dem diesmal Jesus im Mittelpunkt steht: „Und ich sah: *Das Lamm stand auf dem Berg Zion, und bei ihm waren hundertvierundvierzigtausend; auf ihrer Stirn trugen sie seinen Namen und den Namen seines Vaters.*" (Offb 14,1) Das ist das direkte Gegenbild zur Kennzeichnung der Menschen mit dem Namen des Tieres. Der Berg Zion ist hier nicht das irdische Zion sondern das himmlische Jerusalem, jene Versammlung der Engel und Heiligen, der wir schon mehrmals begegnet sind[142].

Während der Berg Zion im Alten Testament als Ort der Wohnung und Herrschaft Gottes häufig vorkommt, ist im Neuen Testament nur noch im Hebräerbrief davon die Rede: *„Ihr seid... zum Berg Zion hingetreten, zur Stadt des lebendigen Gottes, dem himmlischen Jerusalem,* zu Tausenden von Engeln, zu einer festlichen Versammlung und zur Gemeinschaft der Erstgeborenen, die im Himmel verzeichnet sind..." (Hebr 12,22-23) Wir haben Anteil an dieser festlichen Versammlung der Engel und Heiligen, wenn wir auf Erden die Eucharistie feiern. Dasselbe Lamm Gottes steht dann in unserer Mitte, verborgen unter den Gestalten von Brot und Wein: „Seht das Lamm Gottes, das hinweg nimmt die Sünde der Welt." (Joh 1,29)

Die 144 000 kamen in einem anderen Zusammenhang schon am Anfang des 7. Kapitels vor, nämlich als zu schützende Menschen auf der Erde. Dort haben wir gesagt, dass es sich nicht um eine bestimmte, begrenzte Zahl handelt, sondern um alle aus dem Volk Gottes, die aus der großen Bedrängnis gerettet werden. Sie wurden mit dem Siegel des lebendigen Gottes besiegelt und tragen deshalb seinen Namen auf ihrer Stirn. Es sind die übrigen Nachkommen der Frau, die an den Geboten Gottes und dem Zeugnis für Jesus festhielten (Offb 12,17), deren Standhaftigkeit und Glaubenstreue sich bewährt hat (Offb 13,10) und deren Name seit der Erschaffung der Welt ins Lebensbuch des Lammes eingetragen ist (Offb 13,8).

---

[142] Offb 5, Offb 7; siehe 3.2.

Das Lamm auf dem Berg Zion 4.3.

In der Altstadt des irdischen Jerusalem, nahe bei der Benediktinerabtei *Hagia Zion* (früher *Dormitio*, zu Ehren der Entschlafung Mariens), gibt es derzeit eine messianisch-jüdische Gemeinde, die sich nach Offb 14,1 „Das Lamm auf dem Berg Zion" nennt.

4.3.1. Ein neues Lied zum Klang der Harfe

Der Text fährt fort: „Dann hörte ich eine Stimme vom Himmel her, die dem Rauschen von Wassermassen und dem Rollen eines gewaltigen Donners glich. *Die Stimme, die ich hörte, war wie der Klang der Harfe, die ein Harfenspieler schlägt. Und sie sangen ein neues Lied vor dem Thron und vor den vier Lebewesen und vor den Ältesten.* Aber niemand konnte das Lied singen lernen außer den hundertvierundvierzigtausend, die freigekauft und von der Erde weggenommen worden sind. Sie sind es, die sich nicht mit Frauen befleckt haben; denn sie sind jungfräulich. Sie folgen dem Lamm, wohin es geht. Sie allein unter allen Menschen sind freigekauft als Erstlingsgabe für Gott und das Lamm. Denn in ihrem Mund fand sich keinerlei Lüge. Sie sind ohne Makel." (Offb 14,2-5)

Das Neue an dieser himmlischen Liturgie besteht unter anderem darin, dass das *neue Lied*[143] von Harfenspiel begleitet wird.

Das Wort für *Harfe* heißt im Griechischen *Kithara*, wovon unsere Worte *Gitarre* und *Zither* herkommen. Tatsächlich wird dasselbe Instrument in den Übersetzungen auch als *Zither* wiedergegeben.

Es kommt besonders häufig in den Psalmen und den Büchern der Chronik, in der Tempelliturgie, vor. Um welches Saiteninstrument es sich nun handelt überlasse ich Ihrem Musikgeschmack. Der Wortstamm *Kithar* wird hier jedenfalls gleich dreimal verwendet. Man könnte den Satz daher wörtlich auch folgendermaßen übersetzen:

Die Stimme, die ich hörte, war wie von Harfensängern, die auf ihren Harfen harfierten.

Ein inhaltlich passender Psalmvers wäre z.B. Ps 71,22:

„Dann will ich dir danken mit Saitenspiel und deine Treue preisen; mein Gott, du Heiliger Israels, ich will dir auf der Harfe spielen."

„Ein neues Lied will ich, o Gott, dir singen, auf der zehnsaitigen Harfe will ich dir spielen…" (Ps 144,9)

---

[143] Siehe 2.2.2.; Offb 5,9. Zu den Harfen vgl. Offb 5,8 und 15,2.

III. Offb 12-14

4.3.2. Die Jungfräulichkeit

Im Anschluss daran werden die 144 000 Sänger des Liedes näher charakterisiert als *freigekauft und von der Erde weggenommen*. Das bezieht sich auf ihre Erlösung durch das Blut des Lammes und das ewige Leben ihrer Seele. Nur sie können das Lied singen lernen im Gegensatz zu den Erdenbewohnern, welche das Kennzeichen des Tieres an ihrer Stirn und Hand angenommen haben. Es wird von den Sängern auch gesagt, dass sie sich *nicht mit Frauen befleckt haben, denn sie sind jungfräulich und folgen dem Lamm wohin es geht*. Im allgemeinen Sinn bezeichnet diese Aussage die Keuschheit und steht im Gegensatz zur Unzucht, welche die Zivilisation der *Hure Babylon* kennzeichnet (Offb 17,4-5). Die Unzucht wird in der Bibel immer als ein Zeichen für die Untreue gegenüber dem Bund mit Gott gesehen[144]. Insofern ist die Jungfräulichkeit der Sänger geistlich zu verstehen: sie sind dem Bund mit Gott treu geblieben, ob sie nun verheiratet waren oder nicht.

Wörtlich bezieht sich die Aussage aber auf Personen im Stand der Jungfräulichkeit und wird in Dokumenten über das geweihte Leben in der Kirche zitiert. So heißt es z.B. in dem nachsynodalen Schreiben *Vita Consecrata* von Johannes Paul II.:

„Johannes gehört neben Maria zu den ersten in der langen Reihe von Männern und Frauen, die von den Anfängen der Kirche bis zu ihrem Ende von der Liebe Gottes erfasst werden und sich gerufen fühlen, dem Lamm, das geopfert wurde und lebt, zu folgen, wohin es geht (vgl. Offb 14,1-5)." (VC 23)

Außerdem werden die Sänger des neuen Liedes noch durch die Liebe zur Wahrheit und durch Untadeligkeit charakterisiert: *in ihrem Mund fand sich keine Lüge, sie sind ohne Makel*. Das gehört alles zum Bereich der Reinheit des Herzens und führt uns zur Seligpreisung aus dem Matthäusevangelium: *„Selig, die ein reines Herz haben, denn sie werden Gott schauen."* (Mt 5,8)

Nach den Worten Jesu gibt es im Himmel und in der kommenden Schöpfung keine Ehe und damit auch keine weitere Vermehrung der Menschen mehr. Weil die Menschen dann den Engeln gleich und zu

---

[144] Jer 3,1-12; Ez 16, insbes. 16,16-22; Ez 23; Hos 4, insbes. 4,9-12; Hos 5,3-7; 1Makk 1,48-50; Offb 18,2-5. Siehe 7.3.1.

Das Lamm auf dem Berg Zion 4.3.

Söhnen Gottes geworden sind, ist der Stand des geweihten Lebens, die Jungfräulichkeit um des Himmelreiches willen, in der pilgernden Kirche ein prophetisches Zeichen für die kommende Welt: *„Nur in dieser Welt heiraten die Menschen. Die aber, die Gott für würdig hält, an jener Welt und an der Auferstehung von den Toten teilzuhaben, werden dann nicht mehr heiraten. Sie können auch nicht mehr sterben, weil sie den Engeln gleich und durch die Auferstehung zu Söhnen Gottes geworden sind."* (Lk 20,34-36)

Das geweihte Leben in der Kirche ahmt die Lebensform nach, die Jesus selbst in seinem irdischen Leben angenommen hat. Er lebte ehelos und zeugte auch keine Kinder, allen gegenteiligen Behauptungen zum Trotz. Seine Braut ist nämlich die Kirche, und seine "Hochzeit" findet statt, wenn diese durch das letzte Gericht hindurch zur Vollendung gelangt (siehe 7.4.1.).

Das Wort „jungfräulich" ist zwar weiblich, wie die Kirche, aber es wird in Offb 15,4 auf Männer angewendet, die sich nicht mit Frauen "befleckt" haben (im Griechischen ist das Wort „jungfräulich" sogar männlich). Dabei wird die Unzucht als *Beschmutzung des weißen Gewandes*, als Verlust der Taufgnade, verstanden. Ohne Zweifel besteht der himmlische Chor jedoch zu über 50 % aus Frauen, die sich nicht mit Männern "befleckt" haben. Auch in dieser Hinsicht ist der Text nicht wortwörtlich, d.h. nicht in ausschließendem Sinn, zu verstehen.

Die Kapitel 12-14,5 bilden einen eigenen inhaltlichen Abschnitt der Offenbarung, in dem das endzeitliche Geschehen unter dem Aspekt des Kampfes zwischen der Frau und dem Drachen, zwischen den Heiligen und dem Tier dargestellt wird.

IV. Offb 14,6-20

5. Gerichtsverkündigung und Ernte durch die heiligen Engel
(IV. Offb 14,6-20)

Es folgt in Offb 14,6-20 noch ein kurzer, inhaltlich eigenständiger Abschnitt: die Ankündigung des Gerichts und sein Vollzug im Bild der Ernte, aus der Sicht der heiligen Engel. Die Engel sind in diesem Abschnitt die hauptsächlichen Akteure und es gibt in ihrer Verkündigung besonders viele Rückblicke auf frühere Stellen und Vorausblicke auf spätere Abschnitte in der Offenbarung. Es sind wiederum sieben Engel, die nacheinander auftreten, vergleichbar mit den Sieben, welche die Posaunen blasen und den sieben, welche im nächsten Abschnitt die Schalen des Zornes ausgießen.

5.1. Die drei Engel der Verkündigung

„Dann sah ich: Ein anderer Engel flog hoch am Himmel. *Er hatte den Bewohnern der Erde ein ewiges Evangelium zu verkünden, allen Nationen, Stämmen, Sprachen und Völkern.* Er rief mit lauter Stimme: Fürchtet Gott, und erweist ihm die Ehre! Denn die Stunde seines Gerichts ist gekommen. Betet ihn an, der den Himmel und die Erde, das Meer und die Wasserquellen geschaffen hat." (Offb 14,6-7)

Zuerst werden noch einmal alle Menschen zur Umkehr gerufen: es sind dieselben angesprochen, die das Tier seiner Herrschaft unterworfen hat, nämlich *alle Stämme, Völker, Sprachen und Nationen*. Der Engel verkündet ein *ewiges Evangelium*, kein anderes als das heilbringende Evangelium unseres Herrn Jesus Christus, das immer gültig bleibt. So schreibt Paulus an die Galater: „Ich bin erstaunt, dass ihr euch so schnell von dem abwendet, der euch durch die Gnade Christi berufen hat, und dass ihr euch einem anderen Evangelium zuwendet. Doch es gibt kein anderes Evangelium, es gibt nur einige Leute, die euch verwirren und die das Evangelium Christi verfälschen wollen. Wer euch aber ein anderes Evangelium verkündigt, als wir euch verkündigt haben, der sei verflucht, auch wenn wir selbst es wären oder ein Engel vom Himmel." (Gal 1,6-8) Der Engel mahnt auch zur Gottesfurcht als dem Gegenteil der Sünde und zur Anbetung des wahren Gottes, der Himmel und Erde geschaffen hat. *Denn die Stunde seines Gerichts ist gekommen.*

Die drei Engel der Verkündigung 5.1.

Dann kündigt ein weiterer Engel den Sturz der Hure Babylon an: „Ein anderer Engel, ein zweiter, folgte und rief: Gefallen, gefallen ist Babylon, die Große, die alle Völker betrunken gemacht hat mit dem Zornwein ihrer Hurerei." (Offb 14,8) Das bezieht sich auf eine neue Darstellung der Endzeit, die in Offb 17-19 entfaltet wird.

Schließlich droht ein dritter Engel dem Tier und seinen Nachfolgern die Verdammnis an. Der Kult des Antichrist schließt vom Heil aus: „Ein anderer Engel, ein dritter, folgte ihnen und rief mit lauter Stimme: *Wer das Tier und sein Standbild anbetet und wer das Kennzeichen auf seiner Stirn oder seiner Hand annimmt, der muss den Wein des Zornes Gottes trinken, der unverdünnt im Becher seines Zorns*[145] *gemischt ist. Und er wird mit Feuer und Schwefel gequält vor den Augen der heiligen Engel und des Lammes.* Der Rauch von ihrer Peinigung steigt auf in alle Ewigkeit, und alle, die das Tier und sein Standbild anbeten und die seinen Namen als Kennzeichen annehmen, werden bei Tag und Nacht keine Ruhe haben." (Offb 14,9-11)

Hier wird das endzeitliche Geschehen unter dem Aspekt des Zornes Gottes angekündigt, was im nächsten großen Abschnitt entfaltet wird. Mit der *Qual durch Feuer und Schwefel* sowie mit dem *Rauch der Peinigung* ist die ewige Strafe der Hölle[146] angesprochen, von der auch am Ende, in Offb 19 und 20, wieder die Rede sein wird. Es gibt den Ort der Verdammnis wirklich und er ist auch nicht leer. Wir können nicht einmal die Hoffnung haben, er könnte leer sein, denn das widerspräche dem Wortlaut und dem Inhalt der Offenbarung.

Deshalb ist auch die Mahnung zur Umkehr keine leere Drohung, sondern real und ernst zu nehmen: „Hier muss sich die Standhaftigkeit der Heiligen bewähren, die an den Geboten Gottes und an der Treue zu Jesus festhalten." (Offb 14,12) Diese Mahnung greift inhaltlich auf Offb 13,10 und 12,17 zurück. Der ewigen Ruhelosigkeit der Gepeinigten steht die Ruhe der Geretteten gegenüber:

---

[145] Vgl. Ps 75,9: „Ja, in der Hand des Herrn ist ein Becher, herben, gärenden Wein reicht er dar; ihn müssen alle Frevler der Erde trinken, müssen ihn samt der Hefe schlürfen."
[146] KKK 1033-1037; Mt 5,22 u. 29-30; 8,12; 10,28; 13,41-42; 18,7-9; 22,13; 23,33; 24,51; 25,30 u. 41; Lk 13,27-28; 16,23-26; Offb 19,20 und Offb 20,10.14-15.

IV. Offb 14,6-20

„Und ich hörte eine Stimme vom Himmel her rufen: Schreibe! Selig die Toten, die im Herrn sterben, von jetzt an; ja, spricht der Geist, sie sollen ausruhen von ihren Mühen; denn ihre Werke begleiten sie." (Offb 14,13) Diesen letzten Satz hat Johannes Brahms im siebten und letzten Teil seines Deutschen Requiems auf wunderbare Weise vertont. Die Toten werden seliggepriesen, denn sie leben vor Gottes Angesicht. Mit den *Werken, welche sie begleiten,* oder die ihnen nachfolgen, ist alles Gute, Schöne, Wahre und Gerechte gemeint, das sie mit der Gnade Gottes getan haben. Es bleibt in Ewigkeit Teil ihres Lebens, als ihre Fruchtbarkeit für das Reich Gottes. Sie stammt aus der Lebensgemeinschaft mit Christus: „Ich bin der Weinstock, ihr seid die Reben. Wer in mir bleibt und in wem ich bleibe, der bringt reiche Frucht; denn getrennt von mir könnt ihr nichts vollbringen. Wer nicht in mir bleibt, wird wie die Rebe weggeworfen, und er verdorrt. Man sammelt die Reben, wirft sie ins Feuer, und sie verbrennen. Wenn ihr in mir bleibt und wenn meine Worte in euch bleiben, dann bittet um alles, was ihr wollt: Ihr werdet es erhalten. Mein Vater wird dadurch verherrlicht, dass ihr reiche Frucht bringt und meine Jünger werdet." (Joh 15,5-8)

5.2. Die vier Engel des Ernte-Gerichts
Die Darstellung des Gerichts im Bild der Ernte gliedert sich in zwei Abschnitte und hat zahlreiche Parallelen in der Heiligen Schrift.

5.2.1. Weizen- oder Getreideernte
„Dann sah ich eine weiße Wolke. *Auf der Wolke thronte einer, der wie ein Menschensohn aussah.* Er trug einen goldenen Kranz auf dem Haupt und eine scharfe Sichel in der Hand. Und ein anderer Engel kam aus dem Tempel und rief dem, der auf der Wolke saß, mit lauter Stimme zu: Schick deine Sichel aus, und ernte! Denn die Zeit zu ernten ist gekommen: Die Frucht der Erde ist reif geworden. Und der, der auf der Wolke saß, schleuderte seine Sichel über die Erde, und die Erde wurde abgeerntet." (Offb 14,14-16)
Der auf der Wolke thront und einen goldenen Kranz auf dem Haupt trägt, lässt uns zuerst an Jesus denken, der sich selbst bevorzugt als

Die vier Engel des Gerichts 5.2.

„der Menschensohn"[147] bezeichnet hat. Dagegen spricht jedoch, dass nur gesagt wird „er sah aus *wie ein* Menschensohn". Sonstige, eindeutige Kennzeichnungen des Herrn fehlen, wie sie in Offb 1,12-18 (siehe 1.3.2.) gegeben waren. *Der Menschensohn ist hier Befehlsempfänger durch einen anderen Engel*, was an sich schon aussagt, dass es sich ebenfalls um einen Engel handelt.

Die Anwendung auf den Herrn ist tatsächlich unmöglich, denn Jesus ist der Herr über die Engel und nicht ein Erntearbeiter. Der Hebräerbrief schreibt über ihn: „Er ist um so viel erhabener geworden als die Engel, wie der Name, den er geerbt hat, ihren Namen überragt. Denn zu welchem Engel hat er [Gott] jemals gesagt: Mein Sohn bist du, heute habe ich dich gezeugt, und weiter: Ich will für ihn Vater sein, und er wird für mich Sohn sein? Wenn er aber den Erstgeborenen wieder in die Welt einführt, sagt er: Alle Engel Gottes sollen sich vor ihm niederwerfen." (Hebr 1,4-6) Schließlich haben wir in dem *starken Engel* von Offb 10,1-3 (siehe 3.4.1.) schon einen Boten kennengelernt, der dem verklärten Herrn äußerlich ähnlich sieht.

Jesus bezeichnet die Engel im Gleichnis vom Unkraut auf dem Acker als Arbeiter bei der Ernte am Ende der Welt. Die Erklärung dieses Gleichnisses gibt auch den Sinn der Erntevision in Offb 14 gut wieder: „Der Mann, der den guten Samen sät, ist *der Menschensohn; der Acker ist die Welt; der gute Samen, das sind die Söhne des Reiches; das Unkraut sind die Söhne des Bösen; der Feind, der es gesät hat, ist der Teufel; die Ernte ist das Ende der Welt; die Arbeiter bei dieser Ernte sind die Engel*. Wie nun das Unkraut aufgesammelt und im Feuer verbrannt wird, so wird es auch am Ende der Welt sein: *Der Menschensohn wird seine Engel aussenden, und sie werden aus seinem Reich alle zusammenholen, die andere verführt und Gottes Gesetz übertreten haben*, und werden sie in den Ofen werfen, in dem das Feuer brennt. Dort werden sie heulen und mit den Zähnen knirschen. Dann werden die Gerechten im Reich ihres Vaters wie die Sonne leuchten. Wer Ohren hat, der höre!" (Mt 13,37-43)[148]

---

[147] Mt 8,20; 9,6; 10,23; 11,19; 12,8 usw. In dieser Selbstbezeichnung liegt eine Bezugnahme auf Dan 7,14 und auf die Menschwerdung des Sohnes Gottes.
[148] Vgl. Mt 13,47-50 (Gleichnis vom Fischnetz, das Jesus auf dieselbe Art und Weise erklärt) und Mt 24,31.

IV. Offb 14,6-20

5.2.2. Ernte des Weinstocks der Erde

Wie im vorigen Abschnitt, treten auch hier zwei Engel auf, von denen der eine befehlend ruft und der andere ausführt: „Und ein anderer Engel trat aus dem himmlischen Tempel. Auch er hatte eine scharfe Sichel. Vom Altar her kam noch ein anderer Engel, der die Macht über das Feuer hatte. Dem, der die scharfe Sichel trug, rief er mit lauter Stimme zu: Schick deine scharfe Sichel aus, und ernte die Trauben vom Weinstock der Erde! Seine Beeren sind reif geworden. *Da schleuderte der Engel seine Sichel auf die Erde, erntete den Weinstock der Erde ab und warf die Trauben in die große Kelter des Zornes Gottes.* Die Kelter wurde draußen vor der Stadt getreten, und Blut strömte aus der Kelter; es stieg an, bis an die Zügel der Pferde, 1600 Stadien weit." (Offb 14,17-20)

Die *scharfe Sichel* kam schon im letzten Abschnitt als Instrument der Ernte vor. Sie dient dem Abschneiden des Getreides und der Weinreben, die in diesem Fall beide für die Menschen auf der Erde stehen. Die scharfe Sichel lässt assoziativ an den massenhaften, systematischen Mord ganzer Bevölkerungsteile denken. Völkermord ist seit dem 20. Jahrhundert ein häufig verübtes Verbrechen geworden. Die Kelter wird *draußen vor der Stadt* getreten. Damit ist Jerusalem als heilige Stadt des Herrn gemeint. Auch Jesus wurde außerhalb der damaligen Grenzen dieser Stadt gekreuzigt.

Das Bild von der Ernte bezieht sich auf das Leben der Menschen auf dieser Erde. Beim Gericht wird der biologische Lebensraum, die Biosphäre, zerstört und die meisten Menschen sterben. Das wurde schon in den Visionen von den ersten sechs Siegeln und den sieben Posaunen dargestellt. Deshalb strömt Blut aus der Kelter, in der die Trauben gepresst werden, und steigt an *bis an die Zügel der Pferde*. Jesus deutet das im Evangelium folgendermaßen an: „Und wie es zur Zeit des Noah war, so wird es auch in den Tagen des Menschensohnes sein. Die Menschen aßen und tranken und heirateten bis zu dem Tag, an dem Noah in die Arche ging; *dann kam die Flut und vernichtete alle.* Und es wird ebenso sein, wie es zur Zeit des Lot war: Sie aßen und tranken, kauften und verkauften, pflanzten und bauten. *Aber an dem Tag, als Lot Sodom verließ, regnete es Feuer und Schwefel vom Himmel, und alle kamen um. Ebenso wird es an dem Tag sein, an dem sich der Menschensohn offenbart."*

Die vier Engel des Gerichts 5.2.

(Lk 17,26-29) Nun will ich noch drei Vorbilder für das Gericht im Bild der Ernte aus dem Alten Testament zitieren.

Die Ernte von Getreidefeld und Weinstock begegnet uns auch in Joel 4,12-13: „Die Völker sollen aufbrechen und heraufziehen zum Tal Joschafat. Denn dort will ich zu Gericht sitzen über alle Völker ringsum. *Schwingt die Sichel; denn die Ernte ist reif. Kommt, tretet die Kelter; denn sie ist voll, die Tröge fließen über. Denn ihre Bosheit ist groß.*" In Jesaja 24 wird das Gericht auf der Erde mit einer Olivenernte verglichen: „In der Stadt ist nur Verwüstung übriggeblieben, und das Tor wurde zu Trümmern zerschlagen. *Denn so wird es geschehen mitten auf der Erde, mitten unter den Völkern: wie beim Abschlagen der Oliven, wie bei der Nachlese, wenn die Weinernte zu Ende ist.*" (Jes 24,12-13)

Schließlich zitiere ich das Bild einer Obsternte beim Propheten Amos: „Dies zeigte mir Gott, der Herr, in einer Vision: Ich sah einen Korb mit reifem Obst. Er fragte: Was siehst du, Amos? Ich antwortete: *Einen Korb mit reifem Obst. Da sagte der Herr zu mir: Mein Volk Israel ist reif für das Ende. Ich verschone es nicht noch einmal.* An jenem Tag werden die Sängerinnen des Palastes Klagelieder singen - Spruch des Herrn. *Alles ist voller Leichen, überall wirft man sie hin.*" (Am 8,1-3)

Der kurze eigenständige Abschnitt von Offb 14,6-20 zeigt uns das endzeitliche Geschehen ganz aus der Perspektive der heiligen Engel, die das Evangelium verkünden, zur Umkehr mahnen und das Gericht vollstrecken.

V. Offb 15-16

6. Gießt die sieben Schalen mit dem Zorn Gottes über die Erde! (V. Offb 15-16)

Ich will noch einmal zum Ausdruck bringen, dass in der Offenbarung dieselben endzeitlichen Ereignisse vor der Wiederkunft Christi in immer neuer Perspektive, aus je verschiedenem Blickwinkel, unter Betrachtung von verschiedenen Aspekten gezeigt werden.

Die Kapitel 15 und 16 stehen unter dem Aspekt des Zornes Gottes. Dabei wird ein recht menschliches Wort für den *Zorn* verwendet, das man genauer mit *Wut* oder *Grimm* übersetzen könnte. Der neue Abschnitt ist gekennzeichnet durch die Ankündigung von sieben Plagen, welche symbolisch in sieben Schalen des Zornes über die Erde ausgegossen werden: „Und ich sah ein anderes Zeichen im Himmel, groß und wunderbar: Sieben Engel, die sieben Plagen hatten, die letzten; denn in ihnen wurde der Grimm Gottes vollendet." (Offb 15,1)

Der Begriff der *Plagen* erinnert an die 10 Plagen gegen Ägypten[149], insbesondere an die Letzte, den Tod der Erstgeborenen: „Da sprach der Herr zu Mose: *Noch eine Plage schicke ich dem Pharao und seinem Land.* Danach wird er euch von hier wegziehen lassen." (Ex 11,1) *Der Pharao und sein Land* erweisen sich als biblisches Vorbild für den Antichrist und sein Reich.

6.1. Himmlische Liturgie

Bevor der Text dieses Thema weiter entfaltet, wird uns zuerst ein neuer Blick in den Himmel geschenkt. Ohne diesen Blick der Hoffnung auf die Gemeinschaft der Engel und Heiligen vor dem Thron Gottes würde sich ein verzerrtes Bild ergeben. Das kommende Unheil wird zwar in Offb 16 als geschichtliche Realität prophetisch angekündigt, aber es ist Folge menschlicher Verirrung und Verhärtung in der Sünde, keineswegs das angestrebte Ziel oder die Absicht des Herrn. Seine Absicht ist vielmehr unsere bleibende Gemeinschaft mit ihm, und die wird uns zuerst gezeigt in den Visionen vom geöffneten Himmel.

---

[149] Buch Exodus Kapitel 7-11; Ps 78,42-52; Ps 105,27-36.

Himmlische Liturgie 6.1.

6.1.1. Das Lied des Mose

„Dann sah ich etwas, das einem gläsernen Meer glich und mit Feuer durchsetzt war. Und die Sieger über das Tier, über sein Standbild und über die Zahl seines Namens standen auf dem gläsernen Meer und trugen die Harfen Gottes. Sie sangen das Lied des Mose, des Knechtes Gottes, und das Lied des Lammes." (Offb 15,2-3) Das gläserne Meer ist uns schon in Offb 4,6 als Kennzeichen der unmittelbaren Umgebung des Thrones Gottes begegnet. Es weist hin auf die Herrlichkeit oder den Lichtglanz, der von Gottes Thron ausgeht und die Personen im Himmel umgibt. *Die Sieger[150] über das Tier, über sein Standbild und über die Zahl seines Namens standen auf dem gläsernen Meer und trugen die Harfen Gottes*: Das erinnert an das Finale des vorletzten Abschnitts in Offb 14,1-3. Dort sangen die 144 000 ein neues Lied vor dem Lamm, hier singen sie das Lied des Mose, des Knechtes Gottes, und das Lied des Lammes. Dabei ist offenbar Mose, der als *Knecht Gottes*[151] Israel aus Ägypten geführt hat, Vorbild für Jesus, das siegreiche Lamm, das die Sänger aus dem Herrschaftsbereich des Antichrist geführt hat.

Von einem *Lied des Mose* ist im Gesetz zwei Mal die Rede: in Exodus 15, direkt nach dem Auszug aus Ägypten, sowie in Deuteronomium 31 und 32, als einer Art Testament von Mose. Beidesmal handelt es sich vor allem um einen Lobpreis auf den Namen des Herrn, der seine Herrlichkeit im geschichtlichen Handeln offenbart: „Damals sang Mose mit den Israeliten dem Herrn dieses Lied; sie sagten: Ich singe dem Herrn ein Lied, denn er ist hoch und erhaben. Rosse und Wagen warf er ins Meer. Meine Stärke und mein Lied ist der Herr, er ist für mich zum Retter geworden. Er ist mein Gott, ihn will ich preisen; den Gott meines Vaters will ich rühmen. Der Herr ist ein Krieger, HERR ist sein Name. Pharaos Wagen und seine Streitmacht warf er ins Meer." (Ex 15,1-4)

Einen ähnlichen Siegeshymnus, der demselben Herrn der Geschichte gilt, stimmen die Sieger über das Tier und über sein Standbild an: „Groß und wunderbar sind deine Taten, Herr, Gott und Herrscher über die ganze Schöpfung. Gerecht und zuverlässig sind deine Wege,

---

[150] Siehe 1.4.4. (Verheißungen für den, der siegt).
[151] Bezeichnung für Mose in 1Chr 6,34 und 2Chr 24,9.

V. Offb 15-16

du König der Völker. Wer wird dich nicht fürchten, Herr, wer wird deinen Namen nicht preisen? Denn du allein bist heilig: Alle Völker kommen und beten dich an; denn deine gerechten Taten sind offenbar geworden." (Offb 15,3-4) Dieser Hymnus wurde als Canticum der Freitagsvesper in das Stundengebet der Kirche aufgenommen. Die Kirche auf Erden stimmt ein in den Lobpreis der Heiligen im Himmel, in die Anbetung Gottes, des Herrschers über die ganze Schöpfung. Das Gegenteil davon haben wir in Offb 13 beim Antichrist und seinem Reich gesehen: die Lästerung Gottes und seines Namens, die Anbetung des Drachens und eines lebendigen Standbildes des Tieres. Alles, was wir unter 4.2. über die Herrschaft des Antichrist gesagt haben, macht das Gericht verständlich, welches in der nun folgenden Vision angekündigt wird:

„Danach sah ich: *Es öffnete sich der himmlische Tempel, das Zelt des Zeugnisses im Himmel.* Und die sieben Engel mit den sieben Plagen traten heraus; sie waren in reines, glänzendes Leinen gekleidet und trugen um ihre Brust einen Gürtel aus Gold. Und eines der vier Lebewesen reichte den sieben Engeln sieben goldene Schalen; sie waren gefüllt mit dem Zorn des Gottes, der in alle Ewigkeit lebt. *Und der Tempel füllte sich mit dem Rauch der Herrlichkeit und Macht Gottes. Niemand konnte den Tempel betreten, bis die sieben Plagen aus der Hand der sieben Engel zu ihrem Ende gekommen waren.*" (Offb 15,5-8)

6.1.2. Deutung des himmlischen Tempels

Ich möchte hier auf ein Detail eingehen, das geheimnisvoll ist und in der Offenbarung des Johannes immerhin an neun Stellen[152] vorkommt: es handelt sich um den *Tempel im Himmel*, aus dem die sieben Engel heraustreten. Der Tempel widerspricht in gewisser Weise anderen Visionen, in denen jeweils offen der Thron Gottes gezeigt wird, um den unzählige Engel und Menschen in himmlischer Liturgie versammelt sind. Das Eigentümliche am Himmel besteht ja gerade darin, Gott von Angesicht zu Angesicht zu schauen[153]. Wie kann es da zugleich ein Gebäude geben, das begrenzt ist und die Gegenwart Gottes wieder verbirgt? Zumal Johannes seine Visionen wahrscheinlich am Ende des ersten Jahrhunderts empfing, als der

---

[152] Offb 3,12; 7,15; 11,19; 14,14.17; 15,5.8; 16,1.17.
[153] 1Kor 13,12; 1Joh 3,2; Offb 22,4.

Himmlische Liturgie 6.1.

Tempel in Jerusalem schon einige Zeit zerstört war. Auch in der neuen Schöpfung, im himmlischen Jerusalem, gibt es ausdrücklich keinen Tempel mehr: *„Einen Tempel sah ich nicht in der Stadt. Denn der Herr, ihr Gott, der Herrscher über die ganze Schöpfung, ist ihr Tempel, er und das Lamm."* (Offb 21,22)

Im Johannesevangelium und bei Paulus ist ganz deutlich zu erkennen, dass die geistliche Bedeutung des Tempels als Ort der verborgenen Gegenwart Gottes auf den verherrlichten Leib Christi übergegangen ist: auf den verklärten, menschlichen Leib des Herrn, auf den Leib der Kirche und auf den Leib jedes einzelnen Gläubigen. Sie nehmen im neuen Bund die Stelle des zerstörten Tempelgebäudes ein (siehe 3.5.). So schreibt Paulus an die Gemeinde von Korinth: „Wisst ihr nicht, dass ihr Gottes Tempel seid und der Geist Gottes in euch wohnt? Wer den Tempel Gottes verdirbt, den wird Gott verderben. *Denn Gottes Tempel ist heilig, und der seid ihr.*"[154] Und im Hebräerbrief lesen wir: „Christus aber ist treu als Sohn, der über das Haus Gottes gesetzt ist; *sein Haus aber sind wir*, wenn wir an der Zuversicht und an dem stolzen Bewusstsein festhalten, das unsere Hoffnung uns verleiht." (Hebr 3,6)

Umso mehr verwundert es, dass im Himmel immer noch ein Tempelgebäude gezeigt wird, in dem Vorgänge analog zu denen im Alten Testament stattfinden: *Und der Tempel füllte sich mit dem Rauch der Herrlichkeit und Macht Gottes. Niemand konnte den Tempel betreten...* Ähnliches wird vom historischen Tempelgebäude berichtet, bei seiner Einweihung unter König Salomo (2Chr 7,1-3), bei der Berufungsvision des Jesaja (Jes 6,1-4) und bei der neuerlichen Inbesitznahme des endzeitlichen Tempels in Ez 43,4-5. Es geschah auch schon bei der Vorgängerversion des Tempels, dem Offenbarungszelt, das auch Zelt der Begegnung oder *Zelt des Zeugnisses* (Offb 15,5) genannt wird: „Dann verhüllte die Wolke das Offenbarungszelt, und die Herrlichkeit des Herrn erfüllte die Wohnstätte. Mose konnte das Offenbarungszelt nicht betreten, denn die Wolke lag darauf, und die Herrlichkeit des Herrn erfüllte die Wohnstätte." (Ex 40,34-35) Aber diese Analogien geben uns auch einen Hinweis zum Verständnis des himmlischen Tempels.

---

[154] 1Kor 3,16-17, vertont von Felix Mendelssohn-Bartholdy im zweiten Teil des Oratoriums „Paulus".

V. Offb 15-16

Es handelt sich nicht um ein Gebäude im Himmel, sondern um die Vision von etwas, das dem Leser des Alten Testaments vertraut ist und das deshalb eine *positive inhaltliche Botschaft* vermitteln kann. *Strenggenommen haben alle Himmelsvisionen diesen analogen, symbolischen Charakter: sie zeigen den Himmel nicht direkt, unmittelbar, wie er in Wirklichkeit ist.* Das uns unbekannte und fremde wird uns mit Bildern von Bekanntem und Vertrautem näher gebracht[155]. So gibt es in den Visionen ja auch den himmlischen Thron, den Altar, goldene Schalen mit Räucherwerk, Harfen und Trompeten, weiße Gewänder und Palmzweige... Wie das dann "in Wirklichkeit" aussieht und funktioniert, wissen wir nicht. Worin besteht also die Botschaft, die der himmlische Tempel hier vermittelt?

Einmal sind es Engel als Diener Gottes, die mit einem besonderen Auftrag herauskommen. Sie entsprechen den Priestern, die im irdischen Tempel Dienst taten und dem Volk den Ratschluss, das Wort Gottes verkündeten. In diesen Zusammenhang passt auch die frühere Stelle aus Offb 8,2: „Und ein anderer Engel kam und trat mit einer goldenen Räucherpfanne an den Altar; ihm wurde viel Weihrauch gegeben, den er auf dem goldenen Altar vor dem Thron verbrennen sollte, um so die Gebete aller Heiligen vor Gott zu bringen." Das taten die Priester im Tempel am Rauchopferaltar vor dem Allerheiligsten (Lk 1,8-11).

Der Tempel war im Alten Bund das Ziel der Wallfahrt, der Ort der Begegnung mit dem Herrn[156] und daher die Sehnsucht der Israeliten: „Wie liebenswert ist deine Wohnung, Herr der Heerscharen! Meine Seele verzehrt sich in Sehnsucht nach dem Tempel des Herrn. Mein Herz und mein Leib jauchzen ihm zu, ihm, dem lebendigen Gott. Auch der Sperling findet ein Haus und die Schwalbe ein Nest für ihre Jungen - deine Altäre, Herr der Heerscharen, mein Gott und mein König. Wohl denen, die wohnen in deinem Haus, die dich allezeit loben." (Ps 84,2-5)

---

[155] Das gilt auch für die Gleichnisse Jesu vom Reich Gottes im Evangelium (Mt 13).

[156] „Dreimal im Jahr sollen alle deine Männer hingehen, um das Angesicht des Herrn, deines Gottes, an der Stätte, die er auswählt, zu schauen: am Fest der Ungesäuerten Brote, am Wochenfest und am Laubhüttenfest. Man soll nicht mit leeren Händen hingehen, um das Angesicht des Herrn zu schauen, sondern jeder mit seiner Gabe, die dem Segen entspricht, den du vom Herrn, deinem Gott, erhalten hast." (Dt 16,16-17); vgl. Dt 31,10-11; Num 6,23-27.

Der Zorn Gottes **6.2.**

Dieser Ort der Sehnsucht ist nun die Gemeinschaft mit Gott und allen Heiligen im Himmel. Kein Wunder also, dass im Himmel ein Tempel Gebäude gezeigt wird, das uns symbolisch das Ziel unseres irdischen Pilgerweges vor Augen stellt. Schließlich füllt sich der Tempel mit dem Rauch der Macht und Herrlichkeit Gottes: Die Herrlichkeit des Allmächtigen offenbart sich in dem, was nun auf der Erde im Zeichen des Gerichts geschehen wird, und niemand kann mehr wirksam für die Menschen eintreten.

6.2. Der Zorn Gottes

„Dann hörte ich, wie eine laute Stimme aus dem Tempel den sieben Engeln zurief: Geht und gießt die sieben Schalen mit dem Zorn Gottes über die Erde!" (Offb 16,1)

Das Stichwort vom *Zorn Gottes* kann uns ein Anlass sein, über das biblische Gottesbild nachzudenken. Da gilt es zwei extreme Standpunkte zu vermeiden, die der Selbstoffenbarung Gottes widersprechen. Zum einen gibt es die Vorstellung, der Herr sei vor allem ein strafender Gott, der die Menschen durch seine Gebote unterdrücken und in Knechtschaft halten will. Die Wirklichkeit der Hölle wird in den Mittelpunkt der Verkündigung gerückt; eine persönliche, kindliche Beziehung zum Herrn tritt aus Angst vor Gottes Zorn in weite Ferne. Dieses Gottesbild kenne ich vor allem von Menschen einer älteren Generation, welche die Zeit vor dem Zweiten Vatikanischen Konzil in der Kirche erlebt haben.

Der entgegengesetzte Standpunkt entspricht meiner eigenen Erfahrung in der Kirche nach dem Konzil: Gott ist nur lieb und barmherzig, deshalb ist alles erlaubt und alles möglich. Die zehn Gebote und die Morallehre der Kirche werden nicht wirklich ernst genommen. Was in der Bibel über die Hölle, die Strafe oder den Zorn Gottes geschrieben steht, wird entweder ausdrücklich geleugnet oder gänzlich verschwiegen. Jedenfalls kommen wir sowieso alle in den Himmel, weil Gott eh so lieb ist und alles verzeiht. Und schließlich gibt es noch die alte Behauptung, der Herr des Alten Testaments sei ein strafender und rächender Tyrann gewesen, während uns Jesus einen *anderen* Gott als liebenden und barmherzigen Vater gezeigt habe.

V. Offb 15-16

6.2.1. Liebe und Zorn in der Heiligen Schrift

Lassen wir uns von der Heiligen Schrift und der Lehre der Kirche ins rechte Lot bringen.

Johannes schreibt: „Wer nicht liebt, hat Gott nicht erkannt; denn Gott ist die Liebe[157]. Die Liebe Gottes wurde unter uns dadurch offenbart, dass Gott seinen einzigen Sohn in die Welt gesandt hat, damit wir durch ihn leben." (1Joh 4,8-9) Aber im Johannesevangelium liest man auch: „wer aber dem Sohn nicht gehorcht, wird das Leben nicht sehen, sondern Gottes Zorn bleibt auf ihm." (Joh 3,36) Im Buch Exodus spricht Gott zu Mose: „Der Herr ist ein barmherziger und gnädiger Gott, langmütig, reich an Huld und Treue: Er bewahrt Tausenden Huld, nimmt Schuld, Frevel und Sünde weg, lässt aber (den Sünder) nicht ungestraft; er verfolgt [wörtl.: besucht, sucht heim] die Schuld der Väter an den Söhnen und Enkeln, an der dritten und vierten Generation." (Ex 34,6-7)

Sowohl im Alten als auch im Neuen Bund gehört beides zusammen: Gott ist seinem Wesen nach Liebe und hat uns geschaffen, um diese Liebe kennenzulernen, an ihr Anteil zu haben und sie in unserem Leben zu bezeugen. Aber gegenüber menschlicher Überheblichkeit und Verhärtung im Unrecht zeigt er auch Zorn, d.h. strafende Gerechtigkeit. Das ist die Erfahrung von Unheil, die menschlich mit dem Erleiden grimmiger Wut verglichen wird.

Selbst Jesus war von Zorn und Trauer erfüllt, wo es um verhärtete Herzen ging: „Und sie gaben acht, ob Jesus am Sabbat heilen werde; sie suchten nämlich einen Grund zur Anklage gegen ihn. Da sagte er zu dem Mann mit der verdorrten Hand: Steh auf und stell dich in die Mitte! Und zu den anderen sagte er: Was ist am Sabbat erlaubt: Gutes zu tun oder Böses, ein Leben zu retten oder es zu vernichten? Sie aber schwiegen. *Und er sah sie der Reihe nach an, voll Zorn und Trauer über ihr verstocktes Herz,* und sagte zu dem Mann: Streck deine Hand aus! Er streckte sie aus, und seine Hand war wieder gesund. Da gingen die Pharisäer hinaus und fassten… den Beschluss, Jesus umzubringen." (Mk 3,2-6) Jesus ließ sich später tatsächlich umbringen, als Opfer der Sühne für unsere Sünden. Denn er kam als Mensch in die Welt, um uns zu retten. Und doch muss jeder Mensch

---

[157] Auf Latein: Deus Caritas est. (Titel der ersten Enzyklika von Benedikt XVI.)

Der Zorn Gottes 6.2.

nach seinem Tod Rechenschaft darüber ablegen, was er im irdischen Leben Gutes oder Böses gedacht, gesagt oder getan hat: „Denn wir alle müssen vor dem Richterstuhl Christi offenbar werden, damit jeder seinen Lohn empfängt für das Gute oder Böse, das er im irdischen Leben getan hat." (2Kor 5,10) Das ist das besondere Gericht, bei dem der Mensch schon seine ewige Bestimmung im Licht der Wahrheit Gottes empfängt[158]. Paulus reflektiert die göttliche Gerechtigkeit auch im Römerbrief: „Verachtest du etwa den Reichtum seiner Güte, Geduld und Langmut? *Weißt du nicht, dass Gottes Güte dich zur Umkehr treibt? Weil du aber starrsinnig bist und dein Herz nicht umkehrt, sammelst du Zorn gegen dich für den "Tag des Zornes", den Tag der Offenbarung von Gottes gerechtem Gericht.* Er wird jedem vergelten, wie es seine Taten verdienen: denen, die beharrlich Gutes tun und Herrlichkeit, Ehre und Unvergänglichkeit erstreben, gibt er ewiges Leben, denen aber, die selbstsüchtig nicht der Wahrheit, sondern der Ungerechtigkeit gehorchen, widerfährt Zorn und Grimm."[159] Das ganze 18. Kapitel des Buches Ezechiel könnte man zu diesem Thema zitieren. Das würde hier aber zu lang werden; Sie können es selbst in der Bibel nachlesen!

Gott will also, dass der Mensch umkehrt und lebt: „er will, dass alle Menschen gerettet werden und zur Erkenntnis der Wahrheit gelangen." (1Tim 2,4) *Aber er hat sich mit der Erschaffung des freien Willens selbst eine Grenze gesetzt, die er respektiert.* Nur in Freiheit kann der Mensch sein Herz öffnen, auf die Liebe Gottes antworten und in eine persönliche Beziehung zu ihm eintreten. In Freiheit kann er sich dieser Berufung aber auch verschließen.

Das Problem ist dabei nicht die Sünde, für die es schon im Alten Bund Umkehr, Einsicht, Besserung und Vergebung gibt. Das Problem ist das Bleiben in der Sünde, ihre überhebliche Rechtfertigung, die Verhärtung des Herzens[160]. Das wird in einigen Psalmen lebensnah geschildert: „Der Frevler spricht: "Ich bin entschlossen zum Bösen." In seinen Augen gibt es kein Erschrecken vor Gott.

---

[158] KKK 1021-1022 (Das besondere Gericht).
[159] Röm 2,4-8. Vgl. Röm 2,9-16; Röm 3,5-8; Sir 5,4-7; Sir 15,11-20; Weish 11 u. 12.
[160] „Der Zorn Gottes wird vom Himmel herab offenbart wider alle Gottlosigkeit und Ungerechtigkeit der Menschen, die die Wahrheit durch Ungerechtigkeit niederhalten." (Röm 1,18; im großen Zusammenhang von Röm 1,18-32).

V. Offb 15-16

Er gefällt sich darin, sich schuldig zu machen und zu hassen. Die Worte seines Mundes sind Trug und Unheil; er hat es aufgegeben, weise und gut zu handeln." (Ps 36,2-4) „In seinem Hochmut quält der Frevler die Armen. Er soll sich fangen in den Ränken, die er selbst ersonnen hat. Denn der Frevler rühmt sich nach Herzenslust, er raubt, er lästert und verachtet den Herrn. *Überheblich sagt der Frevler: "Gott straft nicht. Es gibt keinen Gott."* So ist sein ganzes Denken." (Ps 10,2-4) Das Gegenteil davon sind die Armen im Geiste, die Trauernden, Sanftmütigen und Barmherzigen, denen schon jetzt das Himmelreich zugesagt wird[161].

Ein Aspekt von Gottes Zorn ist die ewige Strafe der Hölle, wo dem Menschen zukommt, was er schon im irdischen Leben gewählt hat. Ein anderer Aspekt ist das Unheil auf der Erde, bis hin zu ihrer Zerstörung als Lebensraum. Das wird vom Menschen selbst bewirkt und vom Schöpfer zugelassen. Er beschütz sein Werk der Schöpfung und die Menschheit dann nicht mehr, sondern liefert sie dem selbst herbeigeführten Tod aus: „Boten des Unheils in Scharen" (Ps 78,49).

Der Zorn Gottes ist nicht willkürlich und gehört nicht zu seinem innersten Wesen. Er besteht vielmehr darin, dass der Mensch das Unheil erntet, das er gesät hat: „Täuscht euch nicht: Gott lässt keinen Spott mit sich treiben; was der Mensch sät, wird er ernten. Wer im Vertrauen auf das Fleisch sät, wird vom Fleisch Verderben ernten; wer aber im Vertrauen auf den Geist sät, wird vom Geist ewiges Leben ernten." (Gal 6,7-8) Das wird im 16. Kapitel der Offenbarung und an vielen anderen Stellen des Buches gezeigt.

6.2.2. Die ersten fünf Schalen des Zorns

„Der erste Engel ging und goss seine Schale über das Land. Da bildete sich ein böses und schlimmes Geschwür an den Menschen, die das Kennzeichen des Tieres trugen und sein Standbild anbeteten. Der zweite Engel goss seine Schale über das Meer. Da wurde es zu Blut, das aussah wie das Blut eines Toten; und alle Lebewesen im Meer starben. Der dritte goss seine Schale über die Flüsse und Quellen. Da wurde alles zu Blut. Und ich hörte den Engel, der die Macht über das Wasser hat, sagen: *Gerecht bist du, der du bist und*

---

[161] Mt 5,3-12 (die Seligpreisungen).

Der Zorn Gottes 6.2.

der du warst, du Heiliger; denn damit hast du ein gerechtes Urteil gefällt. Sie haben das Blut von Heiligen und Propheten vergossen; deshalb hast du ihnen Blut zu trinken gegeben, so haben sie es verdient. Und ich hörte eine Stimme vom Brandopferaltar her sagen: Ja, Herr, Gott und Herrscher über die ganze Schöpfung. Wahr und gerecht sind deine Gerichtsurteile." (Offb 16,2-7)

Wörtlich heißt es in Offb 16,7: „*Und ich hörte den Altar sagen*: Ja, Herr, Gott, Allmächtiger, wahrhaftig und gerecht sind deine Gerichte." Sicher sind mit dem sprechenden Altar Personen gemeint. Ich denke dabei besonders an die Märtyrer, deren Seelen in Offb 6,9-11 unter dem Altar gezeigt wurden und die mit lauter Stimme riefen: „Wie lange zögerst du noch, Herr, du Heiliger und Wahrhaftiger, Gericht zu halten und unser Blut an den Bewohnern der Erde zu rächen?" (Offb 6,10, siehe 2.3.2.)

Es besteht eine gewisse Parallele zwischen den ersten drei Posaunen in Offb 8,7-11 und den ersten drei Schalen des Zornes. Die ersten vier Posaunen lassen heute an eine nukleare Kriegführung und deren unmittelbare Folgen denken[162]. Die Plagen zeigen dann die langfristigen Folgen. Die erste Schale des Zorns bewirkt böse und schlimme Geschwüre an den Menschen, die das Kennzeichen des Tieres tragen und sein Standbild anbeten. Das erinnert an Krebsgeschwüre, insbesondere als Folge der radioaktiven Belastung nach dem Gebrauch von Kernwaffen. Geschwüre gehörten auch zu den Plagen Ägyptens (Ex 9,8-12). Die zweite Schale bewirkt, dass das Meer zu Blut wird, zu einem Ort des Todes: *alle Lebewesen im Meer starben.* Das ist eine zeitliche Weiterführung der zweiten Posaune, wo ein Drittel der Geschöpfe im Meer starben, nachdem ein Feuerberg hinein geworfen wurde. Das Sterben der Lebewesen ist langfristig die Folge der radioaktiven Verseuchung der Meere. Dasselbe geschieht beim Ausgießen der dritten Schale des Zorns als zeitlicher Folge der dritten Posaune: Alle Flüsse und Quellen werden zu Blut. Einerseits sterben darin alle Lebewesen, andererseits wird es für den Menschen ungenießbar.

---

[162] Siehe 3.3.3. und 3.3.4.

V. Offb 15-16

Die dritte Posaune bewirkte, dass ein Drittel des Wassers bitter wurde und viele Menschen deshalb starben. Dazu gibt es wiederum eine Parallele bei den Plagen Ägyptens: „Mose und Aaron taten, was ihnen der Herr aufgetragen hatte. Er erhob den Stab und schlug vor den Augen des Pharao und seiner Höflinge auf das Wasser im Nil. Da verwandelte sich alles Nilwasser in Blut. Die Fische im Nil starben, und der Nil stank, so dass die Ägypter kein Nilwasser mehr trinken konnten. Das Blut gab es in ganz Ägypten." (Ex 7,20-21)
Das alles erinnert uns heute schon an verschmutzte, verseuchte, stinkende Gewässer. Während im Buch Exodus die Plagen geographisch sehr beschränkt sind, betreffen sie in der Offenbarung die ganze Erde. Wie die Herrschaft des Antichrist global ist, so sind es auch die Plagen.
Durch das Verenden der Lebewesen wird dem Menschen zugleich auch die Nahrungsgrundlage entzogen. Zu dieser Situation gibt es eine passende Prophetie im Buch Habakuk: „Ich zitterte am ganzen Leib, als ich es hörte, ich vernahm den Lärm, und ich schrie. Fäulnis befällt meine Glieder, und es wanken meine Schritte. Doch in Ruhe erwarte ich den Tag der Not, der dem Volk bevorsteht, das über uns herfällt. Zwar blüht der Feigenbaum nicht, an den Reben ist nichts zu ernten, der Ölbaum bringt keinen Ertrag, die Kornfelder tragen keine Frucht; im Pferch sind keine Schafe, im Stall steht kein Rind mehr. Dennoch will ich jubeln über den Herrn, und mich freuen über Gott, meinen Retter." (Hab 3,16-18)

6.2.2.1. Lobpreis der göttlichen Gerechtigkeit

Überraschender Weise folgt in der Offenbarung ein Kommentar vom Himmel her, der die Zulassung des Unheils durch Gott rechtfertigt: *Gerecht bist du, der du bist und der du warst, du Heiliger; denn damit hast du ein gerechtes Urteil gefällt. Sie haben das Blut von Heiligen und Propheten vergossen; deshalb hast du ihnen Blut zu trinken gegeben, so haben sie es verdient...Wahr und gerecht sind deine Gerichtsurteile.* Zahlreiche Psalmen besingen in ähnlicher Weise das Königtum Gottes und sein gerechtes Gericht[163]. Es wird dabei von den Gerechten her gesehen, die aus der Not der Verfolgung zu Gott schreien und sich über sein rettendes Eingreifen freuen:

---
[163] z.B. Ps 2; 5; 7; 9; 11; 37; 46; 50; 75; 76; 82; Ps 90-99.

Der Zorn Gottes 6.2.

„Die Bosheit der Frevler finde ein Ende, doch gib dem Gerechten Bestand, gerechter Gott, der du auf Herz und Nieren prüfst. Ein Schild über mir ist Gott, er rettet die Menschen mit redlichem Herzen... Wenn der Frevler sein Schwert wieder schärft, seinen Bogen spannt und zielt, dann rüstet er tödliche Waffen gegen sich selbst, bereitet sich glühende Pfeile. Er hat Böses im Sinn; er geht schwanger mit Unheil, und Tücke gebiert er. Er gräbt ein Loch, er schaufelt es aus, doch er stürzt in die Grube, die er selber gemacht hat... *Ich will dem Herrn danken, denn er ist gerecht; dem Namen des Herrn, des Höchsten, will ich singen und spielen.*" (Ps 7,10-18)
„Furchtbar bist du. *Wer kann bestehen vor dir, vor der Gewalt deines Zornes? Vom Himmel her machst du das Urteil bekannt; Furcht packt die Erde, und sie verstummt, wenn Gott sich erhebt zum Gericht, um allen Gebeugten auf der Erde zu helfen.* Denn auch der Mensch voll Trotz muss dich preisen und der Rest der Völker dich feiern." (Ps 76,8-11)

6.2.2.2. Die Schalen über die Sonne und den Thron des Tieres

Fahren wir nun fort mit der vierten und fünften Plage, wo der Zorn Gottes aus der weniger freudigen Sicht der Frevler geschildert wird: „Der vierte Engel goss seine Schale über die Sonne. Da wurde ihr Macht gegeben, mit ihrem Feuer die Menschen zu verbrennen. Und die Menschen verbrannten in der großen Hitze. *Dennoch verfluchten sie den Namen Gottes, der die Macht über diese Plagen hat. Sie bekehrten sich nicht dazu, ihm die Ehre zu geben.* Der fünfte Engel goss seine Schale über den Thron des Tieres. Da kam Finsternis über das Reich des Tieres, und die Menschen zerbissen sich vor Angst und Schmerz die Zunge. *Dennoch verfluchten sie den Gott des Himmels wegen ihrer Schmerzen und ihrer Geschwüre; und sie ließen nicht ab von ihrem Treiben.*" (Offb 16,8-11) Auch diese beiden Plagen lassen sich als Folge der atomaren Kriegsführung deuten: einerseits verfinstern sich die Gestirne des Himmels gänzlich, nachdem sie bei der vierten Posaune schon ein Drittel ihrer Leuchtkraft verloren hatten. Das ist eine Folge der Gesteins- und Staubmassen, die bei einer nuklearen Detonation in die Atmosphäre geschleudert werden.

V. Offb 15-16

Schon in Offb 6,12 war von einer großen Verfinsterung aller Gestirne die Rede und auch die Plagen gegen Ägypten sprechen davon: „Mose streckte seine Hand zum Himmel aus, und schon breitete sich tiefe Finsternis über ganz Ägypten aus, drei Tage lang." (Ex 10,22) Woher kommt dann die brennende Macht der Sonne bei der vierten Schale des Zorns? Einerseits kann damit die Folge einer Zerstörung der Ozonschicht und einer extremen Klima-Aufheizung gemeint sein, wie wir sie jetzt schon ansatzweise kennen. Andererseits kann damit der Feuerball der atomaren Explosion selbst gemeint sein, der sozusagen die Sonne auf die Erde herab bringt und alle Lebewesen in ihrer Reichweite verbrennt. Jedenfalls betont der Text durch Wiederholung den Mangel an Bekehrung und die Verfluchung Gottes durch die Menschen im Reich des Tieres (siehe 3.3.4.1.).

6.2.3. Die sechste Schale: Dämonengeister für den Krieg

Während es sich bei den ersten fünf Schalen eindeutig um die physische Zerstörung der Erde als Lebensraum handelt, hat die sechste Plage auch eine geistliche Bedeutung. Es wird erneut die letztzeitliche Auseinandersetzung zwischen der Frau und dem Tier, zwischen dem Reich Gottes und dem Reich Satans thematisiert: „Der sechste Engel goss seine Schale über den großen Strom, den Eufrat. Da trocknete sein Wasser aus, so dass den Königen des Ostens der Weg offen stand. Dann sah ich aus dem Maul des Drachen und aus dem Maul des Tieres und aus dem Maul des falschen Propheten *drei unreine Geister* hervorkommen, die *wie Frösche aussahen. Es sind Dämonengeister, die Wunderzeichen tun; sie schwärmten aus zu den Königen der ganzen Erde, um sie zusammenzuholen für den Krieg am großen Tag Gottes, des Herrschers über die ganze Schöpfung.* Siehe, ich komme wie ein Dieb. Selig, wer wach bleibt und sein Gewand anbehält, damit er nicht nackt gehen muss und man seine Blöße sieht. Die Geister führten die Könige an dem Ort zusammen, der auf Hebräisch *Harmagedon* heißt." (Offb 16,12-16)

Die Dämonen sind gefallene Engel und werden auch als *unreine Geister* und als *Geister von Dämonen* bezeichnet (siehe 4.1.3.). Durch ihr Aussehen wie Frösche wird eine Parallele zur Froschplage in Ägypten hergestellt (Ex 8,1-11).

Der Zorn Gottes 6.2.

Sie dienen als Boten der antichristlichen Macht. Der Ort *Harmagedon* kommt nur hier in der Bibel vor, erinnert aber an *Megiddo*, den Ort einer Schlacht im Alten Testament[164]. *Der Krieg am großen Tag Gottes* wird also im Heiligen Land lokalisiert, wo die Könige aus dem Osten von den Dämonen zusammengeführt werden. Der große Strom, Eufrat, dessen Wasser in der Vision austrocknen, entspringt in der Zentraltürkei, fließt durch Syrien und den Irak, bis er an der Grenze zum Iran in den Persischen Golf mündet.

Zwischen den Zeilen steht ein Satz aus dem Mund Jesu, der ja der Hauptautor der Visionen ist. Es ist das erste Mal seit Offb 11,3 (Auftrag an die beiden Zeugen) und seit den sieben Sendschreiben, dass sich der Herr persönlich zu Wort meldet: *Siehe, ich komme wie ein Dieb*[165]. *Selig, wer wach bleibt und sein Gewand anbehält, damit er nicht nackt gehen muss und man seine Blöße sieht.* Der Herr mahnt wiederum zur Wachsamkeit, weil wir weder den Tag noch die Stunde kennen. Für die Zivilisation des Todes im Reich des Tieres kommt er jedenfalls unerwartet.

Die Nacktheit ist hier ein Symbol für die Sünde, insbesondere für die Unzucht (siehe 7.3.1.). Sie bezieht sich auf den Mangel an Gutem beim Gericht: der Mensch, der dem Satan folgt, muss sich schämen. Er hat die heilig machende Gnade, sein weißes Taufkleid, verloren. Das Bild kam auch schon beim Wort Jesu an die Gemeinde in Laodizäa vor (Offb 3,17-18). Auf bildhaften Darstellungen vom Jüngsten Gericht werden die Verdammten häufig nackt und hässlich dargestellt. Das bedeutet jedoch nicht, dass der nackte menschliche Leib an sich schlecht oder verwerflich wäre. Er ist in allen seinen Organen vom Schöpfer wunderbar gestaltet und nach seinem Ebenbild geschaffen, also eigentlich kein Grund sich zu schämen. Nacktheit ohne Scham gehört zur Gnade des Anfangs und zur Gnade der Erlösung: „Beide, Adam und seine Frau, waren nackt, aber sie schämten sich nicht voreinander." (Gen 2,25)

Ich möchte nun einige Parallelstellen für *den Krieg am großen Tag Gottes* zitieren (siehe 3.3.3.). Während es in der Offenbarung klar ist, dass die Völker von den Mächten des Bösen zu diesem Weltkrieg angestiftet werden, ist die Sicht im Alten Testament noch eine andere:

---

[164] 2Kön 23,29-30.
[165] Vgl. Offb 3,3; Lk 12,39-40; 1Thess 5,2-4 und 2 Petr 3,10.

V. Offb 15-16

Der Herr selbst versammelt seine "Heiligen Krieger". Er hat auch das Böse in seinen Heilsplan eingebaut, ohne dass er es selbst hervorbringt oder bewirkt[166].

6.2.3.1. Jesaja 13,3-13

„Ich selbst habe meine *heiligen Krieger* aufgeboten, ich habe sie alle zusammengerufen, meine hochgemuten, jauchzenden Helden, *damit sie meinen Zorn vollstrecken*. Horch, es dröhnt im Gebirge wie der Lärm von zahllosen Menschen. Horch, ganze Königreiche brausen heran, viele Völker kommen zusammen. Der Herr der Heere mustert die Truppen. Sie kommen aus einem fernen Land, vom Ende des Himmels: der Herr und die Waffen seines Zorns, um das ganze Land zu verwüsten. Schreit auf, denn der Tag des Herrn ist nahe; er kommt wie eine zerstörende Macht vom Allmächtigen. Da sinken alle Hände herab, und das Herz aller Menschen verzagt. Sie sind bestürzt; sie werden von Krämpfen und Wehen befallen, wie eine Gebärende winden sie sich. Einer starrt auf den andern, wie Feuer glüht ihr Gesicht. Seht, der Tag des Herrn kommt, voll Grausamkeit, Grimm und glühendem Zorn; *dann macht er die Erde zur Wüste, und die Sünder vertilgt er. Die Sterne und Sternbilder am Himmel lassen ihr Licht nicht mehr leuchten. Die Sonne ist dunkel, schon wenn sie aufgeht, der Mond lässt sein Licht nicht mehr scheinen. Dann bestrafe ich den Erdkreis für seine Verbrechen und die Bösen für ihre Vergehen*. Dem Hochmut der Stolzen mache ich ein Ende und werfe die hochmütigen Tyrannen zu Boden. Die Menschen mache ich seltener als Feingold, die Menschenkinder rarer als Golderz aus Ofir. Dann wird der Himmel erzittern, und die Erde beginnt an ihrem Ort zu wanken wegen des Grimms des Herrn der Heere am Tag seines glühenden Zorns."

6.2.3.2. Joel 4,1-3 und 9-16:

„Denn seht, in jenen Tagen, in jener Zeit, wenn ich das Geschick Judas und Jerusalems wende, versammle ich alle Völker und führe sie hinab zum Tal Joschafat; dort streite ich im Gericht mit ihnen um Israel, mein Volk und meinen Erbbesitz. Denn sie haben es unter die Völker zerstreut und mein Land aufgeteilt. Sie haben über mein Volk

---
[166] KKK 311-314 (Die Vorsehung und das Ärgernis des Bösen).

Der Zorn Gottes 6.2.

das Los geworfen, einen Knaben haben sie der Dirne als Lohn gegeben und Mädchen für Wein verkauft, um zu zechen... Ruft den Völkern zu: *Ruft den Heiligen Krieg aus! Bietet eure Kämpfer auf! Alle Krieger sollen anrücken und heraufziehen. Schmiedet Schwerter aus euren Pflugscharen und Lanzen aus euren Winzermessern!* Der Schwache soll sagen: Ich bin ein Kämpfer. Eilt alle herbei, versammelt euch, ihr Völker ringsum! Dorthin führe, Herr, deine Kämpfer hinab!... Getöse und Getümmel herrscht im Tal der Entscheidung; denn der Tag des Herrn ist nahe im Tal der Entscheidung. *Sonne und Mond verfinstern sich, die Sterne halten ihr Licht zurück. Der Herr brüllt vom Zion her, aus Jerusalem dröhnt seine Stimme, so dass Himmel und Erde erbeben.* Doch für sein Volk ist der Herr eine Zuflucht, er ist eine Burg für Israels Söhne."

6.2.3.3. Sacharja 14,1-3 und 13-14

„Siehe, es kommt ein Tag für den Herrn, an dem man in deiner Mitte verteilt, was man bei dir erbeutet hat. *Denn ich versammle alle Völker zum Krieg gegen Jerusalem.* Die Stadt wird erobert, die Häuser werden geplündert, die Frauen geschändet. Die Hälfte der Stadt zieht in die Verbannung; aber der Rest des Volkes wird nicht aus der Stadt vertrieben. *Doch dann wird der Herr hinausziehen und gegen diese Völker Krieg führen und kämpfen, wie nur er kämpft am Tag der Schlacht...* An jenem Tag wird die Verwirrung groß sein, die der Herr unter ihnen bewirkt. Einer wird den andern bei der Hand packen, einer seine Hand gegen den andern erheben. Selbst Juda wird gegen Jerusalem kämpfen, und *die Macht aller Völker ringsum wird sich vereinen.*" (Vgl. auch Sach 12,1-6).

Zu diesen Parallelstellen frage ich: wer sammelt heute Heilige Krieger, wer verkündet den "Heiligen Krieg" und wer will ihn gegen Jerusalem führen, um es "zu befreien"? Wer verkündet Absichten der Vernichtung (Hebräisch: Schoa), wie es bisher nur Hitler getan hat? Wer Ohren hat, der höre!

V. Offb 15-16

6.2.4. Die siebte Schale: Es ist geschehen!

Betrachten wir noch die Ereignisse bei der siebten Schale des Zornes: „Und der siebte Engel goss seine Schale über die Luft. Da kam eine laute Stimme aus dem Tempel, die vom Thron her rief: Es ist geschehen. Und es folgten Blitze, Stimmen und Donner; es entstand ein gewaltiges Erdbeben, wie noch keines gewesen war, seitdem es Menschen auf der Erde gibt. So gewaltig war dieses Beben. Die große Stadt brach in drei Teile auseinander, und die Städte der Völker stürzten ein. Gott hatte sich an Babylon, die Große, erinnert und reichte ihr den Becher mit dem Wein seines rächenden Zornes. Alle Inseln verschwanden, und es gab keine Berge mehr." (Offb 16,17-20)

Eine laute Stimme vom Himmel her ruft: *es ist geschehen*. Das zeigt das Ende des Abschnitts an und weist zurück auf die Verkündigung der siebten Posaune: „Es wird keine Zeit mehr bleiben, denn in den Tagen, wenn der siebte Engel seine Posaune bläst, wird auch das Geheimnis Gottes vollendet sein" (Offb 10,6-7) Das Ende besteht hier im großen Erdbeben, das die gesamte Zivilisation samt der Erdoberfläche zu Fall bringt: *die Städte der Völker stürzten ein, alle Inseln verschwanden und es gab keine Berge mehr* (siehe 2.3.3.1.).

Wie passt die Schale über die Luft mit einem solchen Erdbeben zusammen? Ich denke, indem die Erde durch Detonationen in der Luft erschüttert wird. Wenn man zusammenschaut, worüber die sieben Engel ihre Schalen des Zorns ausgießen, so ist die gesamte Schöpfung davon betroffen: das Land, das Meer, Flüsse und Quellen, die Sonne und die Luft. Dazu kommen der Thron des Tieres und der große Strom Eufrat, welche zur Geographie des Antichrist gehören. Was in den Visionen nacheinander gezeigt wird, kann man auch als gleichzeitig begreifen. In der heutigen Zeit erleben wir, wie der irdische Lebensraum durch die globalen Auswirkungen unseres technischen Handelns konkret bedroht ist[167]. Viele Arten sind deshalb schon von der Erdoberfläche verschwunden oder dem Aussterben nahe. Betrifft das uns Menschen etwa nicht?

---

[167] Siehe z.B. http://worldoceanreview.com/ oder http://www.greenpeace.de/themen/.

Der Zorn Gottes 6.2.

Folgende Stelle aus dem Buch Zefanja ist wie eine Zusammenfassung über den Tag des Zorns im Alten Testament: *„Der Tag des Herrn ist nahe, der gewaltige Tag, er ist nahe, schnell kommt er herbei.* Horch, der Tag des Herrn ist bitter, da schreit sogar der Kriegsheld auf. Ein Tag des Zorns ist jener Tag, ein Tag der Not und Bedrängnis, ein Tag des Krachens und Berstens, ein Tag des Dunkels und der Finsternis, ein Tag der Wolken und der schwarzen Nacht, ein Tag des Widderhorns und des Kriegsgeschreis... Da jage ich den Menschen Angst ein, so dass sie wie blind umherlaufen; denn sie haben sich gegen den Herrn versündig. Ihr Blut wird hingeschüttet wie Schutt und ihr fettes Mark wie Kot. *Weder ihr Silber noch ihr Gold kann sie retten am Tag des Zornes des Herrn. Vom Feuer seines leidenschaftlichen Eifers wird die ganze Erde verzehrt. Denn er bereitet allen Bewohnern der Erde ein Ende, ein schreckliches Ende."* (Zef 1,14-18) Allerdings sind es nicht wirklich alle, sondern auch hier bleibt ein Rest übrig, der den Herrn empfängt, wenn er in Herrlichkeit erscheint:
„Sucht den Herrn, ihr Gedemütigten im Land, die ihr nach dem Recht des Herrn lebt. Sucht Gerechtigkeit, sucht Demut! Vielleicht bleibt ihr geborgen am Tag des Zornes des Herrn." (Zef 2,3)

Die vier Reiter der Apokalypse (Offb 6,1-8)

VI. Offb 17-19

7. Der Sturz Babylons und die Hochzeit des Lammes
(VI. Offb 17,1 - 19,10)

In diesem neuen inhaltlichen Abschnitt wird das endzeitliche Geschehen aus der Perspektive einer globalen Wirtschaft, einer globalen Zivilisation und ihrer moralischen Verkommenheit geschildert. Der Sturz Babylons wurde schon vorher festgestellt: „Ein anderer Engel, ein zweiter, folgte und rief: Gefallen, gefallen ist Babylon, die Große, die alle Völker betrunken gemacht hat mit dem Zornwein ihrer Hurerei." (Offb 14,8)
Jetzt wird dieser Aspekt ausgebreitet und thematisiert: „Dann kam einer der sieben Engel, welche die sieben Schalen trugen, und sagte zu mir: Komm, ich zeige dir das *Strafgericht über die große Hure, die an den vielen Gewässern sitzt*. Denn mit ihr haben die Könige der Erde Unzucht getrieben, und vom Wein ihrer Hurerei wurden die Bewohner der Erde betrunken." (Offb 17,1-2)

7.1. Die Hure an den vielen Gewässern

Hure und Hurerei sind altertümliche Worte für die Prostitution. Sie steht im Alten Testament für die Untreue Israels gegenüber dem Herrn und für die Zuwendung zu den falschen Göttern oder Götzen der Heiden. Deren Kult war im Allgemeinen mit Prostitution verbunden: „Doch dann hast du dich auf deine Schönheit verlassen, du hast deinen Ruhm missbraucht und dich zur Dirne gemacht. Jedem, der vorbeiging, hast du dich angeboten, jedem bist du zu Willen gewesen. Du hast deine bunten Gewänder genommen und dir an den Kulthöhen ein Lager bereitet und darauf Unzucht getrieben. Deinen prächtigen Schmuck aus meinem Gold und Silber, den ich dir geschenkt hatte, hast du genommen und hast dir daraus männliche Figuren gemacht, um mit ihnen Unzucht zu treiben." (Ez 16,15-17) Damit ging auch die Tötung der eigenen Kinder als Opfer für die Dämonen einher: „Du hast deine Söhne und Töchter, die du mir geboren hast, genommen und ihnen als Schlachtopfer zum Essen vorgesetzt. War dir dein unzüchtiges Treiben noch nicht genug? Musstest du auch noch meine Söhne schlachten, um sie ihnen darzubringen und für sie durch das Feuer gehen zu lassen?" (Ez 16,20-21)

Die Hure an den vielen Gewässern 7.1.

Die Hure symbolisiert also eine Zivilisation oder „Kultur des Todes"[168]. Sie ist damit ein Gegenbild zur Frau und Mutter in Offb 12,1, welche das Volk Gottes in seiner Treue zum Bund repräsentiert. Andererseits trägt sie den Namen einer Stadt, Babylon, und ist damit auch das Gegenbild des himmlischen Jerusalems. Sie erinnert an das *Weib Isebel* im Sendschreiben an die Gemeinde von Thyatira: „Aber ich werfe dir vor, dass du das Weib Isebel gewähren lässt; sie gibt sich als Prophetin aus und lehrt meine Knechte und verführt sie, Unzucht zu treiben und Fleisch zu essen, das den Götzen geweiht ist. Ich habe ihr Zeit gelassen umzukehren; sie aber will nicht umkehren und von ihrer Unzucht ablassen." (Offb 2,20-21)

7.1.1. Babel und Babylon

Der Name *Babylon* hat schon im Alten Testament eine gewichtige Bedeutung. Er steht für den Turmbau zu Babel, der ein Sinnbild für die gefallene Menschheit ist. Er symbolisiert den immer wieder aufkommenden Hochmut der Menschen gegenüber ihrem Schöpfer: „Dann sagten sie: *Auf, bauen wir uns eine Stadt und einen Turm mit einer Spitze bis zum Himmel, und machen wir uns damit einen Namen*, dann werden wir uns nicht über die ganze Erde zerstreuen.

Da stieg der Herr herab, um sich Stadt und Turm anzusehen, die die Menschenkinder bauten. Er sprach: Seht nur, ein Volk sind sie, und eine Sprache haben sie alle. Und das ist erst der Anfang ihres Tuns. *Jetzt wird ihnen nichts mehr unerreichbar sein, was sie sich auch vornehmen...*" (Gen 11,4-6)

Der symbolische *Turm mit einer Spitze bis zum Himmel* wird heute in vielen Städten realisiert. Die Twin Towers des zerstörten World Trade Centers in New York waren mit 415 und 417 Metern einige Zeit lang die höchsten Gebäude der Welt. Heute ist es der Chalifa-Turm in Dubai mit 828 Metern.

---

[168] Ausdruck von Papst Johannes Paul II., den er in seiner Enzyklika *Evangelium Vitae* zwölf Mal verwendet. „Wie ich in meinem Brief an die Familien schrieb, "stehen wir vor einer enormen Bedrohung des Lebens, nicht nur einzelner Individuen, sondern auch der ganzen Zivilisation". Wir stehen vor dem, was als eine gegen das noch ungeborene menschliche Leben gerichtete "Sündenstruktur" definiert werden kann." (*Evangelium Vitae* Nr. 59)

VI. Offb 17-19

Wahrlich, die Menschen der heutigen Zeit bilden sich ein, es sei ihnen nichts mehr unerreichbar. Das nächste konkrete Ziel ist die Marslandung. Der bisher erfolgreichste Film aller Zeiten ist dieser allerdings schon etwas voraus und lässt uns auf dem völlig unrealistischen Planeten Pandora[169] Zuflucht finden. Das Problem ist allerdings nicht die Technik, die gerade für den Umweltschutz sehr notwendig ist. Das Übel besteht in der stolzen Überheblichkeit, mit der sich der Mensch selbst als Schöpfer des Universums und Maß aller Dinge betrachtet. Das gilt heute vor allem für den Bereich der Genmanipulation mit ihrem Anspruch, den Menschen selbst verbessern, klonen oder selektieren zu können.

Babel steht auch für das babylonische Exil, die Verbannung Israels im 6. Jhd. vor Christus: „Denn so spricht der Herr: Ja, ich gebe dich dem Grauen preis, dich und alle deine Freunde. Sie werden unter dem Schwert ihrer Feinde fallen, und du musst mit eigenen Augen zusehen. Ganz Juda aber gebe ich in die Hand des Königs von Babel; er wird sie nach Babel wegführen und mit dem Schwert erschlagen. Auch allen Besitz dieser Stadt, all ihre Habe, alles Kostbare und alle Schätze der Könige von Juda gebe ich in die Hand ihrer Feinde; sie werden alles rauben, wegschleppen und nach Babel bringen." (Jer 20,4-5) Durch dieses Exil ist das neubabylonische Reich zum Sinnbild für die Feinde Israels geworden. Es lag übrigens am Eufrat, im Bereich des heutigen Irak.

7.1.2. Das antike, heidnische Rom

Schließlich steht die Prostituierte auch für das antike, heidnische Rom zur Zeit der frühen Kirche, das eine große Zahl von Märtyrern hervorgebracht hat. Am 30. Juni, einen Tag nach dem Fest der Apostel Petrus und Paulus, feiert die Kirche die ersten Blutzeugen Roms unter Kaiser Nero. Dieser hatte Rom anzünden lassen, um es prachtvoller wieder aufbauen zu können, und die Schuld dafür den Christen in die Schuhe geschoben.

In Offb 17,6 wird gesagt, dass die Frau *betrunken war vom Blut der Heiligen und vom Blut der Zeugen Jesu*. Der folgende Text bringt die Prostituierte in Zusammenhang mit dem Reich des Tieres, mit dem

---

[169] Bezug auf den Film „Avatar- Aufbruch nach Pandora" von James Cameron.

Die Hure an den vielen Gewässern 7.1.

sie untrennbar verbündet ist: „Der Geist ergriff mich, und der Engel entrückte mich in die Wüste. Dort sah ich eine Frau auf einem scharlachroten Tier sitzen, das über und über mit gotteslästerlichen Namen beschrieben war und sieben Köpfe und zehn Hörner hatte. *Die Frau war in Purpur und Scharlach gekleidet und mit Gold, Edelsteinen und Perlen geschmückt. Sie hielt einen goldenen Becher in der Hand, der mit dem abscheulichen Schmutz ihrer Hurerei gefüllt war.* Auf ihrer Stirn stand ein Name, ein geheimnisvoller Name: Babylon, die Große, die Mutter der Huren und aller Abscheulichkeiten der Erde. Und ich sah, dass die Frau betrunken war vom Blut der Heiligen und vom Blut der Zeugen Jesu." (Offb 17,3-6)

Die Prostituierte wird nicht nur durch Unzucht sondern auch durch die Fülle des Wohlstands[170] gekennzeichnet: Gold, Edelsteine und Perlen. Purpur und Scharlach waren in der Antike die wertvollsten Farbstoffe.

Babylon trägt den abscheulichen Schmutz ihrer Hurerei in einem goldenen Kelch. Das erinnert an den Missbrauch der kostbaren Gefäße des Tempels im Buch Daniel: „In seiner Weinlaune nun ließ Belschazar die goldenen und silbernen Gefäße holen, die sein Vater Nebukadnezar aus dem Tempel in Jerusalem mitgenommen hatte. Jetzt sollten der König und seine Großen, seine Frauen und Nebenfrauen daraus trinken... Sie tranken Wein und lobten die Götter aus Gold und Silber, aus Bronze, Eisen, Holz und Stein." (Dan 5,2.4)

Von der Hure wird auch gesagt, dass sie auf sieben Bergen sitzt, die mit den sieben Köpfen des Tieres identifiziert werden (Offb 17,9). Das weist wiederum auf das antike Rom hin, das am Ende des ersten Petrusbriefes „Babylon" genannt wird: „Es grüßen euch die Mitauserwählten *in Babylon* und mein Sohn Markus." (1Petr 5,13)

Rom wurde ja bekanntlich auf sieben Hügeln erbaut, von denen wir heute am besten den Vatikanischen kennen. Wegen dieser Identifizierung mit Rom einerseits und dem Sitz der katholischen Kirche in Rom andererseits, gibt es tatsächlich im Bereich der evangelikalen Freikirchen zum Teil noch die Auffassung, mit der Hure Babylon sei die Katholische Kirche gemeint.

---

[170] Vgl. Offb 3,17-19 (Mahnung des Herrn an die Gemeinde von Laodizea).

VI. Offb 17-19

Dabei wird besonders auf die Verbindung des Papsttums mit der weltlichen Macht hingewiesen, auf moralische Verkommenheit sowie den Reichtum oder Luxus der Kirche in Mittelalter und Renaissance.

Wir wissen, dass es solche Untreue zum Evangelium tatsächlich gegeben hat und auch weiterhin gibt. Nur macht das keineswegs das Wesen der Kirche aus, das geprägt ist von der bleibenden Gegenwart des Lammes in ihrer Mitte. Die Kirche wird in Offb 12,1 mit der Frau identifiziert, die mit der Sonne bekleidet ist und einen Kranz von zwölf Sternen auf ihrem Haupt trägt. Wir begegnen ihr dann wieder in Offb 19,7: „Wir wollen uns freuen und jubeln und Gott die Ehre erweisen. Denn gekommen ist die *Hochzeit des Lammes, und seine Frau hat sich bereit gemacht.*" Babylon wird in der Offenbarung dagegen als Verkörperung des *heidnischen Roms* angesehen, das eben diese Kirche bis auf den Tod verfolgt hat und deshalb betrunken ist mit dem Blut der Heiligen und der Zeugen Jesu. Aber es handelt sich auch um die gottlose Zivilisation der letzten Zeiten, wo dieses Heidentum wieder neu an die Macht kommt.

7.1.3. Die Großstadt mit ihren Sprachen, Nationen und Menschenmassen

Während die Hure zu Beginn der Vision auf dem Tier sitzt und eins mit ihm zu sein scheint, kommt es in folgendem Abschnitt zur Scheidung: „Und er sagte zu mir: *Du hast die Gewässer gesehen, an denen die Hure sitzt; sie bedeuten Völker und Menschenmassen, Nationen und Sprachen.* Du hast die zehn Hörner und das Tier gesehen; sie werden die Hure hassen, ihr alles wegnehmen, bis sie nackt ist, werden ihr Fleisch fressen und sie im Feuer verbrennen. Denn Gott lenkt ihr Herz so, dass sie seinen Plan ausführen: Sie sollen einmütig handeln und ihre Herrschaft dem Tier übertragen, bis die Worte Gottes erfüllt sind. *Die Frau aber, die du gesehen hast, ist die große Stadt, die die Herrschaft hat über die Könige der Erde.*" (Offb 17,15-18)

Die Hure steht für die globale Zivilisation der letzten Zeiten, welche in Völkern, Menschenmassen, Nationen und Sprachen gegenwärtig ist. Diese Kultur des Todes wird von der antichristlichen Weltmacht verachtet und zugrunde gerichtet.

Die Hure an den vielen Gewässern 7.1.

Wo keine Ehrfurcht vor Gott da ist, gibt es auch keine Ehrfurcht vor dem Menschen und seiner Lebenswelt: *sie werden die Hure hassen, ihr alles wegnehmen, bis sie nackt ist, werden ihr Fleisch fressen und sie im Feuer verbrennen.* Das ist ein symbolischer Ausdruck für das Gericht, von dem schon oft die Rede war, und das im 18. Kapitel neu beschrieben wird. *Gott lenkt ihr Herz so, dass sie seinen Plan ausführen*: Das Böse entspricht nicht direkt dem Willen Gottes, aber er baut es in seinen *Heilsplan mit der Menschheit*[171] ein. Dieser Plan führt uns durch das reinigende Gericht hindurch zum endgültigen Reich des Friedens in der neuen Schöpfung.

Andererseits hat die Stadt *die Herrschaft über die Könige der Erde, die mit ihr Unzucht getrieben haben.* Diese Herrschaft ist eine geistliche Herrschaft der Ideologie, des Unrechts, des ungerechten Reichtums und der Begierde. Insofern hat die Hure eine ähnliche symbolische Bedeutung wie das Tier, das aus der Erde aufsteigt (siehe 4.2.3.). Das Tier repräsentiert den "Priester" im Reich des Antichrist, die Hure das religiös pervertierte Volk. Die "Könige" sind ein Gegenbild zu den Gläubigen, die durch Jesus an der Königsherrschaft Gottes teilhaben (siehe 1.2.2.).

Die vielen Gewässer, an denen die Hure sitzt (Offb 17,1), lassen daran denken, dass die großen Metropolen meistens an Flussläufen oder ihrer Mündung im Meer liegen. Sie haben sich an strategisch wichtigen Handelswegen entwickelt und brauchen viel Süßwasser für ihre Haushalte und Industrie. Heute gibt es über 300 Millionenstädte, die geprägt sind von der multikulturellen Mischung vieler Sprachen, Völker und Nationen. Insbesondere gilt das für New York, dem Sitz der UNO und der amerikanischen Börse. Jede heutige Großstadt trägt Züge der Hure: Luxus, Prostitution, Alkoholismus, Drogenhandel, Abfall von Gott, Satanismus, Abtreibung, Missachtung der Menschenwürde. Dafür gibt es eine passende Beschreibung in Psalm 106: „Sie vermischten sich mit den Heiden und lernten von ihren Taten. Sie dienten ihren Götzen; die wurden ihnen zur Falle. Sie brachten ihre Söhne und Töchter dar als Opfer für die Dämonen. Sie vergossen schuldloses Blut, das Blut ihrer Söhne und Töchter,

---

[171] KKK 311-314 (Die Vorsehung und das Ärgernis des Bösen). „Sag nicht: Meine Sünde kommt von Gott. Denn was er hasst, das tut er nicht. Sag nicht: Er hat mich zu Fall gebracht. Denn er hat keine Freude an schlechten Menschen." (Sir 15,11-12)

VI. Offb 17-19

die sie den Götzen Kanaans opferten; so wurde das Land durch Blutschuld entweiht. Sie wurden durch ihre Taten unrein und brachen Gott mit ihrem Tun die Treue." (Ps 106,35-39) Allerdings gibt es in den Metropolen auch noch Elemente der schönen Schöpfung Gottes, die Kirche, ihre Kathedralen und ihre Heiligen, sowie die Menschen guten Willens, die an der Stadt Gottes bauen.

7.2. Die Abfolge der Reiche und die apokalyptische Jetzt-Zeit

Im Text der Offenbarung gibt es eine lange Erklärung der Vision, die aber selbst wieder erklärungsbedürftig ist. Es handelt sich um einen Dialog zwischen dem Seher Johannes und einem der Engel mit den Schalen des Zorns:

„Beim Anblick der Frau ergriff mich großes Erstaunen. Der Engel aber sagte zu mir: Warum bist du erstaunt? Ich will dir das Geheimnis der Frau enthüllen und das Geheimnis des Tieres mit den sieben Köpfen und zehn Hörnern, auf dem sie sitzt. Das Tier, das du gesehen hast, *war einmal und ist jetzt nicht; es wird aber aus dem Abgrund heraufsteigen und dann ins Verderben gehen.* Staunen werden die Bewohner der Erde, deren Namen seit der Erschaffung der Welt nicht im Buch des Lebens verzeichnet sind. *Sie werden bei dem Anblick des Tieres staunen; denn es war einmal und ist jetzt nicht, wird aber wieder da sein. Hier braucht man Verstand und Kenntnis.*

Die sieben Köpfe bedeuten die sieben Berge, auf denen die Frau sitzt. Sie bedeuten auch sieben Könige. Fünf sind bereits gefallen. Einer ist jetzt da, einer ist noch nicht gekommen; wenn er dann kommt, darf er nur kurze Zeit bleiben. *Das Tier aber, das war und jetzt nicht ist, bedeutet einen achten König und ist doch einer von den sieben und wird ins Verderben gehen.* Die zehn Hörner, die du gesehen hast, bedeuten zehn Könige, die noch nicht zur Herrschaft gekommen sind; sie werden aber königliche Macht für eine einzige Stunde erhalten, zusammen mit dem Tier. Sie sind eines Sinnes und übertragen ihre Macht und Gewalt dem Tier." (Offb 17,7-13)

Die Abfolge der Reiche 7.2.

7.2.1. Das Tier, das einmal war und jetzt nicht ist

Betrachten wir die detaillierte Erklärung des Engels in Bezug auf das Tier. Sie knüpft an die Kapitel 12 und 13 an. Das Tier ist scharlachrot, in Offb 12,3 feuerrot, und wird dort mit dem Satan identifiziert. Andererseits steigt in Offb 13,1 ein ähnliches Tier aus dem Meer, das wir mit der totalitären Herrschaft des Antichrist identifiziert haben. Im oben zitierten Text gibt es nun eine zeitliche Reihenfolge und so etwas wie eine apokalyptische Jetzt-Zeit: *Das Tier, das du gesehen hast, war einmal und ist jetzt nicht; es wird aber aus dem Abgrund heraufsteigen und dann ins Verderben gehen...* Dieses *Jetzt* ist offenbar eine Zeit, die vorläufig *frei zu sein scheint* von totalitärer Herrschaft und Unterdrückung des christlichen Glaubens. In Europa können wir besonders an den Fall des Eisernen Vorhangs im Jahr 1989 und an das Ende der Sowjetunion denken. Der Kommunismus war so ein antichristliches Weltreich, das immer noch in Vietnam, China und Nordkorea fortbesteht. Auch das „dritte Reich" des Nationalsozialismus war einmal und ist jetzt nicht. Wenn man die Beschreibung auf die Antike bezieht, so hatten der Kaiserkult und seine blutige Christenverfolgung mit der Vereinbarung von Mailand im Jahr 313 n.Chr. aufgehört[172].

In der Offenbarung selbst gibt es in Kapitel 20 eine Auslegung des Satzes: *Das Tier, das du gesehen hast, war einmal und ist jetzt nicht; es wird aber aus dem Abgrund heraufsteigen und dann ins Verderben gehen.* Dort wird gezeigt, dass der Satan mit Kette, Schlüssel und Siegel im Abgrund verschlossen wird (Offb 20,1-3) und dann für 1000 Jahre *jetzt nicht ist*. Danach wird er für kurze Zeit freigelassen, d.h. *aus dem Abgrund heraufsteigen*, um die Völker zu verführen: das Resultat ist die Hure Babylon. Dann wird er im Krieg mit dem Lamm ins Verderben gehen, d.h. er wird in den See von brennendem Schwefel geworfen (Offb 20,9-10). Demnach wäre das *Tausendjährige Reich Christi* die *Jetzt-Zeit* von Offb 17,8 (siehe 9.2.2.).

---

[172] http://de.wikipedia.org/wiki/Edikt_von_Mailand, abgerufen am 13.12.2010.

VI. Offb 17-19

7.2.2. Der achte König

Die Betrachtung der zeitlichen Reihenfolge wird in den folgenden Versen noch viel ausführlicher. Es kommt wieder deutlich das letztzeitliche Geschehen zum Ausdruck, um das es in der Offenbarung wesentlich geht: „Die sieben Köpfe bedeuten ...auch sieben Könige. *Fünf sind bereits gefallen. Einer ist jetzt da, einer ist noch nicht gekommen; wenn er dann kommt, darf er nur kurze Zeit bleiben. Das Tier aber, das war und jetzt nicht ist, bedeutet einen achten König* und ist doch einer von den sieben und wird ins Verderben gehen. *Die zehn Hörner, die du gesehen hast, bedeuten zehn Könige*, die noch nicht zur Herrschaft gekommen sind; sie werden aber königliche Macht für eine einzige Stunde erhalten, zusammen mit dem Tier. *Sie sind eines Sinnes und übertragen ihre Macht und Gewalt dem Tier. Sie werden mit dem Lamm Krieg führen, aber das Lamm wird sie besiegen.* Denn es ist der Herr der Herren und der König der Könige. Bei ihm sind die Berufenen, Auserwählten und Treuen." (Offb 17,9-14)

Ich will in Bezug auf die Abfolge von Köpfen und Hörnern, die offenbar weltliche Herrscher bedeuten, keine weiteren Spekulationen vorbringen, möchte aber noch einmal darauf hinweisen, dass es dasselbe Interesse an der Abfolge von Herrschern und Reichen häufig im Buch Daniel gibt (siehe 4.2.1.). So z.B. in der Vision vom gewaltigen Standbild, das zerschmettert und vom Reich Gottes abgelöst wird (Dan 2), in der Vision von den vier Tieren und vom Kommen des Menschensohnes (Dan 7), in der Vision vom Widder und Ziegenbock (Dan 8) sowie in der Erklärung der 70 Jahrwochen (Dan 9,24-27).

In all diesen Texten geht es um die Reihenfolge irdischer Reiche, die einander ablösen. Am Ende gibt es dann eine extreme Zuspitzung des Unheils in Form von Krieg und Verwüstung unter einem einzigen, letzten Herrscher (der achte König bzw. das Tier in Offb 17,11), sowie das plötzliche Eintreffen des Gottesreiches.

Die 10 Könige sind eine Vielzahl von Regierungschefs, die mit dem Chaos in ihren Ländern nicht mehr zurechtkommen. Daher übertragen sie ihre Macht dem Tier, das als vermeintlicher „Retter", als falscher Messias, auftritt. Die letzte Weltdiktatur kommt nur dadurch zustande, dass sich viele von dem Einen abhängig machen, indem sie ihm ihre Kompetenzen abtreten. Die Bezeichnung des Lammes als

Die Abfolge der Reiche 7.2.

Herr der Herren und der König der Könige weist voraus auf den kommenden inhaltlichen Abschnitt (Offb 19,16), in dem der Krieg von neuem symbolisch beschrieben wird.

7.2.3. Die Vision vom gewaltigen Standbild

Ich möchte in diesem Zusammenhang auf die Vision im Buch Daniel zurückkommen, deren eschatologischer Charakter offensichtlich ist. Die Vision erinnert äußerlich an das Standbild in Offb 13,14-15, hat aber eine andere Absicht, nämlich die zeitliche Abfolge und das Ende der irdischen Reiche zu veranschaulichen:

„Daniel antwortete dem König: Weise und Wahrsager, Zeichendeuter und Astrologen vermögen dem König das Geheimnis, nach dem er fragt, nicht zu enthüllen. *Aber es gibt im Himmel einen Gott, der Geheimnisse offenbart; er ließ den König Nebukadnezzar wissen, was am Ende der Tage geschehen wird... Du, König, hattest eine Vision: Du sahst ein gewaltiges Standbild. Es war groß und von außergewöhnlichem Glanz; es stand vor dir und war furchtbar anzusehen.* An diesem Standbild war das Haupt aus reinem Gold; Brust und Arme waren aus Silber, der Körper und die Hüften aus Bronze. Die Beine waren aus Eisen, die Füße aber zum Teil aus Eisen, zum Teil aus Ton. *Du sahst, wie ohne Zutun von Menschenhand sich ein Stein von einem Berg löste, gegen die eisernen und tönernen Füße des Standbildes schlug und sie zermalmte.* Da wurden Eisen und Ton, Bronze, Silber und Gold mit einem Mal zu Staub. Sie wurden wie Spreu auf dem Dreschplatz im Sommer. Der Wind trug sie fort, und keine Spur war mehr von ihnen zu finden. *Der Stein aber, der das Standbild getroffen hatte, wurde zu einem großen Berg und erfüllte die ganze Erde.*

Das war der Traum. Nun wollen wir dem König sagen, was er bedeutet. Du, König, bist der König der Könige; dir hat der Gott des Himmels Herrschaft und Macht, Stärke und Ruhm verliehen...

Du bist das goldene Haupt. Nach dir kommt ein anderes Reich, geringer als deines; dann ein drittes Reich, von Bronze, das die ganze Erde beherrschen wird. Ein viertes endlich wird hart wie Eisen sein; Eisen zerschlägt und zermalmt ja alles; *und wie Eisen alles zerschmettert, so wird dieses Reich alle anderen zerschlagen und zerschmettern...*

VI. Offb 17-19

Zur Zeit jener Könige wird der Gott des Himmels ein Reich errichten, das in Ewigkeit nicht untergeht; dieses Reich wird er keinem anderen Volk überlassen. *Es wird alle jene Reiche zermalmen und endgültig vernichten; es selbst aber wird in alle Ewigkeit bestehen.* Du hast ja gesehen, dass ohne Zutun von Menschenhand ein Stein vom Berg losbrach und Eisen, Bronze und Ton, Silber und Gold zermalmte. Der große Gott hat den König wissen lassen, was dereinst geschehen wird. Der Traum ist sicher und die Deutung zuverlässig."
(Dan 2,27-40 und 44-45)

7.2.4. Erhebt eure Häupter, denn eure Erlösung ist nahe
Man kann von einer apokalyptischen Jetzt-Zeit auch in Bezug auf folgendes Wort des Herrn sprechen, das nur Lukas überliefert hat: *„Wenn all das beginnt*, dann richtet euch auf, und erhebt eure Häupter; denn eure Erlösung ist nahe." (Lk 21,28) „All das" bezieht sich auf die vorausgehende Rede. Jesus spricht zunächst prophetisch von der Verwüstung Jerusalems, von allem was sich in den Jahren 70 und 135 n.Chr. tatsächlich ereignet hat, als die Römer Jerusalem einnahmen und zu einer heidnischen Stadt „Aelia Capitolina" in „Palästina" machten. Dann fährt er fort: „...als Gefangene wird man sie in alle Länder verschleppen, und Jerusalem wird von den Heiden zertreten werden, bis die Zeiten der Heiden sich erfüllen. Es werden Zeichen sichtbar werden an Sonne, Mond und Sternen, und auf der Erde werden die Völker bestürzt und ratlos sein über das Toben und Donnern des Meeres. Die Menschen werden vor Angst vergehen in der Erwartung der Dinge, die über die Erde kommen; denn die Kräfte des Himmels werden erschüttert werden. Dann wird man den Menschensohn mit großer Macht und Herrlichkeit auf einer Wolke kommen sehen." (Lk 21,24-27)
Nach der Verschleppung der Juden werden Dinge angekündigt, die man *schon jetzt* als gegenwärtig erkennen kann. Ich gehe die betreffenden Sätze der Reihe nach durch.
Jerusalem wird von den Heiden zertreten werden, bis die Zeiten der Heiden sich erfüllen. Mit den *Heiden* sind in der Bibel die Völker, die Nationen, als Gegenüber zum jüdischen Volk gemeint. Nach der Vertreibung der Juden aus dem Heiligen Land wurde es zuerst von den Römern beherrscht, dann von den Byzantinern, dem „oströmi-

Die Abfolge der Reiche 7.2.

schen Reich" mit griechischer Kultur, dann von den muslimischen Arabern, kurzzeitig von europäischen Kreuzfahrern (12. Jhd.), am längsten aber (über 400 Jahre) von den türkischen Osmanen. Dann von den Engländern zwischen dem ersten und zweiten Weltkrieg und schließlich von Jordanien nach dem Krieg gegen den im Mai 1948 proklamierten jüdischen Staat. Jerusalem war, wie Berlin, 19 Jahre lang eine geteilte Stadt, wobei der Ostteil mit der historischen Altstadt für die Juden unzugänglich blieb. Erst seit dem „Sechstagekrieg" vom Juni 1967 ist Jerusalem zum ersten Mal seit der Antike wieder ungeteilte Hauptstadt Israels, und so haben sich die Zeiten der Heiden erfüllt.

Es werden Zeichen sichtbar werden an Sonne, Mond und Sternen. Solche übernatürliche Zeichen gab es seit dem Sonnenwunder von Fatima, das am 13. Oktober 1917 von ca. 70 000 Menschen aus ganz Portugal gesehen und bezeugt wurde, unabhängig von ihrem Glauben. Später hat es auch Pius XII. in Rom gesehen, kurz vor der Dogmatisierung der leiblichen Aufnahme Marias in den Himmel am 1. November 1950.

Schließlich sehen viele einzelne Pilger in Medjugorje seit 1981 ähnliche Zeichen an der Sonne, die zu einer tanzenden oder Farben sprühenden Scheibe wird, die man längere Zeit mit bloßem Auge beobachten kann. Letztlich ist Maria selbst das Zeichen am Himmel (Offb 12,1), indem sie einigen Personen sichtbar erscheint und durch diese zu uns spricht.

Auf der Erde werden die Völker bestürzt und ratlos sein über das Toben und Donnern des Meeres. Das lässt uns heutzutage besonders an Seebeben und dadurch ausgelöste Tsunamis denken. Ein weltweites Ansteigen der Meeresspiegel durch das Schmelzen der Eisschilde Grönlands und der Antarktis ist voraussehbar.

Die Menschen werden vor Angst vergehen in der Erwartung der Dinge, die über die Erde kommen; denn die Kräfte des Himmels werden erschüttert werden. Die Kräfte des Himmels sind bereits durch Kernwaffen erschüttert worden. Seitdem gibt es auch die Angst vor ihrem Einsatz in einem Atomkrieg, zumal eine wachsende Zahl von Nationen über Kernwaffen verfügt.

VI. Offb 17-19

Wenn das auch noch nicht die letzte Erfüllung der Prophetie bedeutet, die zum *Kommen des Menschensohnes* führt, so hat *all das doch bereits im 20. Jhd.* begonnen und man kann daher auf die endgültige Erlösung vom Himmel her gespannt sein.

7.3. Gefallen, gefallen ist Babylon, die Große!

Das 18. Kapitel der Offenbarung beginnt mit folgender Verkündigung: „Danach sah ich einen anderen Engel aus dem Himmel herabsteigen; er hatte große Macht, und die Erde leuchtete auf von seiner Herrlichkeit. Und er rief mit gewaltiger Stimme: Gefallen, gefallen ist Babylon, die Große! *Zur Wohnung von Dämonen ist sie geworden, zur Behausung aller unreinen Geister und zum Schlupfwinkel aller unreinen und abscheulichen Vögel.* Denn vom Zornwein ihrer Unzucht haben alle Völker getrunken, und die Könige der Erde haben mit ihr Unzucht getrieben. Durch die Fülle ihres Wohlstands sind die Kaufleute der Erde reich geworden." (Offb 18,1-3)

Mit den unreinen, abscheulichen Vögeln sind die vorher genannten Dämonen und unreinen Geister gemeint oder die von ihnen beherrschten Menschen. Es werden in dem Text zwei Quellen der Sünde genannt, welche die Zivilisation zur Wohnung der Dämonen macht: nämlich Unzucht und Fülle des Wohlstands. Ich habe schon darauf hingewiesen, dass mit Unzucht im geistlichen Sinn der Abfall vom Glauben an Gott und die Untreue zu seinem Bund gemeint ist. Ich möchte nun noch auf die eigentliche, wörtliche Bedeutung näher eingehen.

7.3.1. Unzucht

Unzucht im eigentlichen Sinn ist die intime Beziehung ohne eine Ehe oder außerhalb der Ehe. Im weiteren Sinn ist jede Form von unkeuscher Handlung damit gemeint. Es gibt unzählige Warnungen in der Bibel vor dieser Art von Sünde[173].

So z.B. in der Belehrung Jesu über rein und unrein: „*Denn von innen, aus dem Herzen der Menschen, kommen die bösen Gedanken,*

---

[173] Apg 15,28-29; Röm 1,25-27 und 13,13; 1Kor 5,1-13; 2Kor 12,21; Gal 5,19-21; Eph 5,3-5; Kol 3,5-6; 1Thess 4,3-5; Jud 1,7; Offb 21,8; 22,15; Tob 4,12; Weish 14,26; Sir 23,6.16-19…

Der Fall Babylons 7.3.

Unzucht, Diebstahl, Mord, *Ehebruch*, Habgier, Bosheit, Hinterlist, *Ausschweifung*, Neid, Verleumdung, Hochmut und *Unvernunft. All dieses Böse kommt von innen und macht den Menschen unrein."* (Mk 7,21-23)
Paulus schreibt im ersten Korintherbrief: „Hütet euch vor der Unzucht! Jede andere Sünde, die der Mensch tut, bleibt außerhalb des Leibes. Wer aber Unzucht treibt, versündigt sich gegen den eigenen Leib. Oder wisst ihr nicht, dass euer Leib ein Tempel des Heiligen Geistes ist, der in euch wohnt und den ihr von Gott habt? Ihr gehört nicht euch selbst; denn um einen teuren Preis seid ihr erkauft worden. Verherrlicht also Gott in eurem Leib!" (1Kor 6,18-20)
Der Katechismus der Katholischen Kirche lehrt in Kurzfassung: „Christus ist das Vorbild der Keuschheit. Jeder Getaufte ist berufen, seinem Lebensstand entsprechend ein keusches Leben zu führen. Keuschheit bedeutet, dass die Geschlechtlichkeit in die Person integriert ist. Sie ist eine Schule der Selbstbeherrschung. Zu den Sünden, die gegen die Keuschheit verstoßen, gehören Masturbation, Unzucht, Pornographie und homosexuelle Praktiken."[174]
Jesus schenkt Heilung und Befreiung im Bußsakrament, durch die Vereinigung mit ihm in der Eucharistie, durch das Gebet und durch sein Wort: „Selig die ein reines Herz haben, denn sie werden Gott schauen." (Mt 5,8) Auch die Verbundenheit mit Maria und den Heiligen kann helfen, die Reinheit des Herzens zu erlangen. Jeder Mensch muss in Bezug auf sich selbst wachsam sein, gemäß dem Wort des Herrn in Getsemani: „Wacht und betet, damit ihr nicht in Versuchung geratet. Der Geist ist willig, aber das Fleisch ist schwach." (Mt 26,41)
Der vom Schöpfer vorgesehene Ort für die Ausübung der Sexualität ist der Bund der Ehe, über den Jesus folgendes lehrt: „Habt ihr nicht gelesen, dass der Schöpfer die Menschen am Anfang als Mann und Frau geschaffen hat und dass er gesagt hat: Darum wird der Mann Vater und Mutter verlassen und sich an seine Frau binden, und die zwei werden ein Fleisch sein?
Sie sind also nicht mehr zwei, sondern eins. Was aber Gott verbunden hat, das darf der Mensch nicht trennen." (Mt 19,4-6)

---
[174] KKK 2394-2396; KKK 2351-2359 und 2380-2391 (Verstöße gegen die Keuschheit und gegen die Würde der Ehe).

VI. Offb 17-19

Unzucht ist ein Schlüsselwort am Beginn des 17. und 18. Kapitels der Offenbarung, wo es schließlich auch um das Bild einer Prostituierten geht, die eine ganze Zivilisation repräsentiert: „Mit ihr haben die Könige der Erde Unzucht getrieben, und vom Wein ihrer Hurerei wurden die Bewohner der Erde betrunken." (Offb 17,2) *Unzucht treiben* heißt auf Griechisch *porneuo,* und das Wort für Hurerei ist *Porneia.* Das griechische Wort ist also der Ursprung unseres Fremdwortes *Pornographie,* was wörtlich *Darstellung oder Abbildung der Unzucht* bedeutet[175].

Sie wird heute vor allem durch die Medien, Fernsehen und Internet, verbreitet und gehört zum Erscheinungsbild von Babylon. Der *Wein ihrer Hurerei* lässt auch an Alkohol- und Drogensucht denken, die weit verbreitet sind und häufig mit Unzucht einhergehen. Außerdem gibt es enthemmende satanische "Musik", die ich eher als hässlichen Lärm bezeichnen würde (siehe 7.3.3.1.). Durch enthemmte Gefühle und veränderte Bewusstseinszustände wird der Verstand ausgeschaltet und dem Bösen Tür und Tor geöffnet.

7.3.2. Luxus

Ich überspringe einen Textabschnitt und komme zum zweiten Grund, warum die große Stadt zur Behausung aller unreinen Geister geworden ist. Es handelt sich um den Luxus, die Habgier, die Fülle des Wohlstands. Darüber brauche ich nicht viel auszuführen, weil das der folgende Text selbst in großer Anschaulichkeit tut: „Die Könige der Erde, die mit ihr gehurt und in Luxus gelebt haben, werden über sie weinen und klagen, wenn sie den *Rauch der brennenden Stadt* sehen. Sie bleiben in der Ferne stehen aus Angst vor ihrer Qual und sagen: *Wehe! Wehe, du große Stadt Babylon, du mächtige Stadt! In einer einzigen Stunde ist das Gericht über dich gekommen.* Auch die Kaufleute der Erde weinen und klagen um sie, weil niemand mehr ihre Ware kauft: Gold und Silber, Edelsteine und Perlen, feines Leinen, Purpur, Seide und Scharlach, wohlriechende

---

[175] Darstellungen nackter Personen können dagegen eine Form der Kunst und ein Ausdruck der Würde ihres Leibes sein. Es gibt zahlreiche Gemälde, Fresken, Plastiken, Skulpturen und Fotos, welche die Gott gegebene Schönheit der menschlichen Gestalt zum Ausdruck bringen wollen, und die daher nicht mit Pornographie gleichzusetzen sind.

Der Fall Babylons 7.3.

Hölzer aller Art und alle möglichen Geräte aus Elfenbein, kostbarem Edelholz, Bronze, Eisen und Marmor; auch Zimt und Balsam, Räucherwerk, Salböl und Weihrauch, Wein und Öl, feinstes Mehl und Weizen, Rinder und Schafe, Pferde und *Wagen und sogar Menschen mit Leib und Seele.* Auch die Früchte, nach denen dein Herz begehrte, sind dir genommen. *Und alles, was prächtig und glänzend war, hast du verloren; nie mehr wird man es finden.* Die Kaufleute, die durch den Handel mit dieser Stadt reich geworden sind, werden aus Angst vor ihrer Qual in der Ferne stehen, und sie werden weinen und klagen: Wehe! Wehe, du große Stadt, bekleidet mit feinem Leinen, mit Purpur und Scharlach, geschmückt mit Gold, Edelsteinen und Perlen. In einer einzigen Stunde ist dieser ganze Reichtum dahin. Alle Kapitäne und Schiffsreisenden, die Matrosen und alle, die ihren Unterhalt auf See verdienen, machten schon in der Ferne halt, als sie den *Rauch der brennenden Stadt* sahen, und sie riefen: Wer konnte sich mit der großen Stadt messen? Und sie streuten sich Staub auf den Kopf, sie schrien, weinten und klagten: *Wehe! Wehe, du große Stadt, die mit ihren Schätzen alle reich gemacht hat, die Schiffe auf dem Meer haben. In einer einzigen Stunde ist sie verwüstet worden.* Freu dich über ihren Untergang, du Himmel - und auch ihr, Heilige, Apostel und Propheten, freut euch! Denn Gott hat für euch das Urteil an ihr vollzogen." (Offb 18,9-20)

7.3.2.1. Sklaverei

Am Ende der Warenliste in Offb 18 stehen *Pferde, Wagen und sogar Menschen mit Leib und Seele*. In der Antike war die Sklaverei normal. Sie wurde durch das Christentum zunächst nicht in Frage gestellt, sondern nur geistlich relativiert. Das kommt besonders in den Paulusbriefen zum Ausdruck, wo wir etwa lesen: „Ihr Sklaven, gehorcht euren irdischen Herren in allem! Tut eure Arbeit gern, als wäre sie für den Herrn (Jesus) und nicht für Menschen... Ihr Herren, gebt den Sklaven, was recht und billig ist; ihr wisst, dass auch ihr im Himmel einen Herrn habt." (Kol 3,22-4,1)

Nun ist die Sklaverei in der westlichen Welt seit dem 19. Jahrhundert als Frucht der Aufklärung abgeschafft worden und besteht offiziell nicht mehr. Dennoch gibt es sie nach wie vor: einerseits im Bereich der islamischen Herrschaft, in Afrika und Asien, zunehmend aber

VI. Offb 17-19

auch wieder bei uns im Zusammenhang mit der Prostitution. Frauen aus Osteuropa oder Lateinamerika werden entführt und als Sklaven verkauft, aber die westlichen Länder beachten es nicht. Man kann auch an die ungerechte wirtschaftliche Abhängigkeit ganzer Staaten von den Industrienationen denken. Das führt dazu, dass viele von ihrer harten Arbeit nicht angemessen leben können[176]. Aus den Pferden und Wagen sind heute Autos als Ware geworden.

7.3.2.2. Ungerechter Reichtum

Nicht Reichtum, Wohlstand oder Handel an sich sind verwerflich. Man kann viel Gutes damit tun! Das Problem besteht darin, dass der Mensch habgierig nur für sich selbst Schätze sammelt (Lk 12,21) und nicht bereit ist, mit anderen zu teilen. So wird die „Schere" zwischen Arm und Reich in allen Ländern immer größer. Die Zahl der Milliardäre wächst und ebenso die Zahl der unter der Armutsgrenze und im Elend Lebenden. Der Mensch betrügt sich jedoch selbst, wenn er seine Lebensversicherung im Wohlstand sucht, denn im Tod kann er nichts davon mitnehmen (vgl. Ps 49). Der einzige Reichtum, der im Himmel bleibt, sind die guten Werke, die wir mit der Gnade Gottes getan haben (Mt 6,19-21).

Ich zitiere einige Parallelstellen zum „ungerechten Reichtum"[177] aus der Heiligen Schrift, zunächst aus dem Buch Amos: „Weh den Sorglosen auf dem Zion und den Selbstsicheren auf dem Berg von Samaria... Ihr, die ihr den Tag des Unheils hinausschieben wollt, führt die Herrschaft der Gewalt herbei. Ihr liegt auf Betten aus Elfenbein und faulenzt auf euren Polstern. Zum Essen holt ihr euch Lämmer aus der Herde und Mastkälber aus dem Stall. Ihr grölt zum Klang der Harfe, ihr wollt Lieder erfinden wie David. Ihr trinkt den Wein aus großen Humpen, ihr salbt euch mit dem feinsten Öl und sorgt euch nicht über den Untergang Josefs. Darum müssen sie jetzt in die Verbannung, allen Verbannten voran..." (Am 6,1-7) Jesus mahnt im Evangelium: „Unter die Dornen ist der Samen bei denen gefallen, die das Wort zwar hören, dann aber weggehen und in den Sorgen, dem Reichtum und den Genüssen des Lebens ersticken, deren Frucht also nicht reift." (Lk 8,14)

---

[176] Siehe der Film von Erwin Wagenhofer: http://letsmakemoney.de/.
[177] Vgl. Lk 16,9-15; Mt 13,22; Mk 4,19.

Der Fall Babylons 7.3.

Hören wir schließlich noch folgende starke Worte aus dem Jakobusbrief, die in einer eschatologischen Verheißung enden: „Ihr aber, ihr Reichen, weint nur und klagt über das Elend, das euch treffen wird. Euer Reichtum verfault, und eure Kleider werden von Motten zerfressen. Euer Gold und Silber verrostet; ihr Rost wird als Zeuge gegen euch auftreten und euer Fleisch verzehren wie Feuer. Noch in den letzten Tagen sammelt ihr Schätze. Aber der Lohn der Arbeiter, die eure Felder abgemäht haben, der Lohn, den ihr ihnen vorenthalten habt, schreit zum Himmel; die Klagerufe derer, die eure Ernte eingebracht haben, dringen zu den Ohren des Herrn der himmlischen Heere. Ihr habt auf Erden ein üppiges und ausschweifendes Leben geführt, und noch am Schlachttag habt ihr euer Herz gemästet. Ihr habt den Gerechten verurteilt und umgebracht, er aber leistete euch keinen Widerstand. *Darum, Brüder, haltet geduldig aus bis zur Ankunft des Herrn!* Auch der Bauer wartet auf die kostbare Frucht der Erde, er wartet geduldig, bis im Herbst und im Frühjahr der Regen fällt. *Ebenso geduldig sollt auch ihr sein. Macht euer Herz stark, denn die Ankunft des Herrn steht nahe bevor.*" (Jak 5,1-8)

7.3.3. Gericht im Feuer

Im oben zitierten Text von Offb 18,9-19 kommen einige Elemente refrainartig immer wieder vor. So z.B. der Ruf: *Wehe! Wehe!* Mit einem Weheruf wurden in der Offenbarung schon die letzten drei Posaunen eingeleitet. Aber hier denkt man mehr an die Weherufe Jesu im Lukasevangelium, die einen ähnlichen Inhalt haben: „Aber weh euch, die ihr reich seid; denn ihr habt keinen Trost mehr zu erwarten. Weh euch, die ihr jetzt satt seid; denn ihr werdet hungern. Weh euch, die ihr jetzt lacht; denn ihr werdet klagen und weinen. Weh euch, wenn euch alle Menschen loben; denn ebenso haben es ihre Väter mit den falschen Propheten gemacht." (Lk 6,24-26) Die Weherufe sind das Gegenteil der Seligpreisungen und künden letztes Unheil an.

Dann gibt es das wiederkehrende Motiv der *Angst vor der Qual der brennenden Stadt*. Dabei handelt es sich hier zunächst um eine zeitlich begrenzte Qual durch die Verwüstungen auf Erden. Die ewige Dimension, von der schon in Offb 14,11 die Rede war, wird in Offb 19,3 wieder aufgegriffen:

VI. Offb 17-19

„Ihr Rauch steigt auf in alle Ewigkeit." Ein weiteres, wiederkehrendes Motiv ist die Zeitangabe: *In einer einzigen Stunde* ist sie verwüstet worden, und zwar *durch das Feuer.* Das stimmt mit den anderen Darstellungsweisen des Gerichts in der Offenbarung des Johannes überein[178]. Petrus schreibt in seinem Brief: „Vor allem sollt ihr eines wissen: Am Ende der Tage werden Spötter kommen, die sich nur von ihren Begierden leiten lassen und höhnisch sagen: Wo bleibt denn seine verheißene Ankunft?... *Der jetzige Himmel aber und die jetzige Erde sind durch dasselbe Wort [Gottes] für das Feuer aufgespart worden. Sie werden bewahrt bis zum Tag des Gerichts, an dem die Gottlosen zugrunde gehen.*" (2Petr 3,3-7)

Als Vorausbild und Assoziation denke ich an den Zusammenbruch der beiden Türme des World Trade Centers in New York. Bei den Terroranschlägen am 11. September 2001 flog jeweils ein voll besetztes Flugzeug in jeden der beiden Türme und brachte sie durch die Hitze des Brandes zum Einsturz. Ebenso kann man im übertragenen Sinn an den finanziellen Zusammenbruch vieler Banken im Jahr 2008 denken. Das ganze 18. Kapitel könnte den Titel „Weltuntergang" tragen, denn es zeigt den Untergang einer von Sünde, Tod und Teufel beherrschten Welt.

Eine passende Parallele zum *Wehe!* in Offb 18 findet sich im Buch Jesaja: „Seht her! Der Herr verheert und verwüstet die Erde; er verändert ihr Gesicht und zerstreut ihre Bewohner. *Dann geht es dem Laien wie dem Priester, dem Knecht wie dem Herrn, der Magd wie der Herrin, dem Käufer wie dem Verkäufer, dem Gläubiger wie dem Schuldner, dem, der ausleiht, wie dem, der leiht. Verheert wird die Erde, verheert, geplündert wird sie, geplündert. Ja, der Herr hat es gesagt.* Die Erde welkt, sie verwelkt, die Welt zerfällt, sie verwelkt, Himmel und Erde zerfallen. Die Erde ist entweiht durch ihre Bewohner; denn sie haben die Weisungen übertreten, die Gesetze verletzt, den ewigen Bund gebrochen. Darum wird ein Fluch die Erde zerfressen; ihre Bewohner haben sich schuldig gemacht. Darum schwinden die Bewohner der Erde dahin, nur wenige Menschen werden übriggelassen."[179]

---

[178] Zerstörung durch Feuer: Offb 6,13; 8,7-10; 9,17-18; 11,5; 16,8-9; 17,16; 20,9.
[179] Jes 24,1-6; vgl. Jes 2,6-19; Jes 13,19-22 und Zef 3,1-8.

Der Fall Babylons **7.3.**

7.3.3.1. Hinabgeworfen wie ein Mühlstein

Der Fall der großen Hure wird anschließend noch in einem weiteren Bild beschrieben: „Dann hob ein gewaltiger Engel einen Stein auf, so groß wie ein Mühlstein; er warf ihn ins Meer und rief: So wird Babylon, die große Stadt, mit Wucht hinabgeworfen werden, und man wird sie nicht mehr finden. *Die Musik von Harfenspielern und Sängern, von Flötenspielern und Trompetern hört man nicht mehr in dir.* Einen kundigen Handwerker gibt es nicht mehr in dir. Das Geräusch des Mühlsteins hört man nicht mehr in dir. Das Licht der Lampe scheint nicht mehr in dir. Die Stimme von Braut und Bräutigam hört man nicht mehr in dir. *Deine Kaufleute waren die Großen der Erde, deine Zauberei verführte alle Völker.* Aber in ihr war das Blut von Propheten und Heiligen und von allen, die auf der Erde hingeschlachtet worden sind." (Offb 18,21-24)

Die "Musik", von der hier die Rede ist, assoziiere ich mit Disco- bzw. Partylärm, den der Herr schon im Alten Bund nicht mochte. Dabei ist in den biblischen Texten immer von *Harfen (Kithara)* die Rede. In unserer Zeit sind wohl eher Elektrogitarren damit gemeint, mit denen man tatsächlich ohrenbetäubenden Lärm machen kann: *„Ich hasse eure Feste, ich verabscheue sie und kann eure Feiern nicht riechen.* Wenn ihr mir Brandopfer darbringt, ich habe kein Gefallen an euren Gaben, und eure fetten Heilsopfer will ich nicht sehen. *Weg mit dem Lärm deiner Lieder!* Dein Harfenspiel will ich nicht hören, sondern das Recht ströme wie Wasser, die Gerechtigkeit wie ein nie versiegender Bach." (Am 5,21-24)

Und Jesaja prophezeit: „Der Wein ist dahin, die Rebe verwelkt; alle, die einst so heiter waren, seufzen und stöhnen. *Verstummt ist der fröhliche Klang der Trommeln, der Lärm der Übermütigen ist zu Ende, verstummt ist der fröhliche Klang der Zither. Man trinkt keinen Wein mehr bei frohem Gesang, das Bier der Zecher ist bitter geworden.* Die öde Stadt liegt in Trümmern, alle Häuser sind für den Zutritt verschlossen. Auf den Gassen jammern die Leute: Es gibt keinen Wein mehr! Jede Freude ist verschwunden, aller Jubel hat die Erde verlassen. Von der Stadt blieben nur noch Ruinen, auch das Tor wurde zertrümmert." (Jes 24,7-12)

VI. Offb 17-19

Das Bild vom Mühlstein erinnert an ein ähnliches und dazu passendes Wort Jesu: „Wer einen von diesen Kleinen, die an mich glauben, zum Bösen verführt, für den wäre es besser, wenn er mit einem Mühlstein um den Hals im tiefen Meer versenkt würde. *Wehe der Welt mit ihrer Verführung! Es muss zwar Verführung geben; doch wehe dem Menschen, der sie verschuldet.*" (Mt 18,6-7) In diesem Zusammenhang wird deutlich, was sicher auch für Offb 18,21 gilt: Das Versenken des Mühlsteins steht für den Untergang im Abgrund der Hölle, sein großes Gewicht steht für die Schwere der Sünde. Es geht nicht nur um den Einsturz menschlicher Bauwerke, sondern um den Untergang des Lebens, wie im Schlusswort der Bergpredigt: „Wer aber meine Worte hört und nicht danach handelt, ist wie ein unvernünftiger Mann, der sein Haus auf Sand baute. Als nun ein Wolkenbruch kam und die Wassermassen heranfluteten, als die Stürme tobten und an dem Haus rüttelten, da stürzte es ein und wurde völlig zerstört." (Mt 7,26-27)

Eine weitere Parallelstelle findet sich im Buch Jesaja, als Gegenbild zum himmlischen Jerusalem, das zuerst beschrieben wird: „Öffnet die Tore, damit ein gerechtes Volk durch sie einzieht, ein Volk, das dem Herrn die Treue bewahrt. Sein Sinn ist fest; du schenkst ihm Ruhe und Frieden; denn es verlässt sich auf dich. Verlasst euch stets auf den Herrn; denn der Herr ist ein ewiger Fels. *Er hat die Bewohner des hohen Berges hinabgestürzt, die hoch aufragende Stadt; er hat sie zu Boden geworfen, in den Staub hat er sie gestoßen. Sie wird zermalmt von den Füßen der Armen, unter den Tritten der Schwachen.*" (Jes 26,2-6) Das ganze 18. Kapitel könnte man unter dem Motto: „Schluss mit lustig"[180] zusammenfassen – das definitive Ende der Spaßgesellschaft.

7.3.3.2. Verlass die Stadt, mein Volk!

Ich hole nun die Ankündigung des Gerichts am Beginn des Kapitels nach: „Dann hörte ich eine andere Stimme vom Himmel her rufen: *Verlass die Stadt, mein Volk, damit du nicht mitschuldig wirst an ihren Sünden und von ihren Plagen mitgetroffen wirst. Denn ihre Sünden haben sich bis zum Himmel aufgetürmt, und Gott hat ihre Schandtaten nicht vergessen. Zahlt ihr mit gleicher Münze heim, gebt*

---

[180] Buchtitel von Peter Hahne, 2004 erschienen im Johannis-Verlag, Lahr.

Der Fall Babylons 7.3.

ihr doppelt zurück, was sie getan hat. Mischt ihr den Becher, den sie gemischt hat, doppelt so stark. Im gleichen Maß, wie sie in Prunk und Luxus lebte, lasst sie Qual und Trauer erfahren. Sie dachte bei sich: Ich throne als Königin, ich bin keine Witwe und werde keine Trauer kennen. Deshalb werden an einem einzigen Tag die Plagen über sie kommen, die für sie bestimmt sind: Tod, Trauer und Hunger. *Und sie wird im Feuer verbrennen; denn stark ist der Herr, der Gott, der sie gerichtet hat.*" (Offb 18,4-8) Es ist die Rede davon, dass sich die Sünden der Stadt bis zum Himmel aufgetürmt haben. Das ist eine neue Anspielung auf den Turm von Babel, mit dem sich die Menschen einen Namen machen wollten. In der Offenbarung wird dasselbe Motiv des Hochmuts und der Überheblichkeit angesprochen: *Sie dachte bei sich: Ich throne als Königin, ich bin keine Witwe und werde keine Trauer kennen.*

Der Abschnitt beginnt mit einem bemerkenswerten Aufruf, der eigentlich aus dem Rahmen der Vision fällt: *Verlass die Stadt, mein Volk, damit du nicht mitschuldig wirst an ihren Sünden und von ihren Plagen mitgetroffen wirst.* Jesus meldet sich von neuem selbst zu Wort und spricht seine Kirche an. Vielleicht ist es nicht möglich, die Stadt konkret zu verlassen, obwohl das nicht ausgeschlossen wird: Gott hat seinem Volk nämlich in der Wüste einen Zufluchtsort geschaffen (Offb 12,6). Es geht aber vor allem darum, sich geistlich von Babylon abzugrenzen, um nicht mitschuldig zu werden an ihren Sünden. Der Herr lässt uns *in* der Welt leben, will aber nicht, dass wir *von* der Welt sind[181]. Es ist wenigstens möglich, den Orten und Manifestationen von Unzucht und Luxus aus dem Weg zu gehen: den Partys, den Shops, den Fernsehsendungen und Internetseiten, den Clubs, den unheiligen Messen und Paraden... Letztlich muss sich jeder entscheiden, ob er zu Babylon, der großen Hure, oder zur Kirche, der Braut des Lammes, gehören will.

Paulus schreibt an die Thessalonicher: „Wir können in den Gemeinden Gottes mit Stolz auf euch hinweisen, *weil ihr im Glauben standhaft bleibt bei aller Verfolgung und Bedrängnis, die ihr zu ertragen habt. Dies ist ein Anzeichen des gerechten Gerichtes Gottes; ihr sollt ja des Reiches Gottes teilhaftig werden, für das ihr leidet.*

---

[181] Vgl. Joh 17,13-19; 1Joh 2,16-17.

VI. Offb 17-19

Denn es entspricht der Gerechtigkeit Gottes, denen mit Bedrängnis zu vergelten, die euch bedrängen, euch aber, den Bedrängten, zusammen mit uns Ruhe zu schenken, *wenn Jesus, der Herr, sich vom Himmel her offenbart mit seinen mächtigen Engeln in loderndem Feuer.* Dann übt er Vergeltung an denen, die Gott nicht kennen und dem Evangelium Jesu, unseres Herrn, nicht gehorchen. Fern vom Angesicht des Herrn und von seiner Macht und Herrlichkeit müssen sie sein, mit ewigem Verderben werden sie bestraft, *wenn er an jenem Tag kommt, um inmitten seiner Heiligen gefeiert und im Kreis aller derer bewundert zu werden, die den Glauben angenommen haben..."* (2Thess 1,4-10).

7.4. Halleluja!

Kommen wir nun also zur freudigen Seite dieses Untergangs, nämlich der Bewunderung und dem Lobpreis der Heiligen im Himmel. Er wurde zwischendurch schon angedeutet in dem Ausruf: „Sei fröhlich über sie, du Himmel, und ihr Heiligen und Apostel und Propheten! Denn Gott hat für euch das Urteil an ihr vollzogen." (Offb 18,20) Jetzt entfaltet sich dieser Lobgesang zu Beginn des 19. Kapitels. Er wird auszugsweise als Canticum der zweiten Sonntagsvesper im Stundengebet der Kirche verwendet:
„Danach hörte ich etwas wie den lauten Ruf einer großen Schar im Himmel: *Halleluja! Das Heil und die Herrlichkeit und die Macht ist bei unserm Gott. Seine Urteile sind wahr und gerecht. Er hat die große Hure gerichtet, die mit ihrer Unzucht die Erde verdorben hat.* Er hat Rache genommen für das Blut seiner Knechte, das an ihren Händen klebte. Noch einmal riefen sie: *Halleluja! Der Rauch der Stadt steigt auf in alle Ewigkeit.* Und die vierundzwanzig Ältesten und die vier Lebewesen fielen nieder vor Gott, der auf dem Thron sitzt, *beteten ihn an und riefen: Amen, halleluja!* Und eine Stimme kam vom Thron her: Preist unsern Gott, all seine Knechte und alle, die ihn fürchten, Kleine und Große! Da hörte ich etwas wie den Ruf einer großen Schar und wie das Rauschen gewaltiger Wassermassen und wie das Rollen mächtiger Donner: *Halleluja! Denn König geworden ist der Herr, unser Gott, der Herrscher über die ganze Schöpfung. Wir wollen uns freuen und jubeln und ihm die Ehre erweisen. Denn gekommen ist die Hochzeit des Lammes, und seine*

Halleluja! 7.4.

Frau hat sich bereit gemacht. Sie durfte sich kleiden in strahlend reines Leinen. Das Leinen bedeutet die gerechten Taten der Heiligen." (Offb 19,1-8)
In keinem anderen Text der Bibel kommt das *Halleluja* so häufig vor. Das hebräische Wort bedeutet: *Preist den Herrn!* In einer ganzen Reihe von Psalmen steht es am Anfang, in einigen am Anfang und am Ende[182]; in diesem kurzen Abschnitt kommt es aber gleich vier Mal vor! Ein ähnlicher Inhalt des Lobes Gottes als König und Richter findet sich im Mund eines einzelnen Beters in Psalm 9:
„Ich will dir danken, Herr, aus ganzem Herzen, verkünden will ich all deine Wunder. Ich will jauchzen und an dir mich freuen, für dich, du Höchster, will ich singen und spielen. *Denn zurückgewichen sind meine Feinde, gestürzt und vergangen vor deinem Angesicht. Du hast mir Recht verschafft und für mich entschieden, dich auf den Thron gesetzt als ein gerechter Richter.* Du hast die Völker bedroht, die Frevler vernichtet, ihren Namen gelöscht für immer und ewig. *Die Feinde sind dahin, zerschlagen für immer. Du hast Städte entvölkert, ihr Ruhm ist versunken. Der Herr aber thront für ewig; er stellt seinen Thron auf zum Gericht.* Er richtet den Erdkreis gerecht, er spricht den Völkern das Urteil, das sie verdienen." (Ps 9,2-9)

7.4.1. Die Hochzeit des Lammes

Im Anschluss an das Gericht über Babylon kommt die Hochzeit des Lammes. Das ist das Reich Gottes in seiner Vollendung, die ewige, unverlierbare Vereinigung der Kirche und der einzelnen Gläubigen mit Gott. Diese Hochzeit ist der Gegenstand der letzten beiden Kapitel der Offenbarung. Sie ist verbunden mit einer neuen Schöpfung. *Die Frau des Lammes* ist also die Kirche, die sich durch die irdische Geschichte, und besonders durch die letzte Bedrängnis hindurch, auf diesen Augenblick vorbereitet. Im Evangelium gibt es einige Gleichnisse Jesu, die das Ziel der Geschichte als *Hochzeit des Sohnes* oder als *Kommen des Bräutigams* schildern:
„Jesus erzählte ihnen noch ein anderes Gleichnis: Mit dem Himmelreich ist es wie mit einem König, der die Hochzeit seines Sohnes vorbereitete. Er schickte seine Diener, um die eingeladenen Gäste zur Hochzeit rufen zu lassen. Sie aber wollten nicht kommen.

---
[182] Psalm 106, 135 und 146 bis 150.

VI. Offb 17-19

Da schickte er noch einmal Diener und trug ihnen auf: Sagt den Eingeladenen: Mein Mahl ist fertig, die Ochsen und das Mastvieh sind geschlachtet, alles ist bereit. *Kommt zur Hochzeit!* Sie aber kümmerten sich nicht darum, sondern der eine ging auf seinen Acker, der andere in seinen Laden, wieder andere fielen über seine Diener her, misshandelten sie und brachten sie um. Da wurde der König zornig; *er schickte sein Heer, ließ die Mörder töten und ihre Stadt in Schutt und Asche legen.* Dann sagte er zu seinen Dienern: Das Hochzeitsmahl ist vorbereitet, aber die Eingeladenen waren nicht würdig. *Geht also hinaus auf die Straßen und ladet alle, die ihr trefft, zur Hochzeit ein. Die Diener gingen auf die Straßen hinaus und holten alle zusammen, die sie trafen, Böse und Gute, und der Festsaal füllte sich mit Gästen.* Als sie sich gesetzt hatten und der König eintrat, um sich die Gäste anzusehen, bemerkte er unter ihnen einen Mann, der kein Hochzeitsgewand anhatte. Er sagte zu ihm: *Mein Freund, wie konntest du hier ohne Hochzeitsgewand erscheinen?* Darauf wusste der Mann nichts zu sagen. Da befahl der König seinen Dienern: Bindet ihm Hände und Füße, und werft ihn hinaus in die *äußerste Finsternis*[183]! Dort wird er heulen und mit den Zähnen knirschen. Denn viele sind gerufen, aber nur wenige auserwählt." (Mt 22,1-14)

Das Hochzeitsgewand in diesem Gleichnis entspricht dem strahlend reinen Leinen in Offb 19,8. Es ist das Geschenk der Taufgnade, also nicht etwas, das man sich erst selbst kaufen müsste. Man kann sie nur bewahren und fruchtbar werden lassen. Die zuerst eingeladenen Gäste sind die Juden, die anschließende *Einladung an alle* ist die Heidenmission. Die Stadt, welche zerstört wird, ist Jerusalem im Jahre 70 bzw. 135 n.Chr., nicht Babylon am Ende der Zeiten. Gott ist der König und die eigentliche Hochzeit wird gar nicht thematisiert. Es geht hier nur um die Antwort des Einzelnen auf die Einladung zum Mahl, das die Eucharistiefeier oder die Gemeinschaft mit Gott bedeutet.

---

[183] Die *äußerste Finsternis* ist ein alternatives Bild für die Hölle, die in der Offenbarung als Feuersee (Qual durch Feuer und Schwefel) bezeichnet wird. Man könnte sagen, dass die Finsternis der Gestirne und das verzehrende Feuer am Ende der Zeiten anzeigen, dass der Mensch durch sein Tun die Hölle auf Erden gebracht hat. Andererseits sind dieses Feuer und diese Finsternis begrenzt durch die Parusie, während sie in der Hölle „äußerst" und „ewig" sind.

Halleluja! 7.4.

Das Gleichnis von den klugen und törichten Jungfrauen thematisiert dagegen wesentlich die Rückkehr des Bräutigams und die Vereinigung mit ihm: „Dann wird es mit dem Himmelreich sein wie mit zehn Jungfrauen, die ihre Lampen nahmen und dem Bräutigam entgegengingen. Fünf von ihnen waren töricht[184], und fünf waren klug. Die törichten nahmen ihre Lampen mit, aber kein Öl, die klugen aber nahmen außer den Lampen noch Öl in Krügen mit. Als nun der Bräutigam lange nicht kam, wurden sie alle müde und schliefen ein. *Mitten in der Nacht aber hörte man plötzlich laute Rufe: Der Bräutigam kommt! Geht ihm entgegen!*
Da standen die Jungfrauen alle auf und machten ihre Lampen zurecht. Die törichten aber sagten zu den klugen: Gebt uns von eurem Öl, sonst gehen unsere Lampen aus. Die klugen erwiderten ihnen: Dann reicht es weder für uns noch für euch; geht doch zu den Händlern und kauft, was ihr braucht. Während sie noch unterwegs waren, um das Öl zu kaufen, kam der Bräutigam; *die Jungfrauen, die bereit waren, gingen mit ihm in den Hochzeitssaal, und die Tür wurde zugeschlossen.* Später kamen auch die anderen Jungfrauen und riefen: Herr, Herr, mach uns auf! Er aber antwortete ihnen: Amen, ich sage euch: Ich kenne euch nicht. Seid also wachsam! Denn ihr wisst weder den Tag noch die Stunde." (Mt 25,1-13)
Das Öl in den Lampen bedeutet die Salbung des Heiligen Geistes und was sie in uns bewirkt: die Werke der Nächstenliebe sowie das Gebet in seinen vielfältigen Formen. Das lässt sich nicht kaufen, schon gar nicht in der letzten Minute!

7.4.2. Die Seligpreisungen der Offenbarung

Anschließend lesen wir in der Offenbarung: „Jemand sagte zu mir: Schreib auf: *Selig, wer zum Hochzeitsmahl des Lammes eingeladen ist.* Dann sagte er zu mir: *Das sind zuverlässige Worte, es sind Worte Gottes.*" (Offb 19,9)
Das Hochzeitsmahl des Lammes wird in jeder Eucharistiefeier vorweggenommen, und wir kennen diesen Vers als einladendes Wort vor dem Empfang der heiligen Kommunion. *Communio* bedeutet Gemeinschaft. Beim Empfang des Leibes und Blutes Christi haben

---

[184] D.h. schuldhaft unvernünftig, unklug, dumm; nicht geistesschwach, krank oder unzurechnungsfähig.

VI. Offb 17-19

wir schon jetzt Gemeinschaft mit unserem Bräutigam, der war und der ist und der kommt. Andererseits wird diese Gemeinschaft auch durch das Hören und Bewahren seines Wortes geschenkt. Zu jeder Lesung in der Messe sagen wir: Wort des lebendigen Gottes – Dank sei Gott.
In der Offenbarung gibt es insgesamt sieben Seligpreisungen, die ich hier einmal der Reihe nach aufzählen will, als verheißungsvollen Kontrast zu den Weherufen im letzten Kapitel:

1. Selig, wer diese prophetischen Worte vorliest und wer sie hört und wer sich an das hält, was geschrieben ist; denn die Zeit ist nahe. (Offb 1,3)
2. Selig die Toten, die im Herrn sterben, von jetzt an; ja, spricht der Geist, sie sollen ausruhen von ihren Mühen; denn ihre Werke begleiten sie. (Offb 14,13)
3. Selig, wer wach bleibt und sein Gewand anbehält, damit er nicht nackt gehen muss und man seine Blöße sieht. (Offb 16,15)
4. Selig, wer zum Hochzeitsmahl des Lammes eingeladen ist. (Offb 19,9)
5. Selig und heilig, wer an der ersten Auferstehung teilhat.
   Über solche hat der zweite Tod keine Gewalt. (Offb 20,6)
6. Selig, wer an den prophetischen Worten dieses Buches festhält. (Offb 22,7)
7. Selig, wer sein Gewand wäscht: Er hat Anteil am Baum des Lebens, und er wird durch die Tore in die Stadt eintreten können. (Offb 22,14)

Offenbar nimmt die sechste Seligpreisung das Thema der Ersten wieder auf. So wird der Klammercharakter der ersten und letzten Kapitel unterstrichen. Außerdem nimmt die siebte Seligpreisung das Gewand-Thema der Dritten wieder auf. So wird die symbolische Bedeutung der weißen Gewänder im ganzen Buch hervorgehoben[185].
Allerdings sind die Gewänder der Frau in Offb 19,8 nicht nur weiß, sondern strahlend (leuchtend) rein: eine klare Steigerung, welche den freudigen Siegescharakter dieser Stelle hervorhebt. In der Mitte steht die „eucharistische Seligpreisung" dieses Kapitels.

---

[185] Offb 3,4-5; 3,18; 4,4; 6,11; 7,9; 7,13-14; 19,8; 19,14; siehe 1.4.4.5.

Halleluja! 7.4.

Kommen wir nun zum letzten Vers des inhaltlichen Abschnitts:
„Und ich fiel ihm [dem Engel] zu Füßen, um ihn anzubeten. Er aber sagte zu mir: Tu das nicht! Ich bin ein Knecht wie du und deine Brüder, die das Zeugnis Jesu festhalten. Gott bete an! *Das Zeugnis Jesu ist der Geist prophetischer Rede.*" (Offb 19,10) Das bestätigt noch einmal, dass sich die Offenbarung selbst als *prophetische Rede* versteht, inspiriert vom Heiligen Geist, und nicht als einen bloß geistlich-symbolischen Text. Es ist ein Verweis auf die erste und sechste Seligpreisung.

Der Engel, welcher die Vision vermittelt, bezeichnet sich als *Knecht wie du und deine Brüder*. Er fordert zur Anbetung Gottes, nicht der Engel auf (siehe 5.2.1.). Auch das passt zum Kontext der Eucharistiefeier, in der wir den Herrn gemeinsam mit den Engeln und Heiligen des Himmels anbeten, wie es deutlich im Text jeder Präfation und im anschließenden „Sanctus" zum Ausdruck kommt:

„Darum preisen wir dich mit allen Engeln und Heiligen und singen vereint mit ihnen das Lob deiner Herrlichkeit: Heilig, heilig, heilig, Gott aller Mächte und Gewalten, erfüllt sind Himmel und Erde von deiner Herrlichkeit!"

VII. Offb 19,11-21

8. Der apokalyptische Reiter (VII. Offb 19,11-21)

In diesem kurzen, eigenständigen Abschnitt wird die letzte Periode der Weltgeschichte im Bild eines apokalyptischen Krieges zwischen dem königlichen Reiter und seinem himmlischen Heer einerseits und dem Tier, den Königen der Erde und ihrem irdischen Heer andererseits beschrieben. Ich zitiere den Beginn der Vision, die mit einem Blick zum Himmel beginnt:

„*Dann sah ich den Himmel offen, und siehe, da war ein weißes Pferd, und der, der auf ihm saß, heißt "Der Treue und Wahrhaftige"*; gerecht richtet er und führt er Krieg. Seine Augen waren wie Feuerflammen, und auf dem Haupt trug er viele Diademe; und auf ihm stand ein Name, den er allein kennt. Bekleidet war er mit einem blutgetränkten Gewand; und sein Name heißt "Das Wort Gottes". *Die Heere des Himmels folgten ihm auf weißen Pferden; sie waren in reines, weißes Leinen gekleidet.* Aus seinem Mund kam ein scharfes Schwert; mit ihm wird er die Völker schlagen. Und er herrscht über sie mit eisernem Zepter, und er tritt die Kelter des Weines, des rächenden Zornes Gottes, des Herrschers über die ganze Schöpfung. Auf seinem Gewand und auf seiner Hüfte trägt er den Namen: "König der Könige und Herr der Herren"." (Offb 19,11-16)

8.1. Der Treue und Wahrhaftige

In dieser symbolreichen Vision wird durch die Namen klar ausgesagt, dass der Reiter auf dem weißen Pferd Jesus, der Herr, ist. „Der Treue und Wahrhaftige"[186], „das Wort Gottes"[187], „der König der Könige und Herr der Herren"[188] sind Bezeichnungen für Jesus, die wir auch im Evangelium und an anderen Stellen der Offenbarung finden. Zusätzlich gibt es einen Namen, *den er allein kennt*[189]. Der verborgene Name bezeichnet verborgene Wesenszüge oder das Geheimnis der Person.

---

[186] Offb 1,5; 3,7; 3,14 (der treue und wahrhaftige Zeuge); 6,10.
[187] Joh 1,1-3.14; Offb 1,2.
[188] Offb 17,14; in 1Tim 6,15 kommt die Bezeichnung ebenfalls vor, meint dort aber eher Gott, den Vater.
[189] Vgl. Offb 2,17; siehe 1.4.4.3.

Der Treue und Wahrhaftige 8.1.

Mit seinen „vielen Diademen" trägt er mehr Diademe als der Drache (7) und als das Tier (10). Ein Diadem ist ein Stirnreif aus Edelmetall als Symbol der Herrschaft oder des Sieges. Viele davon zu tragen muss ziemlich unbequem sein und erinnert an die ebenso unbequeme Vision vom Lamm mit den sieben Hörnern und sieben Augen (Offb 5,6). Das Gewand des Reiters ist blutgetränkt, zuerst von seinem eigenen Blut, das er am Kreuz für uns vergossen hat, dann aber auch, weil er in der Vision die Kelter des Weines, *des Grimmes des Zornes Gottes* tritt. Hier kommen beide griechischen Worte für den Zorn nacheinander vor. Die Übersetzung mit „rächendem Zorn" halte ich nicht für gut, weil es dem Allmächtigen nicht um Rache im menschlichen Sinn, sondern um Gerechtigkeit und Wiederherstellung der Ordnung geht. Von "rächen" ist in der Offenbarung nur zwei Mal im Mund der Märtyrer die Rede[190]. Auch da geht es nicht um Rachsucht, sondern um ein wahres und gerechtes Urteil, das sie von Gott erwarten. Es handelt sich um ein rettendes Eingreifen für das Volk Gottes in höchster Not, in einer Situation, in der nur noch Er helfen kann: „Der Herr wird für euch kämpfen, ihr aber werdet still sein."[191]

Der königliche Reiter kommt nicht allein auf seinem weißen Pferd, sondern wird begleitet von den *Heeren des Himmels auf weißen Pferden. Sie waren in reines, weißes Leinen gekleidet.* Dadurch werden sie eindeutig identifiziert als die Heiligen des Himmels, die mit Christus zur Herrschaft gelangt sind. Paulus kündigt dieses „gemeinschaftliche Kommen" des Herrn im Rahmen einer Ermutigung der Kirche von Thessalonich an: „Der Herr aber lasse euch wachsen und reich werden in der Liebe zueinander und zu allen, wie auch wir euch lieben, *damit euer Herz gefestigt wird und ihr ohne Tadel seid, geheiligt vor Gott, unserem Vater, wenn Jesus, unser Herr, mit allen seinen Heiligen kommt.*" (1Thess 3,12-13)

Zu den Namen des apokalyptischen Reiters kommen noch Elemente aus der einleitenden Vision[192] hinzu, nämlich „Augen wie Feuerflammen" und „ein scharfes, zweischneidiges Schwert aus seinem Mund". Wir haben dieses Schwert nach Hebr 3,12-13 als Symbol für das lebendige Wort Gottes gedeutet.

---

[190] Offb 6,10 und 19,2.
[191] Ex 14,14; vgl. Dt 1,30.
[192] Offb 1,12-16; siehe 1.3.2.

VII. Offb 19,11-21

In der Offenbarung des Johannes kommt zum Gericht des Wortes über die Gedanken und Regungen der Herzen noch das Gericht über die Erde hinzu: *„Und aus seinem Mund geht ein scharfes Schwert hervor, damit er mit ihm die Nationen schlage; und er wird sie hüten mit eisernem Stab, und er tritt die Kelter des Weines des Grimmes des Zornes Gottes, des Allmächtigen."*[193]

---

[193] Übersetzung von Offb 19,15 in der Elberfelder Bibel. Vgl. Gen 49,10-11.

8.2. Der Keltertreter und das „Mahl Gottes"

Das Bild vom Pressen der Weintrauben, vom Treten der Kelter des Zornes Gottes, begegnete uns schon am Ende von Offb 14 (siehe 5.2.2.). Eine bedeutende Parallele findet sich im Buch Jesaja:
„Wer ist jener, der aus Edom kommt, aus Bozra in rot gefärbten Gewändern? Er schreitet in prächtigen Kleidern daher in seiner gewaltigen Kraft. Ich bin es, ich verkünde Gerechtigkeit, ich bin der mächtige Helfer. *Warum aber ist dein Gewand so rot, ist dein Kleid wie das eines Mannes, der die Kelter tritt? Ich allein trat die Kelter;* von den Völkern war niemand dabei. Da zertrat ich sie voll Zorn, zerstampfte sie in meinem Grimm. Ihr Blut spritzte auf mein Gewand und befleckte meine Kleider... Ich sah mich um, doch niemand wollte mir helfen; ich war bestürzt, weil keiner mir beistand. Da half mir mein eigener Arm, mein Zorn war meine Stütze. *Ich zertrat die Völker in meinem Zorn, ich zerschmetterte sie in meinem Grimm, und ihr Blut ließ ich zur Erde rinnen."* (Jes 63,1-6)
Das Treten der Kelter bedeutet also ein Blutbad auf der Erde durch den letzten Krieg, der von neuem symbolisch beschrieben wird:
„Dann sah ich einen Engel, der in der Sonne stand. Er rief mit lauter Stimme allen Vögeln zu, die hoch am Himmel flogen: Kommt her! Versammelt euch zum großen Mahl Gottes. Fresst Fleisch von Königen, von Heerführern und von Helden, Fleisch von Pferden und ihren Reitern, Fleisch von allen, von Freien und Sklaven, von Großen und Kleinen!... Die übrigen wurden getötet mit dem Schwert, das aus dem Mund des Reiters kam; und alle Vögel fraßen sich satt an ihrem Fleisch." (Offb 19,17-18.21) Dieses „Mahl Gottes" ist ein makabres Gegenbild zum Hochzeitsmahl des Lammes. Wie sollte man da nicht an eine wörtliche Erfüllung des geheimnisvollen Wortes Jesu in

Der Keltertreter 8.2.

Bezug auf seine Parusie denken: „Denn wie der Blitz bis zum Westen hin leuchtet, wenn er im Osten aufflammt, so wird es bei der Ankunft des Menschensohnes sein. *Überall wo ein Aas ist, da sammeln sich die Geier.*" (Mt 24,27-28)
Eine weitere Parallelstelle zum „Mahl Gottes" findet sich im Buch Ezechiel: „Sag zu allen Vögeln und zu allen wilden Tieren: Versammelt euch, und kommt her! …Fresst euch satt am Fett, und berauscht euch am Blut meines Opfers, das ich für euch geschlachtet habe. An meinem Tisch könnt ihr euch sättigen mit Pferden und Reitern, mit Helden und Kriegern aller Art - Spruch Gottes, des Herrn. So zeige ich unter den Völkern meine Herrlichkeit." (Ez 39,17-21)[194]
Schließlich möchte ich noch einen wichtigen messianischen Psalm zitieren. Wir kennen ihn gut als Zeugnis für die Auferstehung Jesu, da er jeden Sonntagabend in der Vesper gesungen wird. Wir kennen ihn auch aus dem Hebräerbrief, wo er der Hauptzeuge für das neue Priestertum Jesu ist. Wir kennen ihn weniger im Zusammenhang des Gerichts über die Erde, weil der Vers 6, der sich hauptsächlich darauf bezieht, die Sonntagsfreude stört und daher in der Liturgie ausgelassen wird:
„So spricht der Herr zu meinem Herrn: Setze dich mir zur Rechten, *und ich lege dir deine Feinde als Schemel unter die Füße.* Vom Zion strecke der Herr das Zepter deiner Macht aus: "Herrsche inmitten deiner Feinde!" *Dein ist die Herrschaft am Tage deiner Macht, wenn du erscheinst in heiligem Schmuck;* ich habe dich gezeugt noch vor dem Morgenstern, wie den Tau in der Frühe. Der Herr hat geschworen, und nie wird's ihn reuen: "Du bist Priester auf ewig nach der Ordnung Melchisedeks." Der Herr steht dir zur Seite; *er zerschmettert Könige am Tage seines Zornes. Er hält Gericht unter den Völkern, er häuft die Toten, die Häupter zerschmettert er weithin auf Erden.* Er trinkt aus dem Bach am Weg; so kann er das Haupt erheben." (Ps 110) Die Elberfelder Bibel übersetzt Vers 6 folgendermaßen: „Er wird richten unter den Nationen, er füllt Täler mit Leichen. Das Haupt über ein großes Land zerschmettert er."
Sollten wir diesen Psalm nicht auch als eine Prophetie im Licht der Offenbarung des Johannes verstehen?

---

[194] Vgl. Jes 66,15-16; Jes 34,1-10; Jes 42,13-15; Ez 32,1-14; Hab 3; 1Kön 21,20-24.

VII. Offb 19,11-21

8.3. Der See von brennendem Schwefel

Der Krieg endet mit einem Blick in die Hölle, welche als See von brennendem Schwefel, d.h. als giftig stinkendes Feuer beschrieben wird: „Dann sah ich das Tier und die Könige der Erde und ihre Heere versammelt, um mit dem Reiter und seinem Heer Krieg zu führen. Aber das Tier wurde gepackt und mit ihm der falsche Prophet; er hatte vor seinen Augen Zeichen getan und dadurch alle verführt, die das Kennzeichen des Tieres angenommen und sein Standbild angebetet hatten. Bei *lebendigem Leib wurden beide in den See von brennendem Schwefel geworfen.*" (Offb 19,19-20)

Dieser Abschnitt greift zurück auf die Beschreibung der Weltherrschaft des Antichrist, des Tieres, das in Offb 13 aus dem Meer aufsteigt. Der „Falsche Prophet" entspricht dem zweiten Tier, das aus der Erde aufsteigt. *Bei lebendigem Leib wurden beide in den See von brennendem Schwefel geworfen*: Das geschieht beim letzten Gericht, das in Offb 20,11-15 beschrieben wird. Dort heißt es: „Der Tod und die Unterwelt aber wurden in den Feuersee geworfen. Das ist der zweite Tod: der Feuersee. Wer nicht im Buch des Lebens verzeichnet war, wurde in den Feuersee geworfen." (Offb 20,14-15) Der Feuersee ist „der zweite Tod", der Ausschluss vom ewigen Leben im himmlischen Jerusalem. Es wird hier ausgesagt, dass die Hölle nicht leer ist (siehe 5.1.), dass die ewige Strafe auch den Leib betreffen wird und daher die Auferstehung des Leibes voraussetzt[195].

Eine Parallelstelle zu Offb 19,19-20 findet sich in Jes 65,11-14: „Euch aber, die ihr den Herrn verlassen, meinen heiligen Berg vergessen, dem Glücksgott den Tisch gedeckt und dem Gott des Schicksals den Weinkrug gefüllt habt, *überantworte ich dem Schwert: Ihr müsst euch alle ducken und werdet geschlachtet.* Denn ihr gabt keine Antwort, als ich euch rief, als ich zu euch redete, hörtet ihr nicht, sondern *ihr habt getan, was mir missfällt, und habt euch für das entschieden, was ich nicht will.* Darum - so spricht Gott, der Herr: Meine Knechte sollen essen, doch ihr leidet Hunger. Meine Knechte sollen trinken, doch ihr leidet Durst. Meine Knechte sollen sich freuen, doch ihr müsst euch schämen. Meine Knechte sollen aus

---

[195] KKK 1038 (Die Auferstehung des Leibes ist mit der Parusie und dem Weltgericht verbunden).

Der See von brennendem Schwefel 8.3.

Herzenslust jubeln, doch ihr werdet schreien vor Herzeleid und heulen vor Verzweiflung."
In der Offenbarung wird das „Geworfen werden" in den See von brennendem Schwefel immer im Passiv ausgedrückt. Wer ist das werfende Subjekt? Jesus gibt die Antwort darauf in der Erklärung des Gleichnisses vom Unkraut und Weizen: „Der Menschensohn wird seine Engel aussenden, und sie werden aus seinem Reich alle zusammenholen, die andere verführt und Gottes Gesetz übertreten haben, und werden sie in den Ofen werfen, in dem das Feuer brennt. Dort werden sie heulen und mit den Zähnen knirschen. Dann werden die Gerechten im Reich ihres Vaters wie die Sonne leuchten. Wer Ohren hat, der höre!" (Mt 13,41-43)

VIII. Offb 20,1-15

9. Die Tausendjährige Herrschaft und das Weltgericht
(VIII. Offb 20,1-15)

Der folgende inhaltliche Abschnitt schildert die „letzten Zeiten" aus der Perspektive Satans, des Widersachers Christi und seines Reiches. Zunächst geht es um den berühmten Text von der Tausendjährigen Herrschaft, der in der Kirchengeschichte bis heute kontrovers interpretiert wird. Ich zitiere ihn in voller Länge:

„Dann sah ich einen Engel vom Himmel herabsteigen; auf seiner Hand trug er den Schlüssel zum Abgrund und eine schwere Kette. Er überwältigte den Drachen, die alte Schlange - das ist der Teufel oder der Satan -, und er fesselte ihn für tausend Jahre. Er warf ihn in den Abgrund, verschloss diesen und drückte ein Siegel darauf, damit der Drache die Völker nicht mehr verführen konnte, bis die tausend Jahre vollendet sind. Danach muss er für kurze Zeit freigelassen werden. Dann sah ich Throne; und denen, die darauf Platz nahmen, wurde das Gericht übertragen. Ich sah die Seelen aller, die enthauptet worden waren, weil sie an dem Zeugnis Jesu und am Wort Gottes festgehalten hatten. Sie hatten das Tier und sein Standbild nicht angebetet, und sie hatten das Kennzeichen nicht auf ihrer Stirn und auf ihrer Hand anbringen lassen. Sie gelangten zum Leben und zur Herrschaft mit Christus für tausend Jahre. Die übrigen Toten kamen nicht zum Leben, bis die tausend Jahre vollendet waren.

Das ist die erste Auferstehung. Selig und heilig, wer an der ersten Auferstehung teilhat. Über solche hat der zweite Tod keine Gewalt. Sie werden Priester Gottes und Christi sein und tausend Jahre mit ihm herrschen. Wenn die tausend Jahre vollendet sind, wird der Satan aus seinem Gefängnis freigelassen werden. Er wird ausziehen, um die Völker an den vier Ecken der Erde, den Gog und den Magog, zu verführen und sie zusammenzuholen für den Kampf; sie sind so zahlreich wie die Sandkörner am Meer. Sie schwärmten aus über die weite Erde und umzingelten das Lager der Heiligen und Gottes geliebte Stadt. Aber Feuer fiel vom Himmel und verzehrte sie. Und der Teufel, ihr Verführer, wurde in den See von brennendem Schwefel geworfen, wo auch das Tier und der falsche Prophet sind. Tag und Nacht werden sie gequält, in alle Ewigkeit." (Offb 20,1-10)

Der Millenarismus (Chiliasmus) **9.1.**

9.1. Die wörtliche Deutung: der Millenarismus

Ich will nun kurz darstellen, wie dieser Text in der frühen Kirche bis ins 3. Jhd. allgemein verstanden wurde. Ebenso wird er heute von Freikirchen, messianisch-jüdischen Gemeinden und einigen Privatoffenbarungen im katholischen Bereich ausgelegt. Man versteht den Abschnitt wortwörtlich so, dass er sich im Ganzen auf eine Zeit nach der endzeitlichen Herrschaft des Antichrist bezieht. Bei einer *ersten* Wiederkunft Christi werde der Satan gefesselt und im Abgrund verschlossen. Das heißt, er könne dann keinerlei Wirksamkeit unter den Menschen mehr entfalten. Dann würde der Herr schon Gericht halten und hier auf Erden ein tausendjähriges Friedensreich aufrichten. An dieser Herrschaft würden nur die Menschen teilnehmen, die bei der vorangegangenen Prüfung dem Herrn treu geblieben sind. Man sagt, die „erste Auferstehung" sei eine vorweggenommene, leibhaftige Auferstehung dieser treu gebliebenen Seelen. Die übrigen Toten kämen erst zum Leben beim Letzten Gericht.

Die Tausendjährige Herrschaft wird dann meistens politisch gedeutet: Jesus, der Herr, würde sich im *irdischen Jerusalem* auf den Thron Davids setzen und über alle Völker auf dieser Erde in einem messianischen Friedensreich regieren. Der Tempel in Jerusalem würde wieder aufgebaut (Ez 40-44) und die Grenzen Israels genauso erweitert wie in Ez 47-48 beschrieben. Es handle sich um die vollkommene nationale Wiederherstellung Israels, die man vom Messias erwartet. Dann würden alle Völker Jahr für Jahr nach Jerusalem heraufziehen, „um den König, den Herrn der Heere, anzubeten und das Laubhüttenfest zu feiern." (Sach 14,16) Diese Deutung entspricht auch der anfänglichen Erwartung der Apostel, wenn sie dem Auferstandenen die Frage stellen: „Herr, stellst du in dieser Zeit das Reich für Israel wieder her?" (Apg 1,6)

Die Tausendjährige Herrschaft wird andererseits auch geistlich gedeutet: Jesus werde in der heiligen Eucharistie ein universales Friedensreich auf der Erde begründen. Seine sakramentale Gegenwart werde sinnlich wahrnehmbar sein. Es komme so eine neue Ära des Heiligen Geistes, in welcher der katholische Glaube allgemein angenommen und auf der ganzen Erde zur Herrschaft gelangen würde. Doch dann komme noch einmal eine letzte Prüfung:

VIII. Offb 20,1-15

Nach den tausend Jahren werde der Satan aus seinem Gefängnis befreit, er dürfe die Völker noch einmal verführen und gegen Jerusalem bzw. gegen die Kirche in den Krieg ziehen. Danach werde er erst endgültig besiegt und in den Feuersee geworfen. Dann komme erst das Weltgericht bei einem *zweiten* Kommen Christi in Herrlichkeit und damit verbunden die endgültige Erneuerung der ganzen Schöpfung im *himmlischen Jerusalem*.
Diese Deutung der Tausendjährigen Herrschaft Christi als noch kommendes irdisches Friedensreich wird Millenarismus genannt, nach dem lateinischen Wort *Millenium* für „Jahrtausend". Ein zweiter Name dafür ist *Chiliasmus*, nach dem griechischen Wort *chilia* für die Zahl 1000. Der Chiliasmus erwartet also eine zweifache Wiederkunft Christi: das erste Mal zur Tausendjährigen Herrschaft auf dieser Erde und das zweite Mal zum Letzten Gericht, wie es in Mt 25,31-46 beschrieben wird. *Nach* den tausend Jahren und *vor* dem Letzten Gericht werde aber der Satan nochmals freigelassen, um die Völker zu verführen und gegen dieses Reich Christi zu kämpfen.

9.1.1. Vier gute Gründe gegen den Millenarismus

Ich will zunächst einige Einzelargumente sammeln, die gegen diese Deutung sprechen.

9.1.1.1. Das Glaubensbekenntnis und der Thron Davids

Das apostolische Glaubensbekenntnis und das Credo, das auf dem ersten ökumenischen Konzil von Nizäa formuliert wurde, kennen nur *eine Wiederkunft Christi* zum allgemeinen Gericht, danach wird seine Herrschaft kein Ende haben: „Jesus ist am dritten Tage auferstanden nach der Schrift und aufgefahren in den Himmel. *Er sitzt zur Rechten des Vaters und wird wiederkommen in Herrlichkeit, zu richten die Lebenden und die Toten; seiner Herrschaft wird kein Ende sein.*"
Dieses Glaubensbekenntnis der Kirche legt uns schon nahe, die Tausendjährige Herrschaft auf die *heutige Zeit hin* zu deuten, in der Christus *zur Rechten des Vaters sitzt* und so an seiner göttlichen Herrschaft über die Welt teilnimmt. Demnach wäre der Thron Davids im Himmel, nicht auf der Erde. In Offb 3,21 sagt Jesus zu den Gläubigen in Laodizäa: „Wer siegt, der darf mit mir auf meinem

Der Millenarismus (Chiliasmus) 9.1.

Thron sitzen, *so wie auch ich gesiegt habe und mich mit meinem Vater auf seinen Thron gesetzt habe.*" Hier ist eigentlich von der göttlichen Vaterschaft die Rede, aber man kann den Satz im übertragenen Sinn auch auf die irdische Vaterschaft Davids anwenden. Nur wenn der David verheißene Thron nicht auf der Erde steht, kann er ewigen Bestand haben: „Dein Haus und dein Königtum sollen durch mich auf ewig bestehen bleiben; dein Thron soll auf ewig Bestand haben." (2Sam 7,16) Das entspricht auch der Verheißung des Engels Gabriel an die Jungfrau Maria in Bezug auf ihren Sohn: „Er wird groß sein und Sohn des Höchsten genannt werden. *Gott, der Herr, wird ihm den Thron seines Vaters David geben. Er wird über das Haus Jakob in Ewigkeit herrschen, und seine Herrschaft wird kein Ende haben.*" (Lk 1,32-33) Ja, der auferstandene und in den Himmel erhöhte Herr hat diese Herrschaft bereits angetreten. Er wird nicht wiederkommen in Herrlichkeit, um sich für begrenzte tausend Jahre auf einen irdischen Thron in Jerusalem zu setzen oder um der Glaubenspraxis der pilgernden Kirche zum Durchbruch zu verhelfen.

9.1.1.2. Das Königtum Jesu ist nicht von dieser Welt

Gegen den Millenarismus spricht auch der Verzicht Jesu auf politische Macht in seinem einmaligen irdischen Leben. Bei der Verhandlung vor Pilatus bekannte er: *„Mein Königtum [Herrschaft, Reich] ist nicht von dieser Welt.* Wenn es von dieser Welt wäre, würden meine Leute kämpfen, damit ich den Juden nicht ausgeliefert würde. *Aber mein Königtum ist nicht von hier.* Pilatus sagte zu ihm: Also bist du doch ein König? Jesus antwortete: Du sagst es, *ich bin ein König. Ich bin dazu geboren und dazu in die Welt gekommen, dass ich für die Wahrheit Zeugnis ablege.* Jeder, der aus der Wahrheit ist, hört auf meine Stimme." (Joh 18,36-37) Diese Schriftstelle wird alle drei Jahre am Christkönig-Sonntag in der Liturgie verkündet. Sie gilt aber auch in der Zukunft: Auch bei der Wiederkunft des Menschensohnes auf den Wolken des Himmels wird seine Herrschaft *nicht von dieser Welt und nicht in dieser Weltgeschichte sein.*

Der Chiliasmus will sozusagen nachholen, was Jesus bei seinem ersten Kommen scheinbar versäumt hat, nämlich von Jerusalem und Israel aus eine Weltherrschaft des Friedens über alle Völker dieser Erde zu errichten. Das ist nichts anderes als eine Wiederbelebung der

VIII. Offb 20,1-15

politischen Hoffnungen seiner Zeitgenossen. Sie wollten ihn nach der wunderbaren Brotvermehrung in ihre Gewalt bringen und zum König machen. „Daher zog er sich wieder auf den Berg zurück, er allein." (Joh 6,15) - „Jesus Christus ist derselbe gestern, heute und in Ewigkeit." (Heb 13,8) Er wird sich auch bei seiner glorreichen Wiederkunft nicht zu einem irdischen König für den Triumph des Staates Israel oder der Katholischen Kirche küren lassen. Sondern er wird herrschen in einem *neuen Himmel und einer neuen Erde*, in denen die Gerechtigkeit wohnt (Offb 21-22,5).

9.1.1.3. Der Widerspruch zur Glaubens-Logik

Die wort-wörtliche, chiliastische Deutung von Offb 20,1-10 ist auch in sich unlogisch, weil nach der irdischen, Tausendjährigen Herrschaft Christi der Satan noch einmal Macht über die Völker bekommt. Wer lässt ihn dann aber frei? Jesus selbst? Er ist doch gekommen, um die Werke des Teufels zu zerstören (1Joh 3,8). Oder der Engel der ihn einsperrte? Er ist nur ein Diener Christi. Oder die Menschen? Sie leben doch angeblich in Frieden und Heiligkeit und haben auch nicht den Schlüssel zur Unterwelt. Und was machen Christus und seine auferweckten Heiligen nach der Befreiung Satans? Man hat den Eindruck, sie ziehen sich heimlich in den Himmel zurück, sie machen dort vielleicht Urlaub von den Anstrengungen der Tausendjährigen Herrschaft, um erfrischt noch einmal wiederkommen zu können zum Letzten Gericht. Das ist zwar polemisch ausgedrückt, bringt aber die Glaubens-Unlogik der chiliastischen Auslegung klar zum Ausdruck. Nach der einen Wiederkunft Christi kann es keine weitere mehr geben und auch keine Freilassung Satans.

Außerhalb des Glaubens, z.B. im Rahmen der evolutionistischen oder atheistischen Weltanschauung, ist natürlich alles unverständlich. Da kann es kein Eingreifen Gottes in die Weltgeschichte geben, d.h. keine Inkarnation, keine Auferstehung des gekreuzigten Sohnes Gottes, erst Recht kein ewiges Leben in einer unsichtbaren Welt (Himmel) und keine Parusie. Wenn man nur an das glaubt, was man natürlicherweise wahrnehmen und begreifen kann, dann ist die ganze Offenbarung des Johannes komplett unlogisch.

Der Millenarismus (Chiliasmus) 9.1.

9.1.1.4. Biblische Relativierung der Zeitdauer

Ich möchte noch ein letztes Einzelargument gegen den Chiliasmus anführen, welches genauso auch für meine positive Deutung des Textes gilt. Bei den anderen vier Bibelstellen, wo der Ausdruck *tausend Jahre* noch vorkommt, wird die Zahl *tausend* eindeutig relativiert, es handelt sich also nie um eine genaue Zeitangabe[196]. *Tausend bedeutet in der Offenbarung sehr viel, sehr lang oder groß.* Insbesondere kommt die Relativierung bei der einzigen Parallelstelle im Neuen Testament zum Ausdruck, wo es ebenfalls um das Kommen des Herrn geht, nämlich in 2Petr 3,8f. Es handelt sich dabei um eine Schlüsselstelle, bei der die „tausend Jahre" die Zeit der Erwartung vor dem Tag des Herrn bezeichnen. Es ist die *heutige* Erwartung seiner *einmaligen Wiederkunft* und diese Zeit, die uns enorm lang erscheinen mag, ist objektiv nur kurz im Vergleich zur ganzen Geschichte der Menschheit, der Erde und des Weltalls. In seiner Voraussicht, an der Gott uns durch die Verheißung teilhaben lässt, ist alles schon Gegenwart (siehe 1.1.2.). Immerhin kommt diese Angabe einer für uns *unbestimmten, sehr langen Zeit* ab Offb 20,2 sechs Mal hintereinander vor, in jedem Vers einmal.

9.1.2. Hauptargument und Zusammenfassung

Ich möchte nun mein Hauptargument gegen die wörtlich-irdische Sicht des Tausendjährigen Reiches entfalten. Dazu machen wir einen Rückblick auf die bisherigen Kapitel. Schon mehrfach habe ich darauf hingewiesen, dass sich in der Offenbarung immer neu ein Blick der Hoffnung in den Himmel ablöst mit dem Blick auf die Erde, wo es um das endzeitliche Unheil und den Tag des Herrn geht. Meine Grundüberzeugung besteht darin, dass in der Offenbarung *dieselben letzt-zeitlichen Ereignisse* vor der Parusie in immer neuer Perspektive, aus je verschiedenem Blickwinkel, unter Betrachtung von verschiedenen Facetten oder Aspekten beschrieben werden. Es macht dagegen keinen Sinn, die Kapitel als chronologische, zeitlich lineare Abfolge von Ereignissen zu deuten, d.h. in ihnen eine genaue zeitliche Reihenfolge erkennen zu wollen.

---

[196] Ps 90,4; Koh 6,6; 2Petr 3,8; Sir 41,4.

VIII. Offb 20,1-15

Ich will diese verschiedenen inhaltlichen Abschnitte hier noch einmal zusammenfassend durchgehen:
In der Einleitung mit den sieben Sendschreiben (Alpha) kommt die endzeitliche Bedrängnis im Wort Jesu an die pilgernde Kirche zum Ausdruck. Die ersten drei Kapitel wenden sich an die Kirche der jeweiligen Gegenwart unter dem Aspekt des Wissens und der Verheißung Jesu.
Der erste (I.) inhaltliche Abschnitt von Kapitel 4-6 beschreibt die letzten Zeiten im Bild vom Lamm, das die Siegel öffnet, unter dem Blickwinkel vielfältiger Formen von Bedrängnis auf der Erde: Es ist von Hunger, Seuchen, Kriegen, Naturkatastrophen, Martyrium und dem Tag des Zornes die Rede.
Der zweite (II.) Abschnitt von Offb 7-11 schildert das Gericht über die Erde in Bildern, mit denen ich atomare und konventionelle Kriegführung assoziiere. Kapitel 10-11 sprechen zusätzlich vom inneren Zustand der Kirche und der prophetischen Wirksamkeit zweier Zeugen. Das endzeitliche Geschehen wird im Rhythmus von sieben Posaunenstößen der Engel dargestellt.
Der dritte (III.) Abschnitt von Offb 12,1-14,5 zeigt die endzeitliche Bedrängnis unter dem Aspekt der Auseinandersetzung zwischen der Frau und dem Tier. Die Frau bedeutet Maria, die Kirche und das Volk Israel. Das Tier bedeutet den Teufel, den Antichrist und seinen falschen Propheten. Im 12. Kapitel wird die gesamte Heilsgeschichte rekapituliert.
Der kurze vierte (IV.) Abschnitt in Kapitel 14,6-20 schildert die Ankündigung des Gerichts über die Erde und sein Vollzug im Bild der Ernte aus der Sicht der heiligen Engel.
Der fünfte (V.) Abschnitt von Offb 15-16 zeigt das Gericht unter dem Aspekt des Zornes Gottes, der sich in der Verseuchung des irdischen Lebensraumes, im Tod der Lebewesen und in dämonischer Wirksamkeit unter den Menschen entfaltet. Die sieben Schalen des Zorns enden in einer kosmischen Erschütterung der Erde.
Der sechste (VI.) inhaltliche Abschnitt umfasst Kapitel 17,1-19,9 und zeigt die letzten Zeiten aus der Sicht einer verdorbenen Zivilisation, einer globalen "Kultur" der Unzucht, des Luxus und des Todes im Bild der Hure Babylon. Sie wird im Feuer verbrannt und mit Wucht hinabgeworfen.

Der Millenarismus (Chiliasmus) 9.1.

Der siebte (VII.) kurze Abschnitt in Kapitel 19,11-21 zeigt das Ende der irdischen Geschichte im Bild des apokalyptischen Reiters, der über die Völker mit eisernem Zepter herrschen wird. Der endzeitliche Krieg gegen das Tier und den falschen Propheten endet mit einem Blutbad auf Erden und mit dem „See von brennendem Schwefel" in der Ewigkeit.

Wir haben also bisher sieben Abschnitte ausgemacht, in denen es immer wieder um *dieselbe Zeit* der großen Not und Auseinandersetzung vor der Wiederkunft Christi in Herrlichkeit geht, von der Jesus selbst in in seiner Parusierede ausführlich spricht (siehe 9.2.5.).

Es ist überhaupt nicht einzusehen, warum dieser letzte inhaltliche Abschnitt in Kapitel 20 etwas prinzipiell Verschiedenes davon sein soll, nämlich eine hinzugefügte irdische Extrazeit nach der Wiederkunft Christi und vor dem Weltgericht. Dafür gibt es weder in der Offenbarung des Johannes noch im Neuen Testament eine Parallele. Alles Wichtige wird dort aber mehrfach bezeugt: man denke an das *eine* Evangelium aus der Perspektive von *vier* Evangelisten.

Ein Tausendjähriges Reich, das nur an einer einzigen Stelle klar bezeugt wird, ist im Zusammenhang der Heiligen Schrift ganz unglaubwürdig. Ich bleibe also bei dem, was ich am Anfang dieses Abschnitts schon geschrieben habe:

Der achte (VIII.) inhaltliche Abschnitt von Offb 20,1-20,10 zeigt die letzten Zeiten und das Gericht aus der Perspektive des Teufels, des Widersachers Christi und seines Reiches. Erst der letzte Abschnitt (Omega) geht durch das Letzte Gericht hindurch über diese irdische Endzeit hinaus in die Ewigkeit einer neuen Schöpfung. Dann gibt es nur noch die Kirche als Braut des Lammes in einer erneuerten Schöpfung oder die Verdammnis in der Hölle. Ich werde in diesem letzten Abschnitt dann auch auf einige alttestamentliche Verheißungen eingehen, die man im Sinn des Millenarismus auslegen könnte, wenn man nicht beachtet, dass das Neue Testament in der Klarheit (Eindeutigkeit) seiner Aussagen einen Schritt weitergeht (siehe 10.3.).

VIII. Offb 20,1-15

9.2. Eine biblisch kohärente Interpretation: Die eschatologische Spannung

Ich will diesen Abschnitt nun in der gewohnten Weise kommentieren, wie ich es gleich zu Beginn getan hätte, wenn nicht die wortwörtliche millenaristische Sicht so weit verbreitet wäre. Allerdings ist meine Interpretation ebenfalls geschichtlich und beruht auf dem Wortsinn. Sie ist daher nicht wesentlich verschieden, sondern nur eine alternative wörtliche Interpretation.

9.2.1. Die Fesselung und Freilassung Satans

„Dann sah ich einen Engel vom Himmel herabsteigen; auf seiner Hand trug er den Schlüssel zum Abgrund und eine schwere Kette. Er überwältigte den Drachen, die alte Schlange - das ist der Teufel oder der Satan -, und er fesselte ihn für tausend Jahre. Er warf ihn in den Abgrund, verschloss diesen und drückte ein Siegel darauf, damit der Drache die Völker nicht mehr verführen konnte, bis die tausend Jahre vollendet sind. Danach muss er für kurze Zeit freigelassen werden…

Wenn die tausend Jahre vollendet sind, wird der Satan aus seinem Gefängnis freigelassen werden. Er wird ausziehen, um die Völker an den vier Ecken der Erde, den Gog und den Magog, zu verführen und sie zusammenzuholen für den Kampf; sie sind so zahlreich wie die Sandkörner am Meer. Sie schwärmten aus über die weite Erde und umzingelten das Lager der Heiligen und Gottes geliebte Stadt. Aber Feuer fiel vom Himmel und verzehrte sie." (Offb 20,1-3 und 7-9)

Das *Bild* der Fesselung Satans durch einen Engel, der ihn für tausend Jahre im Abgrund verschließt, steht für den Sieg Christi und seiner Kirche über den Teufel. Dessen Macht wird zurückgedrängt in dem Maß, wie sich Menschen und Völker dem Evangelium öffnen und nach Demut und Liebe streben. Das Thema der Fesselung stammt aus einem Gleichnis Jesu: „Wenn ich aber die Dämonen durch den Geist Gottes austreibe, dann ist das Reich Gottes schon zu euch gekommen. Wie kann einer in das Haus eines starken Mannes einbrechen und ihm den Hausrat rauben, wenn er den Mann nicht vorher fesselt? Erst dann kann er sein Haus plündern."[197]

---

[197] Mt 12,28-29, vgl. Mk 3,27; Hebr 2,14; 2Tim 1,10.

Eine biblisch kohärente Interpretation 9.2.

Jesus ist durch seinen Tod am Kreuz hinabgestiegen in das Reich des Todes und hat dem Satan die Seelen geraubt, die er in der Unterwelt gefangen hielt. Dieser Sieg über den Teufel wurde schon in Offb 12,10 besungen: „Da hörte ich eine laute Stimme im Himmel rufen: *Jetzt ist er da, der rettende Sieg,* die Macht und die Herrschaft unseres Gottes und die Vollmacht seines Gesalbten; denn *gestürzt wurde der Ankläger unserer Brüder, der sie bei Tag und bei Nacht vor unserem Gott verklagte.*"
Christus hat den Widersacher durch seine Passion und sein Hinabsteigen in die Unterwelt gefesselt und hinausgeworfen: „Jetzt wird Gericht gehalten über diese Welt; jetzt wird der Herrscher dieser Welt hinausgeworfen werden." (Joh 12,31) Der Engel mit dem Schlüssel, der schweren Kette und dem Siegel ist also nur ein Gefängniswärter, ein Diener Christi, dem der Schlüssel gehört: „Ich war tot, doch nun lebe ich in alle Ewigkeit, und ich habe die Schlüssel zum Tod und zur Unterwelt." (Offb 1,18) Vielleicht ist dieser Engel der hl. Erzengel Michael, der den Drachen schon in der Vorzeit auf die Erde geworfen hat (Offb 12,7-9).

9.2.1.1. Die Evangelisierung: Machtbegrenzung aber keine Untätigkeit!

Wenn dieses „Wegsperren" des Drachens den Sieg Christi bezeichnet, wie kommt es dann, dass der Satan auch danach, d.h. in der Kirchengeschichte, offenbar ziemlich aktiv war? Wie kommt es, dass er zu jeder Zeit „berufene Heilige" (Röm 1,7) zur Sünde verführen konnte? So wenig wie die Himmelfahrt und Herrschaft Christi bedeuten, dass er auf der Erde nicht mehr wirksam gegenwärtig wäre, ebenso wenig bedeutet der Einschluss des Teufels im Abgrund, dass dieser in der Geschichte nicht mehr wirken könnte. Seine Macht wurde begrenzt in dem Maße, wie die Menschen diese Macht durch die Annahme des Evangeliums und ein heiliges Leben zurückdrängen: „Gott tritt den Stolzen entgegen, den Demütigen aber schenkt er seine Gnade. Ordnet euch also Gott unter, leistet dem Teufel Widerstand; dann wird er vor euch fliehen. Sucht die Nähe Gottes; dann wird er sich euch nähern." (Jak 4,6-8)
Und Petrus schreibt: „Seid nüchtern und wachsam! Euer Widersacher, der Teufel, geht wie ein brüllender Löwe umher und sucht,

VIII. Offb 20,1-15

wen er verschlingen kann. Leistet ihm Widerstand in der Kraft des Glaubens! Wisst, dass eure Brüder in der ganzen Welt die gleichen Leiden ertragen müssen!" (1Petr 5,8-9)
Auch wenn der Satan also für „tausend Jahre" die Völker nicht mehr verführen kann, was eine qualitativ neue Situation durch das erste Kommen Christi bedeutet, so kann er doch einzelne Personen oder Familien dazu bringen, sich seinem Wirken durch die Sünde auszuliefern (Eph 2,2). Das irdische Leben ist von geistlichem Kampf geprägt; die Teilhabe am Sieg Christi gibt es nicht „automatisch" sondern durch unsere aktive Mitwirkung mit der Gnade: „Wer mein Jünger sein will, der verleugne sich selbst, nehme täglich sein Kreuz auf sich und folge mir nach." (Lk 9,23)

9.2.1.2. Der Krieg: Freilassung aber keine unbegrenzte Macht!

Das Freigelassenwerden nach „tausend Jahren" bedeutet umgekehrt nicht, dass der Sieg Christi nun plötzlich hinfällig geworden wäre. Vielmehr findet eine mehrheitliche Abwendung vom Herrn und seinem Evangelium statt, welche dem Satan eine neue Macht über ehemals christliche Völker verleiht. Dieser großflächige Abfall vom Glauben und die damit verbundene globale Flut schwerer Sünden[198] führen zur letztzeitlichen großen Not, zum Gericht über die Erde.

„Hier muss sich die Standhaftigkeit und die Glaubenstreue der Heiligen bewähren." (Offb 13,10) Hinweise auf weltweit verbreitete Sünden und die Verhärtung darin finden sich in jedem einzelnen Abschnitt der Offenbarung[199], besonders aber im VI. Abschnitt über die Hure Babylon. Andererseits bleibt die Liebe und Barmherzigkeit Gottes auch in den Zeiten des Zornes jedem geöffnet, der eintreten und darin leben will. Christus, der Sieger, bleibt bei seiner pilgernden Kirche bis zum Ende der Welt, d.h. bis sie das Ziel ihres Weges erreicht hat. Sein Missionsauftrag gilt bis zur Wiederkunft in Herrlichkeit (Mt 28,20-28).

---

[198] Abtreibung, Manipulation des menschlichen Genoms, Unzucht, BDSM, Satanskult, internationaler Terrorismus…
[199] Offb 6,8-10 (I.); Offb 9,20-21 (II.); Offb 13,7-8 (III.); Offb 14,9-11 (IV.); Offb 16,11.15 (V.); Offb 18,2-7 (VI.); Offb 19,20 (VII.); Offb 20,8 (VIII.).

Eine biblisch kohärente Interpretation 9.2.

Die Freilassung Satans geschieht nur für *kurze Zeit*[200]. Sie wird im zweiten Thessalonicherbrief folgendermaßen beschrieben: Zuerst muss der *Abfall von Gott kommen und der Mensch der Gesetzwidrigkeit erscheinen*. Er wird, wenn er auftritt, die Kraft Satans haben. Erst dann kommt der Tag des Herrn (siehe 4.2.2.). Nichts anderes wird in Offb 20,7-10 ausgesagt: „*Wenn die tausend Jahre vollendet sind, wird der Satan aus seinem Gefängnis freigelassen werden. Er wird ausziehen, um die Völker an den vier Ecken der Erde, den Gog und den Magog, zu verführen und sie zusammenzuholen für den Kampf; sie sind so zahlreich wie die Sandkörner am Meer.* Sie schwärmten aus über die weite Erde und umzingelten das Lager der Heiligen und Gottes geliebte Stadt."

Das *Lager der Heiligen* sind Israel und die Kirche, *Gottes geliebte Stadt* ist hier das irdische Jerusalem. *Gog und Magog* stehen für die Feinde Israels in der endzeitlichen Auseinandersetzung von Ez 38 und 39: „Darum tritt als Prophet auf, Menschensohn, und sag zu Gog [im Land Magog, 38,2]: So spricht Gott, der Herr: *Dann, wenn mein Volk Israel sich in Sicherheit wähnt, brichst du auf und ziehst aus deinem Land heran, aus dem äußersten Norden, du und viele Völker mit dir, alle zu Pferd, ein großes Heer,* eine gewaltige Streitmacht. Du ziehst gegen mein Volk Israel heran wie eine Wolke, die das ganze Land bedeckt. *Am Ende der Tage wird es geschehen*: Ich lasse dich gegen mein Land heranziehen; denn die Völker sollen mich erkennen, wenn ich mich vor ihren Augen an dir, Gog, als heilig erweise." (Ez 38,14-16)[201] Es handelt sich um eine Kurzfassung des letzten Krieges, von dem wir schon oft in der Offenbarung gehört haben[202], zuletzt im VII. Abschnitt.

Aber Feuer fiel vom Himmel und verzehrte sie. Das ist die Folge des Krieges, das Gericht über die Erde, von dem ebenso häufig die Rede war. „Darum wartet nur - Spruch des Herrn - auf den Tag, an dem ich auftreten werde als Kläger. Denn ich habe beschlossen: Völker will ich versammeln, und Königreiche biete ich auf; dann schütte ich meinen Groll über sie aus, die ganze Glut meines Zorns.

---

[200] Vgl. Offb 12,12; siehe 4.1.4.
[201] Einen Ausschnitt aus den beiden Kapiteln habe ich schon unter 3.3.7.2. zitiert.
[202] Offb 6,4 (I.); Offb 8 und 9 (II.); Offb 12,17 (III.); Offb 14,19-20 (IV.); Offb 16,14 (V.); Offb 17,16 und 18,8-10 (VI.); Offb 19,11.15.19 (VII.); Offb 20,7-10 (VIII.).

VIII. Offb 20,1-15

Denn vom Feuer meines Eifers wird die ganze Erde verzehrt". (Zef 3,8) Den Abschluss bildet die Verdammnis durch das endgültige, zweite Kommen Christi: „Und der Teufel, ihr Verführer, wurde in den See von brennendem Schwefel geworfen, wo auch das Tier und der falsche Prophet sind. Tag und Nacht werden sie gequält, in alle Ewigkeit." (Offb 20,10) Nach dem Letzten Gericht, dessen visionäre Beschreibung unmittelbar anschließt, gibt es nichts Böses mehr im Reich Gottes: erst dann kann der Drache auch einzelne Personen nicht mehr in Versuchung führen.

9.2.2. Das Tausendjährige Reich Christi

„Dann sah ich Throne; und denen, die darauf Platz nahmen, wurde das Gericht übertragen. Ich sah die Seelen aller, die enthauptet worden waren, weil sie an dem Zeugnis Jesu und am Wort Gottes festgehalten hatten. Sie hatten das Tier und sein Standbild nicht angebetet, und sie hatten das Kennzeichen nicht auf ihrer Stirn und auf ihrer Hand anbringen lassen. Sie gelangten zum Leben und zur Herrschaft mit Christus für tausend Jahre. Die übrigen Toten kamen nicht zum Leben, bis die tausend Jahre vollendet waren. *Das ist die erste Auferstehung. Selig und heilig, wer an der ersten Auferstehung teilhat. Über solche hat der zweite Tod keine Gewalt. Sie werden Priester Gottes und Christi sein und tausend Jahre mit ihm herrschen."* (Offb 20,4-6)

Die Märtyrer und Heiligen der Kirchengeschichte sind es, die mit dem Lamm im Himmel herrschen und an seinem Gericht teilnehmen. Das steht schon in den Verheißungen an die sieben Gemeinden (siehe 1.4.4.) und wird in den Visionen des Himmels in jedem inhaltlichen Abschnitt gezeigt: in Offb 4,4 und 5,8-14 (I.); Offb 7,13-17 (II.); Offb 12,11-12 und 14,1-5 (III.); Offb 14,13 (IV.); Offb 15,2-4 (V.); Offb 19,1-9 (VI.); Offb 19,14 (VII.).

Die zusätzliche Darstellung in Offb 20,4-6 (VIII.) wäre also eigentlich nichts Besonderes, wenn nicht die harmlose "Zeitangabe" der *tausend Jahre* viele Gemüter erregen und ihre Zukunftsfantasien anregen würde. *Bedeutet die Teilnahme am Gericht nun, dass die Heiligen selbst vom allgemeinen Gericht ausgenommen sind?* Nein, insofern auch ihr Leben mit seinen Fehlern und Schwächen allgemein offenbar wird und unter dem letzten Urteil Christi steht.

Eine biblisch kohärente Interpretation 9.2.

Sie sind nicht ausgenommen, insofern sie zu den Völkern gehören, die vor dem Menschensohn versammelt werden und auf der rechten Seite stehen, um den verheißenen Lohn zu empfangen (siehe 9.3.2.). Aber sie treten dann mit dem Herrn als Zeugen gegen jene auf, durch die sie auf Erden das Martyrium erlitten. Sie bleiben Zeugen der Wahrheit des Evangeliums, der Gerechtigkeit Gottes, und insofern wird ihnen das Gericht übertragen. Es handelt sich um eine Teilnahme in Abhängigkeit von Christus, dem Haupt der Kirche, die sich aus der Teilnahme an seinem Priestertum und Königtum ergibt.

Mit der *ersten Auferstehung* ist diejenige gemeint, die durch den Glauben und die Taufe geschieht. Durch sie gelangt der Mensch *schon jetzt* zum ewigen Leben[203] und bekommt Anteil an der dreifachen Salbung des Messias zum Priester, Propheten und König. Man wird durch die Gnade Gottes „selig und heilig", zuerst auf dem irdischen Pilgerweg und dann erst Recht im Himmel.

Jesus spricht über diese *erste Auferstehung* sehr klar im Johannesevangelium: „Amen, amen, ich sage euch: *Wer mein Wort hört und dem glaubt, der mich gesandt hat, hat das ewige Leben; er kommt nicht ins Gericht, sondern ist aus dem Tod ins Leben hinübergegangen. Amen, amen, ich sage euch: Die Stunde kommt, und sie ist schon da [!], in der die Toten die Stimme des Sohnes Gottes hören werden; und alle, die sie hören, werden leben.*" (Joh 5,24-25) Hier ist von der Gegenwart die Rede, von unserem einmaligen Leben auf der Erde. Mit den „Toten" sind jene gemeint, die aufgrund von *Todsünden* fern von Gott leben und die durch sein Wort zur Umkehr und zum Glauben gelangen.

Die tausend Jahre sind also die Zeit der Kirchengeschichte, in der sich das alles tatsächlich verwirklicht: der Hinauswurf Satans aus den Herzen der Einzelnen und aus dem Leben ganzer Völker; die erste Auferstehung durch die Verkündigung des Evangeliums, den Exorzismus, die Annahme des Glaubens, durch die Taufe und die Salbung in der Firmung. Das Tier und die Anbetung seines Standbilds stehen in diesem Fall nicht allein für das letzte, weltweite Auftreten des Antichrist, sondern für seine zahlreichen lokal wirksamen Vorläufer im Laufe der Geschichte:

---

[203] Vgl. Joh 3,36; 6,47; 17,3; Röm 6,4; 2Kor 5,17; Eph 2,4-6; Kol 2,12-13; 3,1; KKK 1002-1003.

VIII. Offb 20,1-15

angefangen von den römischen Kaisern Nero, Domitian, Decius und Diokletian bis hin zu modernen Diktatoren wie Hitler, Stalin, Mao und Pol Pot im 20. Jahrhundert. Die Märtyrer all dieser gottlosen Diktaturen sind die Seligen und Heiligen die *jetzt* für *tausend Jahre* mit Christus herrschen, bis er kommt in Herrlichkeit.

Dazwischen steht in Offb 20,5 noch folgender Satz: „Die übrigen Toten kamen nicht zum Leben, bis die tausend Jahre vollendet waren." Wer sind dann diese *übrigen Toten*? Es sind aus meiner Sicht die armen Seelen im Fegefeuer, insbesondere die Menschen guten Willens aus den Nationen und Weltreligionen, die nicht durch Glaube und Taufe zur Teilhabe am Priestertum Christi gelangt sind. Diese Seelen im Läuterungsort[204] nehmen noch nicht an der Herrschaft des Lammes im Himmel teil, sondern bedürfen unserer Gebete und Opfer, um dorthin zu kommen. Das Fegefeuer als Ort der Läuterung wird wahrscheinlich beim Letzten Gericht aufgelöst werden. Niemand könnte sonst mehr sühnend für die Menschen dort eintreten. Denn danach gibt es offenbar nur noch die Verdammnis im *Feuersee* und das ewige Leben im *Reich Gottes*.

---

[204] KKK 1030-1032 (Die abschließende Läuterung- das Purgatorium).

9.2.3. Privatoffenbarungen in der eschatologischen Spannung

Wie sind aus dieser Sicht nun die Verheißungen in katholischen Privatoffenbarungen zu verstehen, die z.B. vom „Triumph des unbefleckten Herzens Mariens" (Fatima) sprechen, von einem „neuen Pfingsten der Liebe" (Martha Robin), von einem Kommen Jesu als „König der Barmherzigkeit" (hl. Schwester Faustina), von einem „großen Wunder, einem sichtbaren, unzerstörbaren Zeichen" (Garabandal, Medjugorje) oder „einem Gericht im Kleinen, einer neuen Ära" (Don Gobbi)?

Die Privatoffenbarungen, auf die ich mich hier kurz beziehe, wurden entweder von der Kirche als echt anerkannt oder sie sind zumindest bis jetzt nicht als unecht zurückgewiesen worden. Von der Glaubenslogik her können uns solche Ereignisse des Eingreifens Gottes nicht aus der Zeit und „Funktionsweise" der Kirchengeschichte herausführen.

Die eschatologische Spannung 9.2.

Nur die eine Wiederkunft Christi in Herrlichkeit tut dies, indem sie durch das Weltgericht hindurch eine qualitativ neue Schöpfung herbeiführt.

In Wirklichkeit sind wir schon seit der Himmelfahrt des Herrn in die „Endzeit" eingetreten: „Viele Male und auf vielerlei Weise hat Gott einst zu den Vätern gesprochen durch die Propheten; *in dieser Endzeit aber hat er zu uns gesprochen durch den Sohn, den er zum Erben des Alls eingesetzt und durch den er auch die Welt erschaffen hat;* er ist der Abglanz seiner Herrlichkeit und das Abbild seines Wesens; er trägt das All durch sein machtvolles Wort, *hat die Reinigung von den Sünden bewirkt und sich dann zur Rechten der Majestät in der Höhe gesetzt...*" (Hebr 1,1-3) Seither wartet die Kirche auf sein Kommen in Herrlichkeit.

Alle besonderen Heilsereignisse haben in dieser Endzeit den Charakter von Pfingsten: sie sind mit einer Ausgießung oder Erneuerung im Heiligen Geist verbunden, zwingen aber niemanden, sie anzunehmen oder an sie zu glauben. Deshalb ist es auch eine Illusion zu meinen, das Tausendjährige Reich könne ein globaler Triumph der heiligen Eucharistie, der Jungfrau Maria und damit der katholischen Kirche sein. Noch so viel Gnade und Selbstoffenbarung Gottes werden innerhalb der Geschichte keinen Menschen zwingen, diese anzunehmen und ihr treu zu sein. Nur Diktatoren wollen Gleichschaltung, indem sie mit Gewalt das Gewissen des Einzelnen zu beugen versuchen. Gott hat uns im irdischen Leben Jesu gezeigt, dass er die Freiheit des Menschen respektiert und jeden seinen selbst gewählten Weg gehen lässt (siehe 6.2.1.). Deshalb gibt es auch immer die Sünden der Gläubigen in der Kirche.

Ein globaler Triumph der Kirche oder Israels im Sinn des Chiliasmus widerspräche gerade dem Charakter der irdischen Geschichte als Pilgerweg, der von der Prüfung des freien Willens und vom Glauben geprägt ist: „Wir sind also immer zuversichtlich, auch wenn wir wissen, dass wir *fern vom Herrn in der Fremde leben, solange wir in diesem Leib zu Hause sind; denn als Glaubende gehen wir unseren Weg, nicht als Schauende.*" (2Kor 5,6-7)

Entweder fügen sich die Verheißungen der Privatoffenbarungen in das Schon-jetzt der Erlösung ein, oder sie verweisen auf das Noch-nicht des endgültigen Heils bei der Parusie.

VIII. Offb 20,1-15

Das heißt sie bewegen sich in der „eschatologischen Spannung" zwischen der schon vollbrachten Erlösung und der Erwartung des unverlierbaren, offensichtlichen Heils. Sie fügen der Erlösung nichts wesentlich Neues hinzu. So muss man sie interpretieren und mehr will ich dazu nicht sagen, weil es mir hier nicht um den Inhalt von Privatoffenbarungen geht, sondern um die Offenbarung des Johannes, d.h. um das Wort des lebendigen Gottes.

9.2.4. Die Lehre der katholischen Kirche

Ich will nun einen wichtigen Abschnitt zum Thema *Kirchengeschichte und Parusie* aus dem Katechismus der Katholischen Kirche anfügen[205], von dem ich begeistert bin und der an Klarheit nichts zu wünschen übrig lässt. Hier wird alles gesagt!

Christus herrscht schon durch die Kirche, bis ihm alles unterworfen ist

671 *Das Reich Christi, in der Kirche schon gegenwärtig, ist jedoch noch nicht durch die Ankunft des Königs auf Erden „mit großer Macht und Herrlichkeit" (Lk 21,27) vollendet. Es wird noch von bösen Mächten angegriffen, obwohl diese durch das Pascha Christi im Grunde schon besiegt sind.* Bis ihm dann alles unterworfen sein wird, bis es „neue Himmel und eine neue Erde geben wird, in denen die Gerechtigkeit wohnt", *trägt die pilgernde Kirche in ihren Sakramenten und Einrichtungen, die zu dieser Zeit gehören, die Gestalt dieser Welt, die vergeht*, und weilt selbst unter den Geschöpfen, die seufzen und bis jetzt noch in Wehen liegen und die Offenbarung der Kinder Gottes erwarten" (LG 48). *Aus diesem Grund beten die Christen, besonders in der Eucharistiefeier, um das rasche Eintreten der Wiederkunft Christi, indem sie zu ihm rufen: „Komm, Herr!"* (Offb 22,20).

672 Christus hat vor seiner Himmelfahrt gesagt, die Stunde sei noch nicht da, um das von Israel erwartete messianische Reich herrlich zu errichten. *Dieses sollte den Propheten zufolge für alle Menschen die endgültige Herrschaft der Gerechtigkeit, der Liebe und des Friedens bringen. Die jetzige Zeit ist nach dem Wort des Herrn die Zeit des*

---

[205] Ich verzichte dabei auf die zahlreichen, erhellenden Fußnoten im Text. Ich lade Sie ein, diese in Ihrem Katechismus selbst nachzulesen.

Die eschatologische Spannung 9.2.

Geistes und des Zeugnisgebens, aber auch noch eine Zeit der „Not" und der Prüfung durch das Böse, das selbst die Kirche nicht verschont und die Kämpfe der letzten Tage einleitet. Sie ist eine Zeit des Harrens und des Wachens.

Das glorreiche Kommen Christi als Hoffnung für Israel

673 *Seit der Himmelfahrt steht die Ankunft Christi in Herrlichkeit bevor,* nur steht es uns „nicht zu, Zeiten und Fristen zu erfahren, die der Vater in seiner Macht festgesetzt hat" (Apg 1,7). *Diese eschatologische Ankunft kann jederzeit geschehen, auch wenn sie und die endzeitliche Prüfung, die ihr vorausgehen wird, noch „aufgehalten" werden.*

674 *Das Kommen des verherrlichten Messias hängt zu jedem Zeitpunkt der Geschichte davon ab, dass er von „ganz Israel" anerkannt wird,* über dem zum Teil „Verstockung liegt", so dass sie Jesus „nicht glaubten" (Röm 11,20). Petrus sagt es nach Pfingsten zu den Juden von Jerusalem:
„Also kehrt um, und tut Buße, damit eure Sünden getilgt werden und der Herr Zeiten des Aufatmens kommen lässt und Jesus sendet als den für euch bestimmten Messias. Ihn muss freilich der Himmel aufnehmen bis zu den Zeiten der Wiederherstellung von allem, die Gott von jeher durch den Mund seiner heiligen Propheten verkündet hat" (Apg 3,19–21). Und Paulus sagt gleich ihm: „Wenn schon ihre Verwerfung für die Welt Versöhnung gebracht hat, dann wird ihre Annahme nichts anderes sein als Leben aus dem Tod" (Röm 11,15). *Der Eintritt der „Vollzahl" der Juden in das messianische Reich im Anschluss an die „Vollzahl der Heiden" wird dem Volk Gottes die Möglichkeit geben, das „Vollmaß Christi" (Eph 4,13) zu verwirklichen, in dem „Gott alles in allen" sein wird (1Kor 15,28).*

Schließlich spricht der Katechismus unter der Überschrift „die letzte Prüfung der Kirche" vom religiösen Betrug durch den Antichrist und kommt in diesem Zusammenhang auf den Millenarismus zu sprechen:

676 Dieser gegen Christus gerichtete Betrug zeichnet sich auf der Welt jedes Mal ab, wenn man vorgibt, schon innerhalb der Geschichte die messianische Hoffnung zu erfüllen, die nur nachgeschichtlich durch das eschatologische Gericht zu ihrem Ziel gelangen kann.

VIII. Offb 20,1-15

Die Kirche hat diese Verfälschung des künftigen Reiches, selbst in ihrer gemäßigten Spielart, unter dem Namen „Millenarismus" zurückgewiesen, vor allem aber die „zuinnerst verkehrte" politische Form des säkularisierten Messianismus[206].

Auch die offizielle Lehre der Kirche kennt also nur die eine Kirchengeschichte und kein zusätzliches Tausendjähriges Reich. Sie bezeichnet den Millenarismus als Verfälschung des künftigen Reiches, weil er vorgibt, Jesus werde noch innerhalb der Geschichte, in dieser Weltzeit, alle messianischen Verheißungen erfüllen.

9.2.5. Die „Jesus-Apokalypse" (Mt 24)

Das gesamte 24. Kapitel im Matthäusevangelium bildet als Ganzes eine große Parallelstelle zu den Abschnitten I.-VIII. der Offenbarung des Johannes. Man könnte das Kapitel auch als „Jesus-Apokalypse" bezeichnen, denn es kündet die letztzeitlichen Ereignisse in einer ausführlichen Rede des Herrn an. Ich habe bereits häufig einzelne Verse oder Abschnitte daraus zitiert.

Das ganze Kapitel hat, wie das Zitat aus dem Katechismus, einen zusammenfassenden Charakter: es zeigt auf, was *vor der Parusie, in dieser Weltzeit* geschehen wird und was zu beachten ist, um das Kommen des Menschensohns mit Zuversicht erwarten zu können. Ich zitiere hier zunächst den Anfang der Rede, der das Thema wie in einer Ouvertüre deutlich anklingen lässt:

„Als Jesus den Tempel verlassen hatte, wandten sich seine Jünger an ihn und wiesen ihn auf die gewaltigen Bauten des Tempels hin. Er sagte zu ihnen: Seht ihr das alles? Amen, das sage ich euch: Kein Stein wird hier auf dem andern bleiben; alles wird niedergerissen werden. Als er auf dem Ölberg saß, wandten sich die Jünger, die mit ihm allein waren, an ihn und fragten: Sag uns, wann wird das geschehen, und *was ist das Zeichen für deine Ankunft und das Ende der Welt?* Jesus antwortete: Gebt acht, dass euch niemand irreführt! Denn viele werden unter meinem Namen auftreten und sagen: Ich bin der Messias!, und sie werden viele irreführen. Ihr werdet von

---

[206] Anm. des Verfassers: Damit ist z.B. Hitlers Drittes, "Tausendjähriges Reich" gemeint, das, Gott sei Dank, nur 12 Jahre Bestand hatte. Kein anderer Diktator der Geschichte hat christliches Gedankengut soweit aufgegriffen und verfälschend für sich in Anspruch genommen wie er.

Die eschatologische Spannung 9.2.

Kriegen hören, und Nachrichten über Kriege werden euch beunruhigen. Gebt acht, lasst euch nicht erschrecken! Das muss geschehen. Es ist aber noch nicht das Ende... *Aber dieses Evangelium vom Reich wird auf der ganzen Welt verkündet werden, damit alle Völker es hören; dann erst kommt das Ende.*" (Mt 24,1-6.14)

Erst heute leben wir in einer Zeit, in der das Evangelium im Prinzip auf der ganzen Erde verkündet werden kann, und nicht nur in einer damals bekannten Welt, wie z.b. dem Mittelmeerraum in der Römerzeit. Erst heute sind durch die Verkehrsmittel (Flugzeuge, Hubschrauber, Geländewagen) und durch die sozialen Kommunikationsmittel (Radio, Fernsehen, Internet) alle Bereich der Erdoberfläche tatsächlich zugänglich. Das bedeutet allerdings nicht, dass auch alle Stämme und Sprachen durch die Verkündigung schon erreicht worden wären.

Das Kapitel endet mit einem Gleichnis, das von der globalen, allgemeinen Ebene zum einzelnen Menschen zurückführt. Denn die Rede betrifft jeden von uns, ohne Ausnahme: „Wer ist nun der treue und kluge Knecht, den der Herr eingesetzt hat, damit er dem Gesinde zur rechten Zeit gibt, was sie zu essen brauchen? Selig der Knecht, den der Herr damit beschäftigt findet, wenn er kommt! Amen, das sage ich euch: Er wird ihn zum Verwalter seines ganzen Vermögens machen. Wenn aber der Knecht schlecht ist und denkt: Mein Herr kommt noch lange nicht!, und anfängt, seine Mitknechte zu schlagen, wenn er mit Trinkern Gelage feiert, dann wird der Herr an einem Tag kommen, an dem der Knecht es nicht erwartet, und zu einer Stunde, die er nicht kennt; und der Herr wird ihn in Stücke hauen und ihm seinen Platz unter den Heuchlern zuweisen. Dort wird er heulen und mit den Zähnen knirschen." (Mt 24,45-51)

Sicher hat das 24. Kapitel des Matthäusevangeliums auch eine Dimension schon vergangener Erfüllung durch die Zerstörung des jüdischen Tempels im Jahr 70 n. Chr. und durch die Zeiten schwerer Christenverfolgung: *„Diese Generation wird nicht vergehen, bis das alles eintrifft"*, sagte Jesus seinen Zuhörern. Andererseits ist *diese Generation* besonders jene, die dem Herrn bei seiner Parusie entgegengehen wird (1Thess 4,17).

VIII. Offb 20,1-15

9.3. Das Weltgericht am Letzten Tag

Auf den Abschnitt von der Tausendjährigen Herrschaft folgt die Schilderung des Letzten (oder Jüngsten) Gerichts (siehe 1.2.3.). Sie könnte am Ende jedes einzelnen der acht inhaltlichen Abschnitte stehen oder zu Beginn des letzten Abschnitts „Omega". Das Weltgericht bildet nämlich den Übergang von der irdischen Geschichte in dieser Welt zur neuen Schöpfung in der kommenden Welt (Offb 21-22,5). Es ist im Gegensatz zum „Gericht über die Erde" kein innergeschichtlicher, irdischer Vorgang mehr. Wie die Auferstehung Christi transzendiert es die Geschichte. Während jeder Mensch im persönlichen Gericht sein Leben im Licht der göttlichen Liebe und Wahrheit sieht, bedeutet das Weltgericht am Letzten Tag eine Veröffentlichung des Lebens der Einzelnen: man wird erkennen, welche Wirksamkeit zum Guten oder zum Bösen es in der irdischen Geschichte entfaltet hat. Beginnen wir also mit dem Text aus der Offenbarung:

„Dann sah ich einen großen weißen Thron und den, der auf ihm saß; vor seinem Anblick flohen Erde und Himmel, und es gab keinen Platz mehr für sie. Ich sah die Toten vor dem Thron stehen, die Großen und die Kleinen. Und Bücher wurden aufgeschlagen; auch das Buch des Lebens wurde aufgeschlagen. *Die Toten wurden nach ihren Werken gerichtet, nach dem, was in den Büchern aufgeschrieben war.* Und das Meer gab die Toten heraus, die in ihm waren; und der Tod und die Unterwelt gaben ihre Toten heraus, die in ihnen waren. Sie wurden gerichtet, jeder nach seinen Werken. Der Tod und die Unterwelt aber wurden in den Feuersee geworfen. Das ist der zweite Tod: der Feuersee. *Wer nicht im Buch des Lebens verzeichnet war, wurde in den Feuersee geworfen."* (Offb 20,11-15)

Bedeutende Parallelstellen zu diesem Text finden sich im Johannesevangelium: „Denn wie der Vater das Leben in sich hat, so hat er auch dem Sohn gegeben, das Leben in sich zu haben. *Und er hat ihm Vollmacht gegeben, Gericht zu halten, weil er der Menschensohn ist. Wundert euch nicht darüber! Die Stunde kommt, in der alle, die in den Gräbern sind, seine Stimme hören und herauskommen werden: Die das Gute getan haben, werden zum Leben auferstehen, die das Böse getan haben, zum Gericht."* (Joh 5,26-29) Das Weltgericht ist mit der Auferstehung der Toten, d.h. der Auferstehung des Leibes, verbunden (siehe 3.7.1.).

Das Weltgericht am Letzten Tag 9.3.

Es erfüllen sich dann die Verheißungen, die der Herr an den gläubigen Empfang seines Leibes und Blutes gebunden hat: „Es ist aber der Wille dessen, der mich gesandt hat, dass ich keinen von denen, die er mir gegeben hat, zugrunde gehen lasse, sondern dass *ich sie auferwecke am Letzten Tag. Denn es ist der Wille meines Vaters, dass alle, die den Sohn sehen und an ihn glauben, das ewige Leben haben und dass ich sie auferwecke am Letzten Tag... Wer mein Fleisch isst und mein Blut trinkt, hat das ewige Leben, und ich werde ihn auferwecken am Letzten Tag.*" (Joh 6,39-40.54)

9.3.1. Alle Menschen aller Zeiten

Das Letzte Gericht bedeutet die Versammlung aller Menschen aller Zeiten vor dem Thron Gottes: „Du hast zum Gericht gerufen. Der Herr richtet die Völker. Um dich stehe die Schar der Völker im Kreis; über ihnen throne du in der Höhe!"[207] Das allein schon macht klar, dass es nicht an einem bestimmten Ort dieser Erde stattfinden kann, nicht einmal im irdischen Jerusalem: *vor seinem Anblick flohen Erde und Himmel, und es gab keinen Platz mehr für sie.* Johannes Paul II. konnte 1,5 bis 4 Millionen Menschen auf einem Gelände für die Feier der heiligen Messe versammeln[208]. Das waren die größten Versammlungen, die es je gegeben hat. Für die Versammlung vieler Milliarden, der Gesamtzahl aller Menschen, die Gott im Laufe der irdischen Geschichte geschaffen hat, würde der Platz nirgendwo reichen. Diese Versammlung geschieht durch die heiligen Engel (siehe 5.2.1.), nicht durch menschliche Logistik.

In einigen Gerichtsworten Jesu wird deutlich, dass tatsächlich Menschen, die zu ganz verschiedenen Orten und Zeiten der Geschichte gelebt haben, zusammenkommen werden: „Dann begann er den Städten, in denen er die meisten Wunder getan hatte, Vorwürfe zu machen, weil sie sich nicht bekehrt hatten: Weh dir, Chorazin! Weh dir, Betsaida! Wenn einst in Tyrus und Sidon die Wunder geschehen wären, die bei euch geschehen sind - man hätte dort in Sack und Asche Buße getan. Ja, das sage ich euch: Tyrus und Sidon wird es am Tag des Gerichts nicht so schlimm ergehen wie euch…"

---

[207] Ps 7,7-8; vgl. Mt 25,32, Lk 11,31-32.
[208] Auf den Weltjugendtagen in Tschenstochau 1991, in Manila 1995, in Rom 2000, sowie bei seinem letzten Besuch in Krakau im Sommer 2002.

VIII. Offb 20,1-15

(Mt 11,20-24) Des Weiteren spricht der Herr von der Königin des Südens zur Zeit Salomos und von der Bevölkerung Ninives, die für das Wort Gottes offener waren als seine eigene Generation: „Die Männer von Ninive werden beim Gericht gegen diese Generation auftreten und sie verurteilen; denn sie haben sich nach der Predigt des Jona bekehrt. Hier aber ist einer, der mehr ist als Jona. Die Königin des Südens wird beim Gericht gegen diese Generation auftreten und sie verurteilen; denn sie kam vom Ende der Erde, um die Weisheit Salomos zu hören. Hier aber ist einer, der mehr ist als Salomo." (Mt 12,41-42)
Jesus ist mehr als die Propheten und die Könige Israels: er ist der Messias, der Sohn des lebendigen Gottes (Mt 16,16).
Wer aber sind *alle Menschen aller Generationen, bzw. jeder Einzelne*, die sein Kommen betrifft?

9.3.1.1. Die befruchteten Eizellen und die Embryonen

Gewöhnlich denken wir nur an die Erwachsenen, an jene, die bewusste, freie Handlungen in ihrem Leben setzen konnten. Die Zahl der im Babyalter und davor verstorbenen Personen dürfte aber weitaus größer sein. Ich vertrete klar die Ansicht, dass der Mensch vom Beginn seiner biologischen Zeugung an eine menschliche Person ist. In dem Augenblick, in dem sein einmaliges Genom feststeht, welches das ganze irdische Leben lang in jeder einzelnen Zelle dasselbe bleibt, erschafft Gott auch die unsterbliche, geistige Seele des Menschen. Wohl auch dann, wenn er im Reagenzglas von Medizinern gezeugt wurde, statt durch die liebende Vereinigung seiner Eltern. Die Annahme einer späteren Beseelung des Leibes wäre reine Willkür, da die biologische Entwicklung ab der Befruchtung eine Kontinuität bildet. Ein Moraltheologe sagte mir einmal, die Beseelung bei der Befruchtung der Eizelle könne nicht stimmen, da sich aus dem einen Embryo im frühen Stadium noch eineiige Zwillinge bilden könnten und dieser Embryo daher noch kein Individuum (kein unteilbares Ganzes) sei.
Darauf erwidere ich: Wenn sich also im Prozess der Zellteilung des Menschen eine noch „omnipotente" Zelle so abspaltet, dass daraus ein Zwilling wird, dann erschafft Gott im Augenblick dieser Abspaltung eben eine zweite unsterbliche Seele für den Zwilling.

Das Weltgericht am Letzten Tag 9.3.

Im Übrigen ist es falsch zu denken, dass nur die unsichtbare Seele das Werk Gottes wäre, der Leib und seine Formung aber nicht: „Nein, der Schöpfer der Welt hat den werdenden Menschen geformt, als er entstand; er kennt die Entstehung aller Dinge." (2Makk 7,23) Auch die konkrete Gestaltung des Leibes ist sein Werk und nicht nur ein rein biologischer Vorgang, bei dem Gott abwesend wäre.

Nun scheint es aber so zu sein, dass auch ohne die gewollte Tötung des Menschen im Mutterleib ein gewisser Teil der Embryonen und Föten vor der Geburt auf natürliche Weise stirbt. Viele Eltern kennen dieses Leiden durch „verloren gegangene Kinder". Es gibt den Tod eben in *jedem Lebensalter*, ab einer Stunde, einem Tag, einer Woche, oder einem Monat nach der Zeugung. Den weiteren Verlauf der Kontinuität kann man auf jedem größeren Friedhof auf den Grabsteinen nachlesen: der Tod nach der Geburt, nach einer Woche, einem Jahr, nach 10, 20,… 90, 100 Lebensjahren und manchmal darüber hinaus. Kein Lebensalter ist von der Möglichkeit des natürlichen oder gewaltsamen Todes ausgenommen.

Daraus folgt, dass das Letzte Gericht auch Personen betrifft, welche auf Erden nicht geboren wurden, oder deren Leib sich im Mutterleib nicht in die menschliche Gestalt ausformen konnte. Was für einen Leib werden sie bei der Auferstehung haben? Ich nehme an einen verklärten, erwachsenen Leib. Dieser Leib ist nämlich in jedem Fall eine neue Schöpfung, unabhängig von seiner irdischen Vorgeschichte. Da macht es wenig Unterschied für die Anforderung an den Schöpfer, ob er den Leib eines Greisen oder eines Erwachsenen im besten Alter auferweckt; ob einen entstellten, verkrüppelten oder einen gesunden Leib; ob einen unversehrten Leichnam (hl. Pfarrer von Ars, hl. Bernadette, sel. Johannes XXIII.) oder einen verbrannten Leichnam, dessen Asche in alle Winde zerstreut wurde (wie bei den Opfern der Nazijustiz); ob einen Kinderleib oder eine befruchtete Eizelle. Das Resultat wird, im Fall des ewigen Lebens, jeweils dasselbe sein: ein schöner, erwachsener Leib, jedem Menschen der Seine, der seiner unsterblichen, geistigen Seele und dem ewigen Plan Gottes entspricht. Nicht so in der Hölle. Der Leib der Verdammten wird an der ewigen Strafe Anteil erhalten[209].

---

[209] KKK 1034, 1038.

VIII. Offb 20,1-15

9.3.1.2. Die Unschuldigen Kinder

Bevor wir die Frage nach dem Auferstehungsleib der Embryonen gestellt haben, hätten wir nach ihrem unsterblichen Leben, ihrem „Ort" in der Ewigkeit oder nach dem besonderen Gericht fragen können. Das ist nun auch in der Theologie ein spekulatives Gebiet, da die Kirche ihre Lehre besonders im Hinblick auf die Getauften und weniger für die vielen verschiedenartigen Fälle ungetaufter Personen formuliert hat. So gab es im Mittelalter die Ansicht, unmündige und ungetauft verstorbene Kinder würden direkt in die Hölle kommen. Die Verdammnis setzt jedoch bewusste, freie Taten voraus, durch die man sich selbst von der Gemeinschaft mit Gott ausschließt: „In Todsünde sterben, ohne diese bereut zu haben und ohne die barmherzige Liebe Gottes anzunehmen, bedeutet, *durch eigenen freien Entschluss für immer von ihm getrennt zu bleiben.* Diesen Zustand der endgültigen Selbstausschließung aus der Gemeinschaft mit Gott und den Seligen nennt man „Hölle"." (KKK 1033) Die vor dem Vernunftgebrauch verstorbenen Kinder waren in ihrem irdischen Leben jedoch nicht fähig, Todsünden zu begehen: jeder kann leicht einsehen, dass sie unschuldig sind. Sie sind nur mit der Erbsünde behaftet, die keine persönliche Tat oder Schuld ist, sondern ein *Zustand des Mangels der ursprünglichen Heiligkeit und Gerechtigkeit* (KKK 404).

Später hat man wegen der Erbsünde einen Sonderort des „Limbus" für die ungetauft verstorbenen Babys erfunden. Dafür gibt es aber keinen biblischen Hinweis und die Kirche hat diese theologische Meinung nicht als Lehre übernommen.

Ich glaube also, dass die vor dem Vernunftgebrauch verstorbenen oder getöteten Kinder *früher oder später* in den Himmel kommen, durch die Heilsvermittlung Christi und der Kirche, welche in jeder heiligen Messe für alle Verstorbenen betet. Sicher brauchen diese Kinder die heiligmachende Gnade, die für alle Menschen vom Kreuz Jesu kommt.

Aber es gibt keinen Grund, warum sie diese im Jenseits ablehnen sollten, wenn sie dem Erlöser von Angesicht zu Angesicht begegnen. Für diese Meinung spricht auch das Fest der Unschuldigen Kinder am 28. Dezember:

Das Weltgericht am Letzten Tag 9.3.

„Als Herodes merkte, dass ihn die Sterndeuter getäuscht hatten, wurde er sehr zornig, und er ließ in Betlehem und der ganzen Umgebung *alle Knaben bis zum Alter von zwei Jahren töten*, genau der Zeit entsprechend, die er von den Sterndeutern erfahren hatte." (Mt 2,16) Man sagt, diese Knaben seien als Märtyrer für Christus gestorben. In Wirklichkeit haben sie aber Jesus genauso wenig gekannt oder bekannt wie alle anderen unschuldigen Kinder.

Das Zweite Vatikanische Konzil sagt in *Gaudium et Spes* Nr. 22, der Sohn Gottes habe sich in seiner Menschwerdung gewissermaßen mit jedem Menschen vereinigt. Das gilt nicht nur für den erwachsenen Erlöser, sondern auch für Jesus, die Zygote (die vom Schöpfergeist befruchtete Eizelle), Jesus, den Embryo, den Fötus und das Baby. Er hat sich mit den Menschen in jedem Entwicklungsstadium vereinigt und ihnen das Heil erwirkt. Alle vor dem Vernunftgebrauch ungetauft verstorbenen oder ermordeten Kinder sind logisch in derselben Situation wie jene, die die Kirche am 28. Dezember als Märtyrer verehrt und damit im Himmel sieht.

9.3.2. Das Kommen des Menschensohnes in Herrlichkeit

Im Matthäusevangelium wird das Kommen des Menschensohnes im Bild des Hirten geschildert, der die Schafe (weiß) von den Ziegen (schwarz) scheidet. Das folgende Evangelium wird einmal in drei Jahren am Christkönigs-Sonntag verkündet: „Wenn der *Menschensohn in seiner Herrlichkeit kommt* und alle Engel mit ihm, dann wird er sich auf den Thron seiner Herrlichkeit setzen. Und alle Völker werden vor ihm zusammengerufen werden, und er wird sie voneinander scheiden, wie *der Hirt die Schafe von den Böcken [Ziegen] scheidet*. Er wird die Schafe zu seiner Rechten versammeln, die Böcke aber zur Linken. Dann wird der *König* denen auf der rechten Seite sagen: *Kommt her, die ihr von meinem Vater gesegnet seid, nehmt das Reich in Besitz, das seit der Erschaffung der Welt für euch bestimmt ist.* Denn ich war hungrig, und ihr habt mir zu essen gegeben; ich war durstig, und ihr habt mir zu trinken gegeben; ich war fremd und obdachlos, und ihr habt mich aufgenommen; ich war nackt, und ihr habt mir Kleidung gegeben; ich war krank, und ihr habt mich besucht; ich war im Gefängnis, und ihr seid zu mir gekommen. Dann werden ihm die Gerechten antworten:

VIII. Offb 20,1-15

Herr, wann haben wir dich hungrig gesehen und dir zu essen gegeben, oder durstig und dir zu trinken gegeben? Und wann haben wir dich fremd und obdachlos gesehen und aufgenommen, oder nackt und dir Kleidung gegeben? Und wann haben wir dich krank oder im Gefängnis gesehen und sind zu dir gekommen? Darauf wird der König ihnen antworten: Amen, ich sage euch: Was ihr für einen meiner geringsten Brüder getan habt, das habt ihr mir getan.

Dann wird er sich auch an die auf der linken Seite wenden und zu ihnen sagen: *Weg von mir, ihr Verfluchten, in das ewige Feuer, das für den Teufel und seine Engel bestimmt ist!* Denn ich war hungrig, und ihr habt mir nichts zu essen gegeben; ich war durstig, und ihr habt mir nichts zu trinken gegeben; ich war fremd und obdachlos, und ihr habt mich nicht aufgenommen; ich war nackt, und ihr habt mir keine Kleidung gegeben; ich war krank und im Gefängnis, und ihr habt mich nicht besucht. Dann werden auch sie antworten: Herr, wann haben wir dich hungrig oder durstig oder obdachlos oder nackt oder krank oder im Gefängnis gesehen und haben dir nicht geholfen? Darauf wird er ihnen antworten: Amen, ich sage euch: Was ihr für einen dieser Geringsten nicht getan habt, das habt ihr auch mir nicht getan. *Und sie werden weggehen und die ewige Strafe erhalten, die Gerechten aber das ewige Leben.*"(Mt 25,31-46)[210]

Der Akzent der Schilderung liegt auf der Nächstenliebe, auf den leiblichen Werken der Barmherzigkeit, als dem entscheidenden Kriterium des Gerichts. Es wird nicht einmal nach dem Glaubensbekenntnis gefragt! Der Glaube rettet uns, wenn er in der Liebe wirksam ist und uns zu diesen Werken motiviert (Gal 5,6).

Jakobus kommentiert das folgendermaßen: „Darum redet und handelt wie Menschen, die nach dem Gesetz der Freiheit gerichtet werden. Denn das Gericht ist erbarmungslos gegen den, der kein Erbarmen gezeigt hat. Barmherzigkeit aber triumphiert über das Gericht. Meine Brüder, was nützt es, wenn einer sagt, er habe Glauben, aber es fehlen die Werke? Kann etwa der Glaube ihn retten? Wenn ein Bruder oder eine Schwester ohne Kleidung ist und ohne das tägliche Brot und einer von euch zu ihnen sagt: Geht in Frieden, wärmt und

---

[210] Vgl. Mt 16,27: „Der Menschensohn wird mit seinen Engeln in der Hoheit seines Vaters kommen und jedem Menschen vergelten, wie es seine Taten verdienen."

sättigt euch!, ihr gebt ihnen aber nicht, was sie zum Leben brauchen - was nützt das? So ist auch der Glaube für sich allein tot, wenn er nicht Werke vorzuweisen hat." (Jak 2,12-17)

9.3.3. Das Letzte Gericht bei den Propheten und im Katechismus

Der Katechismus verweist auf die Predigt von Johannes dem Täufer, der Jesus schon als Richter angekündigt hat, obwohl er zunächst als *Lamm Gottes* kam: *„Schon ist die Axt an die Wurzel der Bäume gelegt; jeder Baum, der keine gute Frucht hervorbringt, wird umgehauen und ins Feuer geworfen.* Ich taufe euch nur mit Wasser zum Zeichen der Umkehr. Der aber, der nach mir kommt, ist stärker als ich, und ich bin es nicht wert, ihm die Schuhe auszuziehen. Er wird euch mit dem Heiligen Geist und mit Feuer taufen. *Schon hält er die Schaufel in der Hand; er wird die Spreu vom Weizen trennen und den Weizen in seine Scheune bringen; die Spreu aber wird er in nie erlöschendem Feuer verbrennen."* (Mt 3,10-12)

Dieser Text könnte eine neue Ikone hervorbringen: Jesus mit der Axt oder mit einer Schaufel in der Hand. Heute trennt man Weizen und Spreu allerdings nicht mehr mit einer Schaufel, sondern mit dem Mähdrescher. Das nie erlöschende Feuer ist jenes im Feuersee von Offb 20,14-15.

Der Katechismus verweist auch auf Maleachi 3,19. Diesen Vers möchte ich in seinem Zusammenhang zitieren. Es handelt sich um einen genialen Dialog zwischen Gott und den Menschen, der den Sinn des Gerichts aufzeigt: „Was ihr über mich sagt, ist kühn, spricht der Herr. Doch ihr fragt: Was sagen wir denn über dich? Ihr sagt: Es hat keinen Sinn, Gott zu dienen. *Was haben wir davon, wenn wir auf seine Anordnungen achten und vor dem Herrn der Heere in Trauergewändern umhergehen?* Darum preisen wir die Überheblichen glücklich, denn die Frevler haben Erfolg; sie stellen Gott auf die Probe und kommen doch straflos davon. - Darüber redeten die miteinander, die den Herrn fürchten. Der Herr horchte auf und hörte hin, und *man schrieb vor ihm ein Buch[211], das alle in Erinnerung hält, die den Herrn fürchten und seinen Namen achten.*

---

[211] Buch des Lebens: vgl. Offb 20,12.15; 21,27; 17,8; 13,8; 3,5. Siehe 1.4.4.5.

VIII. Offb 20,1-15

Sie werden an dem Tag, den ich herbeiführe - spricht der Herr der Heere -, mein besonderes Eigentum sein. Ich werde gut zu ihnen sein, wie ein Mann gut ist zu seinem Sohn, der ihm dient. Dann werdet ihr wieder den Unterschied sehen zwischen dem Gerechten und dem, der Unrecht tut, zwischen dem, der Gott dient, und dem, der ihm nicht dient. *Denn seht, der Tag kommt, er brennt wie ein Ofen: Da werden alle Überheblichen und Frevler zu Spreu, und der Tag, der kommt, wird sie verbrennen, spricht der Herr der Heere [3,19].* Weder Wurzel noch Zweig wird ihnen bleiben. *Für euch aber, die ihr meinen Namen fürchtet, wird die Sonne der Gerechtigkeit aufgehen, und ihre Flügel bringen Heilung. Ihr werdet hinausgehen und Freudensprünge machen, wie Kälber, die aus dem Stall kommen."* (Mal 3,13-20)

Das Aufgehen der Sonne der Gerechtigkeit bedeutet hier die Parusie des Herrn, die uns „aus dem Stall" dieser Welt in die neue Schöpfung hinausführt. Kommen wir nun also zum Text des Katechismus, der an den oben (9.2.4.) zitierten direkt anschließt:

Er wird kommen in Herrlichkeit, zu richten die Lebenden und die Toten

678 Wie die *Propheten und Johannes der Täufer* kündigte Jesus in seiner Predigttätigkeit das Gericht am letzten Tag an. Dann wird das Verhalten und der geheimste Herzensgrund eines jeden aufgedeckt werden. *Dann wird der sündige Unglaube, der die von Gott angebotene Gnade verschmäht hat, verurteilt werden.* Die Haltung gegenüber dem Nächsten wird zeigen, ob man die Gnade und Liebe Gottes angenommen oder zurückgewiesen hat. Jesus wird sagen: „Was ihr für einen meiner geringsten Brüder getan habt, das habt ihr mir getan" (Mt 25,40).

679 Christus ist der Herr des ewigen Lebens. Als dem Erlöser der Welt kommt Christus das volle Recht zu, über die Werke und die Herzen der Menschen endgültig zu urteilen. Er hat durch seinen Kreuzestod dieses Recht erworben". Darum hat der Vater „das Gericht ganz dem Sohn übertragen" (Joh 5,22). Nun aber ist der Sohn nicht gekommen, um zu richten, sondern um zu retten und das Leben zu geben, das in ihm ist. Wer in diesem Leben die Gnade zurückweist, richtet sich schon jetzt selbst: Jeder erhält Lohn oder erleidet

Das Weltgericht am Letzten Tag 9.3.

Verlust je nach seinen Werken; er kann sich selbst sogar für die Ewigkeit verurteilen, wenn er vom Geist der Liebe nichts wissen will.

Die eschatologische Spannung zwischen dem Schon-jetzt der Erlösung und dem Noch-nicht ihrer Vollendung kommt besonders gut im folgenden Text über die Auferstehung des Leibes zum Ausdruck. Er bezieht sich auf die „erste Auferstehung" in Offb 20,5-6:

Mit Christus auferstanden

1002 *Christus wird uns „am Letzten Tag" auferwecken; andererseits sind wir aber schon in gewisser Weise mit Christus auferstanden.* Durch den Heiligen Geist ist das christliche Leben *schon jetzt* auf Erden eine Teilhabe am Tod und an der Auferstehung Christi: „Mit Christus wurdet ihr in der Taufe begraben, mit ihm auch auferweckt, durch den Glauben an die Kraft Gottes, der ihn von den Toten auferweckt hat... Ihr seid mit Christus auferweckt, darum strebt nach dem, was im Himmel ist, wo Christus zur Rechten Gottes sitzt" (Kol 2,12; 3,1).

1003 Die Gläubigen sind durch die Taufe mit Christus vereint und haben deshalb *schon jetzt* wirklich Anteil am himmlischen Leben des auferweckten Christus. Dieses Leben bleibt aber „mit Christus verborgen in Gott" (Kol 3,3). „Er hat uns mit Christus Jesus auferweckt und uns zusammen mit ihm einen Platz im Himmel gegeben" (Eph 2,6). Als in der Eucharistie mit seinem Leib Genährte gehören wir schon dem Leib Christi an. *Wenn wir am Letzten Tag auferstehen, werden wir auch „mit ihm offenbar werden in Herrlichkeit" (Kol 3,4).*

Schließlich wird das Thema des Weltgerichts am Ende des Glaubensbekenntnisses noch einmal aufgegriffen, wo es um das ewige Leben und um die letzten Dinge geht:

Das Letzte Gericht

1039 *Im Angesicht Christi, der die Wahrheit ist, wird die wahre Beziehung jedes Menschen zu Gott endgültig offengelegt werden. Das Letzte Gericht wird bis in die äußersten Folgen an den Tag bringen, was jeder während seines Erdenlebens an Gutem getan oder nicht getan hat.*

VIII. Offb 20,1-15

„Alles Üble, das die Bösen tun, wird verzeichnet – und sie wissen es nicht. Am Tag, an dem ‚Gott nicht schweigen wird' (Ps 50,3)... [wird er sich an die Bösen wenden] und zu ihnen sagen: ‚Ich hatte für euch meine kleinen Armen auf die Erde gesetzt. Ich, ihr Haupt, thronte im Himmel zur Rechten meines Vaters – aber auf Erden hatten meine Glieder Hunger. Wenn ihr meinen Gliedern zu essen gegeben hättet, wäre eure Gabe bis zum Haupte gelangt. Als ich meinen kleinen Armen einen Platz auf der Erde zuwies, setzte ich sie zu Boten ein, um eure guten Werke in meine Schatzkammer zu bringen. Ihr habt nichts in ihre Hände gelegt, darum besitzt ihr bei mir nichts'" (hl. Augustinus)

1040 *Das Letzte Gericht wird bei der herrlichen Wiederkunft Christi stattfinden. Der Vater allein weiß den Tag und die Stunde, er allein entscheidet, wann es eintreten wird.* Dann wird er durch seinen Sohn Jesus Christus sein endgültiges Wort über die ganze Geschichte sprechen. *Wir werden den letzten Sinn des ganzen Schöpfungswerkes und der ganzen Heilsordnung erkennen und die wunderbaren Wege begreifen, auf denen Gottes Vorsehung alles zum letzten Ziel geführt hat.* Das Letzte Gericht wird zeigen, dass die Gerechtigkeit Gottes über alle Ungerechtigkeiten, die von seinen Geschöpfen verübt wurden, siegt und dass seine Liebe stärker ist als der Tod.

1041 *Die Botschaft vom Letzten Gericht ruft die Menschen auf, sich zu bekehren, so lange Gott ihnen noch „Zeit der Gnade", einen „Tag der Rettung" (2Kor 6,2) schenkt.* Sie führt zu heiliger Gottesfurcht. Sie verpflichtet zur Gerechtigkeit des Reiches Gottes. Sie kündigt die „selige Hoffnung" (Tit 2,13) auf die Wiederkunft des Herrn an, der kommen wird, „um inmitten seiner Heiligen gefeiert und im Kreis all derer bewundert zu werden, die den Glauben angenommen haben" (2Thess 1,10).

9.3.4. Die Freude über das Gericht in den Königspsalmen

Das Letzte Gericht bringt also nicht nur Schrecken und Wahrheit, es bringt auch Freude, Jubel und Dank. Die Psalmen 95-99 sind Gebetstexte, welche das Königtum des Herrn über die Schöpfung, über die Heilsgeschichte und über alle Völker proklamieren. Sie laden zum Lob Gottes ein und zum Dank für sein gerechtes, rettendes Eingreifen in unsere Geschichte:

Das Weltgericht am Letzten Tag 9.3.

„Der Herr ist König. Die Erde frohlocke. Freuen sollen sich die vielen Inseln. Rings um ihn her sind Wolken und Dunkel, *Gerechtigkeit und Recht sind die Stützen seines Throns... Seine Gerechtigkeit verkünden die Himmel, seine Herrlichkeit schauen alle Völker.* Alle, die Bildern dienen, werden zuschanden, alle, die sich der Götzen rühmen... Ihr, die ihr den Herrn liebt, hasst das Böse! Er behütet das Leben seiner Frommen, er entreißt sie der Hand der Frevler. Ein Licht erstrahlt den Gerechten und Freude den Menschen mit redlichem Herzen. Ihr Gerechten, freut euch am Herrn, und lobt seinen heiligen Namen!" (Ps 97)
„Singet dem Herrn ein neues Lied; denn er hat wunderbare Taten vollbracht. *Er hat mit seiner Rechten geholfen und mit seinem heiligen Arm. Der Herr hat sein Heil bekannt gemacht und sein gerechtes Wirken enthüllt vor den Augen der Völker.* Er dachte an seine Huld und an seine Treue zum Hause Israel. Alle Enden der Erde sahen das Heil unsres Gottes. Jauchzt vor dem Herrn, alle Länder der Erde, freut euch, jubelt und singt! Spielt dem Herrn auf der Harfe, auf der Harfe zu lautem Gesang! Zum Schall der Trompeten und Hörner jauchzt vor dem Herrn, dem König! Es brause das Meer und alles, was es erfüllt, der Erdkreis und seine Bewohner. In die Hände klatschen sollen die Ströme, *die Berge sollen jubeln im Chor vor dem Herrn, wenn er kommt, um die Erde zu richten. Er richtet den Erdkreis gerecht, die Nationen so, wie es recht ist.*" (Ps 98) Diesen Psalm hat Felix Mendelssohn eindrucksvoll vertont.

9.3.5. Ich bin das Alpha und das Omega, der Anfang und das Ende

Das Faszinierende am Letzten Gericht besteht darin, dass es die Menschheitsgeschichte begrenzt wie die Geburt eine Schwangerschaft und wie der Tod das irdische Leben. Durch diese Begrenzungen wird die Lebenszeit umso wertvoller und kostbarer. Und wie der einzelne Mensch die Freiheit besitzt, seinen Tod zu verdrängen und so zu leben, als ob es ihn nicht gäbe, so ist es auch mit der ganzen Menschheit. Sie kann so tun, als ob ihr noch weitere 4,5 Milliarden Jahre bleiben würden, bis zur Ausdehnung der Sonne zu einem roten Riesenstern und dem damit gegebenen natürlichen Ende der Erde als Lebensraum. Aber das ist ein Irrtum. Es gibt eine Zeit,

VIII. Offb 20,1-15

in der keine mehr bleiben wird (Offb 10,6-7), in der alle Verheißungen sich erfüllen (Offb 21,6) und das Reich Gottes in Vollendung anbricht. Denn der Anfang und das Ende der Zeiten liegen beim Herrn, nicht in der Natur und nicht beim Menschen: „Ich bin das Alpha und das Omega, spricht Gott, der Herr, der ist und der war und der kommt, der Herrscher über die ganze Schöpfung." (Offb 1,8)
Gott hat dem ganzen sichtbaren Universum, unserem Sonnensystem, unserem Planeten Erde und dem Leben darauf einen Anfang gesetzt. Insbesondere steht er am Anfang jedes einzelnen Menschenlebens. Nichts ist von selbst geworden, nichts durch Zufall entstanden, vielmehr ist alles durch das Wort und den Willen des Schöpfers geworden: „Im Anfang war das Wort, und das Wort war bei Gott, und das Wort war Gott. Im Anfang war es bei Gott. Alles ist durch das Wort geworden, und ohne das Wort wurde nichts, was geworden ist." (Joh 1,1-3)
Durch dasselbe Wort setzt er allem ein Ende im Letzten Gericht, das zugleich die Vollendung der Schöpfung und einen neuen Anfang bedeutet (siehe 10.1.). Es ist so wie bei der Geburt und beim Sterben des einzelnen Menschen: er tritt ein in eine neue, bisher unbekannte und unzugängliche Welt. Es ist ein wirkliches Ende, ein Abbruch (der Nabelschnur und der Plazenta, bzw. des sterblichen Leibes), und zugleich der Übergang in eine neue Seinswirklichkeit. Auch jeder Lebensabschnitt und jede Entwicklung sind endlich und begrenzt. Die Menschheit geht dem Weltgericht unaufhörlich entgegen, ob sie es will oder nicht, ob sie es glaubt oder nicht, ob sie es merkt oder nicht, ob erwartet oder unerwartet. Irgendwann ist es da, das Ende (Omega), wie bei der Geburt eines Kindes, wie beim Tod als Begrenzung des einmaligen, irdischen Lebens.
Daher gilt zu jeder Zeit, was Paulus im Brief an die Römer geschrieben hat: „Bedenkt die gegenwärtige Zeit: Die Stunde ist gekommen, aufzustehen vom Schlaf. *Denn jetzt ist das Heil uns näher als zu der Zeit, da wir gläubig wurden. Die Nacht ist vorgerückt, der Tag ist nahe.* Darum lasst uns ablegen die Werke der Finsternis und anlegen die Waffen des Lichts. Lasst uns ehrenhaft leben wie am Tag, ohne maßloses Essen und Trinken, ohne Unzucht und Ausschweifung, ohne Streit und Eifersucht." (Röm 13,11-13)

Das Weltgericht am Letzten Tag **9.3.**

Ich möchte diesen Abschnitt mit zwei Texten aus dem Deutschen Requiem von Johannes Brahms abschließen. Brahms hat dieses Orchesterwerk überraschender Weise als Jugendwerk geschaffen, ähnlich wie Michelangelo die Pieta. Die Texte sind aus mehreren Bibelstellen zusammengesetzt, und ich zitiere sie wie in der Vertonung von Johannes Brahms, die ich Ihnen hiermit zum Anhören weiterempfehle:
„Herr, lehre doch mich, dass ein Ende mit mir haben muss, und mein Leben ein Ziel hat und ich davon muss. - Siehe, meine Tage sind eine Handbreit vor dir und mein Leben ist wie nichts vor dir. - Ach, wie gar nichts sind alle Menschen, die doch so sicher leben... sie sammeln, und wissen nicht, wer es kriegen wird. –
Nun Herr, wes soll ich mich trösten? Ich hoffe auf dich. - Der Gerechten Seelen sind in Gottes Hand, und keine Qual rührt sie an." (Deutsches Requiem, 3. Teil)
„Denn wir haben hie[r] keine bleibende Statt, sondern die Zukünftige suchen wir. - Siehe, ich sage euch ein Geheimnis: Wir werden nicht alle entschlafen, wir werden aber alle verwandelt werden; -
und dasselbige plötzlich, in einem Augenblick: zu der Zeit der letzten Posaune. Denn es wird die Posaune schallen, und die Toten werden auferstehen unverweslich, und wir werden verwandelt werden. Dann wird erfüllet werden das Wort, das geschrieben steht: Der Tod ist verschlungen in den Sieg. Tod, wo ist dein Stachel? Hölle, wo ist dein Sieg?..." (Deutsches Requiem, 6. Teil)

Ω. Offb 21-22

10. Ein neuer Himmel und eine neue Erde
(Omega: Offb 21-22)

Die Kapitel 21,1-22,5 sind eine große Vision über die *kommende Welt*, über die neue Schöpfung und das neue Jerusalem, die Gott, der Herr, nach dem Weltgericht herbeiführen wird. Im großen Glaubensbekenntnis bekennt die Kirche ganz am Schluss, nach der Auferstehung der Toten: „Wir glauben an das Leben der kommenden Welt".
Sie ist uns von der Erfahrung her absolut unzugänglich außer durch die Symbole und Andeutungen in diesen Visionen und in Parallelstellen aus dem Alten Testament.
Von der Gliederung her stehen diese Kapitel symmetrisch zu den sieben Sendschreiben am Beginn der Offenbarung[212]. Während es dort um den Zustand der Kirche im jeweiligen Heute unserer Zeit geht, zeigen uns die letzten beiden Kapitel die Kirche am Ziel, in der Herrlichkeit vor Gottes Angesicht.

10.1. Die neue Schöpfung:
Geheimnis von Abbruch und Vollendung

Schon in der vorangehenden Vision wurde die Diskontinuität der kommenden Welt mit unserer heutigen Lebenswelt klar zum Ausdruck gebracht: „Dann sah ich einen großen weißen Thron und den, der auf ihm saß; *vor seinem Anblick flohen Erde und Himmel, und es gab keinen Platz mehr für sie...*" (Offb 21,11) Der Beginn des 21. Kapitels bekräftigt diesen Bruch mit der uns bekannten Geschichte und Gestalt der Schöpfung: „*Dann sah ich einen neuen Himmel und eine neue Erde; denn der erste Himmel und die erste Erde sind vergangen, auch das Meer ist nicht mehr.*" (Offb 21,1)
Das Meer wird sicher deshalb noch eigens erwähnt, weil es immer eine besondere Gefahr für das menschliche Leben darstellte. So war beim Gericht davon die Rede, dass auch das Meer seine Toten herausgibt (Offb 20,13), z.B. auch jene vom Untergang der Titanic[213]. Das Tier in Offb 13,1 kam symbolisch aus dem Meer.

---

[212] Offb 1,9-3,22; siehe 1.3. und 1.4.
[213] James Cameron lässt in seiner berühmten Verfilmung des Untergangs der Titanic kurz vor Schluss einen Priester den Vers von Offb 21,1 zitieren. Außerdem betet er das „Gegrüßt seist Du Maria" in einer alten Textform.

Die neue Schöpfung 10.1.

Die Frage, wie man sich die kommende Welt denken oder vorstellen kann, ist für mich die Schwierigste im Hinblick auf die ganze Offenbarung des Johannes. Möglicherweise kommt das daher, dass wir uns dabei gar nichts denken oder vorstellen sollen, dass die neue Schöpfung einfach eine große Überraschung sein wird.
Es geht uns dabei wie den Aposteln bei der Ankündigung der Auferstehung Jesu: „Dieses Wort beschäftigte sie, und sie fragten einander, was das sei: von den Toten auferstehen." (Mk 9,10) Sie konnten es erst nach der Begegnung mit dem Auferstandenen begreifen und verkünden. Es gehört zur eschatologischen Spannung, dass sie die spannende Erwartung eines angedeuteten, aber noch unbekannten Geschenkes ist.
Das gilt auch schon für den „Himmel", der uns seit Ostern offensteht: „Stephanus aber, erfüllt vom Heiligen Geist, blickte zum Himmel empor, sah die Herrlichkeit Gottes und Jesus zur Rechten Gottes stehen und rief: *Ich sehe den Himmel offen und den Menschensohn zur Rechten Gottes stehen.*" (Apg 7,55-56) Der offene Himmel wurde in der Offenbarung auf menschliche Weise häufig gezeigt, in sprechenden Zeichen und Symbolen. Man kann sich den Himmel als „parallele Welt" zur sichtbaren Schöpfung vorstellen, *unsichtbar aber real und nah*. Parallele Welten werden uns heute in Büchern und Kinofilmen präsentiert. Sie sind, im Gegensatz zum Himmel, menschliche Kunstwerke, die in der Fantasie lebendig und auf der Leinwand sichtbar werden, aber ansonsten irreal sind.
Man darf sich unter dem Himmel etwas vorstellen, weil der Herr des Himmels einiges darüber geoffenbart hat und die Kirche ihre Lehre auf diese Offenbarung gründet. Bei der neuen Schöpfung ist das wesentlich schwieriger.

10.1.1. Bleiben drei parallele Welten?

Ich unterbreche in diesem Abschnitt die Interpretation des Textes der Offenbarung und will stattdessen einiges von meinem Ringen in Bezug auf die neue Schöpfung darlegen. Dabei komme ich über Offb 21,1 nicht hinaus. Es geht um die Frage, wie man sich den neuen Himmel und die neue Erde denken kann in Kontinuität oder Diskontinuität zu unserer heutigen Welt. Wem das zu philosophisch ist, kann unter 10.2. mit dem Text aus der Offenbarung fortfahren.

Ω. Offb 21-22

In der Offenbarung des Johannes und im Neuen Testament überwiegen bei weitem die Aussagen, welche einen Bruch oder eine Diskontinuität zwischen dieser und der kommenden Welt zum Ausdruck bringen: „Himmel und Erde werden vergehen, aber meine Worte werden nicht vergehen." (Mk 13,31) Dieser prägnante Satz aus dem Mund Jesu wird in den drei synoptischen Evangelien genau gleichlautend überliefert. Anschauungsmaterial dafür lieferte uns die Betrachtung des Textes von Offb 4-20 in großer Fülle: „Die Gestalt dieser Welt vergeht." (1Kor 7,31)

Folgendes Szenario wäre daher für mich am einfachsten zu denken gewesen: der Planet Erde vergeht als Lebensraum, einschließlich seiner besonderen Atmosphäre („Himmel") mit ihrer Offenheit für die Sicht der Gestirne. Bei der Parusie des Herrn wird die gesamte Menschheit vor ihm versammelt. *Die neue Schöpfung würde darin bestehen, dass der transzendente Himmel eine leiblich-materielle Komponente dazu erhält*: Gott bekleidet die Seelen der Menschen mit dem Auferstehungsleib und erschafft eine dazu passende Paradieswelt, die in Offb 21,2-22,5 geschildert wird. Diese funktioniert ganz anders als die Materie dieser Welt, denn sie muss der Ewigkeit Gottes und des menschlichen Leibes entsprechen, während alle Strukturen dieser Welt grundsätzlich zerbrechlich und vergänglich sind. Dabei kann die Vielgestalt und Schönheit der kommenden Schöpfung sicher nicht geringer sein als die Jetzige.

Das würde bedeuten, dass die Parusie des Herrn nur die Menschheit beträfe, nicht jedoch den großen „Rest der Schöpfung". Von dieser neuen Art von Materie („neue Erde") im Himmel würde das sichtbare Universum unberührt bleiben. Es funktioniert einfach weiter wie bisher, nach seinen eigenen Gesetzen der Vergänglichkeit. Was auf der Erde geschieht kann das Planetensystem, die Sonne, unsere Galaxie und die Fülle der Galaxien im Universum in keiner Weise physikalisch, durch natürliche Ursachen, berühren. Es wäre also einfach zu denken, dass es nach der Parusie weiterhin drei parallele Welten gibt: den Himmel mit seiner neuen Leiblichkeit, das sichtbare Weltall ohne den Menschen auf der Erde, und die Hölle (die ich in meinem Gedankengang voraussetze, hier aber außer Acht lasse).

Dagegen sprechen einige wenige Schriftstellen im Neuen Testament, die eine Vollendung dieser Welt aussagen.

Die neue Schöpfung 10.1.

Die wichtigste davon ist Röm 8,18-23. Diese Stelle wird im Katechismus unter der Nummer 1046 zitiert und dient als Hauptargument für die Lehre der Kirche von einer *Umwandlung des Universums*.

10.1.2. Vergänglichkeit und Befreiung der Schöpfung

„Ich bin überzeugt, dass die Leiden der gegenwärtigen Zeit nichts bedeuten im Vergleich zu der Herrlichkeit, die an uns offenbar werden soll. Denn die ganze Schöpfung wartet sehnsüchtig auf das Offenbarwerden der Söhne Gottes. *Die Schöpfung ist der Vergänglichkeit unterworfen, nicht aus eigenem Willen, sondern durch den, der sie unterworfen hat*; aber zugleich gab er ihr Hoffnung: *Auch die Schöpfung soll von der Sklaverei und Verlorenheit befreit werden zur Freiheit und Herrlichkeit der Kinder Gottes.*

Denn wir wissen, dass die gesamte Schöpfung bis zum heutigen Tag seufzt und in Geburtswehen liegt. Aber auch wir, obwohl wir als Erstlingsgabe den Geist haben, seufzen in unserem Herzen und *warten darauf, dass wir mit der Erlösung unseres Leibes als Söhne offenbar werden.*" (Röm 8,18-23)

Tatsächlich gibt es zwei sehr verschiedene Ursachen für die Vergänglichkeit der Schöpfung. Insofern als alles Beobachtbare, von den chemischen Elementen über die Lebewesen auf der Erde bis hin zu den Sternen und Galaxien, eine Geschichte hat und vergänglich ist, stammt die Vergänglichkeit von Gott, dem Schöpfer. Diese Vergänglichkeit gehört zum Wesen und Gutsein der sichtbaren Schöpfung: das Entstehen, Werden und Vergehen; das Aufblühen und Verwelken von Pflanzen; das Fressen und Gefressen werden von Tieren; das Auftauchen und Aussterben von Arten; das Aufleuchten und Erkalten von Sternen... Wer meint, dem Löwen sei sein Gebiss erst aufgrund der Erbsünde gewachsen, täuscht sich.

Dazu kommt eine andere Vergänglichkeit aufgrund der menschlichen Sünde und ihrer Anstiftung durch den Satan. Es ist die Vergänglichkeit, von der in der Offenbarung in den Unheilskapiteln die Rede war und die z.B. durch Umweltvergiftung, maßlose Ausbeutung der Rohstoffe, Unvernunft, Hass, Mord und Krieg bis zur Anwendung von Massenvernichtungswaffen zustande kommt. Diese Vergänglichkeit hat Gott nicht gewollt, aber vorausgesehen und prophetisch angekündigt.

Ω. Offb 21-22

Nun wird die Schöpfung im Text von Röm 8 personifiziert dargestellt: sie wartet sehnsüchtig, sie hofft, sie seufzt und liegt in Geburtswehen. Das kann sie im eigentlichen Sinn nur durch den Menschen, der ein Teil von ihr ist. Tatsächlich wechselt Paulus zwischen „uns" und „der Schöpfung" als Subjekt hin und her. Dennoch kann man davon ausgehen, dass mit dem Vergleich wirklich die ganze sichtbare Schöpfung gemeint ist, nicht nur der Mensch als Teil von ihr.

Die genauere und deshalb sprachlich holprige Übersetzung der Elberfelder Bibel sieht die Vergänglichkeit an einer anderen Stelle des Textes: „Denn das sehnsüchtige Harren der Schöpfung wartet auf die Offenbarung [Apokalypsis!] der Söhne Gottes. Denn die Schöpfung ist der *Nichtigkeit* unterworfen worden - nicht freiwillig, sondern durch den, der sie unterworfen hat - auf Hoffnung hin, dass auch selbst die Schöpfung *von der Knechtschaft der Vergänglichkeit freigemacht werden wird* zur Freiheit der Herrlichkeit der Kinder Gottes." (Röm 8,19-21)

Paulus drückt die Erwartung aus, dass mit der endgültigen Erlösung des Leibes bei der Auferstehung der Toten auch die sichtbare Welt von der *Knechtschaft der Vergänglichkeit* befreit wird, um ganz im Dienst der erlösten Menschheit zu stehen. Das Warten, Seufzen, Sehnen und Leiden der Schöpfung wäre vergeblich, wenn Gott nicht auch für sie eine endgültige Erlösung oder Vollendung vorgesehen hätte.

Im Katechismus wird aus der zitierten Stelle des Römerbriefes gefolgert: „*Das sichtbare Universum ist somit ebenfalls dazu bestimmt, umgewandelt zu werden,* "damit die Welt, in ihren anfänglichen Zustand zurückversetzt, nunmehr unbehindert im Dienst der Gerechten stehe" (Irenäus, hær. 5,32,1) und so an deren Verherrlichung im auferstandenen Jesus Christus teilhabe. "Den Zeitpunkt der Vollendung der Erde und der Menschheit kennen wir nicht, und *auch die Weise wissen wir nicht, wie das Universum umgestaltet werden soll. Es vergeht zwar die Gestalt dieser Welt, die durch die Sünde missgestaltet ist,* aber wir werden belehrt, dass *Gott eine neue Wohnstätte und eine neue Erde bereitet,* auf der die Gerechtigkeit wohnt und deren Seligkeit alle Friedenssehnsüchte, die in den Herzen der Menschen emporsteigen, erfüllen und übertreffen wird"

Die neue Schöpfung **10.1.**

(GS 39,1)" (KKK 1047-1048) Der Vers Hebr 12,27 spricht ebenfalls von einer *Verwandlung oder Veränderung des Geschaffenen*, das erschüttert wird, damit das Unerschütterliche bleibt. Einziges Vorbild für diese Art der Umgestaltung von Materie ist der Auferstehungsleib Christi, der aus dem Leichnam des Herrn im Grab hervorgegangen ist: ein wahrer, materieller Leib, aber weder den Naturgesetzen, noch den Begrenzungen von Raum und Zeit unterworfen. Obwohl der Auferstehungsleib Christi real ist, ist er doch unserem Zugriff völlig entzogen, sodass wir nicht begreifen können, *wie* er lebt bzw. lebend „funktioniert". In gewisser Weise sind die Auferstehung Christi und die leibliche Auferweckung der Gottesmutter der vorweggenommene Beginn des neuen Himmels und der neuen Erde, um die es in Offb 21,1-22,5 geht.

10.1.3. Apokatastasis:
die „Wiederherstellung aller Dinge"

Schon das obige Zitat von Irenäus von Lyon aus dem Katechismus bringt den Gedanken einer *Wiederherstellung* in Bezug auf die neue Schöpfung zum Ausdruck: „damit die Welt, *in ihren anfänglichen Zustand zurückversetzt,* nunmehr unbehindert im Dienst der Gerechten stehe". Damit kann keinesfalls die Wiederholung eines früheren irdischen Zustands gemeint sein, der ja auch immer schon von der wesentlichen Vergänglichkeit und Begrenztheit geprägt war. Mit dem *anfänglichen Zustand* kann nur die Heiligkeit und Unsterblichkeit des Menschen am Anfang der Schöpfung gemeint sein[214].

In der kommenden Welt wird die Vergänglichkeit aufgrund menschlicher Unvernunft im Umgang mit sich selber und mit der Umwelt ausgeschlossen. So betet die Kirche im vierten Hochgebet der heiligen Messe: „Und wenn die ganze Schöpfung von der Verderbnis der Sünde und des Todes befreit ist, lass uns zusammen mit ihr dich [den Vater] verherrlichen in deinem Reich durch unseren Herrn Jesus Christus." Im selben Sinn ist das Wort von Petrus an die Juden in Bezug auf die Parusie des Herrn zu verstehen:

„Also kehrt um, und tut Buße, damit eure Sünden getilgt werden und der Herr Zeiten des Aufatmens kommen lässt und Jesus sendet

---

[214] KKK 374-379 (Der Mensch im Paradies), vgl. Gen 1,26 - 2,25.

Ω. Offb 21-22

als den für euch bestimmten Messias. Ihn muss freilich der Himmel aufnehmen *bis zu den Zeiten der Wiederherstellung von allem*, die Gott von jeher durch den Mund seiner heiligen Propheten verkündet hat." (Apg 3,19-21)

Das griechische Wort für „Wiederherstellung" heißt *Apokatastasis*. Es bedeutet sicher nicht die Zurückversetzung in einen früheren Entwicklungszustand der Erde, der Menschheit oder des Staates Israel. Wie langweilig wäre das und ähnlich falsch wie die Vorstellung einer leiblichen Reinkarnation des Menschen in mehreren irdischen Lebensläufen. Es bedeutet auch nicht die Auflösung der Hölle, die nach dem Zeugnis der Heiligen Schrift ewig ist, sondern die Erneuerung der Schöpfung nach dem Bild des Auferstehungsleibes Jesu.

Apokatastasis ist zu verstehen im Sinn von Wiederherstellung der göttlichen Ordnung, des Friedens, der Gerechtigkeit, der Wahrheit und Liebe, die alle in den letzten Zeiten des Antichrist völlig aus den Fugen geraten sind. Es bedeutet die endgültige Errichtung des Reiches Gottes auch im materiellen Bereich: „Kommt her, die ihr von meinem Vater gesegnet seid, nehmt das Reich in Besitz, das seit der Erschaffung der Welt für euch bestimmt ist." (Mt 25,34)

Der Katechismus lehrt dazu:

1042 Am Ende der Zeiten wird das Reich Gottes vollendet sein. Nach dem allgemeinen Gericht werden die Gerechten, an Leib und Seele verherrlicht, für immer mit Christus herrschen, *und selbst das Weltall wird erneuert werden*. „Die Kirche... wird erst in der himmlischen Herrlichkeit vollendet werden... wenn zusammen mit dem Menschengeschlecht *auch die gesamte Welt, die mit dem Menschen innigst verbunden ist..., vollkommen in Christus erneuert werden wird*" (LG 48).

1043 Die Schrift bezeichnet diese geheimnisvolle Erneuerung, *die die Menschheit und die Welt umgestalten wird*, als "neuen Himmel und neue Erde" *(2Petr 3,13)*. Der Ratschluss Gottes, "das All in Christus wieder unter ein Haupt zu fassen, alles, was im Himmel und auf Erden ist" (Eph 1,10), wird sich dann endgültig verwirklichen.

10.2. Die Braut des Lammes: das himmlische Jerusalem

Kommen wir nun zurück zum Text aus der Offenbarung des Johannes: „Ich sah die Heilige Stadt, das neue Jerusalem, von Gott her aus dem Himmel herabkommen; sie war bereit wie eine Braut, die sich für ihren Mann geschmückt hat." (Offb 21,2) Die Heilige Stadt ist die Gemeinschaft der Engel und der Heiligen, das Gegenbild der Hure Babylon in Offb 17-18. Sie ist die Frau des Lammes, die sich auf dem Weg der irdischen Pilgerschaft für die Hochzeit bereit gemacht hat (Offb 19,7). Das geweihte Leben in der Kirche repräsentiert in besondere Weise die bräutliche Bedeutung des menschlichen Lebens in Bezug auf diese endgültige Vereinigung mit dem göttlichen Bräutigam: „Nicht länger nennt man dich "Die Verlassene" und dein Land nicht mehr "Das Ödland", sondern man nennt dich "Meine Wonne" und dein Land "Die Vermählte". Denn der Herr hat an dir seine Freude, und dein Land wird mit ihm vermählt. *Wie der junge Mann sich mit der Jungfrau vermählt, so vermählt sich mit dir dein Erbauer. Wie der Bräutigam sich freut über die Braut, so freut sich dein Gott über dich.*" (Jes 62,4-5) Das Land in diesem Text steht für das Volk Israel und die Kirche in der neuen Schöpfung. Die Verheißung gilt auch für jeden einzelnen Menschen und sie zeigt uns das Ziel des irdischen Lebens auf.

Jesus hat sich im Evangelium selbst als Bräutigam bezeichnet: „Können denn die Hochzeitsgäste fasten, solange der Bräutigam bei ihnen ist? Solange der Bräutigam bei ihnen ist, können sie nicht fasten...." (Mk 2,19) Johannes der Täufer nannte sich *Freund des Bräutigams*, der diesem gegenüber in den Hintergrund tritt: „Wer die Braut hat, ist der Bräutigam; der Freund des Bräutigams aber, der dabeisteht und ihn hört, freut sich über die Stimme des Bräutigams. Diese Freude ist nun für mich Wirklichkeit geworden. Er muss wachsen, ich aber muss kleiner werden." (Joh 3,29-30)

10.2.1. Die Wohnung Gottes unter den Menschen

Kommen wir nun zum Wesentlichen am himmlischen Jerusalem: „Da hörte ich eine laute Stimme vom Thron her rufen: Seht, die Wohnung Gottes unter den Menschen! Er wird in ihrer Mitte wohnen, und sie werden sein Volk sein; und er, Gott, wird bei ihnen sein.

Ω. Offb 21-22

Er wird alle Tränen von ihren Augen abwischen: *Der Tod wird nicht mehr sein, keine Trauer, keine Klage, keine Mühsal. Denn was früher war, ist vergangen.* Er, der auf dem Thron saß, sprach: Seht, ich mache alles neu. Und er sagte: Schreib es auf, denn diese Worte sind zuverlässig und wahr." (Offb 21,3-5) Entscheidend in der neuen Welt ist das sichtbare Wohnen Gottes in Mitten der Menschen[215].

Gott wollte schon im Alten Bund in Israel wohnen und ordnete dazu den Bau des Bundeszeltes an: „Ich werde das Offenbarungszelt, den Altar, Aaron und seine Söhne heiligen und für meinen Priesterdienst weihen. *Ich werde mitten unter den Israeliten wohnen und ihnen Gott sein.* Sie sollen erkennen, dass ich der Herr, ihr Gott bin, der sie aus Ägypten herausgeführt hat, um in ihrer Mitte zu wohnen, ich, der Herr, ihr Gott." (Ex 29,44-46) Später wurde aus dem Zelt der Begegnung der Tempel in Jerusalem. Den zweiten Tempel hat Jesus als „das Haus meines Vaters" (Joh 2,16) bezeichnet und ihn zugleich relativiert. Der eigentliche Tempel[216] und die bessere Wohnung Gottes auf Erden war nämlich sein Leib: „Und das Wort ist Fleisch geworden und hat unter uns gewohnt, und wir haben seine Herrlichkeit gesehen, die Herrlichkeit des einzigen Sohnes vom Vater, voll Gnade und Wahrheit." (Joh 1,14) Das leibhaftige Wohnen Gottes unter uns setzt sich in der Zeit der Kirchengeschichte fort durch die eucharistische Gegenwart Jesu und durch die Gabe des Heiligen Geistes: „Seid gewiss: Ich bin bei euch alle Tage bis zum Ende der Welt." (Mt 28,20) Es wird vollendet bei der Parusie des Herrn mit der Gabe des neuen Himmels und der neuen Erde, in denen die Gerechtigkeit wohnt.

Die Wegnahme des Todes und jeder Form von Schmerz und Leiden bedeutet eine vollkommene Erlösung, die *Erlösung des Leibes*, von der Paulus in Röm 8,23 spricht: „Aber auch wir, obwohl wir als Erstlingsgabe den Geist haben, *seufzen in unserem Herzen und warten darauf, dass wir mit der Erlösung unseres Leibes als Söhne offenbar werden.*" Für diese Erlösung des Leibes am Ende der Welt

---

[215] Aus der gottlosen Zivilisation Babylons wurde er dagegen von den Menschen ausgeschlossen durch die Vorherrschaft der Sünde. In Babylon steht stattdessen der Thron Satans (Offb 2,13 und 13,2).
[216] Siehe 3.5. und 6.1.2. Allerdings wohnt Gott auch im Lobpreis seines Volkes und in der Lesung der Hl. Schrift.

Das himmlische Jerusalem 10.2.

sind alle Akte der Heilung und Befreiung durch Jesus ein *Zeichen* gewesen: „Damals heilte Jesus viele Menschen von ihren Krankheiten und Leiden, befreite sie von bösen Geistern und schenkte vielen Blinden das Augenlicht. Er antwortete den beiden: Geht und berichtet Johannes, was ihr gesehen und gehört habt: Blinde sehen wieder, Lahme gehen, und Aussätzige werden rein; Taube hören, Tote stehen auf, und den Armen wird das Evangelium verkündet. Selig ist, wer an mir keinen Anstoß nimmt." (Lk 7,21-23) All diese Wunder haben im leiblichen Bereich nichts Endgültiges gebracht, da das neuerliche Sterben dieser Personen ihre körperliche Heilung wieder zunichte gemacht hat. Nun aber beseitigt Gott den Tod für immer und richtet seinen Bund auf ohne Bedrohung durch die Sünde oder durch Feinde des menschlichen Heils. Es wird damit auch keinen Überlebenskampf und keine Mühsal vergeblicher Arbeit mehr geben. Ich zitiere aus dem Katechismus:

1044 Wenn Gott "alles neu" macht, im himmlischen Jerusalem, wird er seine Wohnung unter den Menschen haben. „Er wird alle Tränen von ihren Augen abwischen: Der Tod wird nicht mehr sein, keine Trauer, keine Klage, keine Mühsal. Denn was früher war, ist vergangen" (Offb 21,4).

1045 *Für den Menschen* wird in dieser Vollendung voll und ganz die Einheit des Menschengeschlechtes hergestellt sein, die von Gott seit der Welterschaffung gewollt wurde und deren "Sakrament" gleichsam die pilgernde Kirche war (LG 1). *Die mit Christus Vereinten werden die Gemeinschaft der Erlösten bilden, "die Heilige Stadt" (Offb 21,2) Gottes,* "die Frau des Lammes" (Offb 21,9). Diese wird nicht mehr unter der Sünde, den Unreinheiten, der Eigenliebe, die die irdische Gemeinschaft der Menschen zerstören oder verwunden, zu leiden haben. *Die beseligende Schau, in der sich Gott den Auserwählten unerschöpflich öffnet, wird die nie versiegende Quelle von Glück, Frieden und Gemeinschaft sein.*

Das ist ja unglaublich! Weil diese Verheißungen so groß und unfassbar sind, besonders die Leiblichkeit der Vollendung, bekräftigt sie der Herr mit dem Satz: „Schreib es auf, denn diese Worte sind zuverlässig [glaubwürdig, gewiss] und wahr." (Offb 21,5)

Ω. Offb 21-22

10.2.2. Es ist geschehen:
Erfüllung aller Verheißungen Gottes

Ich zitiere weiter, was Gott, der auf dem Thron sitzt, spricht: „Und er sprach zu mir: *Es ist geschehen.* Ich bin das Alpha und das Omega, der Anfang und das Ende. *Wer durstig ist, den werde ich umsonst aus der Quelle trinken lassen, aus der das Wasser des Lebens strömt.* Wer siegt, wird dies als Anteil erhalten: *Ich werde sein Gott sein, und er wird mein Sohn sein.* Aber die Feiglinge und Treulosen, die Befleckten, die Mörder und Unzüchtigen, die Zauberer, Götzendiener und alle Lügner - ihr Los wird der See von brennendem Schwefel sein. Dies ist der zweite Tod." (Offb 21,6-9)

Auf den negativen, ausschließenden Teil des Textes gehe ich nicht noch einmal näher ein[217]. Er macht deutlich, dass nur „der erste Himmel und die erste Erde", d.h. unsere heutige Lebenswelt, vergangen sind, nicht aber die Hölle.

Der erste Satz des Zitats: *Es ist geschehen*, stammt aus der Elberfelder Übersetzung. Er bezieht sich auf alle Verheißungen Gottes überhaupt, die sich im himmlischen Jerusalem erfüllen. Fast das gleiche Verb kam im Perfekt (gegonen) schon in Offb 16,17 vor. Das Perfekt bringt dort zum Ausdruck: es ist dabei, zu geschehen. Hier steht es im Imperfekt (gegonan), was besagt: die Erfüllung liegt jetzt in der Vergangenheit. Die Bezeichnung des Herrn als „Alpha und Omega" weist zurück auf die Einleitung des Buches (siehe 1.2.3.), ebenso die Verheißung an den, der siegt (siehe 1.4.4.): *Wer siegt, wird dies als Anteil erhalten: Ich werde sein Gott sein, und er wird mein Sohn sein.* In dieser Verheißung, die selbstverständlich auch für die Töchter gilt, kommt die *persönliche Vaterschaft* Gottes stark zum Ausdruck. Es handelt sich um die Vollendung der irdischen Bundesschlüsse des Herrn mit seinem Volk.

Es geht in Erfüllung, was im ersten Johannesbrief geschrieben steht: „Liebe Brüder, jetzt sind wir Kinder Gottes. Aber was wir sein werden, ist noch nicht offenbar geworden. *Wir wissen, dass wir ihm ähnlich sein werden, wenn er offenbar wird; denn wir werden ihn sehen, wie er ist.*" (1Joh 3,2)

---

[217] Vgl. Offb 19,20 und 20,10.14-15; siehe 5.1. und 8.3.

Das himmlische Jerusalem 10.2.

Das himmlische Jerusalem ist dadurch gekennzeichnet, dass Glaube und Hoffnung vergehen, denn die Verheißungen Gottes als Gegenstand der Hoffnung werden erfüllt sein und der Glaube an das Unsichtbare wird durch die unmittelbare, übernatürliche Wahrnehmung ersetzt werden. Paulus schreibt im ersten Korintherbrief: „Die Liebe hört niemals auf. Prophetisches Reden hat ein Ende, Zungenrede verstummt, Erkenntnis vergeht. Denn Stückwerk ist unser Erkennen, Stückwerk unser prophetisches Reden; *wenn aber das Vollendete kommt, vergeht alles Stückwerk.* Als ich ein Kind war, redete ich wie ein Kind, dachte wie ein Kind und urteilte wie ein Kind. Als ich ein Mann wurde, legte ich ab, was Kind an mir war. Jetzt schauen wir in einen Spiegel und sehen nur rätselhafte Umrisse, *dann aber schauen wir von Angesicht zu Angesicht. Jetzt erkenne ich unvollkommen, dann aber werde ich durch und durch erkennen, so wie ich auch durch und durch erkannt worden bin.*" (1Kor 13,8-12)

Kehren wir nochmals zurück zu Offb 21,6: *Wer durstig ist, den werde ich umsonst aus der Quelle trinken lassen, aus der das Wasser des Lebens strömt.* Dieser Vers verweist auf das Johannesevangelium, wo Jesus am letzten Tag des Laubhüttenfestes ausruft: „Wer Durst hat, komme zu mir, und es trinke, wer an mich glaubt. Wie die Schrift sagt: Aus seinem Inneren werden Ströme von lebendigem Wasser fließen. *Damit meinte er den Geist, den alle empfangen sollten, die an ihn glauben.*" (Joh 7,37)

Das *Wasser des Lebens* ist ein Symbol für die Fülle des Heiligen Geistes als Gabe Gottes. Jetzt ist er nur als Unterpfand, Angeld oder *erster Anteil*[218] gegeben, dann aber unbegrenzt und in Fülle. Dieses Bild kommt in anderer Form noch einmal in Offb 22,1 vor: „Und er zeigte mir einen *Strom, das Wasser des Lebens*, klar wie Kristall; *er geht vom Thron Gottes und des Lammes aus.*"

Der letzte Satz entspricht der trinitarischen Theologie, die besagt, dass der Heilige Geist vom Vater und vom Sohn ausgeht. Im himmlischen Jerusalem werden wir „das unzerstörbare, makellose und unvergängliche Erbe empfangen" (1Petr 1,4), das Christus für uns vorbereitet hat.

---

[218] 2Kor 1,22; 2Kor 5,5; Eph 1,14.

Ω. Offb 21-22

10.2.3. Die symbolische Stadt: vollendete Gemeinschaft

Wir kommen nun zu der Vision, welche die symbolische Stadt, das neue Jerusalem, näher beschreibt: „Und es kam einer von den sieben Engeln, die die sieben Schalen mit den sieben letzten Plagen getragen hatten[219]. Er sagte zu mir: *Komm, ich will dir die Braut zeigen, die Frau des Lammes.* Da entrückte er mich in der Verzückung auf einen großen, hohen Berg und *zeigte mir die Heilige Stadt Jerusalem, wie sie von Gott her aus dem Himmel herabkam, erfüllt von der Herrlichkeit Gottes.* Sie glänzte wie ein kostbarer Edelstein, wie ein kristallklarer Jaspis." (Offb 21,9-11)

Die Heilige Stadt wird erneut als *Braut*, als *Frau des Lammes* bezeichnet. Dadurch wird noch einmal klar gemacht, dass es sich um die „triumphierende Kirche" handelt, um die Gemeinschaft der Heiligen, und nicht um eine Stadt als Ansammlung von Häusern, Autos und Industrie. Deshalb spreche ich von einer *symbolischen Stadt*: ihre Beschreibung in der Offenbarung ist völlig symbolisch und hat nichts mit einer uns bekannten Erfahrung von Städten zu tun. Vieles, was wir uns auf Erden unter einer Großstadt vorstellen, passt nicht hinein: Kinos, Klubs, Vergnügungen, Banken, Einkaufszentren, Arbeitsplätze, Kulturgüter, Busse und Bahnen, ganz zu schweigen von den Strukturen und Orten der Sünde, welche die Hure Babylon kennzeichnen.

Vielmehr handelt es sich um eine schöne, harmonische, vollendete Gemeinschaft unter den Menschen, die von Gott gestiftet wird und in deren Mitte er angebetet wird. Der hl. Paulus spricht im Epheserbrief von der Kirche als Braut Christi und stellt dabei eine wichtige Parallele zur Beziehung zwischen Mann und Frau in der Ehe her:
„Ihr Männer, liebt eure Frauen, wie Christus die Kirche geliebt und sich für sie hingegeben hat, um sie im Wasser und durch das Wort rein und heilig zu machen. So will er die Kirche herrlich vor sich erscheinen lassen, ohne Flecken, Falten oder andere Fehler; heilig soll sie sein und makellos." (Eph 5,25-27) Dieser Wunsch geht hier in Erfüllung: die Heilige Stadt ist geschmückt mit Gold, kostbaren Perlen und Edelsteinen.

---

[219] Vgl. Offb 15,1.6 und 8. Siehe Kapitel 6.

Das himmlische Jerusalem 10.2.

Die Braut erscheint nun herrlich vor Christus, heilig und makellos in all ihren Gliedern, ohne das Unkraut der Sünde und des Versagens in ihrer Mitte.

10.2.3.1. Zwölf Perlen, zwölf Tore, zwölf Grundsteine

Ich will an dieser Stelle vorwegnehmen, wie die Offenbarung den *Glanz der Stadt* beschreibt als Sinnbild für die Herrlichkeit der *erlösten Menschheit* nach dem Gericht: „Ihre Mauer ist aus Jaspis gebaut, und die Stadt ist aus reinem Gold, wie aus reinem Glas. Die Grundsteine der Stadtmauer sind mit edlen Steinen aller Art geschmückt; der erste Grundstein ist ein Jaspis, der zweite ein Saphir, der dritte ein Chalzedon, der vierte ein Smaragd, der fünfte ein Sardonyx, der sechste ein Sardion, der siebte ein Chrysolith, der achte ein Beryll, der neunte ein Topas, der zehnte ein Chrysopras, der elfte ein Hyazinth, der zwölfte ein Amethyst. Die zwölf Tore sind zwölf Perlen; jedes der Tore besteht aus einer einzigen Perle. Die Straße der Stadt ist aus reinem Gold, wie aus klarem Glas." (Offb 21,18-21) Fast dieselben zwölf Edelsteine kommen bei der Beschreibung des Efods im Buch Exodus vor. Das Efod war ein Teil der Bekleidung des Hohen Priesters und die zwölf Edelsteine wiesen hin auf die zwölf Stämme Israels, die er vor Gott repräsentierte. Wie das Efod des Hohen Priesters, so wird auch die Stadt als quadratisch beschrieben. Das macht wiederum deutlich, dass es sich um eine symbolische Vision handelt und nicht um einen Stadtplan.

Das kubische Maß ist ein weiteres Bild für die Vollkommenheit der Braut, die das Vollmaß Christi erreicht hat: „Und der Engel, der zu mir sprach, hatte einen goldenen Messstab, mit dem die Stadt, ihre Tore und ihre Mauer gemessen wurden. Die Stadt war viereckig angelegt und ebenso lang wie breit. Er maß die Stadt mit dem Messstab; *ihre Länge, Breite und Höhe sind gleich: zwölftausend Stadien.* Und er maß ihre Mauer; sie ist *hundertvierundvierzig* Ellen hoch nach Menschenmaß, das der Engel benutzt hatte." (Offb 21,15-17) Das ist also ein gigantischer, goldener Würfel! Da das antike Längenmaß des Stadions zwischen 165 und 195 Metern beträgt, hat der himmlische Würfel eine Kantenlänge von ca. 2160 Kilometern.

Die Stadt wird von der bedeutungsreichen Zahl *zwölf* gänzlich dominiert. *Zwölf* ist die Zahl des Volkes Gottes, der 12 Apostel des Lammes und der 12 Stammväter Israels.

Ω. Offb 21-22

Sie begegnete uns schon in der Zahl der 24 Ältesten (24= 2*12) und in der Zahl der 144 000 Auserwählten (144=12*12). Hören wir uns eine weitere Zwölfer-Litanei an, mit der die Stadt beschrieben wird: „Die Stadt hat eine große und hohe Mauer mit zwölf Toren und zwölf Engeln darauf. Auf die Tore sind Namen geschrieben: die Namen der zwölf Stämme der Söhne Israels. Im Osten hat die Stadt drei Tore und im Norden drei Tore und im Süden drei Tore und im Westen drei Tore. Die Mauer der Stadt hat zwölf Grundsteine; auf ihnen stehen die zwölf Namen der zwölf Apostel des Lammes." (Offb 21,12-14) Die Stadt ist also die Gesamtheit des Volkes Gottes, die Gesamtheit derer, die durch das Lamm gerettet wurden. Wer gehört nun zu dieser erlösten Menschheit? Sind Ungetaufte prinzipiell aus ihr ausgeschlossen?

Das Zweite Vatikanische Konzil lehrt uns, dass es nicht notwendig ist, sichtbar und bewusst Glied der Kirche zu sein, um gerettet zu werden. Ich zitiere den Text über den Zugang zum Heil aus der dogmatischen Konstitution *Lumen Gentium* in gekürzter Form:

„Diejenigen, die das Evangelium noch nicht empfangen haben, sind auf das Gottesvolk auf verschiedene Weise hingeordnet. In erster Linie jenes Volk, dem der Bund und die Verheißungen gegeben worden sind und aus dem Christus dem Fleische nach geboren ist (vgl. Röm 9,4-5)... Der Heilswille umfasst aber auch die, welche den Schöpfer anerkennen, unter ihnen besonders die Muslime... Aber auch den anderen, die in Schatten und Bildern den unbekannten Gott suchen, auch solchen ist Gott nicht fern, da er allen Leben und Atem und alles gibt (vgl. Apg 17,25-28) und als Erlöser will, dass alle Menschen gerettet werden (vgl. 1Tim 2,4).

Wer nämlich das Evangelium Christi und seine Kirche ohne Schuld nicht kennt, Gott aber aus ehrlichem Herzen sucht, seinen im Anruf des Gewissens erkannten Willen... zu erfüllen trachtet, kann das ewige Heil erlangen." (LG 16) ...kann das ewige Heil erlangen: nämlich durch das eine Opfer Christi und die Vermittlung seines Leibes, der Kirche, die in jeder heiligen Messe für alle Menschen betend eintritt. Jesus sagte beim letzten Abendmahl zu Thomas: „Ich bin der Weg und die Wahrheit und das Leben; niemand kommt zum Vater außer durch mich." (Joh 14,6)

Das himmlische Jerusalem **10.2.**

10.2.3.2. Ewiges Licht, offene Zugänglichkeit, neues Paradies

Das himmlische Jerusalem wird auch als offene und vom Licht Gottes erleuchtete Stadt beschrieben, offen und zugänglich für alle, die im Lebensbuch des Lammes eingetragen sind:
„*Einen Tempel sah ich nicht in der Stadt.* Denn der Herr, ihr Gott, der Herrscher über die ganze Schöpfung, ist ihr Tempel, er und das Lamm. *Die Herrlichkeit Gottes erleuchtet sie, und ihre Leuchte ist das Lamm.* Die Völker werden in diesem Licht einhergehen, und die Könige der Erde werden ihre Pracht in die Stadt bringen. Ihre Tore werden den ganzen Tag nicht geschlossen - Nacht wird es dort nicht mehr geben. Und man wird die Pracht und die Kostbarkeiten der Völker in die Stadt bringen. Aber nichts Unreines wird hineinkommen, keiner, der Gräuel verübt und lügt. Nur die, die im Lebensbuch des Lammes eingetragen sind, werden eingelassen." (Offb 21,22-27)

Der Tempel war auch schon in den bisherigen Himmelsvisionen der Offenbarung nur symbolischer Natur (siehe 6.1.2.). Im himmlischen Jerusalem ist er auch als Symbol nicht mehr zu finden, denn die Gegenwart Gottes ist nun aus Gnade unmittelbar zugänglich.
Sie wird im Bild vom Thron Gottes dargestellt (Offb 22,1.3). Die andere symbolische Bedeutung des Tempels als dem Leib Christi, der Kirche, ist auf die Stadt selbst übergegangen! Die Herrlichkeit Gottes ist ihre einzige und ewige Lichtquelle: „Gott ist Licht, und keine Finsternis ist in ihm." (1Joh 1,5) Während der Rhythmus von Tag und Nacht, von Wachen und Schlafen, in unserer Welt die Zeitlichkeit prägt, zeigt das Fehlen der Nacht das Angekommensein in der Ewigkeit an. Außerdem ist mit dem Licht auch die volle Erkenntnis des Herrn und seiner Schöpfung gemeint, ein Wandeln in der Wahrheit: *Die Völker werden in diesem Licht einhergehen.*

Es gibt in der Vision ein Außen und Innen in Bezug auf die Stadt. Es muss auch in der kommenden Welt eine Art räumlicher Struktur oder Geographie geben. Durch die offenen Tore gehen die Völker und Könige der Erde aus und ein. Damit wird gesagt, dass es sich um eine Gemeinschaft handelt, in der es nichts mehr zu schützen gibt, ohne Zölle, Zäune oder Sprachbarrieren. Jesus sagt ähnliches im Gleichnis vom Guten Hirten: „Ich bin die Tür; wer durch mich hineingeht, wird gerettet werden; er wird ein- und ausgehen und Weide finden." (Joh 10,9) Das griechische Wort für die *Pracht* der

Ω. Offb 21-22

Völker und Könige ist dasselbe wie für die *Herrlichkeit* Gottes: *Doxa*. Möglicherweise handelt es sich gar nicht um materielle Güter, sondern einfach um die glänzende Schönheit der Personen.

„Und er zeigte mir *einen Strom, das Wasser des Lebens*, klar wie Kristall; er geht vom Thron Gottes und des Lammes aus. *Zwischen der Straße der Stadt und dem Strom, hüben und drüben, stehen Bäume des Lebens. Zwölfmal tragen sie Früchte, jeden Monat einmal; und die Blätter der Bäume dienen zur Heilung der Völker.* Es wird nichts mehr geben, was der Fluch Gottes trifft. Der Thron Gottes und des Lammes wird in der Stadt stehen, und seine Knechte werden ihm dienen. Sie werden *sein Angesicht schauen, und sein Name ist auf ihre Stirn geschrieben*[220]. Es wird keine Nacht mehr geben, und sie brauchen weder das Licht einer Lampe noch das Licht der Sonne. Denn der Herr, ihr Gott, wird über ihnen leuchten, und sie werden herrschen in alle Ewigkeit." (Offb 22,1-5)

Vieles in diesem Text wurde in den vorigen Abschnitten schon besprochen: der Strom mit dem Wasser des Lebens, das ewige Licht der Herrlichkeit Gottes, die Anschauung und Zugänglichkeit der Heiligsten Dreifaltigkeit. Neu sind hier die Elemente eines neuen Paradieses: In der Mitte ihrer Straße und des Stromes, diesseits und jenseits, war *der Baum des Lebens*[221], *der zwölfmal Früchte trägt und jeden Monat seine Frucht gibt; und die Blätter des Baumes sind zur Heilung der Nationen*. Damit kann nur Heilung von den Kriegen und Feindschaften in dieser Weltzeit gemeint sein.

Einerseits handelt es sich hier um einen Rückgriff auf die Beschreibung des Paradieses in Gen 2,8-10. Andererseits ist der Satz eine Anspielung auf die Vision vom eschatologischen Heil im Buch Ezechiel. Dort entsteht aus der Tempelquelle ein Strom des Lebens, der das salzige Wasser des Toten Meeres gesund macht: „Wohin der Fluss gelangt, da werden alle Lebewesen, alles, was sich regt, leben

---

[220] Vgl. Offb 3,12, siehe 1.4.4.6.
[221] Elberfelder Übersetzung, die gemäß dem griechischen Text nur von einem Baum des Lebens spricht, wie in Gen 2,9 und Offb 2,7 (siehe 1.4.4.1.). Allerdings steht er auf beiden Seiten des Flusses, was einen gewissen logischen Widerspruch darstellt und die Interpretation im Plural nahelegt. Ein ähnlicher logischer Widerspruch ist der Rückgriff auf das zeitliche Konzept des Monats, wo es doch Sonne, Mond und Nacht gar nicht mehr gibt.

Das himmlische Jerusalem **10.2.**

können, und sehr viele Fische wird es geben... An beiden Ufern des Flusses wachsen alle Arten von Obstbäumen. Ihr Laub wird nicht welken, und sie werden nie ohne Frucht sein. Jeden Monat tragen sie frische Früchte; denn das Wasser des Flusses kommt aus dem Heiligtum. Die Früchte werden als Speise und die Blätter als Heilmittel dienen." (Ez 47,9.12) Auf den größeren Zusammenhang dieser Stelle werde ich noch eingehen (siehe 10.3.2.1.). Ein Schweizer sagte mir einmal, er könne mit der himmlischen Stadt nichts anfangen, weil er eben kein Stadtmensch sei; er wünsche sich vielmehr eine himmlische Alm. Ich denke, die Erfüllung dieser Sehnsucht ist in der Andeutung des neuen Paradieses mit eingeschlossen.

10.3. Ähnliche Heilsverheißungen in der Heiligen Schrift

Es gibt zahlreiche Bibelstellen im Alten Testament, welche die neue Schöpfung als neues Paradies, neues Jerusalem oder als neuen Berg Zion beschreiben. Wir hören sie in der Liturgie der Adventszeit, in der es zuerst um die Erwartung der Wiederkunft Christi geht, bevor sein erstes Kommen durch die Inkarnation und die Geburt an Weihnachten in den Texten nachvollzogen wird.

Allen diesen Prophezeiungen ist gemeinsam, dass sie das Neue andeuten, es aber weniger radikal aussagen als in der Offenbarung des Johannes. Man kann von einer Pädagogik Gottes sprechen, welche das Neue an der kommenden Welt im Neuen Bund wesentlich klarer ankündigt und zum Vorschein bringt. Die Darstellungen aus dem Alten Testament haben dagegen mehr irdische Elemente aus unserer heutigen Lebenserfahrung und können deshalb im Sinn des Millenarismus missverstanden werden.

10.3.1. Parallelen aus dem Buch Jesaja

Ich beginne mit Zitaten aus dem Propheten Jesaja, dem wichtigsten Propheten des Advent und der Epiphanie[222]. Die Liste der Jesaja-Parallelen ist keineswegs erschöpfend, ich habe nur die wichtigsten und klarsten herausgegriffen. Sicher haben diese Verheißungen auch *schon jetzt* eine Form der geistlichen Erfüllung in der Kirche.

---

[222] Fest der Erscheinung des Herrn am 6. Januar, Lesung: Jes 60,1-6.

Ω. Offb 21-22

10.3.1.1. Jesaja 2,2-5 und 11,6-10

Da ist zunächst das Bild der endzeitlichen Völkerwallfahrt nach Zion: „Am Ende der Tage wird es geschehen: Der Berg mit dem Haus des Herrn steht fest gegründet als höchster der Berge; er überragt alle Hügel. Zu ihm strömen alle Völker. Viele Nationen machen sich auf den Weg. Sie sagen: Kommt, wir ziehen hinauf zum Berg des Herrn und zum Haus des Gottes Jakobs. Er zeige uns seine Wege, auf seinen Pfaden wollen wir gehen. Denn von Zion kommt die Weisung des Herrn, aus Jerusalem sein Wort. Er spricht Recht im Streit der Völker, er weist viele Nationen zurecht. Dann schmieden sie Pflugscharen aus ihren Schwertern und Winzermesser aus ihren Lanzen. Man zieht nicht mehr das Schwert, Volk gegen Volk, und übt nicht mehr für den Krieg. Ihr vom Haus Jakob, kommt, wir wollen unsere Wege gehen im Licht des Herrn." (Jes 2,2-5)

An die Offenbarung des Johannes erinnern der hohe Berg, Jerusalem, der universale Friede und das Licht des Herrn. Als nächstes zitiere ich das Bild vom Tierfrieden, welches sich unmittelbar an die Beschreibung der gerechten Herrschaft des Messias anschließt: „Dann wohnt der Wolf beim Lamm, der Panther liegt beim Böcklein. Kalb und Löwe weiden zusammen, ein kleiner Knabe kann sie hüten. Kuh und Bärin freunden sich an, ihre Jungen liegen beieinander. Der Löwe frisst Stroh wie das Rind. Der Säugling spielt vor dem Schlupfloch der Natter, das Kind streckt seine Hand in die Höhle der Schlange. *Man tut nichts Böses mehr und begeht kein Verbrechen auf meinem ganzen heiligen Berg; denn das Land ist erfüllt von der Erkenntnis des Herrn, so wie das Meer mit Wasser gefüllt ist.* An jenem Tag wird es der Spross aus der Wurzel Isais sein, der dasteht als Zeichen für die Nationen; *die Völker suchen ihn auf; sein Wohnsitz ist prächtig."* (Jes 11,6-10)

Offensichtlich werden hier keine Tiere auf der heutigen Erde beschrieben. Ein Löwe, der Stroh frisst, würde ziemlich bald verenden. Es bleibt auch offen, ob es diese Tiere in der neuen Schöpfung wirklich gibt. Zuerst ist der Text daher als Fabel zu deuten, die bildhaft von der Versöhnung scheinbar unversöhnbarer Gegensätze unter den Menschen spricht: *Man tut nichts Böses mehr und begeht kein Verbrechen auf meinem ganzen heiligen Berg.*

Ähnliche Heilsverheißungen **10.3.**

10.3.1.2. Jesaja 25,6-10

Dann gibt es das Bild vom Festmahl des Herrn für alle Völker. Es ist eine Variante vom Hochzeitsmahl des Lammes: „Der Herr der Heere wird auf diesem Berg für alle Völker ein Festmahl geben mit den feinsten Speisen, ein Gelage mit erlesenen Weinen, mit den besten und feinsten Speisen, mit besten, erlesenen Weinen. Er zerreißt auf diesem Berg die Hülle, die alle Nationen verhüllt, und die Decke, die alle Völker bedeckt. *Er beseitigt den Tod für immer. Gott, der Herr, wischt die Tränen ab von jedem Gesicht. Auf der ganzen Erde nimmt er von seinem Volk die Schande hinweg.* Ja, der Herr hat gesprochen. An jenem Tag wird man sagen: *Seht, das ist unser Gott, auf ihn haben wir unsere Hoffnung gesetzt, er wird uns retten.* Das ist der Herr, auf ihn setzen wir unsere Hoffnung. Wir wollen jubeln und uns freuen über seine rettende Tat. *Ja, die Hand des Herrn ruht auf diesem Berg.*" (Jes 25,6-10, vgl. Mt 8,11; Lk 13,29)

Der Berg verweist auf jenen in Offb 21,10: „Da entrückte er mich in der Verzückung auf einen großen, hohen Berg..." Die Parallelen zu Offb 21,2-5 sind nicht zu übersehen!

10.3.1.3. Jesaja 35,1-10 und 40,9-11

Als nächstes zitiere ich die Schilderung eines neuen Paradieses, das aus der Wüste hervorgeht. Der Text spricht auch von der leiblichen Wiederherstellung der Menschen sowie von ihrer ewigen Freude in Zion, dem himmlischen Jerusalem:

„Die Wüste und das trockene Land sollen sich freuen, die Steppe soll jubeln und blühen. Sie soll prächtig blühen wie eine Lilie, jubeln soll sie, jubeln und jauchzen. Die Herrlichkeit des Libanon wird ihr geschenkt, die Pracht des Karmel und der Ebene Scharon. *Man wird die Herrlichkeit des Herrn sehen, die Pracht unseres Gottes.* Macht die erschlafften Hände wieder stark und die wankenden Knie wieder fest! Sagt den Verzagten: Habt Mut, fürchtet euch nicht! Seht, hier ist euer Gott! Die Rache Gottes wird kommen und seine Vergeltung; er selbst wird kommen und euch erretten. *Dann werden die Augen der Blinden geöffnet, auch die Ohren der Tauben sind wieder offen. Dann springt der Lahme wie ein Hirsch, die Zunge des Stummen jauchzt auf.* In der Wüste brechen Quellen hervor, und Bäche fließen in der Steppe. Der glühende Sand wird zum Teich und das durstige

Ω. Offb 21-22

Land zu sprudelnden Quellen. An dem Ort, wo jetzt die Schakale sich lagern, gibt es dann Gras, Schilfrohr und Binsen. Eine Straße wird es dort geben; man nennt sie den Heiligen Weg. Kein Unreiner darf ihn betreten. Er gehört dem, der auf ihm geht. Unerfahrene gehen nicht mehr in die Irre. *Es wird keinen Löwen dort geben, kein Raubtier betritt diesen Weg, keines von ihnen ist hier zu finden. Dort gehen nur die Erlösten. Die vom Herrn Befreiten kehren zurück und kommen voll Jubel nach Zion. Ewige Freude ruht auf ihren Häuptern. Wonne und Freude stellen sich ein, Kummer und Seufzen entfliehen.*" (Jes 35,1-10)

Im folgenden Text ist von der unmittelbaren Gegenwart Gottes, des guten Hirten, die Rede: „Steig auf einen hohen Berg, Zion, du Botin der Freude! Erheb deine Stimme mit Macht, Jerusalem, du Botin der Freude! Erheb deine Stimme, fürchte dich nicht! Sag den Städten in Juda: Seht, da ist euer Gott. *Seht, Gott der Herr, kommt mit Macht, er herrscht mit starkem Arm. Seht, er bringt seinen Siegespreis mit: Alle, die er gewonnen hat, gehen vor ihm her.* Wie ein Hirt führt er seine Herde zur Weide, er sammelt sie mit starker Hand. Die Lämmer trägt er auf dem Arm, die Mutterschafe führt er behutsam." (Jes 40,9-11)

10.3.1.4. Jesaja 65,17-66,1

Nun folgt die explizite Ankündigung der neuen Schöpfung, wiederum mit den gleichen Schlüsselwörtern wie in Offb 21,1-4. Andererseits ist nur von einem ungewöhnlich langen und sicheren Leben, statt vom ewigen Leben, die Rede. *Das entspricht jedoch dem Fortschritt vom Alten zum Neuen Bund.* Im ganzen Alten Testament drückt sich der Segen Gottes durch langes und sattes irdisches Leben aus. Der Himmel wurde uns erst durch Christus eröffnet. Erst durch ihn und seit ihm wird im Wort Gottes eindeutig vom ewigen Leben gesprochen.

„*Ja, vergessen sind die früheren Nöte, sie sind meinen Augen entschwunden. Denn schon erschaffe ich einen neuen Himmel und eine neue Erde. Man wird nicht mehr an das Frühere denken, es kommt niemand mehr in den Sinn.* Nein, ihr sollt euch ohne Ende freuen und jubeln über das, was ich erschaffe. Denn ich mache aus Jerusalem Jubel und aus seinen Einwohnern Freude. *Ich will über*

Ähnliche Heilsverheißungen **10.3.**

Jerusalem jubeln und mich freuen über mein Volk. Nie mehr hört man dort lautes Weinen und lautes Klagen. Dort gibt es keinen Säugling mehr, der nur wenige Tage lebt, und keinen Greis, der nicht das volle Alter erreicht; wer als Hundertjähriger stirbt, gilt noch als jung, und wer nicht hundert Jahre alt wird, gilt als verflucht. Sie werden Häuser bauen und selbst darin wohnen, sie werden Reben pflanzen und selbst ihre Früchte genießen. Sie bauen nicht, damit ein anderer in ihrem Haus wohnt, und sie pflanzen nicht, damit ein anderer die Früchte genießt. In meinem Volk werden die Menschen so alt wie die Bäume. Was meine Auserwählten mit eigenen Händen erarbeitet haben, werden sie selber verbrauchen. Sie arbeiten nicht mehr vergebens, sie bringen nicht Kinder zur Welt für einen jähen Tod. Denn sie sind die Nachkommen der vom Herrn Gesegneten und ihre Sprösslinge zusammen mit ihnen. Schon ehe sie rufen, gebe ich Antwort, während sie noch reden, erhöre ich sie. *Wolf und Lamm weiden zusammen, der Löwe frisst Stroh wie das Rind. Man tut nichts Böses mehr und begeht kein Verbrechen auf meinem ganzen heiligen Berg, spricht der Herr."* Am Ende werden Elemente aus dem Tierfrieden in Jes 11,6-10 neu aufgegriffen.

10.3.1.5. Jesaja 54,11-14 und 66,10-14

Schließlich zitiere ich zwei Parallelen zum himmlischen Jerusalem als Quelle der Freude, des Trostes, des Friedens und der Gerechtigkeit: „Du Ärmste, vom Sturm Gepeitschte, die ohne Trost ist, sieh her: Ich selbst lege dir ein Fundament aus Malachit und Grundmauern aus Saphir. *Aus Rubinen mache ich deine Zinnen, aus Beryll deine Tore und alle deine Mauern aus kostbaren Steinen. Alle deine Söhne werden Jünger des Herrn sein, und groß ist der Friede deiner Söhne.* Du wirst auf Gerechtigkeit gegründet sein. Du bist fern von Bedrängnis, denn du brauchst dich nicht mehr zu fürchten, und bist fern von Schrecken; er kommt an dich nicht heran." (Jes 54,11-14) Jerusalem wird im folgenden Text, wie die Kirche, als Mutter beschrieben:
„Freut euch mit Jerusalem! Jubelt in der Stadt, alle, die ihr sie liebt. Seid fröhlich mit ihr, alle, die ihr über sie traurig wart. Saugt euch satt an ihrer tröstenden Brust, trinkt und labt euch an ihrem mütterlichen Reichtum! *Denn so spricht der Herr: Seht her:*

Ω. Offb 21-22

Wie einen Strom leite ich den Frieden zu ihr und den Reichtum der Völker wie einen rauschenden Bach. Ihre Kinder wird man auf den Armen tragen und auf den Knien schaukeln. Wie eine Mutter ihren Sohn tröstet, so tröste ich euch; in Jerusalem findet ihr Trost. Wenn ihr das seht, wird euer Herz sich freuen, und ihr werdet aufblühen wie frisches Gras." (Jes 66,10-14)

10.3.2. Parallelen aus anderen Büchern

Während Jesaja der absolute Champion der endzeitlichen Heilsverheißungen ist, sind diese in anderen Büchern der Heiligen Schrift wesentlich spärlicher vorhanden. Wichtig sind in diesem Zusammenhang besonders die Kapitel 40-48 des Buches Ezechiel. Wenn es in diesen Kapiteln geschichtliche Prophetie gibt, dann hat sie sich mit dem Bau des zweiten Tempels bereits erfüllt. Schließlich richtet sich der Text zuerst an Juden im babylonischen Exil, welche die Zerstörung des ersten, salomonischen Tempels noch erlebt haben und von seiner Wiederherstellung träumen. Im Wesentlichen muss man den Text aber als Heilsverheißung im Licht von Offb 21,1-22,5 verstehen. Das ist umso einsichtiger, als die vorausgehenden Kapitel (Ez 38-39) die endzeitliche Bedrängnis beschrieben haben[223].

10.3.2.1. Ezechiel 40-48: der endzeitliche Tempel

Die Visionen werden ganz ähnlich eingeleitet wie in Offb 21: „Am zehnten Tag des Monats am Jahresanfang im fünfundzwanzigsten Jahr nach unserer Verschleppung und im vierzehnten Jahr nach der Eroberung der Stadt [Jerusalem], genau an diesem Tag legte sich die Hand des Herrn auf mich, und er brachte mich dorthin. *In göttlichen Visionen brachte er mich ins Land Israel und stellte mich auf einen sehr hohen Berg. In südlicher Richtung war auf dem Berg etwas wie eine Stadt erbaut.* Dorthin brachte er mich. Da sah ich einen Mann, der aussah, als sei er aus Bronze. *Er hatte eine leinene Schnur und eine Messlatte in der Hand und stand im Tor.* Der Mann sagte zu mir: Menschensohn, öffne deine Augen und Ohren, sieh und höre, und achte auf alles, was ich dir zeige. Denn du bist hierher gebracht worden, damit ich es dir zeige. Berichte alles, was du siehst, dem Haus Israel." (Ez 40,1-4)

---

[223] Siehe 3.3.7.2. und 9.2.1.2.

Ähnliche Heilsverheißungen 10.3.

Darauf folgt eine äußerst detaillierte Beschreibung des neuen Tempels, die in der Inbesitznahme durch den Herrn gipfelt: *„Und die Herrlichkeit des Herrn zog in den Tempel ein durch das Tor, das im Osten lag.* Der Geist hob mich empor und brachte mich in den Innenhof. Und die Herrlichkeit des Herrn erfüllte den Tempel. Dann hörte ich vom Tempel her, während der Mann neben mir stand, einen, der mit mir redete; er sagte zu mir: Menschensohn, *das ist der Ort, wo mein Thron steht, und der Ort, wo meine Füße ruhen; hier will ich für immer mitten unter den Israeliten wohnen."* (Ez 43,4-7) Es werden dort dann wieder die alttestamentlichen Tieropfer und Naturalgaben mit dem alttestamentlichen Priestertum eingesetzt. Diese wurden jedoch im neuen Bund und in der Ewigkeit durch das einzigartige Priestertum Christi ersetzt (siehe 1.2.2.). Das ist ein Hauptinhalt des Hebräerbriefes.

Interessant wird es dann wieder in Ez 47,1-12: dort wird ein Strom von lebendigem Wasser beschrieben, der vom Heiligtum ausgeht und in vielen Details dem lebensspendenden Strom im himmlischen Jerusalem entspricht. Ebenso gleicht die Beschreibung der Heiligen Stadt am Ende von Ez 48, mit ihrem quadratischen Aufbau und drei Toren auf jeder Seite, der Beschreibung in der Offenbarung: „Das sind die Ausgänge der Stadt. Die Stadttore sind nach den Stämmen Israels benannt: auf der Nordseite, die 4500 Ellen misst, drei Tore: ein Tor ist nach Ruben benannt, ein Tor nach Juda und ein Tor nach Levi; auf der Ostseite, die 4500 Ellen misst, drei Tore: ein Tor nach Josef, ein Tor nach Benjamin und ein Tor nach Dan; auf der Südseite, die 4500 Ellen misst, drei Tore: ein Tor nach Simeon, ein Tor nach Issachar und ein Tor nach Sebulon; auf der Westseite, die 4500 Ellen misst, drei Tore: ein Tor nach Gad, ein Tor nach Ascher und ein Tor nach Naftali… *Und der Name der Stadt soll von heute an sein: Hier ist der Herr."* (Ez 48,30-35)

Viele Juden erwarten aufgrund dieser Kapitel, dass der kommende Messias den Tempel wieder aufbaut und als Herrscher von Jerusalem aus die endgültigen Grenzen Israels (Ez 47,13-48,7) aufrichtet, im Gegensatz zur heutigen Kleinversion des Staates Israel. Das entspricht ganz der millenaristischen Deutung von Offb 20,1-10.

Ω. Offb 21-22

Durch unsere Vorauskenntnis des Messias wissen wir, dass es durch ihn ganz gewiss keinen neuen Tempel mit alttestamentlichem Kult geben wird. Vielmehr erfüllen sich die Visionen im Sinn des himmlischen Jerusalem und der neuen Schöpfung in Offb 21,1-22,5. Oder sie haben sich schon geistlich erfüllt durch die Öffnung der Seite Jesu am Kreuz, Quelle der Sakramente und der göttlichen Barmherzigkeit.

10.3.2.2. Jeremia, Zefanja, Sacharja: die Völkerwallfahrt nach Zion

Folgende Parallele aus dem Buch Jeremia ist eine echte Rarität, denn der Prophet ist ansonsten sehr mit seiner Zeit beschäftigt und in ihr verwurzelt:

„In jenen Tagen, wenn ihr euch im Land vermehrt und fruchtbar seid - Spruch des Herrn -, wird man nicht mehr rufen: Die Bundeslade des Herrn! Sie wird niemand in den Sinn kommen; man denkt nicht mehr an sie, vermisst sie nicht und stellt auch keine neue her. *In jener Zeit wird man Jerusalem "Thron des Herrn" nennen; dort, beim Namen des Herrn in Jerusalem, werden sich alle Völker versammeln, und sie werden nicht mehr dem Trieb ihres bösen Herzens folgen.*" (Jer 3,16-17)

Die nächste Parallelstelle aus dem Buch Zefanja ist klar und leicht verständlich:

„*Dann werde ich die Lippen der Völker verwandeln in reine Lippen, damit alle den Namen des Herrn anrufen und ihm einmütig dienen.* Von jenseits der Ströme von Kusch bringen mir meine Verehrer dann als Gabe die Gemeinde meiner Verstreuten. An jenem Tag brauchst du dich nicht mehr zu schämen, wegen all deiner schändlichen Taten, die du gegen mich verübt hast. Ja, dann entferne ich aus deiner Mitte die überheblichen Prahler, und *du wirst nicht mehr hochmütig sein auf meinem heiligen Berg. Und ich lasse in deiner Mitte übrig ein demütiges und armes Volk, das seine Zuflucht sucht beim Namen des Herrn.* Der Rest von Israel wird kein Unrecht mehr tun und wird nicht mehr lügen, in ihrem Mund findet man kein unwahres Wort mehr. Ja, sie gehen friedlich auf die Weide, und niemand schreckt sie auf, wenn sie ruhen. *Juble, Tochter Zion! Jauchze, Israel! Freu dich, und frohlocke von ganzem Herzen, Tochter Jerusalem!*

Ähnliche Heilsverheißungen 10.3.

Der Herr hat das Urteil gegen dich aufgehoben und deine Feinde zur Umkehr gezwungen. *Der König Israels, der Herr, ist in deiner Mitte; du hast kein Unheil mehr zu fürchten.*" (Zef 3,9-15)
Der Tag des Herrn und die endzeitliche Völkerwallfahrt nach Zion zum Laubhüttenfest werden auch in Sacharja 14,16-21 beschrieben. Das Laubhüttenfest (Sukkot) ist von allen jüdischen Festen dasjenige, das am meisten auf die eschatologische Zukunft hinweist, d.h. auf die neue Schöpfung nach dem letzten Gericht. Denn es werden in der Laubhütte die Patriarchen empfangen und letztlich erwartet man, dass der Messias darin wohnen wird und dass er Israel durch die Wüste dieser Weltzeit ins endgültige Land der Verheißung führt.
An Sukkot gedenkt man der Zeit der Wüstenwanderung und des Wohnens in Zelten unter freiem Himmel, ein Bild für die Vorläufigkeit unseres Lebens auf dieser Erde. Auch die Verklärung Jesu weist auf Sukkot hin: Petrus schlägt vor, drei Hütten zu bauen, eine für Mose, eine für Elija und eine für den verklärten Herrn (Mt 17,3-5).

10.3.2.3. Der Lobpreis Tobits: die Sammlung Israels und der Völker

Das folgende Gebet, welches am Ende des Buches Tobit ein ganzes Kapitel einnimmt, kennt einen fließenden Übergang vom irdischen zum himmlischen Jerusalem. Aus der Hoffnung auf die Sammlung der zerstreuten Juden im irdischen Jerusalem wird im Laufe des Gebets die universale Völkerwallfahrt zur ewigen, himmlischen Stadt, die aus Edelsteinen und Gold erbaut sein wird:
„Gepriesen sei Gott, der in Ewigkeit lebt, sein Königtum sei gepriesen. Er züchtigt und hat auch wieder Erbarmen; *er führt hinab in die Unterwelt und führt auch wieder zum Leben.* Niemand kann seiner Macht entfliehen. Bekennt euch zu ihm vor allen Völkern, ihr Kinder Israels; denn er selbst hat uns unter die Völker zerstreut. Verkündet dort seine erhabene Größe, preist ihn laut vor allem, was lebt. Denn er ist unser Herr und Gott, er ist unser Vater in alle Ewigkeit. Er züchtigt uns wegen unserer Sünden, doch hat er auch wieder Erbarmen. *Er führt uns aus allen Völkern zusammen, von überall her, wohin ihr verschleppt worden seid...* Ich will meinen Gott rühmen, den König des Himmels, meine Seele freut sich über die erhabene Größe meines Gottes.

Ω. Offb 21-22

Alle, die in Jerusalem wohnen, sollen sich zu ihm bekennen und sagen: *Jerusalem, du heilige Stadt! Der Herr bestraft die Taten deiner Kinder, doch er hat wieder Erbarmen mit den Söhnen der Gerechten.* Bekenne dich zum Herrn in rechter Weise, preise den ewigen König, damit sein Zelt von neuem errichtet wird, dir zur großen Freude. Er mache in dir die Gefangenen wieder froh und schenke denen, die im Elend leben, seine Liebe, für alle Zeiten bis in Ewigkeit.

Von weither werden die Völker kommen, um den Namen des Herrn, unseres Gottes, zu preisen. Sie tragen Geschenke herbei, Geschenke für den himmlischen König. *Alle Menschen jubeln dir zu.* Verflucht sind alle, die dich hassen, auf ewig gesegnet alle, die dich lieben. Freu dich und juble über alle Gerechten! Sie werden vereint sein und den Herrn der Gerechten preisen. Wohl denen, die dich lieben; *sie werden sich freuen über den Frieden, den du schenkst.* Wohl denen, die betrübt waren über deine harten Strafen; *denn sie werden sich über dich freuen, wenn sie all deine Herrlichkeit sehen. Sie werden sich freuen in Ewigkeit.*

Meine Seele preise Gott, den großen König. *Denn Jerusalem wird wieder aufgebaut aus Saphir und Smaragd; seine Mauern macht man aus Edelstein, seine Türme und Wälle aus reinem Gold; Jerusalems Plätze werden ausgelegt mit Beryll und Rubinen und mit Steinen aus Ofir.* Halleluja ruft man in all seinen Gassen und stimmt in den Lobpreis ein: Gepriesen sei Gott; er hat uns groß gemacht für alle Zeiten." (Tob 13,2-18)

10.3.2.4. Der Hebräerbrief: die Stadt des lebendigen Gottes

Der Verfasser des Hebräerbriefes spricht das himmlische Jerusalem mehrmals an. Bei der ersten Stelle beschreibt er den Glauben Abrahams: „Aufgrund des Glaubens hielt er sich als Fremder im verheißenen Land wie in einem fremden Land auf und wohnte mit Isaak und Jakob, den Miterben derselben Verheißung, in Zelten; *denn er erwartete die Stadt mit den festen Grundmauern, die Gott selbst geplant und gebaut hat...*

Hätten sie dabei an die Heimat gedacht, aus der sie weggezogen waren, so wäre ihnen Zeit geblieben zurückzukehren; nun aber streben sie nach einer besseren Heimat, nämlich der himmlischen.

Ähnliche Heilsverheißungen 10.3.

Darum schämt sich Gott ihrer nicht, er schämt sich nicht, ihr Gott genannt zu werden; *denn er hat für sie eine Stadt vorbereitet.*" (Hebr 11,9-10 und 15-16) Im folgenden Kapitel stellt der Verfasser das himmlische Jerusalem als eine uns jetzt schon zugängliche Stadt dar: „*Ihr seid vielmehr zum Berg Zion hingetreten, zur Stadt des lebendigen Gottes, dem himmlischen Jerusalem,* zu Tausenden von Engeln, zu einer festlichen Versammlung und zur Gemeinschaft der Erstgeborenen, die im Himmel verzeichnet sind; zu Gott, dem Richter aller, zu den Geistern der schon vollendeten Gerechten, zum Mittler eines neuen Bundes, Jesus, und zum Blut der Besprengung[224], das mächtiger ruft als das Blut Abels." (Hebr 12,22-24)

An beiden Stellen wird die Stadt als *etwas Bestehendes* aufgefasst, das Gott schon gebaut und vorbereitet hat. Das himmlische Jerusalem wird also einfach mit dem Himmel gleichgesetzt, d.h. mit *der Gemeinschaft der Erstgeborenen, die im Himmel verzeichnet sind, mit den Geistern der schon vollendeten Gerechten.* Es fehlt der Stadt damit noch die materielle Komponente, die nur im sühnenden Blut Jesu vertreten ist.

Das ist in der Offenbarung des Johannes eindeutig anders. Dort tritt sie erst ganz am Schluss in Erscheinung, nach dem Weltgericht, verbunden mit einer neuen Schöpfung. *Sie kommt vom Himmel herab*[225], um sich mit der sichtbaren Welt zu vereinen. Der Katechismus folgt dieser Version[226]. Das Wesentliche ist jedoch in der Offenbarung und im Hebräerbrief gleich: die himmlische Stadt bedeutet vollendete Gemeinschaft, das Ziel des Lebens, ob nun mit dem Auferstehungsleib oder noch ohne ihn. In der Tat ist die Kontinuität des Himmels mit dem himmlischen Jerusalem leicht zu denken, die Kontinuität der Materie jedoch nicht. Ähnlich präsentisch sagt Paulus im Galaterbrief: „Das himmlische Jerusalem aber ist frei, und dieses Jerusalem ist unsere Mutter." (Gal 4,26)

---

[224] Damit ist das Blut Jesu gemeint, das den Neuen Bund besiegelt und das im Gegensatz zum Blut Abels (Gen 4,10-11) Gott um Barmherzigkeit und Vergebung der Sünden "ruft".
[225] Offb 3,12; 21,2; 21,10.
[226] KKK 1044, im Zusammenhang der „Hoffnung auf den neuen Himmel und die neue Erde".

Ω. Offb 21-22
10.4. Der Abschluss, das Nachwort

Der Abschluss des Buches (Offb 22,6-21) nimmt in vielen Details Bezug auf den Anfang und steht damit in vollkommener Symmetrie zu Offb 1,1-8. Die symbolische Beschreibung der kommenden Welt ist abgeschlossen. Der Herr und seine Diener (der Engel und Johannes) sprechen uns wieder direkt an: „Und der Engel sagte zu mir: Diese Worte sind zuverlässig und wahr. Gott, der Herr über den Geist der Propheten, hat seinen Engel gesandt, um seinen Knechten zu zeigen, was bald geschehen muss. Siehe, ich komme bald. Selig, wer an den prophetischen Worten dieses Buches festhält." (Offb 22,6-7)

Die ersten Verse des Buches lauteten: „Offenbarung Jesu Christi, die Gott ihm gegeben hat, damit er seinen Knechten zeigt, was bald geschehen muss; und er hat es durch seinen Engel, den er sandte, seinem Knecht Johannes gezeigt... Selig, wer diese prophetischen Worte vorliest und wer sie hört und wer sich an das hält, was geschrieben ist; denn die Zeit ist nahe." (Offb 1,1-3) Der Zusammenhang beider Stellen ist offensichtlich. Ich gehe nun näher auf die beiden gerade zitierten Seligpreisungen in Bezug auf das Lesen, Hören und Festhalten an den prophetischen Worten der Offenbarung ein.

10.4.1. Selig, wer an den prophetischen Worten dieses Buches festhält.

Petrus reflektiert in seinem zweiten Brief über die Bedeutung und Auslegung biblischer Prophetie. Zunächst spricht er von der Sicherheit *der machtvollen Ankunft Jesu Christi*, die er vom persönlichen Erlebnis der Verklärung Jesu auf dem Berg ableitet. Nicht nur die Verklärung verweist auf das himmlische Jerusalem, sondern auch der hohe Berg, auf dem sie stattfindet!

„Denn wir sind nicht irgendwelchen klug ausgedachten Geschichten gefolgt, als wir euch die machtvolle Ankunft Jesu Christi, unseres Herrn, verkündeten, sondern wir waren Augenzeugen seiner Macht und Größe. Er hat von Gott, dem Vater, Ehre und Herrlichkeit empfangen; denn er hörte die Stimme der erhabenen Herrlichkeit, die zu ihm sprach: Das ist mein geliebter Sohn, an dem ich Gefallen gefunden habe. Diese Stimme, die vom Himmel kam, haben wir gehört, als wir mit ihm auf dem heiligen Berg waren." (2Petr 1,16-18)

Der Abschluss, das Nachwort 10.4.

Darauf folgt nun die Reflexion über biblische Prophetie: *"Dadurch ist das Wort der Propheten für uns noch sicherer geworden, und ihr tut gut daran, es zu beachten*; denn es ist ein Licht, das an einem finsteren Ort scheint, bis der Tag anbricht und der Morgenstern [Offb 22,16] aufgeht in eurem Herzen. Bedenkt dabei vor allem dies: *Keine Weissagung der Schrift darf eigenmächtig ausgelegt werden; denn niemals wurde eine Weissagung ausgesprochen, weil ein Mensch es wollte, sondern vom Heiligen Geist getrieben haben Menschen im Auftrag Gottes geredet."* (2Petr 1,19-21) Hier wird nochmals bestätigt, was ich unter 1.4.5. bemerkt habe: Das Wort Jesu in der Offenbarung ist zugleich auch das Wort des Johannes, inspiriert vom Heiligen Geist. Es ist das abschließende Wort der öffentlichen, von der Kirche verbürgten Offenbarung.

Eine ähnliche Reflexion mit eschatologischem Bezug findet sich im zweiten Timotheusbrief. Zunächst spricht Paulus von der praktischen Bedeutung, die sich aus der Inspiration der hl. Schrift ergibt: *"Jede von Gott eingegebene Schrift ist auch nützlich zur Belehrung, zur Widerlegung, zur Besserung, zur Erziehung in der Gerechtigkeit*; so wird der Mensch Gottes zu jedem guten Werk bereit und gerüstet sein." (2Tim 3,16-17) Dann stellt er einen eschatologischen Bezug her, der an die Zeit des Antichrist erinnert:

„Ich beschwöre dich bei Gott und *bei Christus Jesus, dem kommenden Richter der Lebenden und der Toten, bei seinem Erscheinen und bei seinem Reich: Verkünde das Wort, tritt dafür ein, ob man es hören will oder nicht*; weise zurecht, tadle, ermahne, in unermüdlicher und geduldiger Belehrung. *Denn es wird eine Zeit kommen, in der man die gesunde Lehre nicht erträgt, sondern sich nach eigenen Wünschen immer neue Lehrer sucht, die den Ohren schmeicheln; und man wird der Wahrheit nicht mehr Gehör schenken, sondern sich Fabeleien zuwenden.* Du aber sei in allem nüchtern, ertrage das Leiden, verkünde das Evangelium, erfülle treu deinen Dienst!" (2Tim 4,1-5) Heute schon sucht man sich nach eigenen Wünschen immer neue Lehrer, z.B. in der Esoterik und im New Age.

Wir können das Angekündigte mit dem heutigen Supermarkt der unverbindlichen religiösen Angebote vergleichen. Wer dagegen eine „gesunde Lehre" im Namen von „Wahrheit" vertritt, wird als intolerant betrachtet und möglichst zum Schweigen gebracht.

Ω. Offb 21-22

Schließlich möchte ich zu dem Thema noch ein ernstes, strenges Schlusswort aus der Offenbarung vorwegnehmen. Es ist eine Mahnung, die prophetischen Worte des Buches stehen zu lassen, ohne etwas daran verbessern zu wollen, sozusagen das „Wehe!" im Gegensatz zu den Seligpreisungen: „Ich bezeuge jedem, der die prophetischen Worte dieses Buches hört: Wer etwas hinzufügt, dem wird Gott die Plagen zufügen, von denen in diesem Buch geschrieben steht. Und wer etwas wegnimmt von den prophetischen Worten dieses Buches, dem wird Gott seinen Anteil am Baum des Lebens und an der heiligen Stadt wegnehmen, von denen in diesem Buch geschrieben steht." (Offb 22,18-19)

Was bedeutet *etwas hinzufügen oder wegnehmen*? Das kann heute, wo der Wortlaut des Buches auf Griechisch seit langem feststeht, nur eine schwerwiegende Verfälschung des Inhalts durch Interpretationen bedeuten, die dem Sinn der Prophetie entgegengesetzt sind. Das meine ich im Sinn des oben zitierten Textes: *man wird der Wahrheit nicht mehr Gehör schenken, sondern sich Fabeleien zuwenden*. Ähnliche Warnungen finden sich im Buch Deuteronomium: „Ihr sollt dem Wortlaut dessen, worauf ich euch verpflichte, nichts hinzufügen und nichts davon wegnehmen; ihr sollt auf die Gebote des Herrn, eures Gottes, achten, auf die ich euch verpflichte."[227]

10.4.2. Ich werde jedem geben, was seinem Werk entspricht.

Die Offenbarung fährt fort mit einer Szene, der wir schon in Offb 19,9-10 begegnet sind: „Ich, Johannes, habe dies gehört und gesehen. Und als ich es hörte und sah, fiel ich dem Engel, der mir dies gezeigt hatte, zu Füßen, um ihn anzubeten. Da sagte er zu mir: Tu das nicht! Ich bin nur ein Knecht wie du und deine Brüder, die Propheten, und wie alle, die sich an die Worte dieses Buches halten. Gott bete an!" (Offb 22,8-9) Die heiligen Engel sind Diener Gottes und Vermittler der Visionen, nicht deren Urheber. Sie führen uns zur Anbetung Gottes.

---

[227] Dtn 4,2; vgl. Dtn 13,1. „Er wird alle, die verlorengehen, betrügen und zur Ungerechtigkeit verführen; sie gehen verloren, weil sie sich der Liebe zur Wahrheit verschlossen haben, durch die sie gerettet werden sollten." (2Thess 2,10)

Der Abschluss, das Nachwort 10.4.

In den nächsten Versen spricht wieder Jesus selbst zu Johannes: „Und er sagte zu mir: *Versiegle dieses Buch mit seinen prophetischen Worten nicht! Denn die Zeit ist nahe.* Wer Unrecht tut, tue weiter Unrecht, der Unreine bleibe unrein, der Gerechte handle weiter gerecht, und der Heilige strebe weiter nach Heiligkeit. *Siehe, ich komme bald, und mit mir bringe ich den Lohn, und ich werde jedem geben, was seinem Werk entspricht.*" (Offb 22,10-12) Das sagt Jesus als Richter, der das Herz und das Tun jedes einzelnen Menschen kennt. Das Thema des Lohns für die Gerechtigkeit wird besonders im Matthäusevangelium häufig angesprochen[228].

Ich zitiere zwei Stellen aus der Bergpredigt: „Selig seid ihr, wenn ihr um meinetwillen beschimpft und verfolgt und auf alle mögliche Weise verleumdet werdet. Freut euch und jubelt: Euer Lohn im Himmel wird groß sein." (Mt 5,11-12) Diese Seligpreisung passt sehr gut zum Hauptteil der Offenbarung, in dem viel von Verfolgung und Martyrium die Rede war. Dann geht es darum, die guten Werke (Almosen, Gebet, Fasten) nicht zu tun, um von den Menschen gelobt zu werden oder um "etwas Besonderes" zu sein: „Hütet euch, eure Gerechtigkeit vor den Menschen zur Schau zu stellen; sonst habt ihr keinen Lohn von eurem Vater im Himmel zu erwarten... Dein Almosen soll verborgen bleiben, und *dein Vater, der auch das Verborgene sieht, wird es dir vergelten.*" (Mt 6,1-4)

Mit dem Lohn ist zuallererst das ewige Leben selbst gemeint, die Gabe des Reiches Gottes in seiner Vollendung. Das ist für alle Geretteten gleich und entspricht dem einen Denar im Gleichnis von den Arbeitern im Weinberg (Mt 20,1-16). Dann handelt es sich aber auch um eine gerechte Zuteilung von himmlischen Gütern, um eine besondere Selbstmitteilung Gottes, die dem einmaligen irdischen Leben entspricht. Das ist für jeden Einzelnen verschieden. Paulus sagt in Röm 2,6: „Er wird jedem vergelten, wie es seine Taten verdienen."

Schwierig ist zu verstehen, warum Jesus vorher spricht: „Wer Unrecht tut, tue weiter Unrecht, der Unreine bleibe unrein..." Ich denke, dass das nicht die Absicht des Herrn ist oder gar seine Aufforderung, Vorherbestimmung oder Festlegung bedeutet. Das Spezifische am Evangelium ist gerade die Möglichkeit zur Umkehr,

---

[228] Mt 5,12; 5,46; 6,1.2.5.16; 10,41-42; 20,8.

Ω. Offb 21-22

d.h. das *Unrechttun aufzugeben*, um nach Gerechtigkeit zu streben: „Kehrt um! Denn das Himmelreich ist nahe." (Mt 4,17) Das Wort ist vielmehr im Sinn einer Voraussicht Jesu zu verstehen, als Vorauskenntnis dessen, was im Bereich der menschlichen Freiheit tatsächlich bis zu seinem Kommen geschieht[229].

Das Gerichtswort geht folgendermaßen weiter: „Ich bin das Alpha und das Omega, der Erste und der Letzte, der Anfang und das Ende [das Ziel]. Selig, wer sein Gewand wäscht: Er hat Anteil am Baum des Lebens, und er wird durch die Tore in die Stadt eintreten können. Draußen bleiben die „Hunde" und die Zauberer, die Unzüchtigen und die Mörder, die Götzendiener und jeder, der die Lüge liebt und tut." (Offb 22,13-15)

Ich bin der Erste und der Letzte (siehe 9.3.5.): mit diesem Wort spricht der Gott Israels schon im Alten Bund seine Einzigartigkeit aus. Gott allein kommt die Schöpfung und die Vollendung des menschlichen Lebens zu: „So spricht der Herr, Israels König, sein Erlöser, der Herr der Heere: Ich bin der Erste, ich bin der Letzte, außer mir gibt es keinen Gott. Wer ist mir gleich? Er soll sich melden und beweise es mir..." (Jes 44,6-7)

Das zitierte Wort Jesu enthält die letzte Seligpreisung in der heiligen Schrift, die auf Griechisch im Plural formuliert ist: *Selig, die ihre Gewänder waschen, damit sie Anrecht auf das Holz des Leben haben und durch die Tore in die Stadt eintreten können*[230]. Das gewaschene Gewand bedeutet die im Blut Christi geschenkte innere Reinheit.

Die *Hunde*, die draußen bleiben, werden in der Bibel als unrein und bedrohlich angesehen, jedenfalls nicht als geliebte Haustiere. So sagt Jesus in der Bergpredigt: „Gebt das Heilige nicht den Hunden, und werft eure Perlen nicht den Schweinen vor, denn sie könnten sie mit ihren Füßen zertreten und sich umwenden und euch zerreißen." (Mt 7,6) Und Paulus im Philipperbrief: „Gebt acht auf diese Hunde, gebt acht auf die falschen Lehrer [die bösen Arbeiter]...!" (Phil 3,2) Es sind also Menschen gemeint, die Gott fremd oder feindlich gegenüber stehen.

---

[229] Vgl. Dan 12,10: „Viele werden geläutert, gereinigt und geprüft. Doch die ruchlosen Sünder sündigen weiter..."; Aufruf zur Umkehr: Offb 2,16; 3,3; 3,19. Siehe 3.3.4.1. und 3.3.7.2.
[230] Vgl. Offb 2,7 und 7,14. Siehe 1.4.4.1. und 3.2.2.

Der Abschluss, das Nachwort **10.4.**

10.4.3. Amen. Komm, Herr Jesus!

Fahren wir fort mit den abschließenden Worten der Offenbarung und damit der ganzen Heiligen Schrift. Sie enthalten das letzte „Ich-bin-Wort" Jesu:
„Ich, Jesus, habe meinen Engel gesandt als Zeugen für das, was die Gemeinden betrifft. *Ich bin die Wurzel und der Stamm Davids, der strahlende Morgenstern.* Der Geist und die Braut aber sagen: Komm! Wer hört, der rufe: Komm! Wer durstig ist, der komme. Wer will, empfange umsonst das Wasser des Lebens." (Offb 22,16-17)
Ich bin das Geschlecht und die Wurzel Davids: damit weist Jesus hin auf seine jüdische Identität als Nachkomme Davids, als Messias Israels, und zugleich auf seine göttliche Identität als Herr und Gott Davids (vgl. Mt 22,42-45). Der glänzende Morgenstern (der Planet Venus) ist der hellste unter allen "Sternen" und kündet den neuen Tag an. Er ist nur am frühen Abend oder am frühen Morgen zu sehen, als der erste oder der letzte "Stern" am Himmel. Jesus kündigt so den Tag der Vollendung an, den Tag ohne Untergang in der neuen Schöpfung.

Der Geist und die Braut sagen: Komm! Es ist der Heilige Geist, der die Kirche auf ihrer irdischen Pilgerschaft dazu inspiriert, nach dem endgültigen Kommen des Messias zu verlangen. Im Vers 22,17 geht es aber auch wieder um die jeweilige Gegenwart der Kirche. *Schon jetzt* kommt der Herr in jeder Eucharistiefeier als das Brot des Lebens, schon jetzt empfangen wir umsonst das Wasser des Lebens: den Heiligen Geist und das von ihm inspirierte Wort.

Und schließlich sind wir bei den letzten beiden Versen angelangt:
„Er, der dies bezeugt, spricht: Ja, ich komme bald.
- Amen. Komm, Herr Jesus!" (Offb 22,20)
Christus spricht noch einmal die grundlegende Verheißung aus:
Ich komme bald, - und die Kirche antwortet mit einem gläubigen Gebetsruf: *Amen, komm Herr Jesus!* Am Ende des ersten Korintherbriefes steht dieser Ruf auf Aramäisch: *Marana tha*, d.h. „Unser Herr komm!" Er entspricht ganz der Erwartung der Adventszeit, wo er im Hymnus der Lesehore drei Mal vorkommt. Wir leben nicht nur in der Zeit *nach Christus*, sondern wesentlich auch *vor seinem Kommen*!

Ω. Offb 21-22

Ich will darauf hinweisen, dass diese adventliche Erwartung in jeder hl. Messe gegenwärtig ist. Etwa wenn wir nach der Wandlung das Geheimnis des Glaubens bekennen: Deinen Tod, o Herr verkünden wir, Deine Auferstehung preisen wir, *bis Du kommst in Herrlichkeit*. Im vierten Hochgebet wiederholt der Priester: *"...und wir erwarten sein Kommen in Herrlichkeit"*. In jedem Vater Unser beten wir: „Dein Reich komme!"[231], anschließend fügt der Priester in der Messfeier hinzu: „bewahre uns vor Verwirrung und Sünde, damit wir *voll Zuversicht das Kommen unseres Herrn Jesus Christus erwarten.*"[232]

Papst Johannes Paul II. hat im nachsynodalen Apostolischen Schreiben *Vita Consecrata* auf die eschatologische Natur des geweihten Lebens hingewiesen, dem diese Erwartung in besonderer Weise zukommt: „Da sich heute die apostolischen Sorgen als immer dringender erweisen und das Engagement für die Dinge dieser Welt die Menschen immer mehr in Anspruch zu nehmen droht, ist es besonders geboten, die Aufmerksamkeit auf die eschatologische Natur des geweihten Lebens zu lenken. "Denn wo dein Schatz ist, da ist auch dein Herz" (Mt 6,21): der einzige Schatz des Gottesreiches ruft das Verlangen, die Erwartung, den Einsatz und das Zeugnis hervor.

In der Urkirche wurde die Erwartung der Wiederkunft des Herrn besonders intensiv gelebt. Die Kirche hat jedoch während all der Jahrhunderte nicht aufgehört, diese Hoffnungshaltung zu pflegen: sie hat immer wieder die Gläubigen eingeladen, nach dem Heil Ausschau zu halten, das schon bald offenbarwerden wird, "denn die Gestalt dieser Welt vergeht" (1Kor 7,31; vgl. 1Petr 1,3-6).

Vor diesem Hintergrund ist die Rolle des endzeitlichen Zeichens gerade des geweihten Lebens besser zu verstehen. Denn unveränderlich ist die Lehre, die sie als Vorwegnahme des zukünftigen Reiches darstellt. Das II. Vatikanische Konzil greift diese Lehre wieder auf, wenn es sagt, "der Ordensstand [...] kündigt die zukünftige Auferstehung und die Herrlichkeit des Himmelreiches an". Das geschieht vor allem durch die Entscheidung für die Jungfräulichkeit, die von der Überlieferung immer als eine Vorwegnahme der endgültigen

---

[231] KKK 2816-2821, insbesondere 2817.
[232] Vgl. Hebr 10,35-37.

Der Abschluss, das Nachwort 10.4.

Welt verstanden wurde, die schon jetzt am Werk ist und den Menschen in seiner Ganzheit verwandelt.
Die Menschen, die ihr Leben Christus geweiht haben, müssen in der Sehnsucht leben, ihm zu begegnen, um endlich und für immer bei ihm zu sein. Daher die brennende Erwartung, daher das Verlangen, "einzutauchen in das Feuer der Liebe, das in ihnen brennt und das nichts anderes ist als der Heilige Geist", Erwartung und Sehnsucht, gestärkt von den Gaben, die der Herr freigiebig denen gewährt, die nach dem streben, was im Himmel ist (vgl. Kol 3,1).
Die Person des geweihten Lebens, die in den Dingen des Herrn feststeht, erinnert sich, dass "wir hier keine Stadt haben, die bestehen bleibt" (Hebr 13,14), denn "unsere Heimat ist im Himmel" (Phil 3,20). Es kommt allein darauf an, nach dem "Reich Gottes und seiner Gerechtigkeit" zu suchen (Mt 6,33) mit der unaufhörlichen Bitte um das Kommen des Herrn." (*Vita Consecrata* 26)
Es liegt an jedem einzelnen Gläubigen, sich diese Erwartung in seinem Leben zu eigen zu machen, statt zu sagen: *Mein Herr kommt noch lange nicht!* Es liegt an jedem Einzelnen, mit der Kirche zu rufen: *Komm Herr Jesus, Maranatha!*
Die Offenbarung des Johannes endet mit einem abschließenden Segenswunsch, den ich Ihnen auch am Ende dieses Buches zusagen möchte:
„*Die Gnade des Herrn Jesus sei mit allen!*" (Offb 22,21)

Inhaltsverzeichnis

VORWORT 7

1. OFFENBARUNG JESU CHRISTI – DER HERR SPRICHT ZU SEINER KIRCHE 10

1.1. Apokalypse 10
   1.1.1. Das Vorwort: Wort des lebendigen Gottes 11
   1.1.2. Ich komme bald! 12

1.2. Der Briefgruß 15
   1.2.1. Gnade und Friede… 15
   1.2.2. Das gemeinsame Priestertum 17
   1.2.3. Die Parusie: Wiederkunft in Herrlichkeit 18
      1.2.3.1. Oben und Unten, Himmel und Unterwelt 19
      1.2.3.2. Alpha und Omega 20

1.3. Die Einleitung zu den sieben Sendschreiben 22
   1.3.1. Johannes auf Patmos am Herrentag 22
   1.3.2. Die Vision von der Herrlichkeit Jesu 23
      1.3.2.1. Ein scharfes, zweischneidiges Schwert 24
      1.3.2.2. Leuchtend weiß wie Schnee 25
   1.3.3. Sieben Leuchter und sieben Sterne 26

1.4. Die sieben Sendschreiben 28
   1.4.1. Auftrag und Auftraggeber 28
   1.4.2. Ich kenne Dich! 29
   1.4.3. Mahnung und Ermutigung 31
   1.4.4. Verheißungen für den, der siegt 33
      1.4.4.1. Verheißung an die Kirche von Ephesus 34
      1.4.4.2. Verheißung an die Kirche von Smyrna 35
      1.4.4.3. Verheißung an die Kirche von Pergamon 35
      1.4.4.4. Verheißung an die Kirche von Thyatira 36
      1.4.4.5. Verheißung an die Kirche von Sardes 38
      1.4.4.6. Verheißung an die Kirche von Philadelphia 39
      1.4.4.7. Verheißung an die Kirche von Laodizea 40
   1.4.5. Wer Ohren hat, der höre 40

2. WÜRDIG IST DAS LAMM, DAS BUCH UND SEINE SIEBEN SIEGEL ZU ÖFFNEN 42

2.1. Die Vision von Gottes Thron 42
2.1.1. Die vierundzwanzig Ältesten 44
2.1.2. Die vier Lebewesen 45
2.1.3. Du bist es, der die Welt erschaffen hat 47

2.2. Der Löwe von Juda und das geopferte Lamm 50
2.2.1. Das versiegelte Buch 52
2.2.2. Die himmlische Liturgie 53

2.3. Das Lamm öffnet sechs der sieben Siegel 55
2.3.1. Die ersten vier Siegel: todbringende Reiter-Mächte 56
2.3.2. Das fünfte Siegel: die Stimme der Märtyrer 58
2.3.3. Das sechste Siegel: der Tag des Zorns 59
    2.3.3.1. Die Erschütterung der Erde 60
    2.3.3.2. Finsternis von Sonne, Mond und Sternen 61
    2.3.3.3. Der Zorn des Lammes: Schrecken mit Hoffnung 63
    2.3.3.4. Eine geistlich-symbolische Deutung 64
    2.3.3.5. Die Offenbarung und Privatoffenbarungen 66

3. SIEBEN ENGEL STANDEN VOR GOTT BEREIT, DIE SIEBEN POSAUNEN ZU BLASEN 68

3.1. Die Besiegelung der 144000 aus Israel 69

3.2. Die Gemeinschaft der Heiligen 71
3.2.1. Trost für die Bedrängten 72
3.2.2. Das Blut des Lammes: Hoher Priester und Guter Hirt 73

3.3. Das siebte Siegel entfaltet sich in sechs Posaunenstößen ... 74
3.3.1. Posaunen, Signaltrompeten oder Widderhörner 75
3.3.2. Die ersten vier Posaunen 76
3.3.3. Nukleare Kriegführung 78

3.3.4. Abwendbare Bedrohung oder kommende Realität? 80
   3.3.4.1. Die Verhärtung der Herzen 82
   3.3.4.2. Die Bezeugung an zahlreichen Stellen der Bibel 82
   3.3.4.3. Antwort: aufschiebbar und unumgänglich 84
3.3.5. Die fünfte Posaune: stechende Heuschrecken............................ 85
   3.3.5.1. Der Stern mit dem Schlüssel86 zum Schacht des Abgrunds. 86
   3.3.5.2. Heuschrecken wie Rosse mit Gesichtern von Menschen...... 87
3.3.6. Die sechste Posaune: Feuer, Rauch und Schwefel 89
3.3.7. Geschichtliche Prophetie und Parallelstellen aus dem AT 91
   3.3.7.1. Was hat Johannes gesehen? 91
   3.3.7.2. Die Wirklichkeit geschichtlicher Prophetie 92
   3.3.7.3. Joel 2,1-11 94
   3.3.7.4. Ezechiel 38,8-12. 17-23 95

3.4. Ankündigung des Endes **97**
   3.4.1. Der starke Engel: Gabriel? 97
   3.4.2. Die Stimme der sieben Donner 98
   3.4.3. Vollendung der Zeit 99
   3.4.4. Nimm und iss! 100

3.5. Die Vermessung des Tempels **101**
   3.5.1. Die Leere der Kirche 101
   3.5.2. Die Heilige Stadt: Jerusalem 103

3.6. Die zwei Zeugen **104**
   3.6.1. 1260 Tage, 42 Monate... 105
   3.6.2. Umkehrpredigt 105
   3.6.3. Mose und Elija 106
   3.6.4. Tod und Auferstehung 108

3.7. Der siebte Engel blies seine Posaune **110**
   3.7.1. Auferstehung und Verwandlung des Leibes 111
   3.7.2. Der Triumph Gottes über den Aufstand des Bösen 112

4. DIE FRAU, MIT DER SONNE BEKLEIDET – DER DRACHE UND DIE BEIDEN TIERE ... 114

4.1. Das große Zeichen am Himmel ... 114
- 4.1.1. Die Bundeslade ... 114
- 4.1.2. Maria, die Mutter des Erlösers ... 115
  - 4.1.2.1. Offenbarte Feindschaft ... 117
  - 4.1.2.2. Einzigartige Mitwirkung an der Erlösung ... 117
- 4.1.3. Der Sturz des Drachens und seiner Engel ... 118
- 4.1.4. Verfolgung Israels, Verfolgung der Kirche ... 120
  - 4.1.4.1. Rückzug in die Wüste ... 121
  - 4.1.4.2. Der Krieg des Teufels ... 122
- 4.1.5. Die Bedrohung des Menschen ... 123

4.2. Die antichristliche Weltherrschaft ... 124
- 4.2.1. Das Tier aus dem Meer ... 124
- 4.2.2. Der Antichrist im Neuen Testament ... 127
- 4.2.3. Das Tier aus der Erde ... 129
- 4.2.4. Das lebendige Standbild und das Kennzeichen ... 131
- 4.2.5. Parallelstellen aus dem AT ... 132
  - 4.2.5.1. Daniel 7 ... 132
  - 4.2.5.2. Daniel 8-9 ... 134
  - 4.2.5.3. Daniel 11-12 ... 135
  - 4.2.5.4. Jesaja 14 ... 136
  - 4.2.5.5. Falsche Propheten bei Jeremia ... 137

4.3. Das Lamm auf dem Berg Zion ... 138
- 4.3.1. Ein neues Lied zum Klang der Harfe ... 139
- 4.3.2. Die Jungfräulichkeit ... 140

5. GERICHTSVERKÜNDIGUNG UND ERNTE DURCH DIE HEILIGEN ENGEL ... 142

5.1. Die drei Engel der Verkündigung ... 142

5.2. Die vier Engel des Ernte-Gerichts ... 144
- 5.2.1. Weizen- oder Getreideernte ... 144
- 5.2.2. Ernte des Weinstocks der Erde ... 146

6. GIEßT DIE SIEBEN SCHALEN MIT DEM ZORN GOTTES ÜBER DIE ERDE! ... 148

6.1. Himmlische Liturgie ... 148
6.1.1. Das Lied des Mose ... 149
6.1.2. Deutung des himmlischen Tempels ... 150

6.2. Der Zorn Gottes ... 153
6.2.1. Liebe und Zorn in der Heiligen Schrift ... 154
6.2.2. Die ersten fünf Schalen des Zorns ... 156
    6.2.2.1. Lobpreis der göttlichen Gerechtigkeit ... 158
    6.2.2.2. Die Schalen über die Sonne und den Thron des Tieres ... 159
6.2.3. Die sechste Schale: Dämonengeister für den Krieg ... 160
    6.2.3.1. Jesaja 13,3-13 ... 162
    6.2.3.2. Joel 4,1-3 und 9-16: ... 162
    6.2.3.3. Sacharja 14,1-3 und 13-14 ... 163
6.2.4. Die siebte Schale: Es ist geschehen! ... 164

7. DER STURZ BABYLONS UND DIE HOCHZEIT DES LAMMES ... 166

7.1. Die Hure an den vielen Gewässern ... 166
7.1.1. Babel und Babylon ... 167
7.1.2. Das antike, heidnische Rom ... 168
7.1.3. Die Großstadt mit ihren Sprachen, Nationen und Menschenmassen ... 170

7.2. Die Abfolge der Reiche und die apokalyptische Jetzt-Zeit ... 172
7.2.1. Das Tier, das einmal war und jetzt nicht ist ... 173
7.2.2. Der achte König ... 174
7.2.3. Die Vision vom gewaltigen Standbild ... 175
7.2.4. Erhebt eure Häupter, denn eure Erlösung ist nahe ... 176

7.3. Gefallen, gefallen ist Babylon, die Große! 178
  7.3.1. Unzucht 178
  7.3.2. Luxus 180
    7.3.2.1. Sklaverei 181
    7.3.2.2. Ungerechter Reichtum 182
  7.3.3. Gericht im Feuer 183
    7.3.3.1. Hinabgeworfen wie ein Mühlstein 185
    7.3.3.2. Verlass die Stadt, mein Volk! 186

7.4. Halleluja! 188
  7.4.1. Die Hochzeit des Lammes 189
  7.4.2. Die Seligpreisungen der Offenbarung 191

8. DER APOKALYPTISCHE REITER 194

8.1. Der Treue und Wahrhaftige 194

8.2. Der Keltertreter und das „Mahl Gottes" 196

8.3. Der See von brennendem Schwefel 198

9. DIE TAUSENDJÄHRIGE HERRSCHAFT UND DAS WELTGERICHT 200

9.1. Die wörtliche Deutung: der Millenarismus 201
  9.1.1. Vier gute Gründe gegen den Millenarismus 202
    9.1.1.1. Das Glaubensbekenntnis und der Thron Davids 202
    9.1.1.2. Das Königtum Jesu ist nicht von dieser Welt 203
    9.1.1.3. Der Widerspruch zur Glaubens-Logik 204
    9.1.1.4. Biblische Relativierung der Zeitdauer 205
  9.1.2. Hauptargument und Zusammenfassung 205

9.2. Eine biblisch kohärente Interpretation: Die eschatologische Spannung 208
9.2.1. Die Fesselung und Freilassung Satans 208
    9.2.1.1. Die Evangelisierung: Machtbegrenzung aber keine Untätigkeit! 209
    9.2.1.2. Der Krieg: Freilassung aber keine unbegrenzte Macht! 210
9.2.2. Das Tausendjährige Reich Christi 212
9.2.3. Privatoffenbarungen in der eschatologischen Spannung 214
9.2.4. Die Lehre der katholischen Kirche 216
9.2.5. Die „Jesus-Apokalypse" (Mt 24) 218

9.3. Das Weltgericht am Letzten Tag 220
9.3.1. Alle Menschen aller Zeiten 221
    9.3.1.1. Die befruchteten Eizellen und die Embryonen 222
    9.3.1.2. Die Unschuldigen Kinder 224
9.3.2. Das Kommen des Menschensohnes in Herrlichkeit 225
9.3.3. Das Letzte Gericht bei den Propheten und im Katechismus 227
9.3.4. Die Freude über das Gericht in den Königspsalmen 230
9.3.5. Ich bin das Alpha und das Omega, der Anfang und das Ende 231

10. EIN NEUER HIMMEL UND EINE NEUE ERDE 234

10.1. Die neue Schöpfung: Geheimnis von Abbruch und Vollendung 234
10.1.1. Bleiben drei parallele Welten? 235
10.1.2. Vergänglichkeit und Befreiung der Schöpfung 237
10.1.3. Apokatastasis: die „Wiederherstellung aller Dinge" 239

10.2. Die Braut des Lammes: das himmlische Jerusalem 241
10.2.1. Die Wohnung Gottes unter den Menschen 241
10.2.2. Es ist geschehen: Erfüllung aller Verheißungen Gottes 244
10.2.3. Die symbolische Stadt: vollendete Gemeinschaft 246
    10.2.3.1. Zwölf Perlen, zwölf Tore, zwölf Grundsteine 247
    10.2.3.2. Ewiges Licht, offene Zugänglichkeit, neues Paradies 249

10.3. Ähnliche Heilsverheißungen in der Heiligen Schrift 251
   10.3.1. Parallelen aus dem Buch Jesaja 251
      10.3.1.1. Jesaja 2,2-5 und 11,6-10 252
      10.3.1.2. Jesaja 25,6-10 253
      10.3.1.3. Jesaja 35,1-10 und 40,9-11 253
      10.3.1.4. Jesaja 65,17-66,1 254
      10.3.1.5. Jesaja 54,11-14 und 66,10-14 255
   10.3.2. Parallelen aus anderen Büchern 256
      10.3.2.1. Ezechiel 40-48: der endzeitliche Tempel 256
      10.3.2.2. Jeremia, Zefanja, Sacharja:
              die Völkerwallfahrt nach Zion 258
      10.3.2.3. Der Lobpreis Tobits:
              die Sammlung Israels und der Völker 259
      10.3.2.4. Der Hebräerbrief: die Stadt des lebendigen Gottes 260

10.4. Der Abschluss, das Nachwort 262
   10.4.1. Selig, wer an den prophetischen Worten
         dieses Buches festhält. 262
   10.4.2. Ich werde jedem geben, was seinem Werk entspricht. 264
   10.4.3. Amen. Komm, Herr Jesus! 267

Bildverzeichnis

Buchcover: Das dreifache Weiß, Wandteppich, Esther Strub (Frankreich), Gemeinschaft der Seligpreisungen.
Erklärung dieses Bildes: Die Frau ist wie in Offb 12,1 die Gottesmutter Maria, die zugleich Israel und die Kirche verkörpert. In der Mitte das Lamm Gottes, Jesus, als Sohn Mariens und Hostie. Das Lamm erinnert an die hl. Eucharistie und damit an den Tod und die Auferstehung des Herrn. Links im Boot der Papst, der das Hirtenamt in der Nachfolge der Apostel darstellt. Auf der linken Bildseite sind im Wasser Fische zu sehen, die durch das Evangelium weiter oben zu Schafen der Herde Christi und noch weiter oben zu Sternen am Himmel werden. Die Sterne sind die Heiligen des Himmels und erinnern an den Kranz von zwölf Sternen in Offb 12,1.
Am Himmel ist links von Maria auch die Taube des Heiligen Geistes und rechts eine runde Scheibe zu sehen, welche die Sonne als Quelle von Licht und Leben repräsentiert. Die Frau ist mit der Sonne bekleidet. Zugleich erinnert diese an Gott, den Vater und Schöpfer des Lebens. So ist also symbolisch die Heiligste Dreifaltigkeit erkennbar: Die Sonne, die Taube

und das Lamm. Dem Boot der Kirche widersetzt sich rechts unten eine finstere Gestalt, Symbol für Satan oder das Tier (Offb 13,1). Der Kampf wird in starken Wogen sowie im Kontrast von Licht und Dunkel dargestellt. Man kann an das Boot der Jünger im Seesturm denken. Das Boot hat einen kreuzförmigen Anker der Hoffnung und des Glaubens. Eine weiße Sichel am Boot erinnert an den Mond, der in Offb 12,1 unter den Füßen der Frau zu sehen ist.

S. 2: Marmorplatte mit dem Christusmonogramm (Griechisch XP als Abkürzung für CHRistus) aus dem 4. Jahrhundert, Vatikanische Museen.
S. 9: Relief über dem Hauptportal der Kathedrale Notre Dame von Paris, eigenes Foto.
S. 14: „Volto Santo" auf dem Muschelseidentuch von Manoppello.
S. 27: Christbaumkugeln als Symbol für Licht und Sterne, eigenes Foto.
S. 41: Russisch orthodoxe Ikone der Auferstehung Christi.
S. 49: Michelangelo, Sixtinische Kapelle, Erschaffung des Menschen Aus dem Internet: Datei „800px-God2-Sistine_Chapel.png".
S. 54: Bisheriges Logo der Gemeinschaft der Seligpreisungen.
S. 67: Steinskulptur im Priorat von Serrabona (F), eigenes Foto
S. 96: Engelkopf mit Schofar (Widderhorn), Steinskulptur im Priorat von Serrabona (F), eigenes Foto.
S. 113: Maria mit Jesuskind auf der Säule vor dem Münster von Konstanz, eigenes Foto.
S. 141: Der Heilige Erzengel Michael kämpft gegen Satan, den Drachen, Glasmalerei, Münster von Konstanz, eigenes Foto.
S. 147: Ähren und Weintrauben, Grafik aus einer Clipartsammlung.
S. 165: Die vier Reiter der Apokalypse, Viktor Vasnetov, 1887. Aus dem Internet: Datei „Apocalypse_vasnetsov.jpg"
S. 193: Das dreifache Weiß (Ausschnitt), Siehe Buchcover.
S. 199: Christus als Weltenrichter. Hauptportal der Kathedrale Notre Dame von Paris (Ausschnitt), eigenes Foto.
S. 233: Gotische Glasrosette in der Kathedrale von Paris. Es handelt sich um eine symbolisch Darstellung des ewigen Lebens: Die Kreise der Rosette sind jeweils mit einem Heiligen besetzt. Eigenes Foto.
S. 269: Barmherziger Jesus. Ausschnitt aus dem Bild, das einer Vision der hl. Schwester Faustina in Krakau entspricht, mit der Unterschrift „Jesus, ich vertraue auf Dich".

Grabstein bei den Ausgrabungen unter der Friedhofskirche
von Enns/Lorch in Oberösterreich.
In der Kirche befinden sich unter dem Hauptaltar Reliquien von
Märtyrern aus dem Jahr 304 n. Chr., unter ihnen der hl. Florian.

Bildbeschreibung:
Oben zwei Posaunenengel.
Christus thront auf einem Regenbogen.
Zu seiner linken Hand (von ihm aus gesehen) ein Richterschwert,
Zu seiner rechten Hand eine Lilie.
Zu seinen Füßen knien fürbittend Maria und Johannes der Täufer.
Darunter sind weitere betende Personen dargestellt.
Unter den Füßen Christi kommen die Verstorbenen aus ihren Gräbern.